從寺廟發現歷史

臺灣寺廟文獻之解讀與意涵

卓克華／著

謹以本書敬獻給

中醫師

江栢宏　　先生

　　作者於民國八十九年十二月九日在一場學術研討會中，意外因腦溢血爆裂而嚴重中風，致左側半身不遂，三年來經江醫師細心、耐心、愛心的治療、復健和鼓勵，作者奇蹟似的復原到可以勉強讀書、教書、研究、寫作，如今出書在即，僅致上本人最深摯的敬意與謝意，謝謝您，江醫師！

宋　序

　　克華兄終於把《從寺廟發現歷史》寫完，在此先要恭喜他。尤其佩服他在病後的毅力和決心來完成這項艱鉅的任務。現在他的大著就要出版了，囑咐我寫一些相關的小文，來增益他的光彩。這是他的謙辭。我是真心的祝賀他的成就。因此，也就只好遵奉他的指示，寫一些他的大作不太會碰觸到的地方，也算讓這本書的照顧面能更加完整一些。以下是我狗尾續貂的部分。

　　台灣原是海中的大島，考古學的發現，顯示自新石器時代以降，一直跟福建、廣東有密切的交往。四百年前，中國的明朝覆亡，台灣成為延續明朝正朔的基地，正式成為中國政治版圖的一部分。從十七世紀開始，台灣成為福建、廣東兩省人民夢想中的天堂，大批人民渡海來台灣，從事農業開墾和商業上的利益。

　　在中國的典籍中，一向說福建、廣東有「好鬼神、喜巫覡」的習俗。因此，當閩粵的人民移進台灣的時候，也就把這種崇祀多神和請巫師治病的風俗帶進台灣。每一波移民出發的時候，通常都會迎奉一尊家鄉某個寺廟裡的神像隨行。在海上航行時，把神像供在船上。登陸之後，就在落腳的地方，先結一座草庵，把神像供奉在草庵中，或者供奉在某人的家中。過了二、三十年，當這波移民的經濟情形穩定之後，就捐資用磚瓦來興建新的寺廟以供奉神明，以

後每隔四、五十年，就會重修一次，換掉腐朽的部分。每經一次重修，寺廟就會擴大一些。今天所看到那些歷史悠久、富麗堂皇的寺廟都是這麼一步一步的發展而來。

一八九五年日本打敗中國，強迫中國割讓台灣以爲殖民地。台灣人民在日據時代的前二十年（1896-1916），一直有武力反抗的行動，其中以一九一五年的台南西來庵事件爲最，經過三個月的激戰，台灣人民力盡，有四千多人被俘，被日本官方判處死刑者866人。從此以後，日本的台灣總督府開始大規模的調查台灣各地的寺廟，責令各地方公學校的校長就近調查各村落鄉鎮的寺廟，建立「寺廟台帳」。日本總督府根據這些寺廟台帳，編成《台灣宗教調查報告書》，把漢人的宗教活動統統規入「巫覡」一類，視之爲「迷信」，是現代化過程中必須要掃除的落伍思想。這時候，台灣有三千多間寺廟，六千多個神明會。所謂「神明會」就是地方上主持全年祭祀活動的志願性組織。從一九二〇年到一九四一年，寺廟的數量大致維持在這個水準。

到了日據末期，由於跟中國作戰的關係，更要積極的消滅台灣漢人的中國意識，推行「皇民化運動」，寺廟又成爲打擊的首要對象。所有的寺廟必須要歸屬於日本佛教的臨濟宗或曹洞宗。主持人必須到這兩個教派的本部受訓。又組織佛教會以統馭所有的寺廟。在「皇民化運動」最激烈的時候，有不少寺廟遭到破壞。不過大多數的寺廟都能順應這種局勢，加入佛教會，而得以保存。

一九四五年，日本戰敗，台灣重回中國的版圖。一九四九年，國民政府由於內戰失利而敗退台灣。國民政府爲了便於管理各地的寺廟，延續日本的辦法，先後成立佛教會和道教會，要求所有的寺

廟必須參加其中的一個。可是承辦人員卻又認為，凡是寺廟必須有
田產、有獨立的屋宇、屋頂必須是中國式的「飛簷」。只要有一項不
符合要求，就不准登記。在一九五〇年代，台灣還是農業社會，人
口較少，這種要求並不過分，可是當台灣開始工業化，人口大量由
鄉間流向都市的時候，問題就浮現出來。鄉下人移居都市的時候，
基於生活上的需要，往往也把家鄉的神明和巫覡一起請到都市來。
可是，都市中地狹人稠，沒有那麼多的空地可供蓋廟，只能在公寓
樓房中設立神龕，供奉神明。政府基於前述的理由，不許正式登
記，於是就形成了未登記的神壇。以台北市一九九六年的記錄為
例，該年有合法登記的寺廟147所，未登記的神壇卻有1,208所，[1] 呈
現1:8.2的比例。一九九三年全國寺廟神壇教堂普查的結果顯示，全
台灣登記的寺廟教堂有9,834所，未登記的神壇有7,775所。[2] 兩個數
據的差異正說明，未登記的神壇主要是在台北、高雄、台中等都會
區。

　　一九九三年的普查顯示，是年全台灣有17,366間寺廟、神壇和
教堂。其中道教占71.5%，佛教占12.9%，基督教占11%，天主教占
3.5%，其他宗教占1.1%。就統計區域而言，以南部八縣市[3] 為最
多，有6,770所，占38.98%。平均每萬人口有11.09所；每平方公里有
0.68所，每村里有2.53間寺廟、神壇和教堂。北部七縣市[4] 次之，有
5,636所，占32.45%。平均每萬人口有6.40所，每平方公里有0.77
所，每村里有2,43所寺廟、神壇和教堂。中部六縣市[5] 再次之，有
4,106所，占23.64%，平均每萬人口7.86所，每平方公里有0.39所，
每村里有1.98所。東部地區[6] 僅有854所寺廟、神壇和教堂，占
4.92%，由於地廣人稀，平均每萬人口有13.98所，每平方公里才有

表1　台灣地區歷年寺廟神壇及教堂數

年別	總計	道教	佛教	基督教	天主教	其他
1956	3,962	1,748	1,180	663	285	86
1981	10,495	6,088	1,157	2,285	800	165
1992	17,366	12,409	2,238	1,903	612	204

資料來源：《中華民國八十二年臺灣地區宗教團體普查報告》，1995，p.8。

表2　臺灣地區各宗教寺廟、神壇與教堂的時間分布情形

宗教別	總計	1612年-1712年	1713年-1812年	1812年-1911年	1912年-1950年	1951年-1960年	1961年-1970年	1971年-1980年	1981年-1993年
道教	12,409 100%	190 1.53%	487 3.92%	1,460 11.77%	1,842 14.84%	821 6.62%	1,482 11.98%	2,437 19.64%	3,686 29.70%
佛教	2,238 100%	29 1.30%	58 2.59%	205 4.51%	409 18.28%	231 10.32%	370 16.53%	397 17,74%	539 24.08%
基督教	1,903 100%	3 0.16%	1 0.05%	90 4.73%	229 12.03%	603 31.69%	374 19.65%	325 17.08%	278 14.61%
天主教	612 100%	0	0	17 2.78%	40 6.54%	315 51.47%	175 28.59%	52 8.50%	13 3,13%
其他	204 100%	0	0	0	12 5.88%	15 7.35%	31 15.20%	64 31.37%	82 40.20%

資料來源：《中華民國八十二年臺灣地區宗教團體普查報告》，1995，p.9。

0.1所，每個村里有2.68所寺廟、神壇和教堂。

　　整體而言，道教寺廟在數量上占有絕對的優勢，如**表1**所示。從建立的時間上來看，愈到晚近，各個宗教的寺廟、神壇和教堂的總數都在增加，尤其是道教的神壇增加特別明顯，如**表2**所示。

　　就地區來說，台灣分成三個一級地方行政單位，一個省和兩個直轄市。各單位的寺廟成立時間的分有情形也是時代越晚近，新成

表3　臺灣省、台北市、高雄市的寺廟、神壇、教堂成立時間分布情形

地區別	總計	1612年-1712年	1713年-1812年	1812年-1911年	1912年-1950年	1951年-1960年	1961年-1970年	1971年-1980年	1981年-1993年
台灣省	14,546	204 1.40%	504 3.46%	1,665 11.45%	2.265 15.57%	1,704 11.71%	1,962 13.49%	2,569 17.66%	3,673 25.25%
台北市	1,753	5 0.29%	24 1.37%	79 4.51%	136 7.76%	194 11.07%	265 15.12%	407 23.22%	643 36.68%
高雄市	1,067	13 1.22%	18 1.69%	28 2.62%	131 12.28%	87 8.15%	209 19.59%	299 28.02%	282 26.43%

資料來源：《中華民國八十二年臺灣地區宗教團體普查報告》，1995，p.9。

立的寺廟神壇和教堂越多，如**表3**所示。

　　表2和**表3**我們可以清楚的看到，有一半的道教寺廟和神壇，四成的佛教寺廟是在台灣經濟發展之後出現的。基督教和天主教最快速發展的時候是在國民政府剛剛敗退台灣的時候，也是台灣經濟狀況最不好的時候，需要大批外國的援助。這些援助主要是來自美國。等到台灣經濟好轉之後，這兩個教派的發展明顯的慢下來，尤其是天主教。許多學者受德國社會學家Max Weber的影響，總是想討論台灣經濟發展和宗教之間的關係。一直沒有辦法找到適當的答案。從以上的**表1**和**表2**，我們清楚的看到，本土的道教和佛教是在經濟發展之後方才大興，而天主教和基督教卻是在經濟發展之前大興。顯然都跟經濟發展沒有什麼關係，而是有其他的原因。這個原因很可能就是「疾病」。

　　以前在調查寺廟神壇的時候，只注意到他們的發展史，或者與特定社會人群之間的關係。[7] 這樣的研究不太能完整又清楚的說明寺廟為什麼會越來越興盛。即使有一些答案，往往歸諸於寺廟的威

名，或者是主持人有特殊的領袖魅力（charisma）。

多年前，李亦園先生在南投縣研究乩童，[8] 曾經對220個到寺廟中求助於乩童的個案做了統計分析，其結果顯示有57.3%的人是因為身體不舒服，或者是醫生判斷有病，才去求神指示是否有痊癒的機會，如果神明判定有痊癒的機會，就會進一步的祈求神明指示要用什麼辦法才能把病治好。

丁念慈利用澎湖縣馬公市的海靈殿的問事記錄簿，分析381位求問者的事由，得到下列的統計（見**表4**）。

丁念慈在觀察台北市北投區的五娘宮時，也發現，來求問的人多半是患有慢性疾病，或者是常常腰酸背痛又查不出什麼原因的婦人。[9]

表4

事由	說明	次數	百分比
身體問題	感到不舒服，但不確定是否要找醫生治療	159	41.12%
身體問題已經有醫療處理，但是	1,聲稱醫療無效； 2,正在住院中； 3,已經檢查出是罹患某種重病； 4,查不出原因 5,手術後發炎	96	24.87%
睡眠問題	包括睡不好、睡不穩、屢做惡夢	38	9.84%
求符令保平安	因要渡海去台灣，或是子女參加入學聯考	32	8.29%
嬰兒夜間哭鬧		22	5.69%
情緒不安	包括心驚、心情不好、煩悶、痛苦	18	4.66%
白日見鬼	看見鬼影、男女幻影	6	1.55%
子女不聽話		6	1.55%
其他	意外事故、夫妻不和、發爐等	5	1.29%
合計		385	100%

我自己也曾經有三年的時間觀察台北市一處由醫生充當乩手的神壇，來問事的人大約有四成是爲了身體的疾病，三成是問事業，三成是問婚姻。

　　雖然有關到寺廟求問的樣本數量不多，還是可以看出一點端倪。或許是基於職業上的區隔，台灣的寺廟和神壇在功能上大致分成三大類，一類是供人問病的，一類是供人問事業的，一類是什麼事情都可以問。沒有任何的調查來說明這三者之間的比率。不過，單就問病這一類而言，人們會前去求問，主要原因都是由於自己身體有不明的不舒服。這種不舒服又是現代醫療設備一時難以檢查出來的。要不然就是已經檢查出來罹患癌症，到神前求問，是否還有其他方法可以救。

　　我提出這樣的看法，當然會遭到諸多的質疑，最大的批評點就是樣本太少，只有李先生和丁念慈的記錄。在寫這個序的時候，正值嚴重急性呼吸道症候群SARS在台北市氾濫。人心惶惶，不知如何是好。現代醫學束手無策，只能用行政的手段執行強制隔離。在這時候，在寺廟裡就流出一些由神明降乩所開的藥方，民眾們一窩風的照方子抓藥。看到這種情形，心中頗爲感嘆。物質科學四百年的發展，現代醫學在中國，乃至於台灣，有一百多年的發展。可是碰到這樣關鍵的要命時刻，卻是束手無策，那這個科學到底有什麼用呢？只是好玩而已，不能安身，更不能立命。而中國傳統的宗教，在這個時刻，就可以顯示出他的功力來。面對大自然，人是何其渺小。寺廟提供我們一個可以真正感覺到自己渺小、無助，而又可以得到安慰和助益的地方。

　　再者，根據一九九三年的普查報告，知道在台灣有17,366間寺

廟、神壇和教堂。其中40.2%是一九八一年到一九九三年之間建立的，28.02%是一九七一到一九八○年間建立的，19,59%是在一九六一到一九七○年間建立的，8.15%是在一九五一到一九六○年間建立的，12.28%是日據時代建立的，5.88%是清代建立的。

這個統計表很有意思，可以反駁一些似是而非的說法。近年來在電視新聞裡，常聽記者這麼說：「沒錢的時候才會想到廟裡去尋求保佑」。真的是這樣嗎？林衡道先生在世的時候曾經對我說：「到廟裡拜拜，是窮人的遊戲。」林先生是板橋林家的長房後裔，含著金湯匙出世，也就很難體會一般民眾的需求。可是這種觀念成為社會上普遍的觀念，就是很奇怪的事了。

從這個統計表上，我們可以很清楚的知道，愈到晚近，寺廟愈多。在細節上，是道教的寺廟在急遽的增加。其他各教的寺廟、教堂卻沒有什麼增加。台灣在一九八○年以後，無論從那個指標來看，都是已經進入富裕社會的境界。社會上真正的窮人已經很少。那麼為什麼道教的寺廟會急速增加呢？很可能的理由不是窮人急切的向神佛求保佑，而是社會變動太快，產生許多先前不曾有過的困境，在人的心頭形成各種難以解脫的壓力。這種壓力只有在寺廟、教堂裡尋得解脫之道。

從學術研究的角度來看這個發展的趨勢，也是很有意思。那就是涉及到一個假設性的命題：「從早期寺廟的歷史中可以找出台灣漢人移民拓殖史。」這個命題是二十年前中央研究院民族所的幾位同仁在做「濁大計畫」時所提出來的。主要的構想人是施振民和許嘉明。他們的基本理論依據是一九三三年日本人岡田謙所提出的「祭祀圈」的概念。

岡田謙發現，台灣各地的寺廟有它一定的勢力範圍。不同等級的寺廟所擁有的勢力範圍不同。有些廟可以涵蓋幾十個村莊，有些廟只能在自己的小村落中。在民國七十幾年時，哈佛大學的張光直教授回台灣來，主持濁水溪、大甲溪流域的開發史研究計畫。主題之一就是探索漢人在台灣開發的歷史。在台灣史的研究上，一向認為泉州人最早來，占有海口之地。漳州人次之，越過海口之地而進入而進駐較為內陸的平原。客家人最晚來，只好到丘陵山地去。從日本所做的舊慣調查到師大地理系的施添福教授都是持這樣的論述。有沒有其他的途徑來探索漢人開發台灣的腳步呢？施振民、許嘉明等人就想到岡田謙的理論。一時之間，祭祀圈、信仰圈等理論興起。林美容是這方面最有成就的一位研究者。

　　做這種推論之基本，在於對寺廟歷史要有非常清楚，而且確實可靠的歷史記錄。可是台灣的寺廟往往為了自抬身價，或是為了向國有財產局申請減免地價稅，或申請無償使用等現實的利益，必須要設法證明自己這間寺廟在清代就已存在。於是就有許多造假、偽作等事情發生。學者有時候還會被有關機關徵詢相關問題。可是由於手邊的史料不夠，也就理不出個所以然來

　　台灣寺廟的歷史向來一片混沌。要想整理清楚，並非易事。克華兄的這本大作，正好提供了我們許多這方面可靠的史料資訊。在此出版之際，點出這一重點，期與克華兄共勉之。

佛光大學生命與科學研究所所長

宋光宇

於九十二年五月三十日

註釋

1 資料來源：台北市民政局，1996。

2 《中華民國八十二年臺灣地區宗教團體普查報告》，內政部統計處，1995年7月編印。

3 南部八縣市包括嘉義縣、嘉義市、臺南縣、台南市、高雄縣、高雄市、屏東縣和澎湖縣。

4 北部七縣市包括台北市、台北縣、基隆市、宜蘭縣、桃園縣、新竹市、新竹縣。

5 中部六縣市包括苗栗縣、台中市、台中縣、南投縣、彰化縣和雲林縣。

6 東部地區包括花蓮縣和台東縣。

7 宋光宇，〈神壇的成因：高雄市神壇調查資料的初步分析〉，《寺廟與民間文化研討會論文集》（行政院文化建設委員會，漢學研究中心，1995），pp.97-127。

8 李亦園、宋文里〈個人宗教性變遷的檢討：中國人宗教信仰研究若干假設的提出〉，《清華學報》第18卷第1期（1988）。又收入《文化的圖像》（下冊），（台北，允晨文化公司，1992），pp.139-178。

9 丁念慈〈民間神壇「辦事」服務的社會與文化意涵：以北投永明宮為例〉，國立清華大學社會人類學研究所碩士論文（1997），p.41。

林　序

　　初識克華兄是在閱讀他的著作──特別是一些古蹟報告書中的歷史研究──的一段時間之後，當時我自英返台不久，正全力從事澎湖的聚落研究，希望能建構出台灣村莊聚落的解析體系，由於經常駐足於田野之間，熟悉於面對黝黑魯直的村民、熱鬧的遶境陣頭和喧囂的野台戲，因此當天即使是在學校的研究室中，克華兄不自覺地散發出來的古典學院的氣質，在我當時充滿了鄉野情境的腦海中，還是形成了強烈的對比。在此之後，我們多次在學校碰面，雖然總覺得他少了一點泥土的味道，但也逐漸感受到他對於台灣古蹟歷史寫作的執著與期待。

　　古蹟調查研究修復計畫報告書的格式源自於專業的成規，諸家作法不一，繁簡各異，但是大致上包括：歷史研究、建築研究及修復計畫三大部分。近年來，一則因計畫主持人及審查委員互動頻繁，二則因『古蹟修復工程採購辦法』的明令公布施行，報告書的體例漸趨一致，包括了：歷史考證、環境調查、建築體興修歷程、建築體調查測繪、修復計畫、經營管理等項目。無論是早期者或近期者，古蹟報告書均屬於科際整合式的研究成果，其內容涵蓋了：歷史、建築史、景園、保存科學、生物科學、古蹟修復、企業管理等學門，其中之歷史研究的成果為古蹟價值的認知基礎之一，因此

一直是報告書中不可或缺的一部分。即使如此，由於計畫主持人所持態度的不同，其品質也有明顯的落差，其中有部分不僅視其為聊備一格者，內容更是錯誤百出，但是多數的計畫主持人則延聘歷史學者負責，論述的水準也較為整齊。若將已完成的報告書粗略地回顧，大致上可以感受到部分參與者將它視為偶一為之的短論，少數人將它視為一筆小業務，只有極少數者將它視為研究的主體之一，克華兄屬於最後者，同時也是成果最為豐碩的一位。

多次，克華兄以認真的態度提到古蹟研究具有發展成為一門學問的潛力，但是我因關注於台灣建築史及聚落分析，而不曾認真地去思考這個問題，直覺的反應是：一門獨立的學問理當擁有具體的研究對象、自成體系的研究內容，以及基本的研究議題及方法。如果古蹟研究可以發展成為一門獨立的學問，很顯然地，它應是以古蹟的「物」為中心，透過個案研究累積而成的知識體系，它的研究面向至少包括了：建築史、環境史、建築科技、工藝史、保存科學，以及因古蹟使用功能而有的家族史、經濟史、政治史、社會史等；資料的來源則以田野測繪、訪談及調查為主，而以古文書、字契及有限的史料為輔。

各種學術領域均有其研究上的特質及挑戰，從素材的構成上來比擬，這個學門的特質應該是有如一張大拼圖，目前的五百多座古蹟則分別為組成整體圖像的其中一小片，每一小片在空間、時間、人物、事務等方面都有明確的範圍，但是涵蓋面都不致於很大；這項特質的優點在於每個研究對象具體而微，可以集中而深入地發掘其內所蘊含的一手資料，其次，屬於建築空間形式及工藝科技範疇者，可透過個案的累積而歸納整理成有系統的知識，但是像：家

族、經濟、政治、社會等面向的知識，雖然可以如同俗話所說的「見微知著」或「以小喻大」，但是除非擁有足夠多的典範性案例，否則容易流於片面之詞，較難窺得全貌；除此之外，古蹟研究的主要目的係配合修復工程，研究對象由各級政府視預算編列情形而決定，加上多數古蹟之歷史文化的內涵多為地方性者，因此其在學術上的價值極可能歸屬於不同層級、範疇或地域者；另外一個關鍵的問題在於：一個獨立的學門，其各個面向的知識彼此之間應有所呼應、相互為用，然而由於古蹟報告書屬於應用性研究，因此目前多數的參與者，多只觀照其所負責的部分，而未能以科際整合的態度，透過不同面向的資料比對，從而發掘出一些特定議題的意義及價值。

至目前為止，古蹟報告書中所揭露的一手資料尚未受到應有的尊重及有效的運用，同時我們對於這張「大拼圖」最終的顯影還是無法掌握，即使如此，克華兄基於其史學的敏感度所提出的學術期待，以及他對於古蹟研究的用心仍是值得肯定的。

最近克華兄將他在過去十幾年內所完成的寺廟古蹟歷史論文十二篇重新加以編排和及出版，以作為實踐他所構思的「古蹟史」的第一步。我個人一方面為他感到高興，另方面也很榮幸有機會針對他的觀點表達一點不成熟的想法，更期待他的理想得以早日實現，讓台灣史的內涵更為堅實及豐厚。

台灣藝術大學建築與古蹟保存研究所

於九十二年七月一日

目　錄

宋　序／宋光宇　i

林　序／林會承　xi

第一章　緒論 — 台灣寺廟古蹟史發微　1

　第一節　緣起　2

　第二節　台灣寺廟古蹟研究之價值與意涵　6

　第三節　台灣寺廟文獻與研究之回顧　27

　第四節　理論、方法與原則　41

第二章　淡水龍山寺 — 淡水社會經濟變遷的見證者　51

　第一節　台灣龍山寺概說　52

　第二節　淡水早期之開發　55

　第三節　淡水街道之形成　57

　第四節　龍山寺始建年代與興建背景　60

　第五節　遞嬗沿革與廟中古文物之稽考　69

　第六節　小結　81

第三章　嘉義市城隍廟 ── 神道設教、官方儀式的場所　91

第一節　城隍信仰源流概略　92

第二節　嘉義城隍廟的創建及祭典　94

第三節　嘉義城隍廟修建沿革　100

第四節　小結　122

第四章　南崁五福宮 ── 原住民漢化的見證者　131

第一節　地理環境　132

第二節　創建背景　133

第三節　創建年代與因由　136

第四節　廟的沿革及改名　142

第五節　小結　152

第五章　彰化二林仁和宮 ── 創建歷史辨真相　159

第一節　彰化地區的開發　160

第二節　二林鎮的開拓　165

第三節　仁和宮創建年代商榷　169

第四節　仁和宮修建沿革　172

第五節　小結　178

第六章　龜山壽山巖觀音寺 ── 北部古道的見證者　185

第一節　清初的龜山鄉　186

第二節　清領時期的開發　187

第三節　壽山巖的創建　189

第四節　壽山巖的沿革　191

第五節 小結　196

第七章　彰化市懷忠祠 —— 十八世紀原住民大動亂的見證者　205
　　第一節 懷忠祠創建的因由一大甲西社「亂事」始末　206
　　第二節 懷忠祠的變遷與沿革　219
　　第三節 小結　225

第八章　臺南市北極殿 —— 政權更迭、街舖滄桑見證者　233
　　第一節 明鄭崇祀玄武之由來　234
　　第二節 北極殿創建之背景與年代　237
　　第三節 北極殿之興修沿革　244
　　第四節 小結　264

第九章　宜蘭碧霞宮 —— 一場論戰的平息　273
　　第一節 宜蘭碧霞宮之創建　274
　　第二節 碧霞宮歷史沿革與古文物　283
　　第三節 碧霞宮的教化善行活動　285
　　第四節 碧霞宮之組織與祭典　290
　　第五節 小結　293

第十章　湖口三元宮 —— 興也交通，衰也交通　301
　　第一節 清代湖口地區的開拓　302
　　第二節 三元宮之創建與沿革　310
　　第三節 祀神由來與祭典　319
　　第四節 神明會與祭祀圈　324

第五節 小結 333

第十一章 新港大興宮 — 笨港滄桑見證者 341
第一節 笨港的開發與大興宮的創建 342
第二節 保生大帝信仰的由來與傳入笨港 349
第三節 大興宮的興修沿革與廟中文物 355
第四節 大興宮的管理與祭典 363
第五節 小結 365

第十二章 關仔嶺碧雲寺 — 雲深不知處 371
第一節 碧雲寺的創建 372
第二節 碧雲寺修建沿革 377
第三節 碧雲寺的住持、管理與神明 387
第四節 小結 391

第十三章 台南市總趕宮 — 歲久不知神來歷 395
第一節 總趕宮的創建背景 396
第二節 廟神由來試探 403
第三節 修建沿革 406
第四節 祭典與祭祀團體 413
第五節 小結 414

跋 423
參考書目 425

第一章

緒論——

台灣寺廟古蹟史發微

第一節　緣起

　　一九七四年夏，余考上文化學院史學系，開啓個人讀史治史之生涯。翌年，在一意外因緣下，糊里糊塗膺任學校社團「台灣文化研究社」社長，於時利用寒暑假參加救國團舉辦之「台灣史蹟源流研究會」，於台灣歷史有了粗淺的認識。一九七六年參加史蹟年會之論文比賽，名列榜外，文屬「遺珠」，竟刊登在《台北文獻》直字三十八期，題目爲〈台灣寺廟對地方的貢獻〉，此文容許個人厚顏的說：應該是個人的第一篇「學術論文」吧，時我爲大二學生，二十足歲。就在此時個人已體認台灣史的重心在「民間社會」，欲研究台灣史，可從「寺廟」、「地名」、「墓園」著手入門，此一認知，至今仍深信不已。在負責「台研社」時，當時常邀請林衡道教授帶隊至各地參觀古蹟，一九七七年寫下〈艋舺清代史蹟的研究〉，刊登在《華岡博物館館刊》四期，此爲個人對台灣古蹟研究的第一篇論文，時年二十一歲，大三學生。大學畢業後，在外任職，於工作環境不甚滿意，兼欲求個人生涯再上一層樓，一九八一年再度考上母校文化學院史學研究所碩士班。兩年後畢業取得碩士學位，論文題目爲《清代台灣行郊之研究》（此碩士論文在七年後，略爲增訂出書，改名爲《清代台灣的商戰集團》），至此確立走上研究台灣史一條路。此後數年，大體均圍繞「行郊」此一課題研究，發表數篇論文。一九九〇年某一天夜晚，一名自稱「吳奕德」者說是「漢光建築師事務所」職員，打電話至我家，邀請我與漢光合作，共同研究撰寫澎

湖台廈郊會館水仙宮古蹟歷史，由於此課題與個人比年研究有關，欣然應命。爾後，實際到澎湖調查訪問，該研究報告經審查修訂後，於一九九一年二月出版。此一研究案對個人此後學術生涯與台灣古蹟史研究產生重大影響：(1)從此個人台灣史研究領域轉向古蹟史；(2)行郊史的研究一時「空窗」，直到近二十年後才有林玉茹繼起，後出轉精，而且成就更大；(3)由於「古蹟史」是一個嶄新的學科領域，前無因襲，史無前例，一切都處於摸索開新，一切俱屬創論，且因個人這十多年來長期地、持續地的從事古蹟史研究，竟然在無形中成為一個模型典範，後起者，有意無意以我為靶標，為依歸，其中一些論點與研究方法，也常受到後進同道和學者學子的挑戰與回應，或承襲，或批判，或比較，不一而足，思之，令我汗顏惶恐；(4)此次研究案在田調訪談中，搜得許多重要資料，這次經驗讓我深刻體驗到治台灣史田調工作的重要及必要性，這批資料直到五年後，一九九六年寫成〈澎湖台廈郊補闕〉，刊登在《咾咕石》二期。

　　說實在，當年首次撰寫水仙宮古蹟報告書時，對古蹟一詞觀念內涵猶懵懵懂懂，而且已不自覺的捲入一場聲勢浩大、影響深遠的古蹟保存運動。台灣的古蹟保存運動或可從一九七六年台北市林安泰古厝的存留問題檯面化追溯起，到一九七八年維修「彰化孔廟」開始，以至於一九八二年的〈文化資產保存法〉（以下簡稱文資法）制訂實施，二十年來累積了古蹟歷史的調查研究、古蹟維修技術經驗，保存科學的實驗運用，這其中從古蹟的開始發掘提報到古蹟的勘查，審議制訂列入古蹟，調查研究及計畫修復該古蹟，修護施工到修復後的管理以及觀光經營或再利用，與其他相關工作，不僅牽

扯含括眾多學科的專家學者，一環接一環，涉及一連貫的配套計畫。而且台灣的古蹟保存工作從開始的點狀發展成線條（街道）以致如今面狀的保存，這一連串的改變固然讓古蹟保存運動視野更寬廣、內涵更深化，但相對地，這其中經歷了多少的辯証、抗爭與妥協，個人這十多年也多多少少的參與著，至今仍不悔不遲疑的走著，理由有二。因為很簡單，有一個卑微的願景：想為死沈無趣的歷史研究開一新局，想為市場日窄的史學同道開闢一新路。另一個理由是，我驚覺到台灣史研究的危機：

1. 政治過度介入學術：台灣解嚴之後，一切都朝著開放的、多元化的方向發展，但不幸地在一批政客撩逗、渲染之下，形成省籍、族群的統獨意識大對抗，在此意識型態下的一切人文科學、社會科學等領域都淪為為意識型態的服務需要，歷史可以作毫無限制的曲解，居然不少學者是在歷史之外談論歷史，歷史淪為政治鬥爭的工具，而且是最尖銳的政治鬥爭工具，所謂史者非史，而所謂識者無識，這不僅是歷史獨立的尊嚴受到摧殘，史學工作者的精神被污辱被輕視，更是莫此為甚，這是台灣史研究所遭遇最沈痛淒厲一幕悲劇。

2. 套用現成理論架構：本來不同學科自有其內在一套理論、方法、邏輯，同一研究領域由不同學科者研究，由於不同的關注面向與切入點，自有取捨偏重的重點、方向與架構理論，本來這是一件好事，可以充實對此一研究領域的廣度與深度的理解。但是晚近青壯一輩史學工作者喜濫用套用某些西洋理論已成流行趨勢，「以論帶史」或「以論代史」的陋病，

將歷史墮落成一個理論模式的符號或資料而已。雖然有心者一再呼籲，卻扭轉不了此一趨勢。近年更隱隱然形成「本位主義」與「山頭主義」之風氣。所謂「本位主義」是指固執自己學術領域立場，排斥其他學術領域的參與，甚至漠視其他學術領域的研究成果。而「山頭主義」則是建立一己的研究圈，樹立勢力，標榜自己研究成果，鄙視他人研究成果，進而黨同伐異，透過評鑑、審查制度排斥異己。

3. 格局日小，日趨餖飣零碎：近十年台灣史研究成一門顯學，一枝獨秀，排擠其他斷代史（或所謂中國史）研究，形成一種「偏食」現象，此其一。其二，動輒將台灣視為同質的區域，用南部、中部、北部的歷史現象來解釋全台的普遍性，而忽略了各地域因生態環境與開發先後產生的差異。其三，或因有此體認，近年研究更朝向小區域化範疇，「台北學」、「宜蘭學」、「淡水學」等等的出現，是自然不過的現象，格局過小，不能宏觀全局，所治不是「窄而深」，反是「窄而淺」，成就有限。其四，正因台灣史研究成一門顯學，研究者日眾，出版刊物日多，不僅難以掌控出版資訊，更無法遍讀領域相關著作，而池淺魚多，研究課題能開發者日稀，愈來愈瑣碎兼枝節，不足以培養出一大家，學術成為少數學者之間對話，而且還是各說各話，我們從近年博碩士論文題目，或是通論性質的教科書，以及新修地方志書，內容不能關乎全局，實質上只是一些論文集的湊和便可看出端倪。

以上只是舉其犖犖大者，因此十多年來，個人與一批古建築學

者、地方文史工作者合作，避開這些個人也解決不了的紛爭，共同調查探討各地古蹟歷史，經年累月樂此不疲，因為每一次的調查，每一次的研究，都有一種發現、學習、吸取的驚喜，那種「看得到、摸得到、走得到、吃得到、玩得到」的田調感受，是很難跟外人形容的，尤其不是躲在冷氣書房翻閱研讀歷史文獻所能比擬的，因此，十多年來無怨無悔的走了下去，也真的走出自己的一條路，如今面臨要將自己十多年來「治學」、「田調」的經驗轉化為「成學」的「理論與方法」，從「受學」到「治學」以致「成學」，心中惶恐害怕是鉅大的，這談何容易！談何容易！但總要有「破繭而出」的勇氣，且讓牠化成一隻蝴蝶翩翩起舞吧！

第二節　台灣寺廟古蹟研究之價值與意涵

　　台灣古蹟中以寺廟之分量占得最重最多，也最為珍貴，但往往被有意無意的忽視，學者康豹已有「研究台灣史的學者往往低估寺廟的重要性；即便提到寺廟，只強調他們的歷史能夠『反映』或『表徵』一個地方社會的發展」之感嘆！[1]個人也曾在一九九五年五月十二至十三日淡江大學歷史學系主辦的「台灣史國際學術研討會」中，發表論文，指出：「清代台灣土地開發、移墾社會與族群關係，及近年日據時期社會、經濟建設，治台政策等等，一向是台灣史研究的熱門話題，從日據時期日本學者，直到光復初期之學者專家，以迄近十數年，包括大陸、日本、美國與台灣的眾多學者，紛紛研究，提出各家說法，百花齊放，百家齊鳴，燦然可觀，彼等耗

盡心血，搜集整理相關史料，舉凡如土地租佃、典賣契約文書、分產鬮書，旁及官衙之檔案文書，莫不痛下功夫，反倒對於存在周遭，觸目可見，數量龐大的古蹟──寺廟，較受不青睞，不被重視。」[2] 廈門大學學者陳小沖亦指出：台灣民間信仰的歷史與台灣移民史、台灣開發史是同步發展、平行前進的。[3]

台灣四百年史從何說起？個人認為不妨且從民間文化的重要表徵──寺廟說起。台灣與中國大陸僅一水之隔，地接中國閩粵邊緣，早為中國南海屏障，初時梗於交通，少有往來，直到隋代才正式列入史籍。嗣後在千餘年的歷史變遷中，卻未聞有開拓台灣的史實，隋有征服，元有招撫，明初則撫而不治，但事實上我華夏漢裔即已不斷地渡海東來，篳路藍縷，開闢此一海外新土。由於明代的此種消極政策，終使台灣淪於荷人之手。幸延平郡王鄭成功於永曆十五年（1661）驅逐荷人，光復台灣，至此方做有計畫的拓展經營台灣，作為反清復明的基地。清繼鄭氏之後，統治台灣兩百餘年，台灣的開拓在此期間大體完成。

在綿延近四百年的開拓過程中，除鄭氏有計畫的大規模移民經營台灣外，清領時期幾乎都是民間不顧禁令，冒險渡海而至。這一批批冒險渡海而來的移民中，十之八九來自閩粵，蓋閩粵兩省瀕海，山多地瘠，開墾不易，居民迫於生活所需，以臨海之便，逐向海外發展，於是紛紛離鄉背井，渡海來台，在台灣建立起「原鄉模式」的新天地。也就是說在這天地中，帶有移民社會的烙印，同時也保留母體文化的型態。移民們各自帶來了他們家鄉的生活習尚、宗教信仰，形成台灣各地多采多姿，各見特色的地方色彩。其中最足以代表地方色彩的便是寺廟，這些寺廟不僅消極的是移民精神的

慰藉與寄託，更轉而為移民斬荆棘、闢草萊、團結互助的所在。舉凡治安、產業、交通、教育、聯誼、娛樂……等等，莫不透過寺廟以推行，一部台灣史可以說即濃縮在寺廟史中。也即是說人口移動也帶來了文化移動，我們必須將寺廟作為移民社會中的一種文化現象來進行考察探討，才能明白台灣開拓史真實艱辛的過程。人類學家一向喜歡將漢人移墾台灣過程分為四步驟：渡海、開拓、定居與發展來說明移民開拓模式，[4] 以下本節試就此四步驟來進一步析論先民如何運用寺廟，推進地方發展，以說明台灣寺廟與地方互動演進之間關係的「文化權力網絡」（culture nexus of power），[5] 何況寺廟也是地方的一個「公共領域」（public sphere），地方的頭人、望族、仕紳、名流等領導階層又紛紛介入寺廟各種活動與組織的管理使用以拓展其財富、勢力，這些固然是鄉紳效力桑梓之回饋，同時更是鄉紳支配地方社會的主要管道或領域之一。其他如：(1)作為地方官吏諮詢忠告角色；(2)辦理地方公共事務與社會福利事業；(3)領導地方文教；(4)領導團練自衛隊或助官平亂等等，而這些幾乎也絕大部分是透過寺廟來運作。鄉紳遂成為國家與地方、官府與人民之間的一個承包代理人或受委託的代理人角色，負責辦理官民之間相關義務的履行工作，因此國家政權賦予鄉紳支配地方的自主權，來換取紳權對皇權的支持，也造成鄉紳漁利地方的資源和利益的機會。[6] 這一切都要話說從頭了。

中國素為農業社會，農業社會向來是安土重遷，非迫不得已，不願離鄉背井，遠向海外徙居謀生。明末清初，閩粵一帶居民，迫於局勢的不安、社會的動亂、生活的困苦，不得不遠涉重洋，歷經風濤之險來到台灣，其中不僅面臨台灣海峽「黑水溝」、「落漈」、

風暴、暗礁等等自然風險，此外尚有可怕的人為之險，尤其是包攬偷渡的「船頭」、「客頭」為了規避官府緝拿，往往採取諸如「灌水」、「放生」、「種芋」、「餌魚」等等謀害溺斃手段。[7] 如此冒死涉洋，為求一路平安，使開墾事業順利，往往由本籍帶著故鄉寺廟的香火或分身像以為護身符，一路祈禱，信奉不渝。俟其抵台就地開墾時，面對蒼莽草原、荒野叢林，更是將之懸掛或供奉在田寮、樹梢、居處等，朝夕膜拜，祈求平安。

　　拓荒是一種艱辛危險的生活，從大陸閩粵沿海或單身或結伴渡海移民來台的拓荒者，多係年輕力壯的單身漢（本省俗稱羅漢腳）。他們抵台後，櫛風沐雨，胼手胝足，辛勤勞動，創造他們理想的新天地。然而他們遠離故鄉、家人，失去了家庭的溫暖，放眼蒼茫大地，與天鬥，與地鬥，與人鬥，與疾病鬥，與生活鬥，每當白日辛勤勞動後，在夜晚休息，總不免有「舉頭望明月，低頭思故鄉」的感懷，尤其在大雨淒風、疾病苦痛之時，愈感寂寞空虛，鄉思滿懷，在此思鄉情切之情懷下，在他們開創的新天地中，不免諸多模仿家鄉故土的一切風習。加之拓荒時又必須面對克服種種困難，除了抵抗天災地變外，對於時而出草劫殺的原住民，與農作的種植收成更為注意，這些除了彼此互助團結以盡人事外，其他的只好聽天由命了，因此在單調的生活中，增添了精神寄託的信仰。及至經濟力量許可，便醵資建立寺廟，一則答報並祈求神明的庇佑，再則略以慰藉思鄉之苦，三則更可利用慶典廟會增添歡樂生活，聯繫彼此感情。故在台灣開拓初期，寺廟與地方互動關係，多僅限於宗教方面，使移民們能夠安心工作，從事開墾。

　　初期開拓告一段落，農業繼續進展，社會結構、階層漸趨完

整，生活日益繁榮，各地庄社便發展成街肆，繼而擴大爲村鎮，最終成爲城市。自是商業鼎盛，人文薈萃，擁有財富的新興士紳巨商，更是鳩資建設壯麗宏偉的寺廟，答謝神庥。台灣寺廟與大陸寺廟又有所不同，大陸寺廟有所謂「天下名山僧占半」之俗諺，說明大陸地區寺廟多半在名山勝地，台灣寺廟多位在聚落的地理中心，民間交易自然也集結在寺廟周圍，形成「廟市」，帶來人潮，開啓商機，寺廟附近遂爲店鋪門市、攤販雲集之處，久之，形成商業街肆，帶動了旅館業、餐飲業、物產業、香舖業、運輸業等等的繁榮。而地方的繁榮，促成各行各業的興起，各行業又組成了各類團體，如神明會、祖公會、共祭會、子弟會、行郊等等是，例如行郊是由同行業批發商組成，表面上以祀奉某神明爲目的，實則藉此約束各會員遵守同業規約，互助敦睦，進而增產置業，謀求發展，其辦事處往往設在寺廟，在經營有成之後，便用來解決地方困難，如造橋鋪路、捐獻書田等等，從事地方公益事業。[8]

而且早期來台拓荒的成功者，有感於昔年所受艱苦，對後來者，多願盡其力相助。爲安頓這些後來鄉親宗族，也利用寺廟作爲同鄉會館，以爲暫時棲居之所，兼可利用爲同鄉間的聯繫中心。寺廟的這種功能使後抵的移民暫得棲身之所，俟其出路謀定，再行遷出，無形中穩定了移墾社會的治安，使地方能平穩的發展，這是台灣寺廟對地方的又一貢獻。

一個社會的安定進步，並非僅靠官府力量維持治安就夠，除了能夠利用厚生，加強建設，使人民安居樂業，解決民生問題外，尚要注意到育樂問題，台灣的寺廟又蘊涵教育、宗教、娛樂三項功能，解決了這項問題。台灣在清代素有「難治」之感，其治民，先

是訂定宣講聖諭鄉約之制，教化百姓循規蹈矩，而聖諭鄉約宣講地點，多在寺廟人眾之處，主要內容在勸人敦孝弟、篤宗族、和鄉黨、重農業、尚節儉、隆學校、黜異端、講法律、明禮讓、務本業、訓子弟、息紛爭、誡窩逃、完錢糧、聯保甲、解仇忿等等，並且力行保甲法，責成地方鄉老總理，維持地方治安。而維持地方自治的中樞，又非借助寺廟不成，保有傳統里仁之美風，於是形成本地民間實際上的自治，此實為台灣在終戰後，能迅速實施地方自治之遠因。

再者，我國舊式教育，歷代雖有官辦學府，但其數量不足敷用，多半是由民間普設私塾，延請西席教讀子弟。台灣多為同鄉地緣村落，子弟的教育便交付給街坊飽學的同鄉同宗長輩管理，在學校不足的情形下，寺廟便充為學堂使用。尤其諸多書院，普設朱子祠、文昌祠，因此書院即寺廟，寺廟即書院。由於寺廟提供了一教育人才的場所，使百年樹人的事業能賡續不絕，而且子弟在寺廟課讀，旁有神明監視，內心自是更加儆惕用功，這是台灣寺廟對教育的一大作用。

寺廟對於社會教育尤具有啟發作用。台灣民間宗教信仰極其複雜，所奉祀神明極其繁多，不論其為何神，彼生前必有功於邦國鄉梓，或救人行醫，造福地方，或除奸懲惡，伸張正義，故使人信之拜之，彼忠孝節義的言行自為後人所崇敬，尊為楷模。即使等而下之，以種種鬼怪可怕嚇人之談，或六道輪迴因果之說恫嚇百姓，亦無非希望人民能循規蹈矩，或規過向善，阻止其為非作歹的念頭。尤其信徒常印行的善書，透過寺廟散發，莫非鼓勵民眾行善事戒惡行，其勸戒內容無不針對當時社會弊病而發，於勵風俗，正人心產

生極大效果。至於寺廟建築中的木、石、浮雕、彩繪壁畫，皆為忠孝節義的歷史故事或演義小說，使信徒欣賞之餘，無形中薰陶四維八德天道倫理意涵，這正是我國固有文化精神通俗化之表現，也是寺廟對社會教育的鉅大無形貢獻。此外，寺廟又為村落居民休閒的好去處，每逢閒暇，三五好友一起到廟廊坐坐，或喝茶聊天，或拉琴歌唱，或吟詠相和，其樂融融。等到神誕廟慶時更為熱鬧，此時四方攤販雲集，或販售或小吃，而走江湖賣手藝，打拳頭賣膏藥亦都趕來湊和，形成熱鬧繁華、擁擠喧嘩的「廟會」。這時亦必演外台戲以酬神還願，所演之戲碼莫非勸誡教化故事，寓教育於娛樂，寺廟不僅為居民提供了一個休閒遊樂場所，更在遊樂欣賞之中施以無形教育。而且台灣素有各種公益救濟團體推行慈善工作，也多間接透過寺廟推動，近年寺廟附設之慈善救濟更是蔚為風潮，這種仁民愛物的義舉，使得台灣社會風氣，更趨於淳厚，減少功利現實腐蝕人性之一面。

　　雖然寺廟對台灣的開發有其鉅大貢獻，但也有其流弊，如械鬥、迷信、濫拜等等，但不管是好是壞，寺廟不單是宗教信仰中心，它同時體現了台灣社會諸多面貌，以及背後的深沈價值。總之台灣寺廟與地方開發關係密切，先是基於宗教需要，建立寺廟以為信仰中心，一方面祈求神明的庇佑，保護全家闔境平安，農作豐收，再一方面作為克服種種外來困難的信仰所在，寺廟成了移民渡海拓荒初期精神上的寄託依賴。等開拓事業進展，社會日趨繁榮，寺廟又成為地方政治、產業、交通的樞紐，透過寺廟推行運作各種公益事業，使地方的開墾工作及地域社會的運作得以順利進行，其影響可謂至大且鉅。衍變至此，地域社會的發展，已受到寺廟活動

之影響，換句話說，寺廟不再屬於個人性的，族群性的，或僅僅宗教性的，它已具備多元的社會公共意義的性質，以及延伸出寺廟與周邊聚落空間互動的人文型態。

　　台灣大多數寺廟每隔若干年代，便會有擴建、增建，甚至整個重建之舉。建築是人類生活文化的具體表徵，寺廟建築也可反映民間信仰、生活方式、社會結構、禮制倫理、建築技術、經濟力量、分類衝突、文化水平等等層面，也即是說台灣民間信仰，從早期的「草寮」、「公厝」發展成「祠堂」，以至正式、華麗、規模的「寺廟」，整個的社會型態與經濟條件已起了很大的變化。寺廟不僅是敬神拜佛的信仰中心，並且蘊涵漢人社會文化的社會群的認同象徵結構，及社會文化變遷中所涉及的人文內涵，每每可以從寺廟的崇奉主神與建構的不同形制得知。寺廟從最初因陋就簡，或掛香火於樹梢、田寮、公厝、住屋，以後釀資粗造小祠，乃至後來集資創建大廟，這些興建，多半由地域社會中核心勢力發起、贊助，此核心未必是個人化的，單一化的，不少是以各種團體型態或名義出現，而寺廟每次興建也會成為在地精英份子、領導階層或團體組織支配運作的一個角力場域。也就是說，寺廟每次興建、修繕、更替，一則反應寺廟自身的歷史沿革與發展軌跡；二則反映主其事者，透過內部運作，按其期待角色來表現，因此寺廟的每次修建，不僅僅只是寺廟機能的擴充，或是外觀樣式的改變（或兼而有之），不少也是地方派系競爭運作下的改變；三方面更反映了當時社會、經濟、政治、文化、社群等的變遷興衰。因此，寺廟的歷年歷次興建修繕，不能只是視為某年某月的第幾次修建紀錄，或只是視為幾個單一事件的沿革，而必須放在整個地域社會變遷，甚且整個台灣政治發展

中去考察去思索，才能瞭解真相，才能掌握其關鍵，解讀其真正意涵。另一方面寺廟為配合當時社會環境之變遷發展，除了調整運轉其功能、組織、活動外，也必須不斷修建擴充，否則即會因其神能不彰或建物狹隘老舊，導致香火沒落，等而下之，整個寺廟或因此荒廢冷落，無人理睬，終至傾頹沒落，慘遭淘汰。寺廟建築既然是台灣四百年來社會變遷的寫照，以下再試從倡建者、寺廟主神、寺廟建築形制以及地理分布等四方面來進一步討論：

首先由倡建者方面來看，初期寺廟建築多半簡陋，屬單開間形式，其中以土地公廟最具代表性，甚至有簡單到「三片石」者，而此時倡建捐獻者在志書上多半記載為「里民公建」，即為一般大眾，聚落中的勞動人民，說明此時期領導階層尚未形成。但等乾隆年間台灣開拓大體完成，各地相繼出現一批城鄉的頭人或仕紳富戶，寺廟的興建多半是由他們來「首倡」「創建」的，其原因不外乎：(1)他們擁有財富，具有一定經濟實力，又往往是開墾事業的組織者（即所謂墾首、業戶），當然成為聚落中經濟活動和公益事業的主要發動力量，帶頭號召，出資最多；(2)他們是新興階層，積極介入地方公共事務，來鞏固他們的社會地位與聲望，進一步建構支配地方事務管道，寺廟即是最好的「文化權力網絡」，倡捐修廟，不僅可表達虔誠的信仰，答報神恩，地方百姓不會反對，更會從而支持他們擔任爐主或董事，取得發言權與支配權，形塑成領導階層。衍變至後來，某些地方的官廟（如台南大天后宮）本應由官府維修支持，卻由民間社團、地方仕紳取代主導地位，官員反而淪為贊助者。其間變遷不但令人玩味，更值得我們研究。倡建或倡修人物除上述一般勞動大眾與地方仕紳富戶外，也有不少是官宦，這些倡建者是當

時由大陸被派來台灣的官吏，不免也會建造己身家鄉的鄉土神寺廟，兼爲同鄉會館，除可照顧渡台之同鄉外，又可凝聚號召已在台之同鄉，便利他的施政與建立塑造他的人脈關係，例如台南的三山國王廟就是在乾隆七年（1742）由知縣楊允璽及鎮標左營游擊林夢熊、率粵東潮籍商民所建的，同時也是潮州會館。尤其清代駐台澎軍事將領似乎都很重視寺廟，其中水師將領對媽祖廟更是虔敬，除倡建重修外，並常賜匾，也反映了這些官宦將領常到廟裏膜拜祈求。在此，我們也不可忽視政治情勢對寺廟興建之影響，例如清初在施琅主導之下，粵籍人士渡台受限，移民較少，故粵人所信奉之三山國王廟初期不普遍，要遲到乾嘉之後才漸增。而眾多的義民廟與褒忠祠，也是在乾隆末年林爽文抗清事件之後才增加或出現。又如媽祖廟之普設，更是明清政權更迭對台的一項重大變化與影響，[9]餘如受到日據時期抑道揚佛的影響，佛教寺廟數量顯著大增，也是一例。[10]

其次由寺廟主神方面來看，學者劉枝萬曾將台灣寺廟興建分爲四期說明：(1)寺廟萌芽期，約爲清初以迄乾隆中葉，此時期寺廟之興建，其規模因陋就簡，分布稀疏；(2)寺廟奠基期，時爲乾嘉年間，漢人漸形定居，寺廟漸多，分布稍密，故此時期以土地祠之普設爲特徵，即台灣俚語「田頭田尾土地公」是也；(3)寺廟發展期，乃道咸年間，此期村莊基礎愈形穩固安定，開拓事業大展，諸神崇祀隨之增加，寺廟林立，盛極一時；(4)寺廟推廣期，爲同光年間時代，此時文治武備燦然而具，村庄進由街肆發展成市鎮，寺廟益多，分布日廣，規模愈具，其特色有文廟、城隍廟、社稷壇、節孝祠、文昌祠等官廟與公共建築之興建，而民間也出現齋堂、家廟宗

祠、職業行神崇祀之隆盛等。[11]可知寺廟興衰與社會發展息息相關，隨著聚落機能之轉變擴展，不同性質不同主神之寺廟亦隨著有所興衰。劉氏晚年再把台灣寺廟發展分成七階段，每一個階段亦都與不同聚落發展有關，分別是：(1)遊移性試墾期：無廟；(2)成村前曙光期：草寮；(3)村落的雛形期：小祠；(4)村落的奠定期：公厝；(5)村落的形成期：小廟；(6)村落的發展期：中廟；(7)市街的成立期：大廟。[12]事實上，此種分期是不切實際的，因為台灣社會及聚落的發展未必完全按照劉氏所述的七階段一步步發展出來，眾所周知，清代台灣的開拓次序，大體是以荷蘭及鄭氏時期墾成的台灣縣及其附近一帶為中心（約今台南縣市），再分向南北兩端發展。此後整個台灣西部地區，除了丘陵山岳地帶外，大部分平地早在乾隆末期即已墾畢。嘉慶初年後，拓墾活動主要朝向丘陵山岳地帶；而台東花蓮地區則晚至同光年間清代晚期才有漢人開闢部分地帶，大致墾成更是晚到日據時期；因此整個台灣隨著拓墾活動與年代的早晚，各地聚落與地域社會呈現不同面貌，亦不一致。簡單地說，在乾隆晚期，南部台灣，諸羅與鳳山三縣的移墾社會色彩已漸消褪，轉向定居化、土著化的型態，也就是說隨著日久共同生活經驗與歷史經驗，逐步地、不斷地累積，現居的聚落組織成為生活的單位，聚落之中的人群或聚落與聚落之間的不同方言群內在分類意識已漸漸消弱，逐漸融入新的地緣團體之中，社會走向土著化，漢人社會也從祖籍分類意識裡解放出來（換句話說，從我是「漳州人」、「泉州人」、「客家人」……轉變成我是「台南人」、「嘉義人」、「下港人」……等等，直到日據時期的「本島人」、「台灣人」，說明了也反映了整個台灣居民已融成一體，形成一嶄新的地緣大團體的居

民)。但另一方面同一時期，台灣其他地區可能尚未開闢，或仍處在移墾社會中，呈現不安、不穩的社會現象；嗣後在嘉慶時期，中部彰化縣地區，而北部的淡水廳地區也大約在道光年間，才脫離移墾社會，而恆春縣及台東州地區，直到乙未割台時仍處於移墾社會階段，對台灣如此「不均衡的發展」特色，想用某一模式某些分期來說明，有事實上的極大困難度，尤其愈後來開發的地區，往往會有「跳躍式」、「加速度式」的進展與變遷，這中間若不是跳過幾個階段，直接進入下一個階段的情形出現；即是快速的，壓縮的，迅速進入下一階段，也即是說當某些地區已進入土著化的文治社會，某些仍處於豪強主導的移墾社會，寺廟對應如此的社會變化，自然也不能用簡單的、僵化的分期分型來處理來說明。在此，我們可以以花蓮地區為例來說明：花蓮開拓年代在台灣開發史上是相當晚的一個地區，移民們大多來自台灣其他地域，而且絕大部分是二次移民，甚至三次移民，因此我們不能以最初剛從大陸原鄉渡海來台的移民經驗來認知看待這批「新」移民，他們在台灣第一次移民地，多半住過一段時期，基本上可能經驗了械鬥的悲慘歲月，已疏離淡化了大陸原鄉的祖籍記憶，在人生經驗中已有了新的體會與認知，面對著「生番出草」、「拓荒初期」的花蓮地區，在在需要大量的資金與勞動力，必須重新組合墾民組織，道光七年（1827）的一份契約強烈突顯出這種新的台灣移民經驗，彼時在蓋有「南瀛泗崎公印記」的契文中有如下一段文字：「自立約之後，各宜安份守法，共相告誡，毋分你類，毋分姓氏……，凡在山後奇萊居住，即為奇萊之良民，家郭和睦，共享昇平之福」，正說明當時這批新移民已認知花蓮新天地的拓荒工作中是不能分籍貫、姓氏的，大家必須要團結

合作一起。表現在寺廟主神的信奉，少了分類的濃厚意味，也即是說一開始在花蓮地區，三山國王廟不必然是客家人才能拜的神，開漳聖王廟也不必然和漳民完全等同，而且有不少廟宇主神是從台灣當初第一次聚居地的廟宇分香、分靈過來。凡此皆可說明花蓮廟宇主神不能以分類內涵的鄉土神視之，在這新天地中，使移民們重新省思土地認同的嚴肅課題，建立一新次序新組織新社群。[13]

因此個人傾向於開拓早期用寺廟崇奉主神的象徵意義（其他廟中的寄祀神、同祀神、配祀神暫不考慮）來說明其時的地域社會會比較有準確性，舉例說明：鄉土神在商紳階層信仰活動中，較不重要，商紳主要分布在市鎮、港口等商業或文治發達地區，他們所崇奉的神明及參與的祭典活動，大都是地域地緣色彩淡薄的神明，如媽祖、觀音、地藏王、保生大帝等等。相對於農村、漁村地區，鄉土神信仰色彩自然較為濃厚，因為為了爭地、爭水、爭魚區而械鬥，他們往往藉著同鄉或同村的關係，憑藉此層勢力，透過原來同一方言或同一地域所供奉的神明，引為團結整合的象徵中心，如漳人所信奉的開漳聖王、同安人的保生大帝、三邑人的觀音菩薩、泉州人的廣澤尊王、客家人的三山國王等，這些神明在事件發生時發揮了整合號召的大力量大作用。但在此，個人要特別強調的一點是：主神信仰固然可用來區別不同祖籍移民之依據，甚至械鬥中不同祖籍移民團結的號召象徵，但寺廟主神只有附著在不同祖籍移民的分類意識上，始構成一種排外、內聚的認同標幟，一場人間的械鬥，卻牽動了天界諸神的紛擾，不免令人浩嘆。也即是說鄉土神、鄉土廟本身的存在並不是一件壞事，只有當它走向負面，才會帶來社會問題。隨著歲月的流逝，地緣意識不斷消融，與大我意識的構

成，台灣漢人社會逐漸拋棄大陸原鄉祖籍的觀念，現居地聚落組織成為主要的生活單位。所以愈到後來台灣民間信仰愈產生兩種現象：一是鄉土神信仰日趨衰退，二是佛教神、全國性神的信仰日趨普及。這其中當然是有相當複雜多元的原因，除了上述因台灣社會進入定居化、文治化原因外，藉著分香、分靈、刈香及進香等種種宗教儀式的聯結，使信仰圈不斷擴大、深化，也是一項重要關鍵因素。[14] 不僅如此，據一九六〇年所作的台灣寺廟調查，當時台灣地區四千多座寺廟所祀主神，約有二四七種。這些神明大部分都是閩粵及台灣本土性神明，而屬於中國全國性的，只有四十九種，占五分之一。但有一些在大陸各地已經式微的神明，卻仍依然普遍在台灣受到重視，普受尊崇，如三官大帝、玄天上帝、神農大帝、盤古及女媧等皆是，[15]可謂源遠流長了。而且由於台灣特殊的移民歷史背景，與政權屢屢更迭的悲劇色彩，諸神共祀一廟之情形，幾乎無一廟無之，因此才有學者區分為「主祀」、「同祀」、「從祀」、「寄祀」、「配祀」、「挾祀」、「分身」、「隸祀」等等神明譜系、配置屬性的分法。[16] 這種雜祀現象人類學者認為：此乃世俗官僚體制和社會關係的翻版，其意涵非宗教信仰的俗化，而是社會生活的神化。[17] 總之，從以上論析，可見台灣寺廟於中國大傳統、閩粵地域文化有承接、有淵源，然又自具台灣本土庶民文化特有的特色，寺廟早已成台灣社會構成之重要部分，並富有廣泛傳播影響之動力，此即台灣寺廟研究價值與趣味所在之一。

不僅如此，寺廟建築在規格形制上（如廟門的數目、殿堂的進數、高度）、廟名稱呼、裝飾規模、題材的選擇過程中，通常都會受到祭祀主神之不同所影響。如神明位階為「帝、君、王、后」者，

才可稱廟名爲「宮、殿、觀、壇」等名稱,較低神明多用「祠」名(不過,近年台灣不僅廟名隨意取用,廟門更逾越體制,由天子位階的五門擴增到七門,實在不明且不理傳統,如此胡搞一通之現象)。又如媽祖廟及水仙宮等所祀奉神明與「水」有關,在裝飾題材上都會選用與水有關的神話故事、動植物圖案等,常見者有「八仙過海」、「孫悟空大鬧龍宮」、「哪吒鬧東海」、「鯉魚躍龍門」等,而齊天大聖孫悟空之與《西遊記》,關公之與《三國演義》等故事有關,更是眾所周知。續舉門神爲例,以門神位格而言,中央爲正門神,多半繪以秦叔寶、尉遲恭、神荼、鬱壘,佛寺則以伽藍、韋馱爲主。兩側門神,一般以文官、武將、宮女、太監爲陪侍,佛寺則以四大天王、哼哈二力士爲陪侍,其中寺廟主神爲帝王后妃者才得以太監、宮女爲門神,將軍以劍童、印童爲可,但近年因台灣經濟富裕呈暴發戶心態,不遵禮制者所在多有,這就無可奈何了!

第三再由寺廟建築形制方面來看,台灣寺廟之建造自有其必然的背景與對應關係,即寺廟興衰歷程正是地域社會變動過程,彼此相互對應,如前述移民社會成型後,農業發達,農業神明登場,各村庄皆有土地公廟,靠海邊之村庄漁村,則多供奉王爺廟與媽祖廟,水仙尊王廟,此又與漁業航海有關。等開拓成熟,市街出現,商鋪林立,官方控制力也趨於穩固,此時台灣社會內部經濟力提高,土地資本轉換成商業資本,建設力量大增,有能力興建大廟,也出現許多新種類的寺廟,這種發展,很多人類學者與宗教學者曾建立一個發展模式,解釋頗爲精闢,但這些分期分階段的努力是不適合套用全台各地,尤其是還加上斷代的分期,更是加深更多不通不適與扞格難合。因此借重古建築學者的「跨科合作」、「科際整合」

是必然要走的一條路，這是台灣史研究的一條新途徑，個人期許可以因而再創新局，成為一門學科新領域，為台灣史的研究注入一股新血、新觀點、新課題、新面向；當然，個人並不是說此領域研究就可以全面的、完整的瞭解、重建地方開拓史或族群移動史，因為即使拼湊出全台數萬寺廟研究，也不一定就足以瞭解台灣史，個人所盼望的是能夠讓台灣史研究內涵增廣，論斷增強，少些歧誤而已。

　　台灣寺廟古蹟之所以可貴，是它可以凝固時間，讓歷史的某一段紀錄忠實地表達出來。這種價值可以與文字歷史互相引証，也可以修正文字記載之偏差與謬誤。[18] 偏偏其重要性向為正統史家所輕忽，或偶爾表面上發言認為重要，但「光說不練」，少見探討論述，遑論研究。當然，寺廟建築在創建後，歷經多次的增建、重修，甚至移建、重建，據粗略估計，台灣現存寺廟古蹟仍為清初原貌者不到十座，屬於清代中葉的約有二十座，清末約三十座，日據時期重修者亦不過五十座左右，真正具有古蹟價值的並不算多。[19] 這些古蹟遭受破壞而不得不重修的主要原因，略別之，不外乎：(1)天然災害造成（如地震、風雨、兵燹、火災）；(2)建材不易耐久，日久材質劣化（如光線、溫濕度、空氣污染、微生物、蟲害等）；(3)不健康心態，每隔一段時日，便要翻修寺廟，除舊佈新，才覺得香火旺盛，美輪美奐；(4)古蹟遭竊，寺廟中神像、木雕、香爐、燭台等等「古董」，或竊賣或暗中收藏。[20] 在如此情況下，倖存的寺廟古蹟更彌足珍貴，足可供旅客觀賞、庶民祭拜與學者研究。

　　台灣寺廟除可提供歷史學、人類學、社會學、民族學研究外，寺廟的規模普遍較民宅為大，所用建材亦較考究，也多是從大陸運

來，如石材多來自泉州，磚來自漳州，木材取自福州，陶瓦則來自潮汕，所用材料既碩且大，建築技術高超深奧，手法派系分明，有時連細部加工都是在閩粵完成，運到台灣，只是加以拼裝接榫湊和而已。因此寺廟建築的材料與結構（如大木結構中之棟架與斗栱）、寺廟的建築空間與形式、方位與風水、建築的裝飾，不同流派的匠師手法等等均是古建築學者專家研究探討之重要題材，也由於寺廟建築在創建修葺發展過程中一直受到社會環境轉變影響，不論是裝飾的材料、手法、題材，抑或匠師的營造技術，肯定受到當時社會文化現象及經濟發展所影響，因此在台灣也形成一批建築學者研究群，彼等田調勤、著述豐，已開拓成一門古建築史（或古蹟史）之學域重鎮，且方興未艾，惟此涉及極專業之建築史與建築學，非我等一般歷史學家所能置喙，較能共同合作研究範疇多限於寺廟史及寺廟發展背後所反映之社會經濟變遷、空間形成與裝飾藝術所呈現之民俗學中的歷史典故、演義故事與天道觀、倫理觀，及圖案美學及其中隱喻之趨吉避凶、勸誡教化的意義。反之，他如創修改建之年代、規制、背景、次數、人物與原因等等沿革考証，亦非專業建築學家所能勝任，也是我史家展布之研究空間，也即是說，建築學者偏重建築規制，對於重建整體歷史文化面貌有所不足，也許是遺忘了，也許是不擅長，大多集中注意建築表層現象，忽略了寺廟場域背後的地域、歷史、族群的脈動，過份著重建築的技術層面，忽略了其中演進的過程。總之，寺廟古蹟正有待雙方不同科際不同學域之學者專家共同合作探討。在這方面，從一九八〇年代以來建築學界研究著述成果斐然，反觀歷史學界有志者不多，十餘年來能夠長期地、專注地、持續地、不懈地投入此領域研究者，南部有何培

夫與林文龍，北部則筆者個人，實有待更多史學界同道投入，蔚成一股風潮。

最後由地理分布來看，寺廟在清代台灣，是民間文化的核心，不單是宗教信仰膜拜的地方，同時內部蘊涵了社會諸多面相，端看學者如何切入，又如何解讀，例如地理分布即是一個重要課題，在台灣地理上，寺廟的分布隨開發之先後與地方條件，顯然有相當變化區別。移民原籍當然是一項重要因素，閩人地區粵廟少，甚至沒有，反之亦然；泉人地區亦少有漳廟，反之如是。但在某些城市與村落又有所不同：如台南與彰化，由於開發早，設治早，官府掌控力量強，各籍居民混居，彼此倒能相安無事。因為台南府城為首府之區，除了有閩南、粵籍移民外，尚有福州及少數他地人士，因而市區同時有潮汕會館、三山國王廟，也有福州人所建的白龍庵。更有意思的是彰化城，西門、南門一帶有漳人建的開漳聖王廟及威惠宮；南門及東門則有泉人所建的保生大帝廟、慶安宮、元清觀；南門尚有粵人所建三山國王廟；西門內又有閩西永定客家人所建的定光佛廟，城中心還有福州人的白龍庵，從此我們大體可推斷清代的彰化城住有漳、泉、福、汕、潮五籍居民。但雖是雜處，分析寺廟的分布，仍可看出「分區而居」的形勢，反映表面上雖尚能相處無事，但彼此間分類意識的矛盾，緊張氣息還是存在的。但，並非所有城市居民都能和平共存，這也是筆者一再強調台灣的開發不是單一性、同質性，而是一種「不均衡發展」，一切現成的理論或模式並不能套用台灣各地（當然，我並不是否定仍有全台的普遍性，個人只是想強調地域的個別性與落差性）。新莊就是一例。清初北台灣的新莊原是閩粵混居，各籍移民集中的商業區、貨物集散地、吞吐

港，道光年間的閩粵械鬥，粵人失利，舉族變賣土地，遷往桃園台地。其中有一座廟：廣福宮，即粵人的三山國王廟，初創於乾隆四十五年（1780），突顯其時粵人的鄉土意識及力量，但在械鬥粵人敗走之後，廟宇乏人奉祀，日趨老舊破損，光緒八年（1882）慘遭祝融，閩人自然不搭理，後來還有賴遠在桃園、新竹一帶粵籍人士捐獻才能重建。學者尹章義在一九八○年數度調查研究，一九八五年在《台北文獻》直字七十四期發表了〈閩粵移民的協和與對立——以客屬潮州人開發台北以及新莊三山國王廟的興衰史為中心所作的研究〉大作來探討論述。如今這座古樸蒼老、命運坎坷的寺廟，仍座落在遍布泉州移民後代的新莊市街裏，替歷史作了一個忠實慘酷的見証。類似如此透過寺廟的興衰來探討漢人移民的聚落發展，以及漢人移民族群的協和與對立的變化關係，也是一個有關寺廟研究的重要課題，可惜除了上述尹氏鴻文乙篇，其他只有洪麗完的〈清代台中地方福客關係初探——兼以清水平原三山國王廟之興衰為例〉，還有筆者的歷年來十數篇研究案論文，再勉強把余光弘《媽宮的寺廟》，彭明輝《舉頭三尺有神明》兩本專書也算上（按兩書內容雖有涉及，但著重面不在此），可見此一面向，此一課題仍大有研究展布的空間。

復次，河口港或海邊的寺廟與內陸平原、山區丘陵的寺廟也有不同，港口多媽祖廟及水仙宮；內陸主要城市，幾乎都有媽祖廟及觀音廟，但澎湖及嘉南平原靠海一帶，王爺廟較多。這些現象都值得進一步探討研究。例如劉枝萬研究王爺信仰，分析王爺廟之分布狀況是：澎湖、台南沿海一帶最為稠密；嘉義、雲林、高雄沿海地帶次之；往彰化、台中、屏東，再迤向南北漸稀。但光復以來王爺

信仰建廟數量之比率漸退。學者余光弘析論其原因如后：臺灣民間奉祀王爺的原因常見的有分香、王船漂來、地方不靖奉請王爺鎮壓等等，因此早年王爺之傳播性極強，往往由於王爺船之漂來，或僅由乩童、神媒宣告王爺抵達，便在日後產生一座王爺廟。但光復以還已少見送王船之宗教活動，即使有，多採行焚化之「遊天河」方式，故海上少見王爺船漂泊，此其一。其二，近代醫藥進步，環境衛生，少見瘟疫，即時有水旱災害，也能妥善處理，因此王爺此一瘟神信仰自然不如往昔。其三，村落中早建有王爺廟或他神廟，代天巡狩之王爺蒞境期間或駐蹕本廟，或陪祀在他廟；送走之後通常不再與該村發生任何關係，因爲以上三原因，故不再另建新廟供奉，王爺廟數量漸少。[21]

再如寺廟分布的密度，粗略統計，發現以台南、嘉義、彰化、台中等縣市分布最多，密度最高，適與當地開發之年代成正比，反之，亦即反映這些地區開發較早，經濟較富裕；而花蓮及台東最少，亦說明這些地區開發晚，較貧窮的社會歷史背景，[22] 若再參以各廟創建年代，其準確度更高，也即是說寺廟創建的年代、分布與發展情形，基本上與開拓墾殖的過程與範圍有密切關聯，更可據以考證開拓之年代，開拓之人群。也就是說以個人田調經驗而言，寺廟的研究與分布，會是釐清台灣開拓史、地域社會變遷的重要烙印。將寺廟的發展沿革與地方變遷史實，相互比對分析，並進行整體性的觀察與研究，亦即是以寺廟爲基點，延伸到地域社會，觀察彼此之間互動的諸多面相，可以認識或釐清地域社會的發展變化，其中的眞實與意義。

寺廟所奉祀之主神與地理分布亦有關：如上述港口地區多有媽

祖廟、水仙王廟；因此有媽祖廟、水仙王廟的地方也多可推測，即是位在津渡區、河港區、海港區或港口都市。昔年奉祀地藏王、有應公祠廟，因祭祀鬼魂，故多位在偏僻郊區或區域的邊緣位置，或是墓葬區的道路出入口旁，因此今日之地藏王廟、有應公廟若自始即在此，並無遷建，則此廟附近多為昔年偏僻地、邊緣區，絕非熱鬧值錢的精華區地段。同理閩人為主之聚落區的粵籍廟多在邊緣地區，或是當地較晚開拓或較為貧瘠地段，淡水之鄞山寺即是一例，凡此皆可類推，不一而足。當然歷經現代化與都市化，現在區段的地形地貌與信仰變化甚大，運用時宜特別小心謹慎推敲復原。例如歷經三百年的發展，在台灣媽祖信仰已擴及內陸與都會區，原先保佑航運平安的海洋女神神能，也擴增成全方位的萬能女神，若據今日都市內之媽祖廟，便率爾宣稱此地早昔是港口區，豈不成一笑話。

要之，綜括而言，寺廟的地理位置、奉祀主神，與倡建興修的地方社團、頭人，均有牽連，構成一綿密的網絡，最後再以台南市五條港區為例說明，昔年台南府城五條港區的發展，與寺廟有深厚的互動網絡，如大天后宮、開基武廟、廣安宮等廟皆在各港汊的源頭，各港汊沿流所經地段，隨著街肆的興起，經濟富裕，而陸續興建各式樣的廟宇，諸如西羅殿、景福祠、集福祠、水仙宮、海安宮、藥王廟等，這些廟的奉祀主神或職司保佑航海平安、或醫療治病、或招財利市、或為祖師廟、或為族群廟，廟宇眾多，卻均與台南三郊有關，三郊之介入，或倡建，或修葺。整個地區與廟宇創建興修，幾乎與三郊的興衰成一正比，[23] 同起同落，經歷滄桑，台南五條港區如此，全台各地何嘗不如此呢！

第三節　台灣寺廟文獻與研究之回顧

　　在鋪陳進行本節之前，須先簡單說明一些困擾與個人看法。即寺廟古蹟的文獻與研究，往往是混在一些「宗教史」、「社會史」、「古建築史」的文獻與研究中一起出現的，使得研究學者在收集、閱讀、判讀，增加不少時間，何況這些文獻若不去閱讀實在不知其中是否有相關資料，而且某些所謂學術著作，也並不一定具有學術價值，遑論去討論。因此想對台灣寺廟古蹟文獻與研究作一全面性的回顧，事實是有極大困難的，個人私見也以為不必要，何況個人是將寺廟研究定位在「古蹟史」的範疇，相關文獻與研究相對的頗為貧乏，所以在本節個人並不打算作長篇鉅論的回溯與評價，僅挑選較具有代表性的，作一番概要回顧而已，因此只針對本土與日本學者的著述，至於西方學者著述，礙於個人淺薄見聞，只有暫付之闕如。

　　明清時代政府為瞭解地方治理全國，從中央到地方都編有方志，整理記錄全國各地之土地（耕地）面積、丁口、物產、民風、名人、職官等等，以為治理地方之參考與掌控之入門。台灣在明鄭時期，相關志書無存，目前所存留者，皆是清代所修志書，諸如《福建通志》、《台灣通志》及各廳、縣之方志與採訪冊，或志稿，目前也絕大部分由台灣銀行經濟研究室刊印成書，嘉惠士林，這已是學界共知常用之書，此處不必多言介紹。這類志書主要是由當時文人士子採訪編纂而成，扼於「雅」、「俗」、「大傳統」、「小傳統」

之成見，對於民間寺廟往往有「淫祠」、「雜祠」之心態，所記實在簡陋，我們大體可在〈祀典〉、〈祠廟〉、〈藝文〉、〈雜記〉、〈風俗〉等卷目中找到一些零星簡短的記載，這些記載多以寺廟創建興修年代、奉祀之主神爲多，雖是一鱗半爪，卻也彌足珍貴，較有價值者爲藝文志中所收輯有關寺廟之諸碑文，但是以個人多年實際從事田野調查經驗，發現志書中之碑文與實際碑文內容仍有一些出入，作研究時一定要下田野調查，不可偷懶，不可全信志書。另外一些官宦文人雅士所撰的「遊記」、「詩文集」中也可找到一些鳳毛鱗爪的片段記載，聊備一格，卻也無法忽略，棄之不閱。反之，較有價值的是外國人士撰寫的「遊記文章」，尤其是傳教士身分者，以「新奇」、「驚訝」、「異文化」之心態看待台灣寺廟，反而留下一批重要的觀察記錄與感想。這時期的文獻資料可以用「稀少」兩字來形容，當然此時期尚談不上「研究」兩字。

到了日據時期，成果豐碩，各地方街庄都編有街庄概覽，固然是研究當時各地方的重要資料，但對寺廟的記載也是粗疏，對研究之學者而言，也是聊備一格。除此，日據初期，日本殖民當局爲了加強對台灣的瞭解以便統治控制，曾從事「台灣舊慣調查」，事後，結集成《台灣私法》及《附附錄參考書》共十三冊，由於此次調查項目包羅萬象，自然有不少關於宗教與寺廟的一些記錄，《台灣私法》在一九九三年已由台灣省文獻會陳金田先生譯成中文出版，譯文流暢信實，給予研究者極大便利。另外，還有「台灣慣習研究會」發行的《台灣慣習記事》七卷（1901～1907年），也收錄不少當時民間信仰情形，省文獻會也有中譯本刊行，嘉惠學界，方便同道。這兩批資料可視爲清末日據初期的重要記載，是研究者必須留意者，

可惜就目前學者運用情形而言，仍未被重視。除此，大約在明治三十年（1897），總督府曾下令地方政府對各地寺廟做一番普查，內容項目包括廟名、建地、廟地坪數、廟產收入、建立年度、地址等等，由於稽核者頗為仔細用心，因此這次調查資料應大體可信，足以反映清末日據初期各地寺廟之概況；尤其是透過建地、廟地的坪數大小，再參考地籍圖、老照片，建築學者往往可以據此推測出寺廟的規模形制及進深開間，助益甚大。這批資料經台灣省文獻會溫國良編譯為《台灣總督府公文類纂宗教史料彙編》第一輯（明治二十八年十月至明治三十五年四月，1999年6月出版），其他年度相關宗教史料也正陸續編譯出刊至第三輯，已是研究寺廟史、宗教史必備之參考史料。

　　大體而言，日據初期，日本殖民政府的宗教政策，對台民信仰採取放任尊重的態度，以不予變動為原則，台灣總督府還下令對廟宇要保護，不可「破壞神像，散亂神器」。此政策維持了一段長時間，但在大正四年（1915）台南爆發「西來庵」事件後，加強對台灣寺廟的管理控制，開始注意宗教問題，派總督府編修官丸井圭治郎（Marni Keichrou）負責，全面調查全台各地的廟宇奉祀之神祇、創建由來、信徒、廟產等等資料，並在大正七年（1918）告一段落，且頒發命令，規定此後廟宇的創立廢止或合併必須經政府許可。爾後，每年若有新增或拆建者，逐筆更改記錄，建立了一套龐大的寺廟調查檔案，給予後來研究者的很大助力，可惜這批檔案不是燬於戰火，便是戰後流失，目前所知：南港中研院台灣史籌備處存有台中郡影本，中央圖書館台灣分館存有一九一五～一九一六年調查的台北、桃園、新竹、南投、嘉義、台南等六個廳的資料，珍

貴異常。不過，在此，這批資料的調查經過仍有詳述之必要，此次調查分三次調查，分別是在一九一五年八月至一九一六年三月、一九一六年四月及一九一七年九月至一九一八年三月，由台灣總督府民政部社寺課課長丸井圭治郎負責下，動員全台各地公學校教員、警察、宗教事務科員進行實際調查，完成各州廳的「調查書」及「宗教台帳」，然而因是第一次的大規模宗教調查，經驗不足，又沒有統一的表格，加上調查員水準不一，調查項目取捨不同，填表記載詳略不齊，甚至有直接將調查表交給寺廟自填情形，呈報資料不齊全，效果並不理想，所以大正六年（1917）總督府印製〈關於宗教調查之記載例〉為範本，頒發各廳遵行並在各廳設置專辦宗教事務人員，飭令確實辦理，這次調查大體於翌年完成，之後陸續據此編訂了《寺廟台帳》、《寺廟調查書》、《神明會祭祀公業台帳》等等龐大調查資料。由於卷帙浩瀚，查閱不易，丸井圭治郎加以摘要綜合，寫出《台灣宗教調查報告書》，可惜不知是何原因，僅出版第一卷後，即無續刊。大正八年（1919）以後，改由民政長官發表「宗教台帳異動報告辦理案」，以上述資料為基準，逐年登錄異動，成為總督府掌控瞭解台灣舊慣信仰之政策依據，此次調查項目極詳盡，有：

1.一般事項：如名稱、派別、地址、祀神、經典、建地、境域、准建年月及文號、創建、祭典、信徒、教區、僧道管理等等。

2.組織系統：如有關機關、有關宗教團體、廟祝等神職有關人員相互關係，寺廟與廟祝等人關係、職員僧道之任免待遇及

權限，管理人之選任及權限，爐主之選任及權限，培養傳教
者方法等等。

3.沿革：如主神、隸祀、配祀等神明之有關史實傳說，建置緣
起、重修有關人員之官職與姓名、起工與竣工年月，及釀資
方法等等。

4.經營之變遷：如從前經營法、現在經營法、祭費及其來源、
進款之處理條例習慣、財產收入開支、臨時收入開支、財產
及其管理之變遷等等。

5.靈驗祭典及人民信仰之變遷：如信徒崇信內容、膜拜祈禱及
其他信仰型態祭典程序等等。

6.清代官府之保護監督或壓迫。

7.其他主要事項。

8.親近或對諸神菩薩之名稱及說明。

9.有關治安及風俗等事項。

10財產：如土地、建築、金穀寶物及主要器物等動產。[24]

　　這次調查項目幾乎可以用「鉅細靡遺」來形容，可見總督府掌
控台灣傳統宗教之深刻用心，而且從諸項目中，可以明顯的看出已
參考了西洋宗教、日本宗教、本地宗教之定義與內涵，也可以知道
日府對台灣宗教已有相當的瞭解，「進入狀況」。這批資料除總督府
保存乙份外，各級行政機關，如州廳、郡役所、街庄役場都存該轄
區的副本乙份，不料總督府保存案卷燬於二次大戰戰火之中，各機
關之副本於戰後國府接收過程中，在不重視心態下於屢次搬遷中損
毀殆盡，思之令人痛心扼腕。

嗣後，總督府對台灣漢人宗教信仰之調查並未結束。昭和四年（1929）四月轉由增田福太郎負責。增田與丸井比較，著作豐富，以《台灣本島人の宗教》、《台灣の宗教》二書享名，較具備學術性與專題性，成爲「準人類學式」的調查。另外，其助手台人李添春亦有佛教與齋教方面之著述，成爲以後研究此課題的先驅者。而且日本學者的調查分類作法，影響戰後台灣宗教學者研究頗深。

　大體而言，大正元年到大正十四年（1912~1925）爲日據時代寺廟調查之高原期，此時期台灣總督府深入調查掌控台灣傳統的舊慣信仰，但並未阻撓台灣人傳統信仰，官府表面上還大力支持民間的迎神祭典、建醮活動，一則拉攏民心，二則使民心有所寄託，以免投入反抗行動，三則也可促進地方消費之商業活動，可謂一舉三得。因此此時期，各地各式祭典熱鬧鋪張，奠下以後台灣廟宇祭典所謂「大拜拜」之奢靡風氣，而且此時期廟宇大興土木，成爲一股風潮，也培養出台灣建築營造的諸派匠師。

　到了日據末期因總督府推行皇民化運動，企圖以「國家神道」取代台灣民間傳統信仰，於各鄉鎮建造大小神社外，並強力整理台灣民間寺廟，推動所謂「寺廟整理」運動，由於手段激烈且操之過急，引發強烈民怨，因此在昭和十五年（1940）總督府委託宮本延人，展開調查事宜，以爲定奪。宮本後來撰有《日本統治時代台灣にあけの寺廟整理問題》，建議官府以漸進方式處理，不要以「廢除」方式進行，「寺廟整理」運動最後也不了了之。

　日據末期的研究調查，有一項重大的突破，即不只是基於統治需要而調查研究，而是已進入學術研究的先導。其中諸如鈴木清一郎《台灣舊慣冠婚葬祭と年中行事》、岡田謙兩篇文章〈村落と家族

—台灣北部の村落生活〉與〈台灣北部村落に於ける祭祀圈〉有關祭祀圈的研究，曾景來《台灣宗教と迷信陋習》、《台灣社寺宗教要覽》等等，及根據《寺廟台帳》等調查報告書所編輯成的《台南州祠廟名鑑》等書，戰後不僅多半譯成中文刊行，也是學界研究時不可或缺的資料。除此外，像大正五年（1916）杉山靖憲的《台灣名所舊蹟志》，昭和二年（1927）的《史蹟調查報告》，昭和五年（1930）的《本島史蹟名勝天然紀念物概況》，昭和十二年（1937）原幹洲的《台灣史蹟——附主要市街史並概況、名所舊蹟》等等書冊，類似今日的觀光旅遊導覽手冊，只能作「僅供參考」罷了。此外，日據時期的報紙，也有報導寺廟活動消息，其中尤以《台灣日日新報》最具代表，這類記載，近年已經由王見川教授率領學生摘錄整理出來，正待增補出版，嘉惠學林。不過在使用報紙資料時，對於當代之活動及人事報導自然可信，但是當涉及以往之廟史時，則宜加考證後才運用，近年王氏在使用報紙資料，常患一些不大不小的誤失，或解讀有誤，或過信報紙。不容否認，這批資料對填補日據時期寺廟之活動史實，貢獻甚大，但可惜偏重在幾座大廟之報導，對一般寺廟不見得有用。同樣地，在昭和七年（1932），有一位台南市民也是攝影師（寫眞師）名徐壽者，利用數月時間，參訪各地佛教寺院的齋堂，編印成《台灣全台寺院齋堂名蹟寶鑑》一書，內容項目含括寺名、地址、創立年月、祭拜本尊佛、住持氏名、住寺人數、管理人、創立沿革、本堂概要、信仰靈驗、特記事蹟、信徒代表等等不一而足，或有或無，並無一致。此書可貴者在照片、住持履歷，及當代之人事與活動記載，至於「創立沿革」，記載簡略，採信傳說，運用時也要特別審愼小心。

以上這批調查報告書及日人所作的研究專書專文，對戰後的研究影響，可大略歸納爲四項：[25]

1. 將宗教教派由傳統的儒釋道三教之外，另立一類爲「齋教」，這一課題的研究，在近十年諸如江燦騰、王見川、李世偉、范純武、鄭志明等人努力下，已突顯出來，成爲一重要研究項目。

2. 將各廟宇主神普查並分類爲自然神、行政神、司法神等等，確立以主神性質來決定寺廟性質，並進而以主神之史實、傳說，與配祀神之關係，主神與族群、聚落成立淵源等等，爲相關研究課題，影響戰後人類學者，如阮昌銳、鍾華操、仇德哉、劉枝萬、余光弘、瞿海源、林美容等是，歷史學者有石萬壽、蔡相煇、李獻璋、溫振華等人。

3. 宗教組織，如神明會、祖公會、父母會、共祭會、祭祀公業等；及宗教神職人員，如僧侶、道士、巫師、術士等之分布及科儀、業務工作等等皆是；而民俗禮儀、建醮祭儀、與進香活動的紀錄、分析，也可歸於此項，代表性學者有劉枝萬、蔡相煇、黃文博、劉還月、李豐楙、黃美英、王嵩山、張珣、周宗賢等等。

4. 將寺廟成立歷史建構一個分期模式，這種分期觀，不僅粗糙且不適用各地各廟，但將寺廟與所在地的地域社會結合在一起，確是對宗教作社會史研究不可或缺的，此種觀念，影響戰後所有各科別的學者，幾乎無人批判反駁，研究成果端視各人研究解讀功力如何而已！

台灣光復後，直到一九五九年，才在省文獻委員會劉枝萬負責主持下，展開全省性的寺廟調查及分析，於一九六○年發表在《台灣文獻》十一卷二期，出於在當時算是較新較完整豐富的資料，故以後被許多研究者所引用作爲依據。

　　依據這批資料，再參以各縣市志書與《台灣寺廟名鑑》（1967年漢興出版社出版），一九七一年《台灣省通志》〈宗教篇〉列印成「台灣省寺廟一覽表」，依照縣、市、鄉、鎮、區依次劃分羅列各行政區域中的寺廟名稱、主神、教派、創建年代等等，資料筆數的確比劉文所列較多，但坦白地說，可供參考的少，卻又不能不看過一遍。

　　反倒是大約在一九六○年代，有謝石城、陳清誥二位先生憑一己之力，從一九六○年五月起著手採集全省寺廟之沿革資料，彙編爲《台灣省高雄縣市寺廟名鑑》、《台灣省台南縣市寺廟大觀》、《台灣省嘉義縣市寺廟大觀》及《台灣省雲林縣寺廟文獻大觀》四書。作者自敘曾參考日據時期之寺廟名鑑及寺廟台帳外，並曾參考光復後新編之各縣市志與清代日據時期舊志，加上實地採訪，納入廟寺古區碑文，又得吳新榮先生之指導，此四書眞有一新耳目之感。諸書除了基本廟史沿革、神明由來外，尚含括寺名、地址、奉祭神明、祭典日期、創立年代、當家住持等等，大體周全無漏，令人訝異佩服的是書末有技藝介紹與藝術介紹，除介紹兩位印製排盤師傅外，兼及諸多剪黏師傅略傳，對於台灣建築史、美術史之研究有莫大助益，二人眼光已能注意及此，可佩可敬，可惜對於廟史沿革之記載，錯誤不少，或誤信傳說，或干支年號錯誤等等不一而足，使用仍宜考證運用。總之，可信者，有用者仍偏向當代之人事

概況及組織。此四書因印數不多，流傳不廣，亟待有心者早日景印出版，嘉惠學林。

到一九七五年台灣省民政廳編印《台灣省各縣市寺廟概況表》，顯然輾轉抄襲《省通志》的〈一覽表〉，再加上一九七七年的台北市民政局編印的《台北市寺廟概覽》，勉強在地區上「湊成」全台灣，但資料筆數遠少於上述諸資料，也是僅供參考。一九八二年省府民政廳又出版《台灣省各縣市寺廟概況表》，依樣葫蘆，例行填表，成效可知，由於這些全是政府機關的統計資料與行政作業，調查工作是循行政體系一層層下令，再一層層填報上去，精確性可想而知了。更糟糕的是，某些民間出版社出版了一堆所謂的《寺廟概覽》、《寺廟大全》、《寺廟全集》，大都抄襲上述資料，加以重排而已，魚目混珠，貽害學子。總的來說，這批官方資料的缺失，已有學者指出三點：(1)遺漏，許多大小寺廟因各種原因未被列入檔案；(2)未對寺廟的重要性（如大小規模、香火是否興旺等），加以衡量區分；(3)強做不貼切的教派區分。[26] 因而針對單一寺廟，或小區域的分析研究，必會導致許多錯誤的結論。不過，雖然精確性仍然不夠，至少某些大的發展趨勢應該是可以呈現出來的，余光弘據此分析寫出〈台灣地區民間宗教的發展──寺廟調查資料之分析〉，已是研究台灣民間宗教必讀的一篇論文。

大約在一九七〇年代，一個私人的所謂「全國寺廟整編委員會」，依神明不同，出版了《王爺》、《天上聖母》等書，偶有可觀，尚具參考價值。之後，自立晚報出版社，仿其意亦出版了一套《台灣寺廟文化大系》，題材重複老套，水平不高。此外，類似出版品尚多，價值不高，茲不介紹。

近年較值得注意的資料有五：(1)寺廟史：近年有些香火旺盛，頗有資產的寺廟執事，懂得委請學者主編撰寫廟志，水平普遍提升，其中如蔡相煇《北港朝天宮志》、黃有興《澎湖馬公城隍廟志》、王見川《台南德化堂史》、高志彬《大里慶雲宮志》等等，皆具有代表性。(2)古蹟調查研究及修復報告書：依照〈文資法〉規定，古蹟維修前需作一調查研究及修護計畫，因此近二十年，台灣寺廟古蹟出版了不少調查報告書，個人近十多年亦在從事此類研究報告，這批報告書由於需經過至少三位（正常都是5~7位）學者專家的期初、期中、期末三次審查修訂，因此普遍水平頗高，但可惜印製成書數量不多（約250本），且未公開發行，只是寄贈相關主管機關，或透過私人交情索得，學者都不易獲得，何況一般大眾。(3)祭典記錄：由於台灣史成一門顯學，近年宗教領域研究正日漸火熱，過去為學者輕忽的祭典科儀，逐漸受到重視，遂有完整的記錄分析，其中如早期劉枝萬的《台灣民間信仰論集》，《中國民間信仰論集》，有關台北市松山、桃園縣龍潭與中壢、台北縣之中和與樹林、台南縣西港等地醮儀有所記錄與研究，為七〇年代台灣道士團、醮場內外及內容作一記錄，至今仍是中外道教研究者所佩服尊崇。近年則以李豐楙《東港王船祭》、《基隆中元祭》、陳丁林《蘇厝長興宮庚辰科瘟王祭》及黃文博對於南部一系列的王爺信仰、陣頭、祭典調查紀錄、分析研究，較受矚目。(4)各縣市文化局出版品：近年來各縣市文化局積極委託地方文史工作者或學者專家從事行政區域內的寺廟調查，或專題性的研究，又或逕自出版相關地區之博碩士論文，其中如新竹市文化局之《新竹市都城隍廟建築藝術與歷史》、《老城隍、新新竹》、《新竹市佛教寺廟藝術之研究》、《新竹市三廟

宇的藥籤分析》、《新竹市佛門人物》、《新竹市的媽祖信仰》,澎湖縣文化局之《澎湖的廟神》、《澎湖宮廟小法的功能》、《澎湖群島的聚落、村廟與犒軍儀式》、《澎湖的五營——以空間角度來看》、《神、祖、靈、鬼之性質及地位對澎湖祠廟空間之影響》、《澎湖寺廟雕刻藝術專輯》、《澎湖三宮殿文物圖錄》……等等皆是,亦可見寺廟研究內容之豐碩性及跨科際的必要,在此僅舉二縣市出版品為例,其他縣市出版品,茲不贅。(5)地方文史工作者單篇零縑調查文章:十多年來台灣各地因本土化、社區營造運動之影響,出現一大批所謂地方人士成立「工作室」,展開各種鄉土調查與導覽,調查成果有發表者,有未發表者,有結集成書者,有零縑單篇者,極不易搜羅,其中良莠不齊,卻又不能忽略,因為其中偶爾會出現一些史料性與價值性極高的田野調查資料。

　　總之,戰後初期受限歷史學術環境的影響,多是延續日據時代的寺廟調查,偏重在寺廟與主神淵源的普查,所作的調查報告趨近觀光旅遊報導,學術價值不大,林衡道的諸多著作(如《台灣勝蹟採訪冊》七冊)即是一典型例子,但我們也不容否認是他開啟帶動古蹟研究調查之風潮,其「但開風氣不為師」的貢獻,影響深遠。另一較為特殊例子的是洪敏麟《台南市市區古蹟調查報告書》與石萬壽《嘉義市史蹟專輯》二書樹立一絕佳典範,但也僅止此二本,洪氏、石氏也未再針對此課題繼續努力。此外有些人類學家,如劉枝萬、李亦園、許嘉明、阮昌銳等人,對台灣漢人社會進行人類學的調查研究,側重於鄉民社會的宗族、儀式與祭祀圈的調查。約在一九七○年來,民間信仰研究突然熱絡起來,有不同學科者從不同領域紛紛投入研究,對民間信仰才有較整體的認識,才不以「迷信」

心態視之，也開啓了多面向的研究。不過以上這些學者的研究調查著述，以嚴格學術定義而言，不屬「古蹟史」範疇，絕大部分應歸類「社會史」、「宗教史」。真正「古蹟史」的調查研究應從一九八二年五月二十六日公布之《文化資產保存法》六十一條後始，開始委託專家學者所作的一系列的古蹟調查研究及修護計畫報告書，但由於這些都僅是個案的研究，雖也取得不少成果，但尚未加以組合會通，建立理論體系，因此目前古蹟史研究特質，以個人看法而言，約略有四：(1)起步晚，歷史淺，尚有待建構成一獨立單獨學科領域；(2)所作研究均過於偏重建築部分，歷史的意味少；(3)與「宗教史」、「社會史」重疊交集部分頗多，形成糾葛不清情形，歸類頗難；(4)偏重「應用研究」，缺乏「理論研究」與「學術研究」；(5)調查研究報告，雖有畸輕畸重現象，但另一方面卻也建立開啓不同學科學者跨科際合作的良好示範。在此必須面對比較嚴肅的一個問題是：「古蹟學」是否可以成爲一門獨立的學科？如果答案是可以的，其理論應是如何？其體系應該如何？這些目前都未見有論文探討，尚亟待有志者努力共同建構闡釋，統攝成一門學科。

本節末了，個人想對寺廟文獻再作一補充。除了上述文獻資料（個人習慣稱之爲「顯性文獻」），尚有一些「隱性文獻」，如教會會報、金石碑刻、家族譜、文書契約、分家鬮書、私人日記、筆記、書信、商書、老照片，這些被稱爲隱性文獻的原因是因不知彼是否有寺廟資料，光從性質內容與表面書名篇名實在看不出與寺廟有關，不去仔細閱讀是不可知曉是否有關，而且往往閱讀完全書，卻未發現任何有用資料，所在多是。偶爾有所發現，卻有著很高的史料價值。舉個例子說明：《水竹居主人日記》共二十八冊，始於明

治三十九年（1906），止於昭和七年（1932），其中數年有殘缺。日記主人爲張麗俊，豐原下南坑人（1868~1941），由於他擔任過保正一職，在日記中逐日記載了保正的工作業務，是目前所知全台唯一的保正個人資料，日記中還記載了豐原的產業、公衛、娛樂等生活社會資料，日記中居然記載了豐原慈濟宮的翻修經過。慈濟宮創建於嘉慶十年（1805），至大正六年（1917）大加翻修，於昭和十一年（1936）竣成，前後十九年，耗資四萬日元，張麗俊擔任修繕總理，始終參與其事。他在日記中記錄了修繕會的開會內容、材料的購置、募款的辛勞、匠師的聘請，乃至於後來豐原街長的干預，及管理人制度的設立，成爲瞭解慈濟宮修建歷史的一件重大史料。[27] 因此如何透過今日寺廟留存的碑、匾、聯文的落款人爲線索，去追尋其相關的族譜、日記、老照片、及相關人物生平傳記，成爲治寺廟古蹟史的一條重要信息與管道。

餘如匾聯碑碣與老照片，皆是今日學者作研究時必須注意的史料。老照片部分，一九八七年台北藝術大學受行政院文建會委託承辦「台灣地區老照片資料蒐研計畫案」，在台灣各鄉鎮連續三年針對刑律、軍政、運輸、產業、風物、營繕、民生、教化、藝文、禮俗、原住民等主題，蒐集了近三萬張的台灣老照片。並在兩千年參加行政院國科會，以「迎向千禧——加強人文關懷爲主軸的跨世紀科技發展方案」，完成「台灣老照片數位博物館」之建置。不過這批老照片用在古蹟史的研究，有關建物圖像如何判讀詮釋，恐非近年某些自居影像史家者流所能擔任，仍有賴古建築學者之協助，甚至主持解讀。

匾聯部分，已有省文獻會鄭喜夫主編之《光復以前台灣匾額輯

錄》，蒐羅豐富，分類編目（或索引）則有待商榷，錯誤疏漏亦所難免。最可嘆惜者是林明德的《台灣金馬地區匾聯調查研究》，厚厚一鉅冊，蒐羅尚可，卻無匾額的落款人記錄，只有落款年代，此一幾近無常識的調查報告，浪費公帑，莫此為甚，可嘆亦復可笑。至於碑碣部分已自一九九〇年七月至一九九九年六月，歷經九年時間，由成大教授何培夫完成台灣地區的採拓碑碣工作，並普及金門與馬祖的碑碣。該計畫共計採拓兩千多件古今碑碣，並且記錄了近代碑碣四千多件基本資料，台灣分館典藏上述所有拓本，用以珍藏保存外，同時編印《台灣地區現存碑碣圖志》，加上《金門、馬祖地區現存碑碣圖志》，共計十七鉅冊，採圖文並照方式刊印，蒐羅全，校對精，是學者研究寺廟之一大利器，不過為保險起見，仍應實際到現場下田野作調查，尤其是匾聯部分。

　　總之，寺廟古蹟文獻散處各地各書，宛如沙裏淘金，如何摸索搜尋，已是一門耗時費精的大功夫，至於蒐集到之後，如何運用？又如何解讀？在在考驗著學者專家，是淺嚐即止，還是據案大嚼，正所謂「深者見深，淺者見淺」，端賴運用者明察，至於能否吃出品味，成一大家，則完全看個人的興趣、功力與天份了！

第四節　理論、方法與原則

　　古蹟的保存、研究、修護、再利用等諸項課題，在台灣出現興起，也不過是近二十年事，如果企圖將它獨立成一門新的學科，它必須面臨一個重大問題，即其理論體系如何建構？根據《文資法》

第三條解釋所謂文化資產包括古物、古蹟、民族藝術、民俗及有關文物、自然文化景觀等等，光是牽涉學門與涵蓋範圍已非常廣泛，其中隨手舉例，就已有建築、歷史、考古、人類、藝術、民俗、宗教、戲劇、動物、植物、地質、軍事、教育、風水、都市計畫……等學問與學科，這裏我們不想牽扯其他，只專門針對「古蹟」，鎖定主題焦點。但光是「古蹟」就含括龐大，《文資法》對「古蹟」所下的定義，指古建築物、遺址及其他文化遺跡，又細分為：城郭、邊塞、市街、宮殿、衙署、書院、宅第、寺塔、祠廟、牌坊、陵墓、堤閘、橋樑及其他建築物。第四條並加入遺址、即指居住、信仰、教化、生產、交易、交通、戰爭、墓葬等人類活動舊址，可以想見學者、研究人員如果不是來自相關專業學科，很難適應周全，更不必奢談「研究」二字。因此這門新學科便不免涉及「全面」與「重點」兩個層次的問題，也就是說個人雖有「全面」性的企圖，扭於學識功力，不得不採取「重點」性的處理，因此將焦點鎖定在「寺廟古蹟」此一場域，此一課題，而且僅僅是將之視為傳統史學闢出一新領域、新課題而已！

古蹟在中國傳統觀念是與「名勝」並稱，從日月星辰、風雨雷電、山川河流、花草樹木、到佛寺道觀、歷史遺跡、農耕魚樵、民房炊煙、凡涉及古人古事，都能列為「古蹟名勝」，成為自然景點或人文景點，有些是根本不存在的，但附會傳說、神話，也不免為人津津樂道，一樣遊人如織，傳頌不已。當然，我們不能否認，其形成原因與當地的資源開發、文化建設息息相關，也確實包涵了深厚的文化底蘊。但今日，在台灣，「古蹟」一詞，其名雖舊，其義維新，已被學術化、規範化、系統化，非古老傳統的「古蹟」含意

了！

　　學者尹章義曾撰文指出古蹟史實研究的重要性，說明古蹟史是特殊史學，與一般史學有極大差異，因為：(1)古蹟不僅是實體的歷史，史蹟本身也是具備有機的功能；(2)古蹟史是自興造至今不可切割的歷史；(3)古蹟史必定與當地的自然景觀、人文景觀相結合；(4)古蹟是實體的歷史，要研究古蹟史，必須從事現地調查、蒐集史料。[28] 這裏，個人也想提出四句話來形容古蹟史研究的特質與原則：「引經據典，立足田野，析論意涵，突出實用。」

　　誠然！古蹟是實體的歷史而不是文字的歷史，它是人類活動的遺跡，也是歷史文化的見證，而且是可見、可感，可觸、可及的實體歷史。表面上靜態無言的古蹟，就像一部活生生的空間演進史，它所刻劃的，不是單一時代的痕跡，而是歷經諸代浩劫後，所呈現的目前最終現狀，是一種來自不同時代人類生活行為凝聚而成的集合表徵，它不僅有長年歲月的滄桑陳跡，也是時間與空間交互作用下累積生活內涵的演化結果，參觀研究古蹟，需要結合資料與實物的交互印證，透過記錄與實証交疊的展布，宛若走入時光隧道。對史學工作者而言是一種新的挑戰，也是一種樂趣。

　　職是之故，個人選擇了「寺廟古蹟」作為研究範圍，其原因可見前節「台灣寺廟古蹟研究之價值與意涵」，而此節也可視為理論，因此在本節不擬贅語重複。

　　由於古蹟是一「歷史現場」，是一實體歷史，必定附著於土地，因此研究古蹟史必須從事田野調查蒐集，尤其寺廟古蹟至今日縱使香火寥落，仍然在使用著，仍是活動有機體，仍然不斷沈澱記錄歷史文化。要調查收集寺廟史料，不外乎從下列三方面著手：(1)已知

刊印的文獻資料；(2)田野調查的搜尋；(3)口述訪談廟中執事、當地耆宿或文史工作者。根據個人多年經驗，口述訪談，徒增加一些逸聞、神跡、傳說外，對一些關鍵性問題幫助不大，多半無功，不過倒也可據此瞭解一些「集體記憶」的心態，或據此再輾轉追尋其他資料，總之，口述訪談資料屬於「文學性」的性質多，「史學性」的助益少。以下就專門針對寺廟田野調查一項作經驗談的舉例歸納。

寺廟古蹟的主體當然指的就是建築物與諸神明。不過建築形制、匠師手法、材料、雕塑風格形貌等等都不是我們一般史家所能解讀，這有賴建築學家合作，我們史家所能解決的，也是調查應注意的地方，即是所有有文字紀錄的部分都要記錄、拍照存證。例如：

1. 木結構部分，匠師偶爾會留下姓名、年代的紀錄，可說明施工年代及匠師流派。
2. 彩繪之文字或圖案，絕大部分都會留有干支年代，偶有作者署名，說明該年有彩繪修繕之工役。
3. 神龕、神桌、香爐（尤其是石香爐）多少也有年代及捐獻信徒名字，若干某些社團的落款，價值更大，可以據此瞭解該廟神明會之組織，或地域社會的社群組織，及其成員之名單。
4. 門柱礎、柱腳、匾額、石雕偶爾會留有干支年代。

以上這些可供作寺廟修建歷史之年代參考，但運用時要注意一條原則：凡可輕易移動者（如神桌、香爐）不可遽信，須加以考證

研判後才可採信。寺廟中對研究者而言，最有價值者應是匾、聯、碑三者，不僅是歷史見証也是人文紀錄，不過近年不斷發現有仿冒偽造者，其真假及內容考釋，正挑戰著學者的見識與功力。這些仿冒作品，有些經研判是假的，便被某些學者棄之若敝屣，似乎毫無用處，其實這也未必儘然。這些仿冒作品仍應細分為各種情況，加以剖析運用，不儘是無用。以個人多年經驗，這些仿冒品應分為三種情形：(1)偽製：即完全無中生有的假造來自抬身價，虛長年代。(2)仿製：即原來確有此匾此聯，但因為某種原因損毀殘缺或佚失，事後加以仿製。仿製時可能記憶失真或技術不良，導致干支年代或人物官銜錯誤，變成偽劣製品。類似此種「仿製品」，不必因其是假的，遂棄之不顧，徒然放棄一條重要資訊。(3)重製：即完全按照原樣重製，但因材質或色彩過新，一看即是「假的」，遂棄之不用，未免可惜。(4)拼製：譬如台南市延平郡王祠內之「太妃祠」與「寧靖王祠」原留有沈葆楨親題之對聯，不料日據中二祠對聯各毀半聯，「太妃祠」原聯是「石井滿腔血，瀛台寸草春」，毀上聯，「寧靖王祠」原聯是「鳳陽一葉盡，魚貫五星明」，毀下聯；結果不知那位管理人士，突發其想，將兩腳殘聯湊合成一對聯懸掛在「寧靖王祠」裏，成為「鳳陽一葉盡，瀛台寸草春」，乍看之下還滿工整貼切的，不知誤導了多少人，後經成大教授黃典權糾舉建議，藏諸倉庫有年矣！這些例子，說明了縱使是仿冒偽製的，仍須細分各種情況，加以采擇運用，不必儘然棄之不顧，更不可深信不已，這些都要在訪談時仔細詢問，也要端視研究者的國學基礎與治史功力的高低深淺去研判。

資料既經搜羅採訪，下一階段就是研究撰述，其研究方法不外

乎一般史學方法中之考證、歸納、演繹、比較、商榷、綜合等等，讀者大可參見本書以下諸章，茲不縷析細述，在此謹提出幾條原則以供個人及同道期許與勉勵：

1. 由於十多年來個人研究每一座寺廟係採個案式探討，務求不侷限在某一主神、某一地域，也不集中在某一階段（時代），而是全面性宏觀性地探討，求能貫串傳統與現代。
2. 研究方法有觀察有歸納，有宏觀又有微觀，能統合理論與方法。
3. 放大視野來研究考察寺廟古蹟豐富的蘊涵，而又不濫套理論，又要詮釋清楚明白，更要還原史料背後的歷史原貌。尤其對零碎而難解的寺廟文獻重新加以審視，重新整合，做出新的解讀和分析，從中概括出新的課題與論述，提昇出新的理論，盼能為台灣史的研究提供更寬廣的基礎和學術源泉，進行整體性、全貌性的深入研究、分析與透視。

總之，個人期許這些研究論文，能有組合有創新，有發揮又有承襲，但盼日後能提供自己或同道以此為基礎，做進一步的區域性、整體性的研究，展現更豐碩的研究與論述成果。回顧這十多年的腳步，真有溯前無人可依，思後則無事可準之感，知我罪我，也在所不計了。

註釋

1 康豹〈日治時期新莊地方菁英與地藏庵的發展〉,《北縣文化》64期（2000年8月）, p.97。

2 見筆者在該次會議發表的〈嘉義城隍廟的史蹟研究〉,《台灣史國際學術研討會社會、經濟與墾拓論文集》, p.143。

3 詳見陳小沖《台灣民間信仰》（廈門,鷺江出版社,1993年12月）,〈前言〉, pp.1～4,第1章〈台灣民間信仰的歷史淵源〉, pp.1～32。

4 詳見李亦園〈台灣民間宗教的現代趨勢〉,《文化的圖像（下）——宗教與族群的文化觀察》（台北,允晨出版社,1992年）, p.119。

5 詳見Prasenjit Duara, *Culture, Power, and the State: Rural North China, 1900~1942*(Stanford : Stanford University Press, 1988)亦見中譯本,王福明譯《文化、權力與國家—1900~1942年的華北農村》,南京,江蘇人民出版社1994年。P. Duara（杜贊奇）提出「權力的文化網絡」（或譯「文化權力網絡」）的概念,來說明十九世紀以來華北地區國家政權與地方社會如何整合。例如在中國,類似水利組織的職務、祭祀、政治、經濟性的各種等級制度（hierarchical organization）,和親朋、鄉紳等非正式的關係網絡（networks of informal relations）,以及帝國的行政機構相互作用,共同形塑鄉村的政治、經濟、文化生活。他又以河北省刑台的水利管理組織——閘會為例,來說明文化網絡的特點：(1)文化網絡內部的各種因素互相牽連；(2)各種組織的權力資源互相混合；(3)在各種組織將龍王信仰引為己用的過程中,可以看到各方不同的利益和訴求交互形成鄉村社會的權威代表。在此,個人只是借用其概念,將「水利組織」轉成「寺廟」,也即是說,地方

仕紳望族、寺廟（或宗教信仰中心），與國家政治權力，三者之間呈現密切的互動關係。但這並不是說我只將「寺廟」視爲清代台灣地域社會文化權力網絡中唯一的，或主要的鈕帶中樞。事實上，個人認爲在文化權力網絡中，何者才是主要的，何者是次要的，因地因時因人，端視個案而論，其中大有討論之空間，不可一概而定，否則又成濫套現成理論。有關杜贊奇相關論點之評論可參考：康豹、陳世融等人〈地方社會的跨學科研究讀書會〉，《史匯雜誌》3期（1999年4月），pp.135～164。

6 以上參見：(1)張仲禮著，李榮品譯《中國紳士——關於其在十九世紀中國社會中作用的研究》（上海社會科學院出版社，2002年1月4刷）；(2)張仲禮著，費成康，王寅通譯《中國紳士的收入》（上海社會科學院出版社，2001年1月1版）；(3)蔡淵絜《清代台灣的社會領導階層（1684～1895）》，台灣師範大學歷史所碩士論文，1980年；(4)康豹"Temple Cults and the Creation of Hsin-Chuang（新莊）Local Society"，《中國海洋發展史論文集》7輯（南港，中研院社科所，1999年），pp.735～798。

7 詳見王必昌《重修台灣縣志》，台銀文叢第113種，p.69。

8 詳見拙著《清代台灣的商戰集團》（台北，台原出版社，1999年1月3刷）。

9 詳見蔡相輝《台灣的王爺與媽祖》一書內容（台北，台原出版社，1989年）。

10 詳見余光弘〈台灣地區民間宗教的發展——寺廟調查資料之分析〉，收入於瞿海源《台灣宗教變遷的社會政治分析》（台北，桂冠圖書公司，1997年5月初版），pp.603～607。

11 詳劉枝萬〈清代台灣之寺廟（一）〉，《台北文獻》4期（1963年6月），pp.101～120。

12 此爲劉枝萬在南港中研院民族學所〈南投縣寺廟與祭祀圈之研究〉之演講

稿,並未刊行。轉引自林美容《鄉土史與村庄史——人類學者看地方》(台北,台原出版社,2000年9月),p.111。

13 姚誠《洄瀾神境——花蓮的寺廟與神明》(花蓮,花蓮縣立中心,1999年6月)〈前言——花蓮縣漢人公眾祭祀空間普查的基礎理念〉,pp.8~10。

14 詳見余光弘〈台灣地區民間宗教的發展——寺廟調查資料之分析〉,收入於瞿海源《台灣宗教變遷的社會政治分析》(台北,桂冠圖書公司,1997年5月初版),pp.579~629。

15 林衡道《台灣寺廟大全》(台北,青文出版社,1974年),p.32。

16 這種分法最早似乎是日人鈴木清一郎提出,以後增田福太郎再予以呼應,並作略微簡化修改,如今已成治台灣史的共識與常識了。

17 見陳其南〈宗教信仰與意識型態〉,《婚姻、家族與社會》(台北,允晨出版社,1993年),p.147。

18 李乾朗《台灣的寺廟》(台中,台灣省政府新聞處,1986年6月),p.19。

19 李乾朗前引書,p.20。

20 莊芳榮《古蹟管理與維護》(台北,學生書局,1983年11月),pp.29~56。

21 詳見余光弘〈台灣地區民間宗教的發展——寺廟調查資料之分析〉,收入於瞿海源《台灣宗教變遷的社會政治分析》(台北,桂冠圖書公司,1997年5月初版),pp.607~610。

22 李乾朗前引書,p.17。

23 詳見范勝雄〈府城西城故事〉,《府城叢談》(1)輯(台南,日月出版社,1997年11月),pp.49~63。並參見楊秀蘭〈清代台南府城五條港區的社會民俗與信仰〉,收錄於《台灣史蹟研究會91年會友年會論文選集》(台北,台北市文獻委員會,2002年10月),pp.93~107。

24 劉枝萬〈台灣民間信仰之調查與研究〉,《台灣風物》44卷1期(1994年3

月），pp.21~25。並見彭明輝《舉頭三尺有神明》（台北，台北縣立文化中心，1995年5月），pp.59~60。

25 張珣〈百年來台灣漢人宗教研究的人類學回顧〉，收輯於張珣、江燦騰合編《當代台灣本土宗教研究導論》（台北，南天書局，2001年6月），pp.207~208。

26 余光弘前引文，p.581。

27 見2002年12月16~18日，國家圖書館漢學研究中心舉辦之「地方文獻學術研討會」中，許雪姬報告論文〈由《水竹居主人日記》看張麗俊與豐原慈濟宮的翻修〉。

28 尹章義〈研究古蹟史的目的與方法〉，《台灣歷史研究法大綱》（台北，台灣史蹟源流研究會，缺出版年月），pp.39~40。

第二章
淡水龍山寺——
淡水社會經濟變遷的見證者

第一節　台灣龍山寺概說

　　台灣創建於清代的「龍山寺」，目前所知僅有五座，是否均分靈自泉州安海鎮的龍山寺，因史書記載不明，不可得知，但其中確切可知者爲艋舺的龍山寺。

　　泉州在清代轄有：晉江、惠安、南安、安溪、同安等五縣，安海位在晉江縣南方近海處，是個港口。據《安海志》記載，龍山寺又名天竺寺，爲東漢高僧「一粒沙」發現某株異樹神木，請工匠將其砍伐，雕成一尊千眼千手佛，至隋代越王皇泰年間（618～619年）才興建了龍山寺奉祀此佛尊。該寺經歷代重修，現存建築則是康熙二十三年（1684），由靖海侯施琅等人捐資大修時的遺物。文革時遭逢劫難，幸近年又陸續修復。今存寺院，主建築分爲前殿、正殿和後殿。寺前有半月池，山門兩旁華表高聳。周圍牆壁，庭院中間，天壇高築，兩旁廊廡連通。正殿上下二層，前後殿宇，兩側禪房僧舍鱗次櫛比，全寺宏敞雄偉，疏落有致。[1]

　　龍山寺的信徒主要是泉州的晉江、惠安及南安等俗稱「三邑」人士，由於地理位置的影響，安溪偏西北，同安偏南，與安海有山嶽阻隔，兩地人士較少信仰，雖說觀音信仰爲中國普遍信仰，但在泉州仍有強烈的地緣色彩，也即是在清代台灣仍以來自三邑人士才較有可能建造「龍山寺」。

　　在台灣的五座龍山寺中，以台南大東門外的龍山寺，可能創建最早，約在雍正年間由里人公建。曾於乾隆年間重修，日據時因拓

路而遷建現址，近年又以水泥修繕，已失舊貌，未列入古蹟。艋舺
龍山寺初建於乾隆三年（1737），嘉慶、同治年代迭有修建。至日據
時期大正八年（1919）聘請名匠王益順主持改築，而成今日規模。
大殿在二次大戰末期遭炸毀，光復後再予重建，於一九五七年完
成，此後仍有小型之修繕與添建，而成今貌。鳳山龍山寺或創建於
乾隆初年．歷經嘉慶、道光、同治年代的修建，至日據時期兩側護
室一度改建，周遭景觀也因市區改正計畫，寺前橫闢一條道路，視
野大開。光復以來的修繕為局部性的，未全面大修，古物幸得保
存，成「兩殿夾拜亭，外帶左右護室」式的平面格局。鹿港龍山寺
初建於乾隆五十一年（1786），其後迭有修建。目前格局寬宏，前殿
寬七開間，後帶戲亭。大殿居中獨立，前帶拜亭。戲亭內置八卦結
網，是台灣建築史上的佳作。[2]

　　綜觀台灣這幾座龍山寺，平面格局不盡相同，材料亦有別，且
與祖廟安海龍山寺也不同，呈現不同時期的建築風格，及不同地區
背景影響，形成每一座寺廟獨特風貌。然而不同風貌中，仍舊突顯
著泉州匠師的共同特色，即木結構及斗栱技巧成熟，用料較細，栱

龍山寺拜亭

身較平，瓜筒較長。另一共通特點，即是初建時都選擇在市街的邊緣或郊區，如台南龍山寺在東門外，艋舺龍山寺在新店頭街南郊，鹿港龍山寺在五福大街南郊，鳳山龍山寺則在面臨出東門的下橫街尾，這些地理位置似乎反映屬於佛教的龍山寺，有性喜幽靜的傾向。[3] 較為特殊的是位居鬧市之中的淡水龍山寺，亦即本章論文的主題所在。

眾所周知，台灣寺廟除純粹宗教功能外，尚具有強烈其他世俗之功能與色彩。清代台灣社會，因台島荒蕪初啓，天災疫害頻仍，加以官府力量薄弱，兵燹屢屢，民間互助合作之風氣特盛，常有結社組織，多由同鄉、同族或同業組成，以共同信仰神明為中心而結合，因之促成寺廟之興建發達。故台灣廟宇不僅是民間信仰中心，同時也成為聚落自治及行會自治中心，兼具自衛、自治、涉外、社交、教化、文化、娛樂、藝術等等多元化的社會功能，舉凡地方之治安、產業、交通、教育、聯誼、藝文、娛樂⋯⋯等，莫不透過寺廟以推行，因此從某一角度來看，台灣寺廟（尤其是公廟或閤港廟）實為台灣基層社會的一個村際組織。

而寺廟從起初因陋就簡，或掛香火於田寮、公厝、住屋，以後釀資粗造小祠，乃致集資創建大廟，以為答報神恩。每次興建、修繕、更替，一方面反映寺廟自身的歷史沿革與發展軌跡；二方面反映主其事者，透過內部運作，按其期望角色來表現，因此寺廟每次的修建，不僅只是寺廟機能的擴充，或是外觀樣式的改變（或是兼而有之），多少也是內部派系角力運作下的改變；三方面則反映當時社會、經濟、政治、文化等的變遷。也即是說，寺廟歷年的興建修繕，不能只是視為幾個單一事件的沿革，而必須放在整個社會變遷

中去考察，寺廟為配合當時社會環境之發展，除了調整運轉其功能
變化外，也必須不斷修建擴充，否則即會因建物狹隘老舊，導致香
火沒落或荒廢冷落，慘遭淘汰。因此，本章擬就以淡水龍山寺為
例，透過其歷次興建修築來考察探索當時社會環境的變遷發展。

第二節　淡水早期之開發

　　淡水古名「滬尾」或作「虎尾」、「扈尾」、「和美」與「滬
美」，地名之起源歷來有四說：(1)滬魚說；(2)雨尾說；(3)石滬說；
(4)原住民社名說，曾經爭論多時，至今大體得一結論，即係早先在
此居住之原住民平埔族「Ho-Be」社之譯音。[4]

　　淡水之地名在明朝已散見諸文獻，亦有倭寇至此地侵擾採金之
傳說，但均是短暫通商往來，並無土地之開墾建設，淡水真正開拓
應是西班牙東來，占領雞籠、淡水後之事，也開始有確實之歷史紀
錄。崇禎二年（1629）七月，西人入淡水港，築城取名為聖多明哥

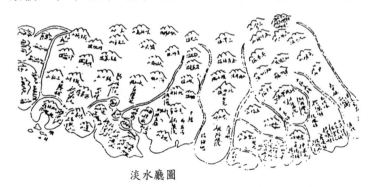

淡水廳圖

資料來源：《台灣府與圖纂要》（第三冊）

城（San-Domingo）。更溯淡水河至台北平原，沿河開路通基隆，並發展傳教事業，廣事經營，作久居之計。[5]當時淡水地區爲平埔族凱達格蘭族（Ketagalan）棲息範圍，彼聚落有四：(1)淡水社，約今水源里一帶；(2)北投社，今淡水鎮及台北市北投區之間；(3)雞洲山社，今忠山里及義山里，舊名頂圭柔山及下圭柔山處；(4)大洞山社，今屯山里一帶。估計部落人數約兩百至五百人之間，而漢人有少數來此移民墾荒或從事採硫貿易之舉，並有黑人與日人活動之記載。[6]

崇禎十五年（1642），西人爲荷人所逐，計西人占領北台不過十六年。永曆十五年（1662），荷人又爲鄭成功大軍所逐，後荷人於一六六四至一六六六年再次占領雞籠，勢力及於淡水，其間雙方往復征逐，直到永曆二十二年才完全被鄭軍所逐，荷人絕跡。鄭氏領台，施政、屯兵、拓墾重心以南台爲主，台北地區則作爲流放犯人之所。總之，此期雞籠、淡水尚是荒蕪，[7]與西荷比較，竟呈退縮之局。

迨及康熙二十三年（1684），清領有台灣，設一府三縣，北台灣隸屬諸羅縣，時號稱絕域，如同化外，行人視爲畏途。[8]至中末期，始有漢人耕作，聚居今關渡、北投附近，傳聞康熙五十一年淡水通事賴科在干豆門（今關渡）建天妃廟，[9]而漢人寺廟之興建，可視爲此地區拓墾之指標，也突顯漢人已到此地區開墾住居之事實。其間且有台灣中南部與大陸內地商船到此載五穀鹿脯貨物，往來貿易之紀錄。[10]但清代早期諸多方志記載，淡水一帶有社無庄，是知漢人移居者究屬少數，尚未成庄，遑論形成市街。

此後雍正、乾隆初，漢人移墾淡水河流域者漸衆，再上溯三大

支流之中上游進墾，而隨墾耕產業之發展，形成村落街市與河港，促進運輸、交通、產業、商業、貿易之發達。雍正十年（1732），在八里坌增設巡檢，[11] 形成八里坌地位重於淡水之上，而且早期方志記載，淡水廳下雖有八里坌仔庄與滬尾庄，但只有八里坌街，卻無滬尾街。[12] 至乾隆五十三年（1788）開放八里坌與福州五虎門及泉州蚶江為對渡港口，[13] 是可知直到乾隆末季，淡水河口之交通要港、熱鬧街道，仍是在南岸之八里坌。

　　雍乾時期八里坌遠較淡水重要之原因，姚瑩曾分析道：「（淡水廳）最要大口二：曰滬尾，曰大雞籠，（中略）滬尾：即八里坌口，在淡廳北二百里，府志所云淡水港是也。兩岸南北相對皆山，中開大港……滬尾在北岸，八里坌在南岸，港西為海口。昔時港南水深，商船依八里坌出入停泊。近時淤淺，口內近山有沙一線，商船不便，皆依北岸之滬尾出入停泊。」[14] 也就是說八里坌因水深便於停泊大船，其後因沙線與淤淺阻礙船隻出入停泊，終被北岸的滬尾所取代。

第三節　淡水街道之形成

　　康雍乾時期，這大約一百年間的淡水並無多大發展變化，滬尾庄的位置依然位於淡水河口附近大莊、沙崙、港仔坪一帶。稍許改變的是在竿蓁林一帶已出現小村落，在附近官方設有北港塘汛，其位置應在今公明街一帶。[15] 但隨著乾隆年間對台政策的改變，北部淡水河流域日漸開發，相對於對岸之八里坌，乾嘉時期移墾淡水的

人數激增，水圳大量興築（如龍川圳、大屯圳、水吡頭圳），[16] 廟宇紛紛興建，官方在淡水設有淡水汛塘、北港塘鎮守，而且再加上地理環境優於八里坌，有背風、凹岸、河運便利形成腹地較大之優越條件。[17] 相反地，八里坌逐漸淤淺，所以淡水地位日趨重要，也奠定未來淡水發展的基礎。

以歷史觀點來看，淡水發展在清代有兩個關鍵年代，一是乾隆末年，一是開港的咸豐十年（1860）。據民間傳說，乾隆末年的一場大洪水，沖毀了八里坌沿岸，許多居民逃往對岸淡水，因此加速淡水的發展，今日淡水「重建街」（原名九崁街，今街名據淡水耆宿言，是日據初期才改名，待考）街名之由來即指重建家園而言。翻查《淡水廳志》卷十四考四〈祥異考〉記乾隆六十年秋七月的確有大水氾濫，[18] 這一作大水而逃難的傳說大體可信，也因此淡水日漸繁榮，陸續發展出幾條市街來。

重建街是淡水最古老的街道，據說是由創建於乾隆初年的福佑宮側旁沿山坡發展出來。清代淡水對外交通情形是：(1)通往台北方面靠淡水河之航運；(2)往北方山區聚落如水碓仔、興化店、林仔街、水吡頭、北新庄等，則靠重建街，因此這是僅次於福佑宮前沿河大街的主街道之一，更是聯外通路。[19] 總之，乾隆年間淡水形成三個村落，主要分布在五虎崗的第三個山崗的東側山坡及臨水一側的山腳與崗頭上，一方面是東側有一大片平地可供耕作，並且可通往樹林口，是當時山區作物集散通道；另一方面是因水運的便利，因此處於與對岸八里坌為對渡最近且最適當位置，乾隆年間便成為移民上岸渡口，漸漸地以公館口為中心發展起來。至嘉慶元年（1796）福佑宮重建時，從廟左側發展出一條斜坡道即頭北街（今重

建街）。稍後不久，另外分支一條街向東西山坡下來的米市仔街（今清水街北段），剛好成一重複平行線的型式。

　　道光年間，福佑宮北向聚落也日益開發，因此米市仔的南段繼續往下到後街一帶（今清水街中段），另一段沿崎仔頂發展至城仔口（今重建街北段），此外福佑宮前大街亦往東邊發展至公館口東邊一帶（今中正路中段）。土地益闢，人口日增，所以道光年間的淡水住民，據姜道章的推測，淡水在道光九年（1829）時人口約有一千兩百人，僅次於艋舺的兩千人，和新莊的四千人，是淡水河流域的第三大市鎮。[20]

　　咸豐初年，沿河大街因岸邊淤淺，有不少民房建立，興起船頭行雲集的「下街」（今中正路），並繼續往東發展至暗街（今公明街），另一方面頭北街亦沿坡南下形成衙後石路（今三民街）。米市仔延長至後街（約今清水街龍山寺一帶）及布埔頭（今清水街末段，約中山路與英專路之間）。當時公館口一帶仍屬單側的街道，臨河一側原為沙洲，慢慢淤積至可興建屋厝，形成街道，今東興街以前尚可見到合院式的漁村，也就是約在昔年下街一端。而福佑宮右側臨河一帶也仍是沙洲，衙後石路的金福宮附近，五方雜處，綠燈戶甚多，是街區邊緣，有若干漁戶分布。

　　總之，淡水街市由乾隆而嘉慶而道光而咸豐年間大致成型，係以福佑宮附近公館口一帶為核心而形成。由街道的發展與街名可以作如下的推論：

1. 嘉慶年間首度出現：「滬尾街」名稱，並已出現「米市仔」，證明此時期淡水為具有商業與農業交易機能的街庄。

2.道光年間出現「城仔口」街名，此城大約是指隘門一類，突顯了淡水聚落已相當繁榮，需要有防禦機能的「城仔」出現。

3.咸豐年間出現的「布埔頭」，說明其時淡水染布業的發達，與其後出現的「新店」（福佑宮以西，衙後石路以東），在在說明了淡水已具有農、工、商業的機能。因此在地區產業及街道本身發展的歷史過程作用下，淡水街區已累積了完整的與複合的功能，也就是說，淡水由村莊變為街市，顯示出其聚落功能已形成，成為淡水河口的大型聚落。擔負起港口機能，呈現貿易性格的市街生活特色，也是臨近各街庄的商業中心，而且累積承擔好了未來開港的準備。

第四節　龍山寺始建年代與興建背景

復次，我們可以從淡水地區廟宇的創建來觀察其發展。

廟宇在清代台灣移民社會生活中扮演著重要的多重功能的角色。移民渡台，面對人生地不熟的環境，攜帶地方神明的分身、香火袋而至，或搭寮或建祠供奉，且依其職能、地緣、方言等等性質區分，成為早期移民信仰中心。透過此一心理作用，使陌生環境變成安心可親的地方空間，發揮其影響力。[21]

淡水最古老的兩座廟宇，據傳聞是永吉里的上帝公廟及民安里的福佑宮，皆建於雍正十年（1732），清文里的土地公廟建於乾隆十九年（1754），按此推測，在乾隆初年，淡水在民安、永吉、清文里

附近可能已形成村落。[22] 其中的福佑宮屬閤港廟，歷史悠久，不僅是淡水漁民、船戶信仰中心，也是當時淡水的核心區，大街兩側聚集的船頭行，也是以廟前碼頭為主，進行著港口貿易活動。[23]

咸豐年間淡水街市發展至後街一帶，龍山寺也在這期間興建。過去關於淡水龍山寺創建年代與原因，約略言之，有四說：

1. 年代不詳，如修於同治年間之《淡水廳志》記：「龍山寺：一在艋舺街，泉州安海分派，乾隆三年建。嘉慶二十年地震僅存佛座。……同治六年郊商重修。一在滬尾街。」[24]

2. 乾隆年間建，如連橫《台灣通史》載：「龍山寺，在縣轄滬尾街，乾隆年間建，規模頗大。光緒十二年，巡撫劉銘傳奏請賜匾，御書『慈航普渡』四字，懸於廟中，今存。」[25]

3. 道光二年（1822）淡水建鄞光寺及龍山寺。如姜道章《台灣淡水之歷史與貿易》，惜姜文未注明出處。[26]

4. 咸豐年間或咸豐八年說（1858），絕大多數書刊均記載此年代，惜大多未交代出處。例如日據初期所調查的《台灣總督府公文類纂》的社寺普查資料，或《社寺廟宇ニ關スル調查・台北廳》（現藏中央圖書館台灣分館，手抄本，無頁碼），記為「咸豐初，六十年前」，乃由淡水富豪黃良安（按，應即黃龍安，其人見後文）從泉州安海分香而來，並發動三邑人士募款建祠，但未言明建成於何時。

在龍山寺一進門之三川殿虎邊牆上便嵌有一龍山寺石碑之碑文，內容如下：

仝立公□□人芝蘭三堡滬尾街晉、南、惠三邑眾首事：黃龍安、紀朝陽、黃欽瑞、蔡垂隆、林彩貢、周雲程、吳瑞清、李德陞、蔡文顯、雷樾觀、紀盛遺、王寔觀等。竊思我三邑人等住淡水以來，前在艋舺街創建龍山寺，崇奉佛祖，英靈赫濯，隆福化偕，由來久矣，茲我滬尾三邑眾等，意欲就滬尾街重建廟寺，崇祀佛祖，凡捐題廟資，眾均樂從，祇缺廟地壹所，別無所措。幸有業主洪光海、光城兄弟踴躍倡首，敬獻廟地壹所，共成其事。此等虔誠，協力同心，實神靈顯赫無既也。眾等念洪江海等，有此誠心善事，此廟若建完成，應立業主獻地祿位，以獎勵樂善之一也。又念廟地年應納課，恐有刻虧。眾議每年此廟凡有做戲，戲棚應歸業主搭棚位。每棚大戲貼出工銀壹員、戲仔八角，應歸獻地業主收入。其前後左右每日生理買賣架仔位等項、執公秤工錢，一切歸洪業主世世掌管、收稅納課。此係眾公堂妥議立約炳據，不准別姓年奪糊混，如違，眾等共誅，絕無虛言，口恐無憑，仝立公約字壹眂付執存。代筆人周庭瑞。咸豐捌年參月□日仝立，公約字人三邑眾首事公記。

此座石碑值得深入探討：

第一，文中明白記載「此廟若建完成，應立業主獻地祿位」，是知在咸豐八年三月前，此廟尚未建成，可知以上有關廟的始建諸說均是誤記，其中當然以咸豐八年說較近事實，今廟中仍有大量咸豐八年之古匾額與柱聯，如：

1.「咸豐八年戊午季冬吉旦、晉邑弟子吳瑞清、吳本林仝敬立」

之「龍聽經音滋法雨，山環佛閣藹慈雲。」

2. 「咸豐戊午年冬月穀旦、祥江弟子蔡貞投敬立」之「龍發大屯大慈大悲稱大士，山像觀音觀天觀地小觀人。」

3. 「咸豐戊午多立、祥芝弟子蔡源順敬叩」之「龍降虎伏踞普陀大士彌真大力，山崎水流環滬美慈心偏布慈雲。」

4. 「咸豐戊午年冬月穀旦立、晉水錦江弟子紀禧陽敬叩」之「龍師施法雨英靈興國顯佛力、山崎仰慈雲神恩佑眾見婆心。」

5. 「咸豐戊午年秋月吉旦，武榮弟子吳長源號敬立」之「觀自有音救苦尋聲開覺路，佛皆稱祖化身隨處保後生。」

6. 「咸豐戊午年秋月吉旦、晉水弟子蔡泉發敬立」之「南海非遙轉念慈航得度，西方自在邇觀法界皆春。」

7. 「咸豐戊午年四月吉立、祥江弟子蔡垂隆、蔡百挨敬叩」之「龍馬精神法雨慈雲行施普，山川流崎婆心佛力煦嫗深。」

8. 「咸豐戊午年梅月（按即四月）吉旦、晉邑洛溪弟子吳得那敬立」之「龍虎曾降伏佛法無邊廣大，山峰恰羅列梵宮有美高華。」

9. 「咸豐戊午年吉旦、晉邑弟子吳大澤、吳紫全敬立」之「龍渡滄海勝蹟原通普陀遠，山環丈室慈雲好被瀛東深。」

10. 其他尚有一咸豐八年「晉水弟子黃金豐敬叩」以篆體文所刻寫之「世事難藏觀世眼，來身應有如來心」，與「咸豐八年季冬吉旦、民國己酉年（按，五十八年）春重修、晉南惠弟子敬立」之「安平寶筏」匾等等。

就上抄錄之諸匾額、柱聯與碑文對照，顯見該廟頗有可能是在咸豐八年三月之後施工，至該年季冬十二月完成，從碑文、柱聯、匾額之月份連綴不斷，令人有一氣呵成之感。

第二，據碑文所記，艋舺龍山寺之興建，淡水三邑人士亦曾大力襄助，也有心在淡水建廟崇祀，而且資金都已籌措妥當，只是獨缺廟地一所，幸有洪光海、光城兄弟倡首敬獻，才得以完成此事。只是從艋舺龍山寺之興建於乾隆三年（1738）至咸豐八年（1858）淡水龍山寺之建成，事隔一百二十年，若說是一百二十年來均找不到廟地而不能興建，實在令人懷疑。因此，可能的情形是：

1.淡水與艋舺之間因淡水河水運便利，往來方便，聲氣相通，可隨時至艋舺龍山寺參拜供祀，故無迫切性之興建必要。

2.淡水是在乾嘉年間發展起來，至道光年間才真正繁榮，淡水三邑人可能有見於需在此地建廟以樹立勢力和地位，才動念興建，並不是在乾隆年間已有此意願。但此時淡水街道僅發展到後街、城仔口，咸豐年間發展到下街、暗街、衙後石路、布埔頭等地，此數條街道屬於單側街道，欲求一塊空地來興建大廟確實有所困難，今幸洪氏兄弟捐地興建才得以解決此項困難，貢獻良多。

第三，清代廟宇之建成與地區之發展、族群之發展有強烈之關聯性。滬尾街在道咸年間才發展成形，而龍山寺亦在此期間興建，正反映此一事實。其次，廟宇在台灣開拓史上常成為各籍移民信仰中心與團結象徵，透過所供奉之鄉土神明形成各自的祭祀圈，強化族群意識，以和其他移民有所區分。而龍山寺興建之時代背景，正

是漳泉械鬥熾烈，北台紛擾不安歲月，如：

1. 咸豐元年：淡北漳泉械鬥，焚八芝蘭林莊。
2. 咸豐二年：械鬥不止，延至桃仔園、中壢、楊梅一帶，官府控制無力，地方秩序大亂。
3. 咸豐三年：八月漳泉分類械鬥，燬新莊、艋舺縣丞署，海山堡潭底公館、八甲新莊、艋舺祖師廟，同安人敗走大稻埕。
4. 咸豐八年：雞籠有小刀會黨人黃位之亂。
5. 咸豐九年：九月七日，淡水漳泉械鬥熾烈，泉人以艋舺黃阿蘭爲首，而新莊、樹林……等地泉人附之，與枋寮、土城……等地之漳人訂期而戰，是日枋寮街火，而港仔嘴、瓦窯、加納仔等莊，悉付一炬。林國芳聞訊，自廈門趕回，率鄉勇反攻泉人，克瓦窯。餘波達及芝蘭二堡，縱燬屋房，村里爲墟，其禍之慘，爲北部械鬥之最。
6. 咸豐十年：一月，淡北漳泉械鬥，旋因農忙，暫停息。九月，淡北械鬥再起，林國芳連破泉人新莊、西盛等處，禍燄延大坪頂及桃仔園，殺傷焚掠，十餘里不絕。十月淡水大地震，日三次。
7. 咸豐十一年：十一月，泉籍廩生李起疇、漳籍廩生潘永清等，調停淡北漳泉械鬥，乃解兵言和。[27]

械鬥如此慘烈，淡水亦遭波及，舉一例，淡水望族忠寮李氏族譜《李協勝公記宗祠圖說》記在北投之「燕樓宗祠」：「……起蓋草廬。至道光九年翻蓋瓦屋，迨至二十一年，晉、南、惠三邑與同安一縣械鬥，被三邑人焚燬一次。又至咸豐元年再重新修理。又至

三年，晉、南、惠、安、永五縣合齊，與漳、同二縣紛爭，被五縣人等又燒燬一次。」[28] 由此看出，在淡水之泉州府三邑人加上安溪、汀州人士結合在一起，對抗漳州、同安人（下郊人），「五縣人」合作突顯出在地之強勢族群，洪氏兄弟之甘願捐地，正是時代趨勢發展下之自然結果。也就是說，藉著龍山寺之建立，以鞏固三邑人在淡水之團結與角頭勢力。日據初期之調查報告亦指明淡水一地之「龍山寺、媽祖宮、祖師廟等，悉充為泉州五縣之會館，……名雖為寺院，然充為同鄉人集會場所是實。」[29] 應可佐證其實。

另外，我們從龍山寺信仰主神觀音菩薩，左祀媽祖，右祀註生娘娘亦可反映三邑人之企圖心與願望，蓋透過媽祖信仰，祈佑航海貿易平安；透過註生娘娘信仰，祈禱生兒育女平安，亦既希冀在此地生根茁壯。總之，透過龍山寺之創建，反映了滬尾街市之發展過程；也反映了在淡水之三邑人與漳、同人一別苗頭之強烈企圖心。

第四，此次建廟得以順利完成，當然歸功於洪氏兄弟之慷慨熱心。因此決定事後在廟內立一長生祿位以為供奉，祝福長命百歲，也提供後人之追念。並決議日後：(1)凡在廟中做戲，搭戲棚、與演戲之收入；(2)周遭攤販臨時搭棚位之租金；(3)廟周遭平日生理買賣之攤位（架仔位）租金；(4)執公秤工錢等等一切概歸洪家所有，世世掌管，可謂公允，且深稔人情世故。不過從「架仔位」與此廟地「年應納課」二語推測，似乎此地尚未形成市街，猶是田園（非荒埔）才需納田賦，此所以洪家犧牲頗大，才要如此世世代代補貼。也即是說，此地附近應是洪家田園，龍山寺在咸豐八年興建後，在廟前後左右空地上搭「架仔位」出租攤位（不是正式固定之埔頭店面），因此嗣後才形成此處市街（即日後才出現「新厝街」），同時清水街

東段（土地公祠起，即後街）也才跟著出現。

有關在淡水龍山寺做戲乙事，日據時期在《台灣日日新報》大正二年（1913）六月二十四日亦有〈聘請官音來滬〉一則之報導，略謂上海之祥盛班（班主任袁玉臣，女優以張文豔、小桂雲、陳小芬為最）於大正元年應聘來台演出，聘期屆滿即將歸國，時淡水殷戶林金生、吳潤堂、許源泉、曾四安等人，知淡水街庄中尚未目睹者頗多，故因而發起，糾集同好二十餘人，共聘該班來滬尾龍山寺演出，即是一例。另外在日據初期因福佑宮前空地同時兼為市場與雜耍場，官府認為管理不便，又擔心引發時疫傳染，提議將雜耍場「須移至龍山寺前空地」表演，亦是一例。[30]

總之，在開港前，重建街、淡水街與大街三條主要街道，穿插福佑宮、龍山寺兩座主要廟宇，再加上米市仔、布埔頭和大街之船頭行，將整個淡水聚落連結成一氣。

第五，龍山寺之終於興建，反映了三邑人士在淡水已成了強勢族群，此一族群中之頭人，又以碑文中之眾首事為代表，即是：黃龍安、紀朝陽、黃欽瑞、蔡垂隆、林彩貢，周雲程、吳瑞清、李德陞、蔡文顯、雷檻觀、紀盛遣、王寔觀等人。我們考查廟中同時期捐獻者幾乎是同一批人，也可佐證其事。而黃龍安更是頭人中之頭人，是當年咸豐年間頂下郊拼之風雲人物。《台北市志稿》〈人物志〉有傳，茲引錄於後：[31] 黃龍安，官章廷香，乳名雙蘭，號芷船，因生時適其家蘭花盛開，故以阿蘭名。籍福建晉江，為人好義慷慨，濟困扶危，事母至孝。初居滬尾，營泉郊德春行，當咸豐九年，台北泉漳人士搆釁械鬥，發生所謂「漳泉拼」，泉人不支，乃派人赴滬尾。懇求龍安來艋指揮，初不允，後設法先求其母允准，始隨眾來

艋佈置，泉方乃轉敗爲勝。及事平，遷艋舺，仍營舊業，後與弟廷青，姪曉潭入三角湧、大嵙崁等處山地，從事開墾，遂卜居烏塗窟（現大溪鎮永福庄），後遂卒於該地。

第六，前引咸豐八年古匾中有「祥芝弟子蔡源順敬叩」者，蔡源順爲台中梧棲郊商，[32] 則似乎可反映蔡源順個人與淡水三邑人士有所往來，甚至不妨可推論台中一帶郊商與淡水泉廈郊商有商貿或私誼往來。

最後，還要提出一小小疑問。《淡水廳志》原是清代林豪纂修，楊浚重纂，陳培桂刪定。同治六年（1867）始修，九年重修，十年刊行。年代距淡水龍山寺之興建頗近，不過十年，而且此數人修志皆是實事求是之態度，該志又是採訪周備之作，按理而論，應知淡水龍山寺之始建年代，何以明確寫出年代較遠之艋舺龍山寺，反而對年代較近之淡水龍山寺未能明確寫出？若謂不知，應無可能，可能之原因，與相傳龍山寺廟初建不久，即遭震災，幾全倒壞，翌年眾等再合力重修之傳說有關。[33] 按此項傳說，經查《淡水廳志》〈祥異考〉，知咸豐十年冬十月地震，日凡三次。同治元年春地大震；夏五月地大震；冬十月地震，[34] 確實有地震其事。而此數次地震之嚴重性，可以舉龜山鄉之壽山巖爲旁證。蓋壽山巖亦在此次地震中震毀牆垣，遂在有心人士勸戒下，謂長年累月之漳泉械鬥致干天譴而降災害警告人間，爲今之計，除鳩資重建廟宇外，尤應停止械鬥，否則災禍必將再臨，此說一出，械鬥終息。[35]《社寺廟宇ニ關スル調查・台北廳》更明確的記載：於咸豐九年地震，全部倒壞，翌年重修，並修繕後殿。因此淡水龍山寺頗有可能或則是咸豐八年底剛建好，咸豐九年震壞，再修建，不料，十年十月震毀，

又再度重建；隔年（同治元年）才重建好（或尚未建好），又地震震圯，因此數年間屢建屢震，屢倒屢建，難以下筆確定其始建年代。

第五節　遞嬗沿革與廟中古文物之稽考

一、清領時期

如前所述，淡水龍山寺初建於咸豐八年（1858）四月，於年底竣工掛匾。咸豐十年十月地震，或許震毀重建，加上此時期漳泉械鬥慘烈，也有可能重建工作因此延後耽擱下來。至同治元年（1862）又連續發生三次地震，可能新重建之廟宇又再度傾圯，遂再重建。今廟猶存柱聯：

1. 「同治乙丑（按四年）仲秋（按八月）穀旦、晉邑弟子王盛泰號敬獻」之「龍起大屯淡江無異於南海，山名觀音滬地恍然是西天。」與「龍體乎乾三男皆大稱大士，山象諸艮二女相觀曰觀音。」
2. 「同治乙丑仲冬（按十一月）穀旦、武榮弟子許水來敬奉」之「龍虎騰驤尊佛祖現身說法，山川靈異與普陀接武流芳。」

三柱聯，似乎說明了同治四年年底有一次之修建，不過從柱聯數目之少，或許表示此次修建仍是多用原有之建材，仍然保持該廟原有之形制與格局。同治五年春天地震，六年冬十一月，地又大震，[36] 不知該廟是否又受到損壞？

到了光緒年間，龍山寺又有修建。今廟中有下列柱聯：

1.「光緒丙子年（按二年）仲夏（按五月）重修、武榮弟子仝敬奉」之「龍虎慶雲從共樂斯文踵武，山川環廟貌咸沾大士光榮」。

2.「光緒丙子年重興、武榮雷姓弟子仝敬獻」之「龍樹曾傳授衍畫西方法界，山花可踏行分來南海春光」。

3.「光緒二年瓜月（按七月）重修、軍功職員翁種玉再敬奉」之「龍脈遙通著蹟海濱渾南北，山穹環拱舉頭天外象萬千。」等柱聯，及「光緒丙子季多立，惠邑江萬順號、永發舟、泉春舟、源順舟仝奉」之一對龍柱。

這說明了光緒二年（1876）從夏天到年底續有重修。其中翁種玉其人與淡水清水巖深有淵源，相傳清道光咸豐年間，安溪清水巖僧，恭請清水祖師神像，渡臺來滬尾港化緣，寓居庄仔內士紳翁姓宅邸。後僧告歸，翁氏贐以金而留其神像。未幾疫癘四起、舉境惶然，翁種玉同弟瑞玉乃議諸鄉民，備神輿迎駕繞境四處，而疫癘遂息。鄉民感念神恩，參者日眾，翁種玉乃移神像於東興街所營「濟生」號商店內（今中正路一一二號），供鄉民祈拜祭祀。[37]

龍山寺除了光緒二年重修外，或因神蹟昭著，信徒酬答，祈願還願，光緒年間古文物頗多，值得一一細考。如有一「光緒五年歲次己卯仲春吉旦、福州侯邑信士周拱辰、光辰仝百叩」之「慈光普照」匾；暨光緒五年（1879）孟多福州人氏所捐古香爐，再加上「光緒壬午年（按八年）孟多穀旦立、長白弟子關萬順、善慶、聯瑞仝敬酬」之「龍象力無邊薄海蒙庥能使芸生獲福，山川靈所聚諸天

現相頓開蓮界莊嚴」等，反映了該寺信仰圈遠及福州、東北，似乎也說明了三邑人士所組成之泉廈郊貿易遠及東北之事實。

另有「光緒暮春己卯之月、訂戲化翎特辦台北通商稅務福州旗營協領劉清潔、訂戲花翎辦理滬尾通商董余金、浙江補用知府李彬璽敬立」之「慈航廣濟」匾，復有一「光緒辛巳年（按七年）荷月（按六月）吉旦、督辦台北通商稅務鑲藍旗協領　得泉敬酬」之「南海朝宗」匾。此二匾在淡水海關史上是一頗具重要史蹟之古文物，但常被參觀者、導覽者所忽略，其中很有一段掌故可談。

按咸豐十年（1860）台灣開港，許安平、淡水兩港對外貿易，英、法、美、德等國相繼而來，派領事、劃租界、設商行、建棧房。輪船出入，雲集兩港，往來貿易，極爲頻繁，直至日本據台之前，來台各國總數計達十七國。先是，咸豐九年設通商總局於台灣兵備道署，由道辦之，置有「提調官二員，委員四員、翻譯官二員、稿案書二名、清書二名，以理租界商務，保護游歷、領事往來、教堂傳教，以及華洋互訟之事」。[38] 在滬尾、雞籠、安平、旗後各設分局，駐有委員督辦。以後至光緒十三年（1887），改台灣商務局爲台灣商務總局，命布政使督辦之。

另外，清廷在總稅務司之下，在四港口設立洋關。同治元年（1862）六月二十二日於淡水，翌年八月十九日於基隆，三年四月於安平及打狗亦各設稅務司，以征收關稅。其中淡水海關在同治二年八月十九日（1863年10月1日）派任英人侯威爾（John William Howell）爲首任副稅務司，繼任者爲美人施堅吉（W. S. Schenck），並以滬尾水師守備舊署作爲稅關新址，這是洋人管理台灣海關的開始。這裏，不免產生一個問題，華人海關監督與洋人副稅務司其職

掌如何？誰大誰小？誰聽誰的？

赫德（**Robert Hart**）在他擔任總稅務司的早期裏，一直認為口岸稅務司應隸屬於中國監督，每個口岸的海關監督才是事實負責執行該口岸運作的人。但在實際執行上卻產生很多衝突，因此同治三年，總理衙門公布「通商各口募用外國人幫辦稅務章程」其中有所規定：[39]

> 通商各口辦理收稅事宜，如有不妥，均係各關監督之責成。是以凡有公事，自應歸監督作主。如此則稅務司所辦之事，即監督手下之事。惟稅務司係總稅務司所派之人，非監督（之）屬員可比，然不得因非其所屬，遇事招搖攬權，有礙公事，以致監督難專其責。

關於這一規定有三點須作補充說明：

第一，新關建立之後，雖有由清廷所派任的海關監督，但他們除了僅能繼續管理原來的常關事務外，對於洋關事務只能將洋人稅務司按日送來的稅款收入，報表轉解關庫、戶部，除此之外，少有他事。因此，名義上是以海關監督為主，外籍稅務司次之的管理體制，實際上是稅務司完全掌握了洋關的行政和關稅大權。[40] 同治八年，赫德在海關總署傳達管理規章制度時，曾明確地把監督說成是稅務司的同僚，不是下屬，不過監督仍是同僚中的長者，一處理國內貿易，一處理外貿和與外貿相關的國內貿易。[41]

第二，所謂各關監督，大半是由道台兼任，所以稱為「關道監督」，福建省設立閩海關監督，始於康熙二十三年，其初或由巡撫兼管、或由監督專管，本無一定。乾隆元年歸福建總督管理，三年始

以關務改歸將軍。至於各口岸，閩海與粵海關情形不同，粵則各口皆由書吏承攬監督。而閩則口岸無多，每總口向派協、佐領等一員專司稽察。名義上台灣關應由台灣兵備道擔任，但因台南、台北相距頗遠，難以兼領，所以滬尾關不由台灣道任監督，多由福州將軍委派，如第一、二任的區天民與馬樞輝都擁有道台官銜，接著的馮慶良、劉青藜只有知府、佐領官銜，或稱為「通商委員」，也因此「關道每屆數年，量予更換委員，由關道遴選，均不拘文武官職」，造成以後「監督」、「關員」、「委員」、「通商委員」等等頭銜的混淆。

第三，（副）稅務司並不是海關監督，他只是負責監督手下而已，他對於幫辦、通事、扦子手頭目（或稱總巡）不得任意撤職，僅能暫停薪水，不令赴關辦事，一面申報總稅務司示遵，但對於扦子手，則可立刻撤職，對於華籍職員，除書辦撤職須知照海關監督外，其他人員均可立刻撤職。不過革退之事，十分慎重，少見其濫權胡為。[42]

那麼稅務司手下有那些關員？淡水海關編制實際情形又是如何呢？

依據新關職務，屬於徵稅部門，可分為洋人、華人兩系統，洋人系統又可分為內班、外班、海班。內班設有：稅務司、副稅務司、超等幫辦、頭等幫辦、二等幫辦、三等幫辦、四等幫辦（以上又分前、後班）、供事、雜項、醫員。外班有：超等總巡、頭等總巡、二等總巡、三等總巡、頭等驗貨、二等驗貨、三等驗貨、頭等鈐字手（分頭、二、三等）、巡役、雜項。海班：管駕官、管駕副、二副、三副、管輪正、副、二副、炮手首領、巡艇弁。華屬內班

有：超等供事、供事（分一、二、三、四等，試用與另用）、文案、書辦、雜項。華屬外班有：驗貨、秤貨等、水手、巡役、跟班、聽差、轎夫、更夫、門役等，匠役、雜差等。華屬海班有：水手、火夫、艙役。[43]

當然，滬尾關初設，人員不必如許之多，侯威爾任職副總稅務司期間，手下洋員不過四人，總巡一人和扦子手一人駐滬尾，另扦子手二人駐雞籠。到一八七五年，稅務司手下共有洋員九人。[44] 而華屬關員，同治十年（1871）左右陳培桂《淡水廳志》則有詳確記載：[45]

> 滬尾海關正口，同治元年設。雞籠外口，二年開禁。關渡卡，二年設。兩口每年徵稅約銀六萬兩，無定額。支給薪水工食：稅務司，每月銀一千五百兩；關道一員，每月銀三十六兩（另通商銀七十二兩，由台灣府庫釐金款項提撥）；滬尾委員一員，每月銀二十兩；雞籠委員一員，每月銀二十兩；關渡委員一員，每月銀十四兩；書吏二名，每月銀十六兩；幫書十名，每名月銀或十兩或八兩；役哨三十餘名，每名月銀或四兩或三兩。應存賸銀按季解繳閩海關。

嗣後，隨貿易之興盛與關務之繁忙，人事自然有所變動，此處不擬細述。根據此二區並參考《劉銘傳撫台前後檔案》、《台灣海防檔》，知：此時期廈門口委員為協領成存，廈門關稅務司為勞偲（W. B. Russell）；滬尾關監督光緒五年為福州旗營協領劉清潔，光緒七年為鑲藍旗之協領得泉，淡水關稅務司為賀壁理（William Hancock）。[46] 而且此時正是「琛航」、「永保」二輪船除輪流從福州

五虎口渡往基隆、滬尾，渡送來往官兵及省台文報外，是否可以順便搭載民商客貨之事發生爭執。

當時福建巡撫岑毓英、福州將軍穆圖善想要開源籌款，添補支出，「擬遇有民人渡台暨商民販運貨物，均准隨時搭船，仿照招商局章程，酌減水腳……。所有應納關稅，仍由閩海關委員經收，其應納釐金，另由釐金總局委員收解……。毋容經新關洋人之手」。而站在洋海關立場則認為「以官輪而既准搭客、且准運貨，固儼然與商船無異。若僅照官船，未免藉公而帶私貨。託官而為商旅，既有礙於稅餉，亦不便於商情」。建議朝廷「不若另定章程，或不准其搭裝貨客；或者准其搭運貨客……。悉照洋商則例，歸新關一律處理，以歸劃一」。

最後朝廷決議「如專送官兵文報，毋庸由新關查驗。倘須搭裝客貨，應於進出口時，飭赴新關完納稅鈔，聽候稽查」。[47] 由於是官辦輪船，價錢便宜，一時頗殺外船之利。[48]

另外尚需對「協領」職銜做一說明：清太祖努爾哈赤崛起東北，創製滿洲八旗，分正黃、正白、正紅、正藍、鑲黃、鑲白、鑲紅、鑲藍，以色為辨，是為清朝兵制之始。等到滿清入主中原，專任京城守衛，兼駐形勝要地，於是旗兵遂有京營及駐防之別。其駐防之地方分三等：最要者多為各省省會所在，設將軍一人，下有都統或副都統、協領等。次要者多是各省重鎮，俱設都統或副都統以領之。再次要者多為各省要害之地，主官多為城守衛或防守尉，或不設，只設協領、佐領者。[49]

因此可知滬尾開港後，成為各國往來貿易要港，所以福州將軍前後派了劉清潔與鑲藍旗的協領得泉前來督辦商務。後來至光緒九

年三月，滬尾口關員是佐領兜欽、委員李彤恩，層級再降。另外旗後關員為佐領恩漣、委員華廷錫。安平一口是補用同知彭志偉，會同程吉階稽查；基隆一口是副將銜參將洪永安，會同基隆通判徐廷灝稽查。其編制有：驗輪委員一員，清書一名，巡丁、水手、扦手等若干名。[50]

總之，透過這一匾額，一方面可以探知滬尾舊海關之編制，與當時主官是誰。再則又隱隱中透露出新舊海關之對峙與爭權奪利之一面。至於「訂戲花翎」頭銜，由於資料有限，個人推測或與內務府派出采辦皇室慶典者（或昇平署派出）所欲欣賞戲班唱戲之戲服有關，此點尚祈高明教之解之。

到了光緒十年（1884）中法戰爭，滬尾因瀕淡水河口，當河海要衝，為北台最重要商港，同時亦係進攻台北府治之捷徑，且淡北毗臨基隆，可威脅後方，迫使清軍後撤。所以八月十三日法軍抵達滬尾港口部署，嗣後展開一連串攻擊。時劉銘傳經審慎考慮，決定捨基隆守滬尾，遂轉進主力精銳馳援，立派章高元及蘇得勝等人率兵馳援滬尾，另外還有臨時招募之土勇等。幾番交戰，法軍敗退，清軍獲勝，守住滬尾。居民相傳，雙方激戰之際，神佛庇祐，清水祖師、觀音菩薩、媽祖和油車口王爺，皆曾顯靈助陣，拒退法軍。事後光緒帝御筆敕頒「慈航普渡」匾額，今猶懸於寺中，再添佳話。連橫記其事：「光緒十二年，巡撫劉銘傳，奏請賜匾，御書『慈航普渡』四字，懸於廟中，今存。」[51]是為明證。

此役章高元因率淮勇二營數百人在滬尾助勦有功，論功更勇號年昌阿巴圖魯。所以事後，翌年（十一年）四月前往龍山寺參拜酬神，並留下一碑，內文為「欽命提督軍門福建台澎掛印總鎮世襲雲

騎尉年昌巴圖魯、隨棠軍功加二級紀錄二次章，敬獻石庭，四丈有方。光緒乙酉年四月立。」四丈有方約爲今十三公尺見方，據此碑可知該年龍山寺又有興工，鋪設中庭之石板面，爲章高元所敬獻。

茲於此碑中章高元職銜順帶作一解說，以明究竟。按清例，巴圖魯爲滿語、蒙語之勇士或勇敢之意，是清代賜給有功武職官員之勇號。賜號之制分爲兩類，一類僅稱巴圖魯，另一類于巴圖魯之上冠以滿文或漢字美稱。冠滿文者，如稱達桑巴圖魯、愛星阿巴圖魯等等，一般只賜給滿蒙族武官。稱漢字者，如奮勇巴圖魯、剛勇巴圖魯、勁勇巴圖魯、誠勇巴圖魯之類，一般給予漢人武官。[52]「世襲雲騎尉」爲世爵制度，規定世爵等次，目的是爲酬勞功臣，獎勵陣亡官弁，推恩外戚，以及加賞其他有特殊意義之人員，如封賜前朝功臣子孫等。其間幾經變化，至乾隆間確立九級二十七等世爵制，其中雲騎尉爲正五品，是最基礎等第，以後凡有軍功或其他勞績，或原襲父祖世爵，本人因功得爵，都可合併加等進爵。其承襲又有兩種，一種是世襲罔替，世代承襲，屬於特典；一般是每代遞減，最後賞給恩騎尉，襲次完畢，世襲取消。[53]

除了世襲制度外，對官員的通常獎賞叫做「議敘」，分成「紀錄」和「加級」兩種，各有三等。最低的是「紀錄一次」，累積三次，便算「加一級」，再上爲「加一級紀錄一次」，到「加一級紀錄三次」晉昇爲「加二級」，依此類推累進，直到「加三級」爲止，共有十二等。而官員得到議敘，遇有升遷可隨帶以示榮譽，對於考核也是具有評定優劣等次的依據。官員因過受降級、罰俸處分時，可以本人所得之「加級、紀錄」抵銷。如紀錄一次抵銷罰俸六個月；軍功紀錄一次，抵銷罰俸一年，紀錄四次，可抵銷降一級等等類推。但若

是大過，必須實降實罰時，則不准抵銷。[54]

另，總兵職責有巡閱營伍、管理兵屯、造冊奏報、審判民刑事、訓練兵丁、校拔監督保題營伍諸權。清初在全國設有總兵六十九人，其中十三名為水師總兵，其中台灣水師總兵是外海總兵中最要缺，兼轄陸海軍務。原是特旨揀選，後由閩浙總督決定人選，奏請皇帝派任。明以公侯伯都掛印，充當各處總兵官，稱為掛印將軍，後漸以流官充任。清因明制，也設有掛印總兵，初台灣總兵並非掛印之缺，後加重權責使其掛印，可以行使審判刑事，逕奏權或便宜行事，也因此位高權重，以後與台灣地方最高文官之台廈兵備道職掌頗多重複，產生許多爭端。[55]總之，在光緒十二年奉旨以澎湖副將與海壇總兵對調前，台灣總兵是兼管台澎二地，設省後轄區縮小，掛印也撤除，因此章高元是「末代」台澎掛印總鎮，此碑之珍貴可知。

二、日據時期

清末日據初期，淡水龍山寺頗為本地人所崇信，常有紳士豪商每月一、二次聚集廟中閒談闊論。[56]而且在明治三十年（1897）調查所得，該寺占地有二百一十六坪，寺廟建物是四十八坪，[57]顯示與今日廟貌大小略等，但周遭所有地坪明顯短少。日據後，淡水龍山寺是否有修築，已不可詳，據聞昭和年代，許丙先生曾出資整修。許丙（1891～1963）字芷英，是淡水街竿蓁林庄人，父許松麟，八歲喪父，十二歲才入滬尾公學校讀書，明治四十四年（1911）台北國語學校畢業，曾在板橋林家管過帳，也曾赴日本明治大學短期遊學。大正五年（1930）為台灣總督府評議員，歷任淡水信用組

合理事、組合長，華南銀行監查，協成土地建物株式會社等企業主持或董監事，及台北市協議會員、台北州協議會員、台北州稅調查委員。昭和二十年（1945）日本戰敗後，一度和林熊徵、簡朗山、辜振甫等人主張，與日本在台少壯軍人宣布台灣獨立，失敗後被國民政府判刑一年十個月。一九四八年服刑屆滿出獄，一九五〇年被吳國楨聘為省府顧問，不久去職。一九五一年策劃支持林頂立為台灣省臨時省議會副議長。[58] 許丙曾出力勸募興建清水巖，昭和四年（1929）捐款三千日元助建淡水街公會堂，則出資整建龍山寺之事或有可能，惜未能在廟內找到相關文物以資佐證。

日據大正時期該廟情況，茲據《社寺廟宇ニ關スル調查‧台北廳》整理摘要如下：時該廟董事為吳輔卿、吳學振（晉江人）、雷俊成、許南山、洪威敷（南安人）、郭金瓜、郭水源（惠安人）。廟產

龍山寺正殿供奉之羅漢神像

有位於公館口街店屋一間（屬於晉江人所有），年租金九十日元；東興街家屋一間（屬惠安人所有），年租金四十八日元，與南安人所捐獻一筆基金，利用這幾筆利息，充為祭祀費與家屋稅用。祭祀圈為三邑人士，約百戶有千人，祭典於每年舊曆二月十九日（晉江人）、六月十九日（南安人）、九月十九日（惠安人）輪流執行，七月二十七日行盂蘭會臨時祭典，普渡餓鬼。不過，調查中也指出此時信仰大非昔比，有冷落現象。

另正殿兩旁之十八羅漢，據說是日據時代李奎璧先生自福州請來，也難以進一步確證。不過此時期倒流傳著一則神話，略謂在淡水球埔（高爾夫球場）建造球道之時，曾招募三芝人前往做工。當時並無工寮，來自三芝庄的工人便就近在淡水龍山寺打地鋪。據說有一天晚上，眾人都已沉入夢鄉，寺內一片寂靜，突然，家住八連溪的楊阿爐不知何故，在睡夢中直呼：「Mai-la（不要啦）！Mai-la！……」然後抱起鋪蓋，起身就走。楊阿爐起身離開鋪位，一塊「鐵駕鴦」立即從頂棚上掉落下來，砸在他原先睡覺的位置上，轟然擊出一聲巨響，這才把楊阿爐和眾人從睡夢中驚醒。事後，大家問他為何能夠及時起身逃過災難。楊阿爐回答說，夢中有一赤足白衣人不停地推搖著他，因不勝其煩只好起身。大家才恍然大悟，原來是觀音菩薩顯靈救了楊阿爐一命。[59]

三、光復以來

光復以來，又有幾許滄桑。今廟中有一「李鈞池拜撰、洪開源敬書，民國己丑年（1949）桐月（按三月）武榮眾等敬獻」之「龍聳奔騰現菩薩莊嚴色相，山羅守衛壯金剛英氣靈威」柱聯，可推知

一九四九年三月曾一度繕修。

　　另有一「民國己酉年（1969）春重修」之舊匾「安平寶筏」，則不知該年代是否是重修或作醮留下之紀錄，其後因為腐朽不堪，一九七七年住持慧心法師（係1969年起負責寺務）本欲整個拆除，另蓋三層宮殿式高樓，一樓作商場，餘作佛堂、義診醫院、圖書室之用。幸懸崖勒馬，轉念保存修護。在一九八二年農曆二月十九日佛祖誕辰舉行過禮斗法會後，毅然決定籌款修建，聘請彩繪名師洪寶眞之嫡傳弟子，亦是淡水名人莊武男先生負責修護工程。莊先生再約請板橋埔墘之黃龜里先生負責木雕，三重之楊瑞西先生負責剪黏，己身負責彩繪與佛像脫胎。至一九八三年初大體完工，增建中庭拜殿，雖稍復舊觀，但不免因新修顯得亮麗豔俗，幸古文物太半保存，猶具價值。一九九九年因正殿屋脊桁木白蟻侵蝕腐朽，予以抽換更新。茲再將歷次修建紀錄，簡易製表如表2-1。

第六節　小結

　　綜合上述，關於淡水龍山寺之歷史沿革與歷次修建，概括說來可以反映如下的社會變遷：

1. 龍山寺創建於清咸豐八年（1858）三月之後，約於年底竣工。乃是以淡水泉州之三邑人為主出資興建，而該地之汀州府人與安溪人亦曾捐助，貢獻最大者為洪光海、光城兩兄弟，因他們倡首獻地才得以完成，突顯出淡水地區晉、南、

表2-1　淡水龍山寺修建紀錄表

次序	年代	修建原因	倡修人物	備註
1	咸豐八年（一八五八）	藉著龍山寺之建立，以鞏固三邑人在淡水之團結與角頭勢力	黃龍安等三邑眾人創建	今廟中尚存黃龍安等人敬立之龍柱
2	咸豐末年	地震毀壞	黃龍安等三邑眾人	咸豐末期，淡水一帶地震多，初建不久即被震毀，遂屢建屢毀，導致修志者無法確認其始建年代
3	同治四年（一八六五）	同治元年三次地震造成龍山寺之毀壞	王盛泰號、許水來	此次重建大體沿用舊材，形制未變
4	光緒二年（一八七六）	不詳	翁種玉、江萬順號、永發舟、泉春舟、源順舟等	始見福州人與東北人、旗人捐獻之柱聯、匾額與香爐
5	光緒十年（一八八四）	答謝神庇	章高元	敬獻石亭鋪面，長寬約十三公尺見方。光緒帝賜匾「慈航普渡」
6	日據時期	不詳	許丙	未能在廟中找到相關文物以資佐證
7	一九四九	不詳	李鈞池 洪開源	抽換龍邊次間門柱
8	一九八二	白蟻侵蝕 漏雨滲柱	慧心法師	莊武男主持，添建拜庭，面貌一新。幸舊物猶存，尚符古制
9	一九九九	正殿屋脊桁木為白蟻侵蝕	管理委員會	予以抽換更新

資料來源：卓克華整理

惠、安、永五縣合作之強勢族群的集結。此廟日後也成為五
縣人士常聚會之所在，具有實質會館之意義。

2. 咸豐末期，淡水一帶地震多，可能初建不久即被震毀，遂屢
建屢毀，再加上此時期漳泉械鬥激烈，建廟工程有可能耽誤
延擱下來，導致《淡水廳志》修志者無法確任其始建年代。

3. 同治元年之三次地震，可能造成龍山寺之損毀，遂又在同治
四年（1865）年底重建。此次重建大體用舊建材，形制未
變。同理，透過其初期反覆興建沿革，反映此時期的天災、
地變、與人禍。

4. 光緒二年（1875）從仲夏到年底續有重修，或因淡水開港以
來，貿易繁盛，往來之各國、各地人士頗多，出現福州人與
東北人、旗人捐獻之柱聯、匾額與香爐。而光緒八年或有一
次之修繕。

5. 光緒十年中法之戰，傳聞觀音菩薩顯靈助陣，事後光緒帝御
書「慈航普渡」賜匾。而台澎鎮掛印總兵章高元於翌年答謝
神庇，敬獻石庭鋪面，長寬約十三公尺見方。見證了中法戰
爭的一段史實。

6. 清末日據初期，香火頗盛，為當地人所崇信，且常有紳士豪
商聚會廟中聯誼閒談。嗣後少見修繕之舉，傳聞許丙先生曾
出資整修。至日據中期，香火冷落，而香火的冷落，一方面
呈現三邑人勢力不再，再則也反映淡水風光不再，已無清末
繁盛貿易。

7. 一九四九年三月曾有修葺。一九八二年動工翻修到一九八三
年初完工，添建拜庭，面貌一新，幸舊物猶存，尚符古制。

近來則是在一九九九年抽換正殿屋脊桁木，而該寺也從昔年三邑人士的同籍公廟，轉變成全淡供奉的閤港廟。惟一不變的是其周遭攤販市場，歷經百年，至今仍是淡水最重要的市集。

註釋

1 參見(1)楊莉《閩南掌故》（華藝出版社，1991年），〈千年古剎龍山寺〉，
pp.74~76。(2)陳曉亮《尋根攬勝話泉州》（華藝出版社，1991年12月，一
版），〈隋代名剎龍山寺〉，pp.108~109。

2 以上參見：(1)李乾朗《鳳山龍山寺調查研究與修復計畫》（高雄縣政府，
1986年4月），〈鳳山龍山寺寺史〉，pp.11~19。(2)李乾朗《艋舺龍山寺調查
研究》（台北市政府，1992年11月），〈艋舺龍山寺之寺史〉，pp.13~64。(3)
漢寶德《鹿港龍山寺之研究》（鹿港文物維護促進會，1985年3月），〈鹿港
龍山寺的簡史〉，pp.11~21。按，本小節目的僅是作背景簡略之介紹，茲不
一一分註出處。

3 李乾朗《鳳山龍山寺》（略稱），p.15。

4 詳見張建隆〈滬尾地名考辯〉，《尋找老淡水》（台北縣立文化中心，1996
年7月），pp.49~67。

5 盛清沂〈乙未以上台北史事叢考〉，《台北縣文獻叢輯（一）》（台北縣文獻
委員會，1953年9月），p.43。

6 陳國棟〈西班牙及荷蘭時代的淡水（上）〉，《台灣人文》第三期（1978年4
月），pp.35~36。另關於淡水地區凱達格蘭族諸社之分佈可參考：(1)溫振華
《台北市發展史》第一冊，（台北市文獻委員會，1981年10月），第五章
〈開闢〉第一節「平埔族的分佈與社會生活」，pp.906~910。(2)翁佳音《大
台北古地圖考釋》（台北縣立文化中心，1998年6月初版），第四章〈淡水河
口〉，pp.69~92。(3)詹素娟、張素玢《台灣原住民史・平埔族史篇（北）北
台灣平埔族群史》（南投，台灣省文獻委員會，2001年3月），第三章第一

節，pp.112~113。其中，近年翁著提出新說，如謂大屯社在大屯山南側，不是一般習說的大屯山北側（屯山里）；小雞籠社（雞洲山社）是在三芝鄉，不是今淡水鎮等，雖有爭議，仍值得吾人注意和參考。

7 連橫《台灣通史》（台灣省文獻委員會，1976年5月），卷十六〈城池考〉，p.363。

8 郁永河《裨海紀遊》（台銀文叢第四十四種），p.16。

9 周鍾瑄《諸羅縣志》（台銀文叢第一百四十一種），卷十二雜記志〈寺廟〉，p.281。

10 周鍾瑄前引書，p.14。

11 陳培桂《淡水廳志》（台銀文叢第一百七十二種），卷八表一職官表〈官制〉，p.203。

12 余文儀《續修台灣府志》（台銀文叢第一百二十一種），卷二規制〈坊里〉，p.78；〈街市〉，p.89。

13 周凱《廈門志》（台銀文叢第九十五種），卷六台運略〈額數〉，p.186。

14 陳培桂前引書，卷十五附錄一文徵〈節錄台灣十七口設防狀〉，pp.404~405。

15 張建隆〈尋找老淡水——2.北港塘〉，《尋找老淡水》（台北縣立文化中心，1996年7月出版），p.73~74。

16 詳見陳培桂前引書，卷三志二建置志〈水利〉，p.77。

17 詳見姜道章〈台灣淡水之歷史與貿易〉，《台灣經濟史十集》（台灣銀行，1966年9月），p.163。

18 陳培桂前引書，卷十四考四〈祥異考〉，p.348。

19 詳見：(1)張建隆前引書，〈從寺廟分布看滬尾街聚落之形成〉，pp.6~25。
(2)黃瑞茂〈光復前淡水街的形成與發展〉，《歷史月刊》第四十五期（台

北，歷史月刊雜誌社，1991年10月出版），pp.76~82。(3)張炳仁《淡水鎮淡水街都市景觀之研究》（中原大學建築研究所碩士論文，1985年6月），第二章第三節，pp.34~43。

20 姜道章前引文，p.163。

21 吳峻毅〈以文化人類學角度來看滬尾港發展過程與廟宇分布位置所包含之社會背後意義〉，《我的故鄉論文選集》（台灣史蹟源流研究所會編印，1993年10月），p.352。

22 姜道章前引文，p.161。

23 如該廟崁於壁上立於嘉慶元年之「望高樓碑誌」，敘述泉廈郊商船出入滬尾港情事，與懸於大門上匾額，署名「船戶金長裕，金永利，金榮興，金裕興，金裕泰，合順發，新達發全修」，皆是明證。

24 陳培桂前引書，p.345。

25 連橫前引書，p.460。

26 姜道章前引文，p.163。

27 詳見《台灣省通誌》（台灣省文獻委員會，1968年6月），卷下〈大事記〉，pp.87-89。

28 轉引自〈滬尾龍山寺〉，《滬尾街》第五期（滬尾文史工作室通訊，1992年3月），p.26。

29 詳見《台灣總督府檔案》中譯本第四輯（台灣省文獻委員會，1994年7月），p.850。

30 同註29前引書，p.872。

31 王詩琅《台北市志稿》（台北市文獻委員會，1962年6月），卷九〈人物志〉，第四章第二節「黃龍安」條，p.77。

32 此點承中央大學歷史所戴寶村教授提示，謹致謝意！

33 張建隆前引書，〈淡水寺廟沿革〉，pp.35~36。

34 陳培桂前引書，p.350。

35 詳見卓克華〈三級古蹟壽山巖的史蹟研究〉，《台北文獻》直字第一百期（台北市文獻委員會，1992年6月），pp.29~43。

36 陳培桂前引書，p.350。

37 張建隆前引書，p.37。

38 連橫前引書，p.489。

39 席裕福編纂《皇朝政典類纂》（成文出版社，1969年），卷一〇二，〈征榷〉二十，pp.3233~3238。

40 見林仁川《福建對外貿易與海關史》（鷺江出版社，1991年4月），p.190。

41 魏爾特（Stanley F. Wright）著，陳敉才、陸琢成等譯《赫德與中國海關》（Hart and the Chinese Customs）（廈門大學出版社，1993年12月一版），第十章〈稅務司和中國監督的關係〉，pp.355~360。

42 葉振輝《清季台灣開埠之研究》（標準書局，1985年5月初版），p.164。

43 詳見陳霞飛編《中國海關密檔－赫德‧金登幹函電匯編》（北京中華書局，1990年6月），第一卷，pp.706~708。

44 參見(1)葉振輝前引文；(2)魏爾特前引書，p.367。

45 陳培桂前引書，pp.109~110。

46 劉銘傳《劉銘傳撫台前後檔案》（台銀文叢第二百七十六種），p.32。

47 《台灣海防檔》（台銀文叢第一百一十種），光緒七年～八年諸文件，pp.68~80。

48 連橫前引書，卷十九〈郵傳志〉，p.415。

49 沈雲龍〈清代之八旗〉，《近代史事與人物》（台北，大西洋圖書公司，1970年4月初版），pp.19~20。

50 《台灣海防檔》，pp.83~85。

51 連橫前引書，卷二十二〈宗教志〉，p.4。

52 見《中國歷史大辭典—清代卷（上）》（上海辭書出版社，1992年10月一版），「巴圖魯」條，p.92。

53 見郭松義等《清朝典制》（吉林文史出版社，1993年5月一版），第四章第二節〈世爵制度和封贈制度〉，pp.279~280。

54 參見：(1)《清朝典制》，pp.293~294。(2)李鵬年等《清代六部成語辭典》（天津人民出版社，1990年8月一版），〈吏部成語〉，「議敘」，「加級」，「紀錄」等條，pp.13~14。

55 參見：(1)許雪姬《清代台灣的綠營》（中研院近史所，1987年5月初版），pp.167~186。 (2)許雪姬《北京的辮子》（自立晚報社文化出版部，1993年3月一版），pp.4l~52。

56 同註29前引書，p.913。

57 溫國良編譯《台灣總督府公文類纂宗教史料彙編》之一（台灣省文獻會，1999年6月出版），p.465。

58 許丙生平可參考許伯埏《許丙・許伯埏回想錄》（中研院近史所，1996年9月）一書內文，或〈許丙先生年表〉，pp.183~185。

59 張建隆前引書，〈信仰傳奇〉，p.201。

第三章
嘉義市城隍廟——

神道設教、官方儀式的場所

第一節　城隍信仰源流概略

　　城隍又稱城隍爺、城隍老爺。城隍之名，初見於《易經》一書，即所謂「城復于隍」，城隍二字原意，城指城郭，隍為繞城之河溝，有水稱池，無水稱隍，簡言之，城隍即指城郭溝池。古者，山川坊庸，皆有祀焉。典秩漸隆，旨在報功。而我國祭祀城隍之禮由來已久，《禮記》記載「天子大蜡八」，釋文解釋為：「祭有八神：先嗇一、司嗇二、農三、郵表畷四、貓虎五、坊六、水庸七、昆蟲八」，以上所祭祀的八神，稱做八蜡，其中水庸居七，庸是城，水即隍，也即是說天子有感於城池之堅固而祭之，這是城隍之祭的開始，嗣後「城隍」又演變為城池守護神。

　　至於城隍廟之興建，則可追溯至三國時代。到唐朝逐漸普遍，全國各地建有城隍廟，吳粵之地，祭祀城隍最盛，祭祀城隍也成日常習俗，吾人可從今存唐人文集中，散見祭城隍文以之佐證，如李陽冰、張說、許遠、張九齡、韓愈、杜牧、李商隱等皆有祭文之作，包括祈雨、求晴、招福、禳災諸項者也。是城隍又一變為地方守護神。唐宋以來，各地或以有功德者為其神。比至宋代，城隍祠已遍及天下，朝廷或賜廟額，或頒封爵，昭重其祀。迨至明初洪武元年（1268），太祖朱元璋曾封京師城隍為帝號；開封、臨濠、東河、平滁四處城隍為王，各府城隍為「威靈公」、各州為「綏靖侯」、各縣為「顯佑伯」。三年，詔去封號，只稱某府、州、縣城隍之神，廟建於府、縣治所在地。二十年，改建城隍廟宇如官署，設

嘉義城隍廟神像本尊

座判事如官吏狀，列入祭典。

　　及至清代，朝廷尤尊崇城隍，其措施有：(1)通令各省、府、廳、縣建造城隍廟；(2)將城隍祭祀列入官方正式祭典；(3)凡地方官新上任，須先卜吉日，親詣各該地城隍廟舉行奉告儀式，再接篆視事；(4)每月初一、十五兩日，要到城隍廟進香。於是城隍保障一方，民間將地方官和城隍爺視為同等，一是陽官，一是陰官；一位治明，一位治幽。城隍既治理陰間，也監察人間的一切，城隍爺再一變為陰間地方之司法神，統率文武判官、六司官、牛馬范謝四將軍（或四爺二將），暨三十六神將……等從屬，管理地方，以求福善禍淫，無災無眚，物阜民豐，地方安寧。

　　要之，城隍由原來城池濠溝之建築物，轉而為器物之神，再由保城之神，一變為地方神。而其神功職能，由保固城池之單純功能，一變為祈雨求晴，招福禳災，再變為假神道求治之地方司法神，終成為護國佑民之神。凡地方官署所在，必有城隍廟之存在。

因此，有清一代，歷治臺灣者，莫不篤信城隍之威靈庇佑。惜民國以還，斥之爲迷信，予以革廢，於今香火渺湮，無復往昔之盛。[1]

臺灣的城隍廟，始建甚早，明鄭時期便有三處。論年代，以臺南市府城隍廟最古；論數量以嘉義縣爲最，計有八座，其中又以嘉義市吳鳳北路之城隍廟爲最著。

第二節　嘉義城隍廟的創建及祭典

嘉義縣市在臺灣的開拓史上是僅次於臺南縣市，甚早開發地區。其地理位置於臺灣省西部偏南，四面爲嘉義縣所包圍，地處嘉南平原，北臨朴子溪，南界八掌溪，除縱貫公路、鐵路通各大都市外，並有阿里山登山鐵路及臺糖鐵路，爲臺灣省中南部鐵路網中心。全市總面積六〇、〇二五六平方公里，目前人口數近三十萬。

今嘉義地方，在明鄭時代隸天興縣。入清之後，改稱諸羅縣。諸羅之名，或云取諸山羅列之義，實附會之詞。此地往昔是洪雅平埔族諸羅山社（Tilaossen, Tilaocen, Tirosen）聚居之地，諸羅山係其譯音，現嘉義地方耆老中仍有稱嘉義市爲「山仔」，乃刪「諸羅」二字而略稱其末字「山」，另加「仔」者也。

清初縣治沿明鄭設於佳里興（今臺南縣佳里鎮內），後因其地瀕海，又與南臺密邇，未免偏於西南，不便統治北路，乃於康熙四十年（1701），移至諸羅山莊。四十三年，知縣宋永清繞木柵爲城，周六百八十丈，四方設四門。四十六年同知孫元衡攝縣事，於城內中和街建縣署（今忠孝路市場東側），中大堂，前儀門，後川堂。五十

嘉義城隍廟正面今貌

　　四年，知縣周鍾瑄重修，顏大堂曰：柔遠能彌，另建後堂住宅五百兩銀，左右齋閣三百兩銀，門外廊舍俱備。[2]

　　縣治畫一，官府漸備，而城隍廟工亦興。先是，雲雨、風雷、山川、城隍，以春秋仲月上旬擇日共壇祭，設三位，雷雨風雲居中，山川居左，城隍居右。獻官及陪祭官各致齋三日，宿齋所。鳳山、諸羅二縣各于其境內壇所祭之，其壇草創，致祭無定所。[3]五十四年諸羅知縣周鍾瑄接掌縣事，抵任之初見城事已畢，稽查事典，城隍宜有廟，今尚缺如，無以祀神迎庥。乃卜縣署之東南，鳩材捐俸，興建城隍之廟，並得參將阮蔡文幫捐四十兩，略備堂寢門廊，至五十五年（1716）冬告成，規制宏敞壯麗，並撰一碑記，詳述始末及其用心：[4]

惟諸羅僻在海外，臺灣之北，故島彝鳩居，今皇帝二十二年，
削平鄭氏，置縣張官吏。五十四年鍾瑄承乏縣事，粵稽祀典，
城隍宜有廟，未之或舉，大懼無以妥神迓庥以穀我士女。爰于
署之左偏，相基飭材，為堂為寢為門，廊廡俱備，糜白金五百
六十有奇，五十五年冬告成，邑人士僉謂：宜書厥事於石。鍾
瑄聞之，聖人設教，明為人而幽為鬼神，理一而已矣！邑有令
以治明也，賞善罰惡，均其賦役，平其爭訟，教之孝弟忠信，
使邑無飢寒怨咨，而相率于善者，令之職也。有城隍以治幽
也，福善禍淫，順其四時，阜其百物，驅其魑魅蠱毒，使邑無
災眚夭枉，而不即于淫者，城隍之責也。自廟貌不崇，於是民
不知設教之本，而求諸依草附木之精，於妖魔怪誕之術，竊附
神道，以惑世誣民，遂為人心風俗之大蠹矣。古周禮八蜡之
祭，有水庸，庸、城也；隍、水也。後世或指有功德者一人以
神之；典秩漸隆，賜廟額，班封爵，垺諸社稷、山川、風雲雷
雨以祭，相沿以至于今。故事守土官入境，必先齋宿于廟，而
後視事。水旱必禜于神，而後禱于壇，厲祭，必迎於壇，而使
主其事，邑有大舉，神莫不與焉。故浮屠老子之宮，學士有議
而非之者。至于城隍，而獨無間然，豈非保障一方，聰明正直
之靈爽，昭著人心目間歟？今新廟奕奕，願自茲以往，令斯土
者，入斯廟而對越神靈，悚惕乎為民父母之職，而為吾士民
者，尚亦曉然斯廟建立之由，鬼神陟降之旨，無溺邪說，以自
求多福哉。

知縣周鍾瑄創建之城隍廟，屬縣級城隍，立在縣署之左（昔城

內中和街，今忠孝路市場東側），是時建築規制，有門、有堂（正殿）、有寢（後殿），有廊廡，爲三進式大廟。自是守土官入境，必先齋宿於廟，水旱兵變，必牒於神，成爲慣例。時城隍之祀，有廟無專祭，各縣皆然，合祭於山川壇，每歲凡三祭：

春祭清明日，秋祭七月十五日，冬祭十月初一日。每祭，用羊三、豕三、飯米三石，香燭酒紙隨用。先期三日，主祭齋沐更衣（用常服），備香燭酒果，牒告本處城隍。通贊：「行一跪三叩禮，興，平身」，「詣神位前，跪，進爵、獻爵、奠爵、俯伏，興、平身，復位；又一跪三叩，興、平身，焚告文，禮畢」。本日，設城隍位於壇上，祭物羊一、豕一，設無祀鬼神壇於壇下左右，祭物羊二、豕二，盛置於器，同羹飯等舖設各鬼神位前。陳設畢，通贊唱：「執事者各就位」，「陪祭官各就位」，「主祭官就位」。贊：「行一跪三叩禮，興，平身。主祭官詣神位前，跪，三獻酒，俯伏，興，平身，復位」。讀祭文，讀畢，又一跪三叩，焚祭文並紙錢，禮畢。[5] 祭文之內涵及格式，《蠡測匯鈔》收有道光年間任臺灣府知府鄧傳安之三篇祭文：〈城隍廟禱雨文〉、〈城隍廟禱雨疏〉、〈牒臺灣府城隍文〉，茲迻錄於后，以供參考。[6]

城隍廟禱雨文

維道光九年，仲秋月壬戌朔，福建臺灣府知府鄧傳安，謹以香楮之儀，密禱于威靈公城隍尊神。竊傳安三蒞郡篆，幸得與神爲緣，暫馳負擔，尚思奠民所麗，當日疏禱輒應，實賴聰明正直之鑒。觀今茲廟貌聿新，豈非豐穰歡樂之報賽，輪奐皆美，民力普存，稼穡維艱，神靈宜佑。距溽暑已過三伏，嘉澍竟您

五旬，極旱待蘇，誠求縶苦。憶前夏毛澤似盡，人心猶未皇皇，乃今秋良苗向枯，農望不勝炭炭。海吼地震之占弗驗，雨與礎潤之兆全虛。田夫擊鼓來城，連袂何能揮汗？有司炷香入廟，望雨徒然聞雷，際從俗之普度既周，齋戒彌謹；效去讓之請道無己，吁嗟更勞。傳安避越俎之嫌，未敢隨眾而往。切如熏之隱，不惜恝神以言。受代雖非局中，豈忍聞閭閻之呼疾痛。降康尚祈格外，但願罰洮赳以消怨尤。滂沛自北而南，百里皆盈溝澮；連綿繼日以夜，九谷并蕃簟車。果清波之轉哀窮，將肸蠁之忱永報。謹告。

城隍廟禱雨疏

為吁禱甘霖普濟極旱事。竊以民依恒仰賴于神，舞雩必竭誠而請。臺陽分類之擾，稍干天和，制府整旅而來，爰定地守。去疾即是樹德，取殘允宜屢豐。乃去年自秋徂冬，罕沐甘雨，北路由內及外，皆被颱風。恨晚收之減于前，望改歲之協于順。何意九十之春光已過，下尺之膏澤未霑。枯槁有如暵乾，炎蒸無殊盛夏。偶然燥極雲起，驟散于當午之風，即或潤洒涼生，仍企彼躋西之霓。山內埤圳所蓄，尚能溉田，廣平畛隰相望，奚由布種！毛澤盡則時窮，人力竭則農困。前言多識，期古神人之應上公；舊章可循，徵漢名儒之著《繁露》；靡神不舉，匝月無靈，詎彼蒼不仁憫斯民，殆有司弗恪恭厥事。假守半載，從政一善無聞。寬未濟則驅雀稽誅，惠未周則嗷鴻難集。或庶言庶獄之多積壓，吏因緣以為奸。或要譽要名之近逢迎，人讕張以為幻。滿假不能持戒，怨詈未由上聞。遂以沴氣召各

徵，常引積愆發深省。伏願城隍尊神，偕諸神轉達上帝，罰此尸位，宥彼編氓，速降三日以往之霖，頓蘇十旬以來之旱。民食不乏，禍患潛消，古人或躬為犧牲，或親繫犴狴，皆刻苦而自責，乃感格之有由。傳安竊欲稽古而仿行，尚恐榮名之徒貌，惟是為民請命，何忍當官惜身。凡有殃咎之加，總無怨悔之念，伏冀尊神默鑒愚悃，普施醴膏，玉燭既調四時，金穰仔盈千里，曷勝企望之至。道光七年四月初九日，署福建臺灣府事鹿仔港理番同知鄧傳安謹疏。

牒臺灣府城隍文

伏以鬼有所歸，乃不為厲。中元郊外設祭，載在國家祀典，所以妥無主之游魂，惟城隍尊神，實蒞其事。臺郡人民，半自內地冒重險而來，進出以鹿耳為門戶。船隻或阻淺阻風，不得徑出徑入，間值滔天巨浸，人力難施，往往失事，其險倍于外洋。如今春領餉弁兵，及秋初游客棺柩眷屬，載胥及溺，得生者少，遠近傷心，諒亦蒙神憐憫。顧故土之思，人鬼同情。冒險不得其死，死而有知，眷願依遷，豈肯戀戀海外。近日海吼異于前時，焉知非游魂為厲？往禱設醮，已罄有司之忱。仰惟威靈公爵秩尊顯，如一路之福星，海島商民內渡，必官給照乃行。想幽明事同一體，為此牒呈神鑒，伏冀俯念無主游魂，陷于險遠，思歸不得，默賜引導，護還故鄉，得享族類禋祀，不淹滯于寂寞荒埔。俾海外長慶安瀾，實千里無疆之福。道光八年七月十五日，福建臺灣府知府鄧傳安謹牒。

另，光復後新修《嘉義縣志》聖蹟篇收錄有〈城隍廟祝文〉，文不長，一併抄錄於后供參考：[7]

> 惟康熙某年某甲子，二（八）月某甲子朔，越某日某甲子，某衙門某及某等，敢昭告於本縣城隍之神曰：惟神妙用神機，生育萬物；奠我民居，足我民食。某等欽崇上命，悉職茲土；今當仲春（秋），謹以牲醴，用伸常祭，尚饗！

第三節　嘉義城隍廟修建沿革

一、清領時期

　　嘉義城隍廟於康熙五十五年冬建成，然而維時初創，不免堂廊制陋，棟楹嫌小。嗣因風雨飄搖，棟傾土剝，於雍正十年（1732），再由知縣馮盡善商諸邑紳重修。及至乾隆二十九年（1764），復已三十餘年，傾圮斑駁，有折崩之虞，時前邑宰衛克堉有意謀新，惜龜卜無期，以秩滿離去。新任邑宰張所受，感念城隍變理陰陽，佑護境民，爰捐薪俸，謀諸縉紳林振魁等人重建，召工營繕，於甲申年小陽（廿九年十月）經始，翌年端月（正月）落成，堂廡聿新，丹檻錦棟，燦然改觀。張所受並撰「重建城隍廟碑」，詳述始末，今碑猶存，高二五七公分，寬八六公分，篆額「皇清」，花岡岩，崁於廟壁，其文如下：

> 諸羅地居臺北彰南要衝，設邑自康熙二十三年，雖已建官置

吏，而城隍廟祀，猶未有也。越五十四年，前縣周君諱鍾瑄承乏縣事，以為有邑必有城隍、有城隍斯有以贊幽顯而資治功。爰卜築其廟于治之南，計費六百餘金。維時初創，堂廊制陋，棟檻均取小木，垣牆悉繕泥土。嗣因風雨飄搖，棟傾土剝，雍正十年，前宰馮諱盡善，商紳陳君陸，舊貫重修，歷今復已三十餘年，如木如垣，時恐將折將崩之惠；曰官曰民，咸切重新重建之誠。前任衛諱克埆，謀新有志，龜卜無期，以秩滿去。甲申之蒲，余奉調斯土，下車瞻謁，時而愴然曰：惟神正直聰明，功在燮理陰陽，德其穀我士女，官與民之所憑依，宜尸祝而尊奉之者也。苟廟貌弗飭，其何以妥神靈而邀眷庇。爰捐廉俸，謀諸縉紳林振魁等董事重建。幸都人士輸誠樂助，計金二千有奇，召工營繕，秀石花砌，堂廡聿新，丹檻錦棟，燦然改觀。從茲以還，行見神欣人悅，均沾潤澤於冀皆，瑞慶祥徵，爰虞風調於鳳律矣。是役也，經始在甲申小陽，落成屬乙酉端月，俎豆馨香，祝之慶之，其勿替。

乾隆三十年歲次乙酉端月（缺）日吉旦
　知諸羅縣事　張所受　立石

此次重建，不僅擴展了原廟之規模，在外觀上，更具有堂皇氣象，從此信者日眾，香火日盛。迨至乾隆五十一年（1786）林爽文肇釁，臺、鳳、諸、彰四城失守，柴大紀反攻，復占堅守之，雖被圍數月，餉糧告罄，羅掘俱窮，而官民竭力守禦，幸得保全。亂平，五十二年，高宗乾隆帝，深嘉全城市民義氣，遂錫名「嘉義」，後改土城為磚城。

張所受重修以後，歷林爽文之役、蔡牽之役，至道光初年，爲期半個多世紀之久，未見整修縣城隍廟之文獻紀錄，有之，至今猶存一匾二碑。匾爲「道宏化育」係「道光歲次辛丑年（二十一年，1841）仲夏吉旦，欽命太子太保，前任福建水師提督調任浙江全省水陸軍前子爵王得祿立」。王得祿爲嘉義人，由武生歷官澎湖副將，後以剿滅蔡牽，敘功晉封二等子爵，加太子少保銜。道光二十年，防英夷之役，駐防澎湖，逝於媽宮澳防次，則此匾眞實性頗有疑問。碑有二，一爲道光十八年（1838）十一月，嘉義知縣范學恆爲阿里山正副通事番宇旺、尹和，獻阿拔泉社山埔出產什穀，爲縣城隍廟番燈之資而立，崁於龍井外壁，碑文如下：

特調臺灣府嘉義縣正堂、加五級、紀錄十次范，爲瞻仰神麻願供香燈事。道光十八年十一月十六日，據阿里山正、副通事番宇旺、尹和稟稱：本城內城隍廟，自昔我創建崇祀顯佑伯尊神，聲靈赫濯、庇佑四方，番民感戴，德澤無疆，適旺蒙憲恩，飭充阿里山通事，進社安撫，沾沐神光普照，番民平安。爰是，細查邑廟香燈莫供，因出息無幾，無以壯觀瞻而報神麻。蒙欲捐資供俸，抑恐住持花銷，有名無實，徒費微忱。惟思酬答恩光，必須創業以垂久遠，崇奉以誠取敬。茲旺願將承受阿拔泉社所管界內，每年產出什籽，除供應番食外，年餘租稅，統共願捐廟中，以作神前油香之資。第恐年湮世遠，難保住僧無廢弛之虞。合應稟懇憲恩，伏乞電察，祀神軫重，恩准給示存案，俾界勒石，以垂永遠崇奉，免致後人廢弛，神民共沾，闔邑謳歌，切扣等情。據此，除批准存案給示勒石外，合

行諭知，為此示仰該住持僧福海知悉，所有阿拔泉社內每年產出什籽，抽收壹九抽分，早冬龍眼什籽等物，餘息永遠充入城隍廟以助香燈之資。該佃戶毋許短少延欠，以垂攸久。該住持亦毋得年遠廢弛，各宜凜遵，毋違特示。謹將阿拔泉社管下四至界址開列於後：

東至犁黃寮溪為界，又至出水坑尾番社界。西至內埔庄後山為界，又至過南靖山為界。南至仙人橋為界，又南兼東桃園為界，北至江南坑長山尾界。

道光拾捌年十一月（缺）日給

按，番社之有通事，始自鄭氏時代。清室領臺後，仍予沿習。清代初期通事，有由官諭充者，又有番社所自僱者，蓋為通言語，以辦納番餉及課差役而設。嗣後，通事改由識字番人充當，則先由社內生員、甲頭、業戶、番差、耆番等等稟舉，然後由官予以驗充。通事職務，不僅任傳譯語言，實則因其識書算，不但收管社租納課、發給口糧及辦差，而且掌理一般社務。[8] 觀諸本碑文，固可見證其時阿里山番社漢化之深厚，似乎番社通事之上任，也有親詣城隍廟奉告之慣習，否則番社通事信仰城隍之舉頗不可解。另，可貴者透過此碑文可略知道光年間嘉義阿拔泉社之地權、社域範圍，及其時番大租租率為「壹九抽分」，即番社得總收穫百分之十，佃戶收百分之九十。

另一碑為道光二十七年（1847）二月，嘉義知縣王德潤，為縣城隍僧福海募款置產，興築陰（英）靈堂，奉祀外江各處人士客死嘉義而無主者事立碑，今在廟後殿右側門邊，碑文如下：

欽加同知銜臺灣府嘉義縣正堂、加十級紀錄十次王為鳩置祀業
等事。本年正月二十五日，據城隍廟德會司僧福海稟稱：緣道
光二十二年間，海倡捐……祖，開建城隍廟左畔壙地，創建英
靈堂一座，供祀外江各處遊幕士官、商民、及跟官人等。在嘉
義……并捐銀，起蓋廟口右畔瓦店二間，收稅祀祭。海經稟請
易前主出示在案，但是香燈無幾，所收不……現海再行倡捐鳩
金，于去年十二月間，憑中鄭黃明買嘉義保江滾、江來、江
龍、江忠等田園一宗，址……塚腳，連荒山一處，年收稅谷二
十六石，應完隆恩大租四石零九升六合六勺正。田園大小共二
……路，西至江家田塍，南至王家馬田塍，北至圳溝。零荒山
六坵，東至江家竹圍，西至車路，南至高家竹圍……界址四至
明白，契價銀壹佰零捌員。年收稅谷除完大租外，以為英靈堂
清明、中元、冬至祀祭，語……無依之人病故，給為棺殮埋葬
之資。其契據海乃出家之人，未便收執，亦不便亂交，惟有仰
懇將契據……出示立石，俾得以垂永遠，歷久而無弊也。合將
明買江滾等杜賣正契壹紙，并租單貳紙稟繳，伏乞恩……存
案，出示立石以垂永遠。幽明均沾大德，閤邑謳歌。切叩。等
情。計粘繳江滾等白契一紙，租單二紙到……除批准存案外，
合行出示立碑。為此，示仰閤邑城廟，內外士庶軍民人等知
悉，爾等各宜凜遵，毋違特示……。

碑末捐款人有：「山東人夏文湘捐銀拾貳元，溫州人鄭文談捐
銀拾貳元，福州人李為禎捐銀拾貳元，汀州人吳登寅捐銀拾〇元，
福州人郭立儀捐銀拾大元，常州人韓若山捐銀拾大元，廣東人張夢

响捐銀伍大元，福州人張廷棟捐銀○○元，福州人鄭大衍捐銀參大元，蘇州人嚴曉峰捐銀貳大元，安徽人僧福海捐銀拾伍元，常州人張見梅、常州人邱瑩堂、福清縣人薛孟埜公捐銀柒大元，杭州人黃仰山捐銀參大元，常州人韓錦榮、安徽人楊茂林、寧波人謝彩章，常州人張華峰公捐銀參大元，江左李仰山捐銀伍拾圓，福州人李孝敏捐銀貳大元，福州人葉家德、杭州人王研農、楊州人胡步濂公捐捐銀貳大元，道光貳拾貳年十月十五日住持福海」，其後復勒一行文：「住持福海稟官……一所，自備工料興築陰靈堂，又捐銀併起蓋媽祖宮口，左右九戶二間，收稅以為奉祀本……道光貳拾柒年貳月（缺）日。」

此碑文之可貴，不僅知道光二十二年時，城隍廟左畔有一座英（陰）靈堂，奉祀外地客死嘉義者，廟之右畔有瓦店二間出租收稅以供祭祀，並稟請前知縣易金杓出示在案，並知英靈堂每年祭祀日為清明、中元、冬至。嗣候又於道光二十七年在媽祖宮口起蓋九戶街屋出租收稅。按，嘉義市建於前清之媽祖宮廟有四座：天妃后宮、縣署天后宮、溫陵媽廟、協安宮，碑文中所述之媽祖宮是指協安宮，該宮為道光二年建，位於文昌街，其間歷經興修，於一九六六年改建成今貌。嘉義市街坊之發展，開始地點有二，一在番社內、番社口，約今中正公園附近，係諸羅山社所在；一在紅毛井，即今蘭井街、忠孝路口東南，為荷據時期荷人及漢人聚居處，亦是明鄭時期智武鎮營房所在地。入清，歸治諸羅山後，隨即築建木柵城，於康熙末年發展出十字街、太平街、鎮安街等三街。至乾隆中期，據余文儀《台灣府志》所載，計有：十字街、中和街、布街、總爺街、內外城廂街、四城廂外城、新店街等街道，可見此時市街及鬧

區，均聚集於西門一帶。以後街坊增加情形不明，至同治年間之嘉義縣輿圖冊，始有記載，計有「東：內教場、橫街仔、媽祖宮、觀音亭、關帝廟。西：中和街、十字街、水涵口、魚仔市、米市街、布街、新店街、西門街。南：南街仔、紅毛井、城隍廟、菁仔市。北：總爺街、文廟口、縣學前、義倉口」，可見乾隆末新街坊市往東門方向發展，新增了觀音亭、內教場、橫街仔、媽祖宮等四街，[9]而媽祖宮（協安宮）即建於道光二年，則此條新街是在道光年間興起自無疑義，碑文所述也提供了一有力的佐證資料。

此外，碑文捐輸人名單，固然讓我們明白當時城隍廟住持僧福海是外地人——安徽人外；而其他人士之籍貫遍及山東、溫州、福州、汀州、常州、廣東、杭州、福清、寧波、江右（即江西）、楊州、江左（即江蘇）等地，說明了其時嘉義市之繁榮，外地人士往來頻繁，也說明了何以需要創建英靈堂，提供棺殮埋葬之資之所，給這些遊幕嘉義的士官商民及跟官人等。其中尤有深意者，是捐輸人士中以福州人獨多，正可印證今日嘉義市住民籍貫。按，嘉義市世居住民，以漳州後裔最夥，亦摻雜少數泉州人與福州人，彼等大多是當年嘉義城市從事銀樓業，或雕刻等手工藝之福州移民後代，類此移民並處一市之情況，也可從今存古廟尋出痕跡。如創建於乾隆二十五年之朝天宮，乃泉州晉江移民所建，故又名溫陵媽廟。他如泉州府之大道公（仁武宮、北社尾保安宮、三臺宮）、漳州府之陳聖王（聖王廟、開山尊王廟）、潮嘉粵人之三山國王廟，而福州工匠崇奉之五顯大帝，及朱三仙姑（祀於民房樓上，俗名臺灣鎮海樓）皆是，此碑文提供了至晚道光年間嘉義市已有不少福州移民之訊息。

至於英靈堂「供祀外江各處遊幕士官商民及跟官人等」，更是提供了清代臺灣官場百態之一的重要線索。按，清代官場上有一些小人物，他們雖是官員手下辦事人員，但他們實際地位很重要，甚至操縱權柄，挾制官員，橫行官場。這些小人物即幕賓（幕友）、書吏、長隨、官親等。碑文中所稱「遊幕」者，即是幕賓，俗稱「師爺」或「老夫子」，乃是清代各省督撫藩臬道府州縣衙門中必不可缺少的重要人員之一。清代地方行政機構，上自督撫下至州縣，一般學優而仕的官員，認為非有才學足以勝任治理者之佐助，不足言治；而佐雜之職位，又不足以招致人才，更非所以位置賢能之道。於是設法重禮羅聘人才，不以屬吏看待，尊為賓客，如是，幕賓，幕友之稱，便由之而生，其地位在賓師之間。此種建制，遂演成不成文之制度，普遍各省，直到末葉。

　　如果以縣衙門為例，知縣為一縣最高文職官員，執掌該縣之司法裁判、租稅徵收、科舉試務、禮教祀典、公共工程、地方治安、社會福祉等等事項。上述這些繁雜的事務，勢非知縣一人所能獨立完成，因此一方面需要縣丞、教諭、巡檢、典史等佐貳雜職協助辦理；一方面在知縣衙門內設有幕友、書吏和差役協佐處理縣務。這些幕友係知縣私聘，屬知縣之顧問幕僚，非官制內之官員，縣官的幕友，大略可分為刑名、錢穀、書啟（記）、掛號、徵比；其人數則依縣的大小繁簡而定，大縣的人員需十餘人，錢糧較少，訟事稀簡的小縣，則二三人亦可兼管。以上諸席中以刑、錢兩席為最崇，實際掌握衙署中行政實務，與主官之前程考績攸關，所以擔任此席者，都是以學優才長著稱，不是尋常稍認得一些律例的人所能勝任愉快，當然也有不少為了貧困所累，或是讀書不精、科第不成，只

好以遊幕爲終生職業者。[10]

　　所謂「跟官人」，應即「長隨」、「門丁」之流，俗稱「二爺」。門丁之執役，除隨從主官左右，供奔走使令之輩，如所謂跟班或長隨，與公務無關者外，其他各有行當，有門簽（司收發公文，及主官審理詞訟）、稿案（司文稿呈核呈判繕校）、司書（司繕寫文件）、用印（司蓋用印信）、差總（辦理庶務）、傳帖（亦稱執帖，司賓客通謁）、值堂（司侍應審判案件）等名目。門丁例隨主官，類多來自其他省縣，其人數之多寡，並其去留，都是由主官之意旨而定。此輩在官中，介於吏役之間，有承上啓下之作用。故清代之督撫以迄州縣，於上任時，對幕賓之外，於門丁之選擇，不能不慎重挑選。因此「跟官人」即「跟班」的，跟隨在長官左右，隨時侍候長官的長隨。官員出門時，跟班要帶上內裝長官名帖的護書盒（又叫拜匣），以備官員拜客之用。到了所拜人家，跟班便拿出一張名帖遞上去，什麼身分的人送什麼樣式名帖，都有講究，跟班都要掌握。清代流行吸水煙，長官若有吸水煙癖，還要爲長官帶好水煙裝；長官出門在外有時要替換衣服，要坐得舒服，所以跟班也要背衣飾、坐墊等物。較親信的，也有替主人送信和辦機密的事情。總之，跟班地位低微，唯唯諾諾，殆與隸卒同等，不齒於齊民，總是一副奴才相，而此輩卻依然充斥，蓋亦有其可欲者存也。[11]

　　從此一英靈堂祀業示告碑文中所提供若干線索，可以推想而知，當年履任嘉義縣之知縣、縣丞、典史都是「外江人士」（即今之俗謂外省人），也聘請攜帶了不少幕賓、跟班人員，但在道光年間調動頻繁下，[12] 這些隨同長官身邊，上下同任，供奔走使令之此輩，不僅不足以保持現狀，等而下之，或竟無從插足，謀一差事，甚且

客死嘉義，景況淒涼，需建英靈堂予以供祀，碑末捐輸名單中諸多外地人士，恐有不少即是此輩幕友、跟班之人，亦可想見其寂寞與無常之感觸。

除此一匾二碑外，又有道光二十一年仲秋，晉江善信龔道南叩謝城隍而捐獻之大算盤，今懸掛正殿橫樑上。咸豐年間的匾有一方，題「赫聲濯靈」，係「咸豐己未年（九年，1859）仲夏（五月）穀旦，欽加六品銜前嘉義縣學教諭蘇鳳藻敬立」，以上二匾三碑，為縣城隍廟現存之年代最早碑匾，至於周鍾瑄所撰勒之石碑，惜已不存。

同治元年（1862），戴萬生舉事於彰化，圍攻嘉義城，縣城遭戴黨圍困，人心未定，士紳陳熙年等人，至城隍廟，誓同心拒敵，林豪《東瀛紀事》云：[13]

> （同治元年）夏四月，豬羔復糾埤堵羅豬羔、湖仔內羅昌、柳仔林、黃萬基、黃大戇等賊，引戴彩龍（即戴雲從）、陳弄、嚴辦等來犯。三莊為附縣要隘，臺灣每滋事，嘉義必遭圍困者，皆由三莊附賊，南北聲息不通故也。於是紳士王朝輔、陳熙年等同至城隍廟，誓同心拒賊。時賊鋒甚熾，城中餉饋斷絕，殷戶許山（名安邦），傾家貲以給軍，復編籍城中貧民，每日按給錢米，始終不懈。

五月十一日夜，地忽大震城圯，又引發一場激戰，幸百姓乘夜運木石及蕉袋實土，填塞圯處，力拒之，賊不得逞，徐徐退去。另一方面，已革總兵林向榮於四月初統兵北上救援，選派精銳八百，與戴黨陳弄、嚴辦連戰數日得勝，會黨潰散，六月初八，轉戰至城

下，殺退黨眾，嘉義解圍。不料，至九月，斗六失陷，未幾，嘉城再度被圍，陳熙年與王朝輔、蔡鵬飛諸紳，設聯義局助官守禦。嘉城自九月被圍，直至翌年二月，始由署水師提督吳鴻源率兵而至解圍，此役前後半年，城中乏食，民多掘草根、煮敗革，熬仙草為食充飢。此後數年，仍然俶擾不安，直到同治四年四、五月，戴案才告尾聲。戴萬生之變平定後，遂有請獎嘉義縣城隍之舉。

先是，同治元年，戴變初起，嘉義士紳王朝輔、陳熙年為安定人心，約集城內紳民立誓於城隍廟，誓同心拒賊。迨嘉城被圍，諸紳士又恭請神位於城樓，虔誠籲禱。署嘉義知縣白鸞卿更會商紳禱於神前，蒙賜籤詩：「合家人安泰，名利兩興昌，出外皆大吉，有禍不成殃」，益堅闔城紳民守城決心，民心遂定。三年（1864）三月，白鸞卿獻「至誠前知」匾額於廟，款云：「壬戌（元年）三月，彰邑倡亂，我邑民心莫定，因率在城紳商禱於神，蒙賜籤詩云：『有禍不成殃』，嗣果被圍至七月之久，卒獲保全，益信神靈前知，其默佑為不爽也。同治三年仲春月，署嘉義知縣白鸞卿敬立。」嗣後有獄囚二名逃逸，白令復禱城隍，蒙示藏處，果得緝歸，真有洞察天幾，威靈赫赫之蹟。[14]

十三年夏，牡丹社事件起，福建船政大臣沈葆楨奉旨巡視臺灣，兼辦通商軍務。時白鸞卿已調任臺灣縣知縣，遂由陳熙年等士紳僉稟鸞卿，懇請轉呈沈氏奏請加封城隍，沈氏即於十二月初五，奏〈請敕封嘉義城隍摺〉，全文如次：[15]

奏為廟神靈顯迭著，籲懇敕加封號，以順輿情；恭摺仰祈聖鑒事。竊據前署嘉義縣現任臺灣知縣白鸞卿詳稱：嘉義縣舊祀城

隍尊神，禱雨祈晴，久昭靈應；其最著者，同治元年彰化戴逆
倡亂，圍撲嘉城，紳士等恭請神位于城樓，虔誠顒禱，五月十
一夜，地忽大震，雉堞傾頹，而城垣無恙，兵民得以保全，咸
稱神佑；九月間，戴逆復撲嘉城，眾心驚慌，告廟敬占休咎，
蒙神默示平安，人心遂定，兵民竭力誓守，復保危城；此皆該
令署事任內所目擊者，茲據紳民陳熙年等僉稟前來，伏懇奏請
敕加封號，以答垂庥等因；並經臺灣道夏獻綸核詳無異。臣等
伏查廟祀正神，實能禦災捍患，有功于民，例得請加封號；今
嘉義縣城隍廟神保護城池，迭著靈應，洵為功在生民，允宜上
邀褒寵。合為仰懇天恩俯准，敕加封號，以順輿情，而昭靈
貺。恭摺具陳，伏祈皇上聖鑒訓示。再此摺係臣葆楨主稿，合
併聲明，謹奏。

同治十三年十二月初五日

巡視臺灣欽差大臣　沈葆楨

上奏朝廷，光緒元年（1875）正月初十日，廷諭：「以保衛城
池，敕封臺灣嘉義縣城隍神封號曰『綏靖』」，[16] 即敕封嘉義縣級城
隍神顯佑伯爲州級之綏靖侯，成爲臺灣各縣級城隍，唯一加尊號的
神祇。

光緒年間之嘉義縣城隍，堪稱最風光時期，其間官紳所獻匾
額，至今猶存者有三方：一懸於三川門者，題「幽門洞燭」，係「光
緒三年秋月穀旦，誥授朝議大夫賞戴花翎陞任知府，本任漳州撫民
同知，攝理嘉義縣知縣鵝湖雷其達敬立」。雷其達其人其事，據鄭喜
夫前引書記雷氏：「字穎生，江西鉛山人，增貢出身，光緒二年以

前署閩縣，本任雲霄同知署，光緒三年撤任。」後於光緒十二年三月任台北府知府，因沈應奎接任福建台灣布政使，姻親迴避，遂調補福建漳州府知府，於十七年三月交卸。在任五年樸實勤能，操守廉正，督飭各屬辦理清丈，撫字催科，清理庶獄，及委辦提西學堂、善後、通商各局事務，均無貽誤。餘不詳，生平史實頗爲缺尠。另吳德功《戴案紀略》，收有雷氏呈報建立嘉義忠義祠乙事，茲轉錄於下，聊勝於無：[17]

> 光緒二年十二月二十一日，陞用知府，本任雲霄同知，署理臺灣府嘉義縣知縣雷其達，爲據情詳報事。……伏查陣亡文武員弁及兵丁義民人等，例准入祀昭忠祠。嘉邑未有祠宇，毅魄無依，懇請建祠以慰忠魂等情。查同治元年，戴逆倡亂，嘉邑兩次被圍，官民誓以死守。時有義民潘締等四十四名，力戰捐軀，奉准建祠，敝學立即傳集紳士陳熙年、賴時輝……等捐資議建，擇於本年十一月二十八日興工，建立忠義祠在明倫堂之右，備移查照，等由准此。並據本城紳士陳熙年、賴時輝……等僉稟：議就城內明倫堂之右，建立忠義祠，定於本年十一月二十八日啓土興工，所用經費，由紳商士庶公捐辦理等情前來。查同治元年，彰屬戴逆倡亂，該義民潘締等四十四名，力戰捐軀，另有陣亡文武員弁，均已奉准議卹入祠，應准遵辦。茲准前由，並據前情，理合具文詳情憲臺察核，除詳撫憲外，爲此備由呈乞照詳施行，須至書冊者。

尙有懸於正殿四點金柱左右二樑上之二匾，一題「除暴安良」，係「光緒丙戌年（十二年，1886）仲秋之月吉旦，欽命臺澎掛印總

鎮章高元，率領嘉義營參將周立得、嘉義縣正堂羅建祥仝立」。按，時嘉義土匪橫行，劉銘傳飭章高元防禦嘉義。章高元，合肥人，出入淮軍，累官至副將，劉銘傳檄為騎旅先鋒，轉戰魯、皖，以功擢總兵，旋征臺灣，自光緒九年奉調隨帶武毅各軍來臺，十年五月移駐基、滬，十一年秋，奉飭掛臺灣總兵署任，隨赴嘉義等處辦理清莊緝匪。時署臺灣道陳鳴志、統帶鎮海後軍副將張兆連先後建議劉銘傳開闢「集集──水尾」道路，以求先撫後山中路，其餘聞風向化，招撫較易。劉銘傳遂檄章高元統帶砲隊，並鎮海中軍前營，定字左營，及練兵七百人，兼僱石工、民夫，由彰化縣之集集街開山而東，張兆連則由水尾開山而西，兩方面刻期會辦。

於是西段由總兵章高元率勇，自集集街拔社埔（今民和里）築向丹社嶺（今關門山），計修路一百二十二里。東段由張兆連自水尾之北拔仔庄（今富源）築往丹社嶺，計程六十里。沿途均係崇山峻嶺，鑿石伐木，自冬至春，一律修妥，從此可以由埔裡社廳集集街，到達臺東州水尾（奉鄉），不必繞道恆春。道路既通，聲氣聯絡，招撫頗有成效，劉銘傳〈奏臺灣各路生番歸化並開山招撫情形疏〉紀其實效：「……章高元由彰化水底寮開路至埔裡社，沿山招撫北港、葛霧等五大社，眉、毛納、吻吻等四十四小社番九千餘人。又由拔埔社開路至丹社，沿路撫卓大、意東等六十一社番丁八千餘人。……」[18] 而章高元也因歷年隨剿叛番及開山修路工程，輾轉內山深受瘴濕，掣動風恙，手足麻木，累年積病，遂請假內渡就醫。「除暴安良」一匾固然隱含章高元剿匪撫番，開山修路的史實紀錄，也是章氏留存在臺難得一見的手蹟。

另一匾題「靈貺畢臻」，係「光緒戊子年（十四年，1888）孟秋

月穀旦，賜進士出身欽點主政籤分工部屯田司徐德欽敬獻拜書」。徐德欽，字仞千，祖籍鎮平，光緒間，由斗南移居嘉義。清光緒十一年（1885）乙酉舉於鄉，翌年丙戌連捷中進士，授官工部屯田司主事。十月回籍，聘主玉峰書院講席，辦理嘉南清丈總局。賞花翎五品銜，享年僅三十八歲。[19] 此匾獻於光緒十四年，時徐氏連年順利，中舉人，成進士，官工部，任講席，辦清丈，所謂「靈貺畢臻」，誠是也，亦人生一大得意事。其中田園清丈一事，尤其是徐德欽之一大快事。臺地田園產業，舊無圖冊，民間各自管業，糾纏瑣屑，棼如亂絲，自光緒十二年四月，由巡撫劉銘傳，奏將南北兩府，各設清賦總局，調官吏三十餘人，履各縣，合正紳數人，先行會查保甲，逐戶問田園多寡，然後勘丈以校正，前匿者免其罪，故租悉革，全入公家。嘉義地區委由工部主事徐德欽等，辦理嘉義清賦局丈量事宜，因原丈未能核實，復丈需時，奏請展限六個月，十二月全臺清丈給單完竣，開墾者升科。十四年，嘉義土地丈量時，減少一堡一莊，為三十七堡、一千三百七十莊。至十五年底，繪圖造冊報竣，計全臺舊額，年共徵銀十八萬餘兩，此次增徵約五十一萬二千九百餘兩，以供撫民防備之用。[20] 其間，因委員、司辦多未曉算法，隨丈隨算，間有舛錯，且不辦土宜，田園不分，隨意填寫則數，是以謠言四起，終激成彰化施九緞變端，波及嘉義，此一民變，徐德欽亦頗有功勳，如吳德功《施案紀略》載「（光緒）十五年己丑二月，嘉義在籍工部主事徐德欽，拏獲王煥，解臺北」。[21] 另《劉銘傳撫臺前後檔案》中輯有光緒十五年四月之〈臺南府轉行巡撫劉銘傳批發紳士施士洁等呈請建立沈葆禎、吳贊誠專祠呈文〉，其中列名官紳赫然有「工部主事徐德欽」，且排名第三，亦可想見當年徐

德欽之活躍了。[22]

官紳所獻外，最值得珍貴者爲光緒帝所頒之「臺洋顯佑」匾，此匾懸於廟神龕正上方，是臺灣各城隍廟中，唯一眞正擁有皇帝賜匾之宮廟。蓋光緒九年，朝廷加城隍神尊號，十三年二月十七日又「以神靈顯應，頒福建臺灣嘉義縣城隍廟匾額曰：『臺洋顯佑』」[23] 此匾額賜由來，史無正文，據廟方說法爲：中法之役，時法軍一支攻打東石港，戰況緊急之際，突天地變色，狂風大作，法艦受困於颶風，無法作戰，遂調離東石，轉駛基隆侵擾，使東石安然無恙。事後根據戍守東石將士所述，起風時，有一天神顯化佑助，觀其冠袍衣飾似是嘉義城隍神，知縣遂呈報朝廷，光緒帝深感城隍佑護社稷兵民之功，遂賜頒匾額。是邪非邪，已難稽考，錄此憑添勝說。復次，據《臺灣通志》記，時嘉義育嬰堂位嘉義廟街，經費由義捐而來，收容遺棄女嬰，及貧窮不能養育者。後以經費不足，養育爲難，同治六年（1867），由陳熙年、賴時輝等士紳倡捐重興，額收兒嬰二十名。光緒二十一年，日人據臺，事業仍存，後於光緒三十二年（明治三十九年，1906）併入日人台南惠濟院。[24] 連橫《臺灣通史》鄉治志所記與之略有出入：「嘉義育嬰堂：在縣治城隍廟內。同治七年，紳商捐設，額收二十名。」[25] 不過可斷定爲今廟附設慈善會之先驅，應不爲過。

二、日據時期

乙未割臺，日據時期嘉義城的行政區劃變化頗大，其間沿革可大別爲置縣、置廳、置州三時期，計經九次之變遷，然城隍廟依舊稱嘉義縣城隍廟，並未更易，香火猶盛，儼然是嘉義市各宮廟之首

廟。按，日據初期，日本在竊佔臺灣征伐「土匪」（即抗日義民）過程中，全台大多寺廟或被佔用或作軍營，或補給站、病院、學校等，嘉義城隍廟倖逃過一劫。當時廟方住持為家茂法師，與嘉義城外之諸福寺住持家玉是師兄弟，家茂曾出面向日府申請加入日本之真宗本願寺派，欲成為其分寺，以求庇護，事未果。[26] 而清代城隍廟為官廟，在鼎革之際，失去官方支持，不免一時有香火沒落跡象，明治四十一年（1908）在嘉義紳商力倡之下，仿效台北霞海城隍之例，於神誕翌日迎神繞境，先是以市內五區保正輪流擔任爐主協助辦理，後擴大為市區三十六保正，憑筈遴選爐主，專司祭務。每年神輿繞境，年盛一年，繞境隊伍有各類神將團、藝閣、音樂團、武術團、莊儀團，交陪廟之神輿等陣頭，熱鬧有趣，踵事增華，或在通衢比武一番，或在西門街登壇歌唱，全台南北人士蒞嘉觀賞者，幾度高達十萬人。大正年間甚且迎奉新港五媽、北港二媽、台南大天后宮媽祖、大仙巖觀音佛祖蒞駕一起繞境，神輿所過，觀客信徒堵列。大正十年（1921），《台灣日日新報》報導：「……於城隍廟內舉祭，柬邀嘉義重要官紳捻香，舉真木勝太為祭典委員長，（下略）」，至翌年的嘉義城隍祭典，此次祭典委員長是嘉義郡守河東義一郎、副委員長為嘉義街長真木勝太，這是日本官方第二次出任城隍祭典的負責人，表示嘉義城隍廟獲得日本官方認同，無形中又被列入「官廟」之屬，《台灣日日新報》報導本年活動：「嘉義，第十五回城隍廟祭典……先敲鐘擂鼓，次真木副委員長朗讀祭文，次官紳拈香，望燎退出。六時三十分，在三山國王廟內，南、北港、溪北三媽祖神前，七時在地藏庵，恭舉祭典，官紳各整肅衣冠行香。上午十時，城隍爺、三媽祖偕各境神輿、十三腔

……繞境市街。（下略）」[27] 由於繞境活動，規模日大，支出龐大，已非輪值的保正們所能承擔，一度在昭和九年（1943）要求嘉義商業協會主辦祭典活動，後遭拒絕，經協調，仍由各區保正承辦，但廢止對各參與陣頭的補助金，以減輕負擔。[28]

　　昭和十二年（1937）七月七日，蘆溝橋事變，發動侵華戰爭，總督府惟恐臺民生變，以皇民化愚惑民心，搜購黃金，強征徭役。翌年，嘉義市尹川添修平，推行皇民化運動，欲摧毀嘉民敬神觀念，藉口神廟散在各地，有礙觀瞻。即召集轄內寺廟管理人，迫令廢合全市寺廟，組成財團法人，管理各寺廟財產，美其名曰：嘉義濟美會，不得異議。承諾蓋章後，方許散歸，以川添市尹為會長，會址設在市府教育課內。將全市六十三座寺廟，廢存僅剩一廟，昭和十二年（1937）九月起更停止城隍廟祭典與繞境活動。茲事體大，經徐乃庚、陳福財、謝捷三、童獅、賴淵平、陳安恭六理事極力反對，乃准留城隍廟、地藏庵、聖廟（即南門王爺廟合祀先師孔子聖牌）三寺，附帶條件是綜合各齋堂、宗祠、神明會，將六十三座寺廟各保存主神一尊，合祀於城隍廟；佛像合祀於地藏庵；聖廟無改，其他從神配神，一律收藏於市府倉庫內。另五百三公，忠義十九公，昭忠義民公，諸有應公遺骸，卜於阿彌陀寺東側，築塔保存。各寺廟廢合之日，眾神興繞境，景況淒涼，誠一大浩劫。[29] 昭和十四年一月三十一日，總督府以嘉義市廢合寺廟之事，過於刺激全台，全台民怨沸騰，決定尊重民意轉趨消極慎重，而於嘉義已無濟於事矣。

　　嘉義城隍廟雖列為神廟，收容市內所廢各宮廟神祇，倖然獨存，而城隍廟之所以留存，主要是因自大正十年起即和日本地方政

府建立友好良善關係。然而該廟自乾隆三十年重建以來，已歷百七十載，少見整修記錄，且迭受地震摧殘，風雨浸漬，實在岌岌可危。遂由陳福財、余慶福、陳通、吳水茂、鄭元、劉能才、蔡長春、童獅、郭連登、周溫、羅戊寅、蕭金字等人簽舉市尹代請上峰，剋日鳩資改造。因此城隍廟不僅僥倖留存，並且是由嘉義市尹倡首領銜修建。不料，市尹川添修平調任基隆市尹，由高雄州地方課長伊藤英三繼任，再加上七七事變爆發，推行皇民化運動，執行眾神歸天政策，造成地方俶擾不安，城隍廟改建工程一波三折，不僅當時碑文年代所記彼此牴牾，後人記載更見紛歧，直叫人昏頭轉向。[30] 茲先將有關碑文迻錄於后：

〈嘉義城隍廟改築碑記〉（碑在廟後天井右壁）

嘉義即古諸羅，距今貳百貳拾四年。乙未曾置縣，縣有令以治明，為人民圖安寧福利，教之以孝悌忠信，使相率於善，力恐不贍。爰本神道設教，築廟於署左，偏為城隍使司。司斯任者，必聰明正直，足以賞善懲奸、揚清激濁；所謂藉幽靈以補明，旨至良，意至美也。

迨至七十七年前壬戌，因地方擾攘，託神庇鎮靖，廥錫綏靖侯爵，香火從茲益盛。改隸後，官民仍崇奉弗替；然殿廡歷久剝蝕不堪，非更新而式廓之，神何以安？夫神，民之主，所憑依者，德也。人果明德以薦馨香，則赫赫在上，邑無眚災、四時順、物產興而訟獄息。

嘉市今日之殷賑，雖云人力，實賴神庥。是故，嘉人士群議改築，以妥神靈。遂簽舉市尹代請上峰，剋日鳩資庀材改造；閱

一年有奇，而廟貌煥然一新。瞻殿宇之宏壯，感神威之赫濯；庶幾入斯廟者，咸肅然起敬於神，靈爽相與、慎修厥德而泯其邪心歟！工竣，用記其厓略云爾。

昭和十三年季春吉旦敬立，徐杰夫撰，林臥雲書。

嘉義城隍廟改築委員長伊藤英三、仝委員長長谷川茂雄、前委員長川添修平、副委員長早川直義，（仝）吳鴻泉。理事陳福財、余慶福、陳通、吳水茂，（仝）鄭元、劉能才、蔡長春、童獅（仝）郭連登、周溫、羅戊寅、蕭金字。

委員黃俊傑、林朗如、郭水盛、邱安定，（仝）黃銘鍾、潘崇山、何木火、陳飛龍，（仝）洪珍、林抱、林老、李長生，（仝）蘇松、賴淵平、李鎮江、汪啓賢，（仝）林文章、洪羅漢、汪明、郭旺，（仝）吳郡、林冬霖、蔡金塗、張詠松，（仝）郭港、林水來、黃明火、洪寬敏，（仝）高培基、林文炎、陳悅、施萬居，（仝）陳子恭、蔡水、徐先烈、江雲，（仝）黃智、林季秋、翁羅煌、林來義，（仝）羅添灶、江讚、高蕃薯、陳金木，（仝）蕭振炎、王生、蔡紅蟳、黃祥，（仝）陳鐵、陳白皮、胡仁和、黃榮輝，（仝）蕭賓、吳水、賴石柱、蕭和尚。

會計余慶鍾、謝捷嶺。幹事蔡建昌、李助、羅玉駒、鄭萬清，（仝）林宋、吳天雲、李受、王平，（仝）王信、吳老業、陳獻、陳宗元，（仝）邱澎湖、曾麒麟、張添壽、黃丁酉，（仝）林標、蘇天錫、馮樹根、高盛、徐乃庚、何源森。

〈嘉義城隍廟改築捐題碑記〉（原碑無題，有二，一在三川殿左

壁，一在右壁）

嘉義城隍廟改築，自昭和十一年五月至昭和十五年十月，一、
金九萬壹千八百四拾六圓參拾九錢也，諸工事費及諸費。昭和
十五年十月立碑，柳曲邨書。（以下寄附芳名略）

針對此二碑文細審詳思，參以當時政情，應該是：嘉義城隍廟
早於昭和十年即發動捐募，由當時市尹川添修平掛名改築委員長，
卻不料於翌年調任基隆市尹，十月由伊藤英三繼任，遂改由伊藤氏
掛名，於昭和十一年動工，歷一年有奇，於昭和十三年季春竣工。
或其後續有添建，直至昭和十五年十月，才整個完成，勒「捐題碑
記」紀事，才有兩碑年代出入之情形。

此次徹底改建，共費金九萬日元有奇，而殿闕莊嚴，庭墀寬
敞，即現存前殿廟貌。另，廟東北之天后宮，因開闢今忠孝路、光
彩街，遭拆除，神像移祀本廟後殿。而嘉義市僅存城隍之廟，於是
每年農曆八月初一縣城隍神誕，於初三、初四有抬神輿繞境之俗，
爲當時嘉義市唯一定期迎神賽會。「城隍出巡」成一盛事，廟裏廟
外，水洩不通，熱鬧非凡。而城隍出巡，有七爺、八爺，及駕前眾
部將之隨侍兩側開路，護駕出巡，共庇合境平安，而且在日據時
期，即有信徒將神將十二尊請回家中奉祀，以祈安除魔之舊習。遂
於大正三年（1914），成立吉勝堂組織，一九四九年五月興建竹屋，
視爲城隍神辦案公堂，一九六七年六月，重建公館。[31]

三、光復以來

誠如前述，日據末期皇民化運動中，城隍廟因與日方關係良好

而倖得留存。自昭和十三年十月後，在形式上改稱爲「嘉義廟」，日方並禁止信徒不得燃燒金紙，且收繳金紙交給濟美會作爲製紙原料。因此台民信徒不願白白繳交金紙給日府，遂直接以金錢捐獻神明，所以廟方香油錢收入曾一時大增。不過好景不長，愈到末期，信徒參拜日見減少，尤其昭和十七年後，外地來參拜之團體者幾乎絕跡。光復後，一九四五年，一批與其他寺廟有關者，持刀向諸理事，追討神佛像及所有動產、不動產，甚至有險遭不測者。一九四六年一月二十七日，這批人計百零三名，集議向市府接收濟美會財產，成立董事會。嗣後，紛爭多年，纏訟難了，會產成俎上肉，衆蠅紛叮，巧奪豪侵。一九五八年八月，嘉義法院命令強制執行移交，同年十二月十六日，縣府會同法院強制接收，計土地七十二甲，建物敷地二萬餘坪。[32] 而原集中於城隍廟之衆神祇，分返原有宮廟，但未迎回者亦復不少。本廟則先由羅塗、羅滿慶、蔡長春等倡設城隍廟維持後援會，公推余慶鐘會長爲主席，副主席爲羅塗、蔡長春，爰立章程，分組職掌。後再改爲管理委員制，先後由朱榮貴、吳春江、王宏仁、林振榮等主掌。彼等有見於廟貌剝落灰頹，復於一九四七年九月動工粉飾，一九四九年十二月竣工，城隍廟再度金碧輝煌，美輪美奐，共花費舊臺幣三億元，上至北港，下至南部，參詣者絡繹不絕。[33] 而且延至一九五八年十一月十三日起，一連七天，舉行油漆後之落成祈安慶成醮（即七朝清醮），藉以祈求風調雨順，國泰民安，並慰祭護國英靈，超渡無嗣孤魂。是爲本廟首次祈安大典，張天師蒞嘉主持天公壇，參加者一縣十七市鎮，一百零五里民，及四十八個團體，盛況空前，四方信衆擁入市區，交通爲之擁塞。一九六四年一月八日之大地震，殿宇傾圮，善信再捐新

臺幣四十餘萬元，重修重漆，廟貌煥然一新。一九八〇年，增購後殿大樓基地，因神像實在太多，無法安置，同年歲末拆毀後殿，重建六層大樓，至一九八五年完成，該年十月並舉行入火安座儀式，現在後殿祀神，一樓是：天上聖母、城隍夫人、註生娘娘、十八司吏、千里眼、順風耳。二樓是：觀世音菩薩、十八羅漢。三樓是：水仙尊王。四樓是：五恩主。五樓是：三清教主。六樓是：玉皇上帝。並於一九八八年農曆十一月十九日起舉行慶成祈安清醮大典，一連五天，是為五朝清醮。一九八九年於廟南側增購一筆土地，一九九〇年一月新建教學大樓，於一九九一年完工，農曆八月初一，啟用教學大樓，陳列民俗文物，民間工藝。一九九〇年農曆八月，又在廟埕新建牌樓，於一九九四年八月完成，更增添氣派莊嚴了。

第四節　小結

嘉義市位居臺灣中部要衝，屬嘉南大平原之部分。東枕玉山，西至（水上）機場，南界八掌，北臨虞溪。地近溼熱，半是丘陵，半是望海，土地肥沃，植物滋生，景色天成。嘉義市昔稱諸羅山，是大陸移民開墾臺灣之先驅，民風淳厚，素有鄒魯之邦雅稱；亦名桃城，以其城形如桃而名。

歸清之後，初縣治設於臺南佳里興，嗣於康熙四十年（1701），移至諸羅山莊。四十三年，知縣宋永清置柵為城；四十六年，同知孫元衡於城門建縣署。縣治畫一，官署漸備，而城隍廟工亦興。

嘉義城隍廟位於今嘉義市佑民里吳鳳北路一六八號，創建於康

熙五十五年（1716），距今已近三百年之久。先是康熙五十四年，
周鍾瑄來宰是邑，謂既有城池，必有城隍廟，方可以迓神庇而妥神
靈。乃捐俸倡建，以紀其祀。自是守土官入境，必先齋宿於廟，然
後視事，每歲三祭，水旱兵燹，必禱於神，以求庥佑。初廟草創，
堂廊制陋，棟楹嫌小，且歷經二十載，日炙雨淋，傾棟剝落，至雍
正十年（1732），知縣馮盡善，商諸邑紳，鳩資重修。及至乾隆二十
九年（1764），復已三十年，傾圮斑駁，有折崩之虞。時前邑宰衛克
堉有意謀新，以秩滿離去而不果。新任邑宰張所受，賡續前功，謀
諸林振魁等縉紳捐助，於乾隆三十年告成完繕，聿觀厥成，立碑昭
示來者。

　　張所受重修之後，歷半世紀，未見整修，或因連年動亂，無暇
顧及，迨道光年間方有變革。先是，道光十八年（1838），阿里山正
副通事番宇旺、尹和，獻阿拔泉社山埔所產什穀，為縣城隍廟香燈
之資。繼者，道光二十二年，於廟左畔建置英（陰）靈堂，奉祀外
地客死嘉邑者；廟之右畔置有瓦店二間出租收稅，以供祭祀之費。
其後又於道光二十七年在媽祖宮口（今協安宮）起蓋九戶街屋出租
收稅。今廟中猶存有二匾三碑，以為昭信，惜獨缺周鍾瑄所勒之石
碑。

　　同治元年（1862），戴萬生舉事於彰化，波及嘉義，城凡三圍，
幸賴知縣白鸞卿、士紳王朝輔、陳熙年等人，約集城內紳民，立誓
於城隍廟，誓同心拒賊，並禱於神前，蒙賜籤詩：「合家人安泰，
名利兩興昌，出外皆大吉，有禍不成殃」之句，人心大定，嘉城解
圍卒獲保全，白令獻匾：「至誠前知」，以表感戴，用彰神蹟。光緒
元年（1875），經沈葆楨上奏，廷諭嘉獎，敕封「綏靖」，晉爵為

侯。十三年二月，以神靈顯應，又頒「臺洋顯佑」匾。除此，時廟內附設育嬰堂，收容遺棄女嬰，為今日慈善會之先驅。

乙未割臺，嘉義城隍廟香火一時有冷落現象，遂仿霞海城隍廟例，擴大祭典活動，廣邀市外諸廟神明前來繞境，共襄盛舉，並敦聘日本地方政府長官擔任祭典正、副委員長，仍保持「官廟」之實質。至昭和十二年（1937）嘉義市尹執行衆神歸天政策，拆廢衆廟宇，設濟美會，統收廟產，衆廟慘遭浩劫，獨城隍廟因保持與日本官方良好關係，倖然留存，且收留各廟神祇，為一異數。時該廟自乾隆三十年重建以來，已歷百七十載，迭受地震摧殘，風雨浸漬，岌岌可危。遂由伊藤英三市尹發動勸募，於昭和十一年動工，十五年完成，時值太平洋戰爭爆發，未暇慶成。

臺灣光復後，有見於廟貌灰黯剝落，善男信女諸士紳共捐舊臺幣三億元重新油漆，於一九四九年竣工，廟貌輝煌，煥然一新。至一九五八年十一月，舉行七朝清醮，祈安大典，盛況空前。一九八〇年拆毀後殿，新建大樓六層，安置衆神，於一九八五年完成，並舉行入火安座儀式，其後於一九八八年再度舉行五朝清醮祈安大典。一九九〇年，又新建教學大樓；一九九四年八月，於廟埕添建三川門牌樓，更增莊嚴。

我國民間奉祀城隍，由來已久，自三國起，立廟塑神，見諸文獻，明清兩代，崇信尤甚，舉凡官署所在之地，就有城隍廟之設置，作為安土佑民之信仰，而綜觀嘉義城隍廟之肇建，即因緣於此。而城隍祭典，祀典崇隆，朝廷常派官致祭，或由當地首長親自主祭。時代遞演，首長主祭，仍然存而不廢，故每年八月一日城隍千秋時，例必由嘉義市長躬親主祭，並由民意代表擔任副主祭，祭

儀循古，肅穆隆重。而今日城隍廟更附設有慈善會，創立於一九八
一年十一月，翌年正式成立，協助城隍廟辦理賑災救急，放生施
棺，及各種災變之慰問濟助。一九八九年七月，首創文化建設，成
立夜間教學，於推展文化，美化社會，其功尤大。是嘉義城隍廟，
不僅帶動了嘉義市的繁榮，成為該市信仰中心，更無愧城隍正倫
理、衛民命之本色。

註釋

1 有關城隍的由來、變遷、職能，可參考：(1)鄧嗣禹〈城隍考〉(收於《鄧嗣禹先生學術論文選集》，食貨出版社，1980年1月初版)，pp.55~95。(2)拙著〈臺灣府城隍的歷史背景〉，(《臺灣府城隍廟研究與修護》，陳信樟建築師事務所，1993年出版)，pp.1~29。(3)拙文〈城隍信仰歷史演變之考察〉，收錄於《新竹都城隍廟建基二百五十週年，城隍學術研討會會議手冊》(新竹市政府文化中心，1998年10月)，pp.43~55。

2 周鍾瑄《諸羅縣志》(臺銀文叢第141種)，卷二規制志「衙署」，p.26。

3 蔣毓英《臺灣府志》(康熙年間刻本，北京中華書局影印出版，1985年5月第一版)，卷之七祀典「風雲雷雨山川社稷城隍之祭」，pp.190~191。

4 周鍾瑄前引書，卷十一藝文志收周鍾瑄〈諸羅縣城隍廟碑記〉，pp.257~258。

5 見劉良璧《重修臺灣府志》(臺灣省文獻委員會，1977年2月出版)，卷九典禮「祭屬壇禮」，pp.327~328。

6 鄧傳安《蠡測匯鈔》(標點本，書目文獻出版社，1983年12月北京第一版第一刷)，pp.42~44。

7 《嘉義縣志》(嘉義縣政府，1978年5月出版)，卷三政事志，第二篇第三章「祠廟」，p.47。

8 詳見戴炎輝〈番社組織及其運用〉(收於氏著《清代臺灣之鄉治》，聯經出版事業公司，1979年7月初版)，pp.386～393。

9 詳見石萬壽《嘉義市史蹟專輯》(嘉義市政府，1989年7月出版)，四、水利及圍井坊市(26)諸羅舊街坊，及(27)嘉義舊街坊，pp.58~60。

10 以上參見(1)高拜石〈由幕賓談到清代的師爺〉,《古春風樓瑣記》17集
（台灣新生報，1978年三月出版），pp.46~64，及(2)莊練〈紹興師爺〉，收
於氏著《看電視說掌故》（求精出版社，1977年11月出版），pp.183~197。

11 參見(1)高拜石前引文，及(2)李喬《清代官場百態》之〈長隨〉（雲龍出版
社，1991年6月臺一版），pp.199~207。

12 關於道光年間嘉義知縣調任情形，茲據鄭喜夫《臺灣地理及歷史》卷九
「官師志第一冊文職表」，pp.154~156，製表如下，以明究竟：

姓名	字號	籍貫	出身	在職時期
龐周		江蘇江寧	監生	道光元年四月在任 道光二年六月在任
廖仁裔		江西崇義	監生	道光二年由詔安知縣調任
王衍慶		山東聊城	乾隆五十七年壬子舉人	道光三年由漳浦知縣調署 （道光七年在任）
張縉雲		直隸安州（一作滿城）	嘉慶二十四年己卯進士	道光六年任（署？） （道光十一年在任）
朱懋		浙江會稽	監生	以南投縣丞代理
邵用之		浙江餘姚	由實錄館供事議敘	道光十二年由南平知縣調署 道光十二年十月初一日張丙案殉職
張繼昌		直隸宛平	監生	道光十二年十月初四日以嘉義典史權任
施模（施謨）	字範其號澹人	浙江會稽	吏員	道光十二年以署佳里興巡檢代辦 道光十二年十月初八日張丙案殉職
胡之鎔		雲南太和	嘉慶十三年戊辰進士	道光十三年任
熊飛		江蘇江寧	由監生加捐縣丞	道光十四年由同安知縣調任 道光十四年代理台灣知縣
陳文起		安徽石埭	由監生捐縣丞	署 道光十七年四月以前以憂去（後准補平和知縣）

姓名	字號	籍貫	出身	在職時期
范學恒	字繼修	直隸東明	附貢	道光十七年（由浦城知縣調任？）
魏彥儀	號霖吾	江蘇陽湖	由內閣供事入國史館以府經歷用	以鳳山知縣署（道光二十一年二月在任）
易金杓		江蘇儀徵	由監生捐未入流加捐	以笨港縣丞署（道光二十二年在任）
胡國榮	字裕堂、淑和	浙江德清（一作歸安）	監生	道光二十三年（？）由惠安知縣調任 道光二十四年調任台灣知縣
王德潤		安徽六安州	舉人	道光二十四年任（一作道光二十三年八月已在署台灣知縣任） 調署台灣知縣卸
王廷幹	字子楨 號仲甫	山東安邱	道光二十年庚子進士	以准補清流知縣署（道光二十五年在任）
丁曰健	字述安 號述菴	直隸宛平（原籍安徽懷寧）	道光十五年乙未恩科舉人二十年庚子揀選知縣	道光二十八年以署鳳山知縣調署 調任鹿港同知

13 林豪《東瀛紀事》（臺銀文叢第8種），p.25。按，此事與「戴施兩案紀略」所記略有出入，將陳熙年等誓於城隍廟事，繫於黃豬羔（哥）攻嘉義城之後，文云：「百姓見賊橫行，紳士陳熙年等會百姓至城隍廟焚香，誓同心拒賊，並聯絡近城各莊應之」，據此，則當日參與城隍廟立誓者，尚有一般百姓，非僅城內諸士紳也。有關此役始末與嘉義城之關係，可參考林文龍〈同光年間嘉城富紳陳熙年賴時輝事蹟合考〉（《臺灣文獻》第40卷3期，1987年9月30日出版），pp.133~152。

14 按廟方提供資料「嘉義城隍廟沿革」，敘此事後，緊接敘白鸞卿獻「至誠前知」匾，有誤，此匾非關此事，乃與戴萬生黨羽圍攻嘉義城之事有關。關於獄卒脫逃，後禱神緝獲事，另有一說是羅建祥任知縣時事，誤，應是白鸞卿任職時才對。

15 見沈葆楨《福建臺灣奏摺》（臺銀文叢第29種），p.9。

16 見《清德宗實錄選輯》（臺銀文叢第193種），p.2。按，關於此次「敕封」，石萬壽教授認爲只是在原有封號顯佑伯之前加「綏靖」二字，成「綏靖顯佑伯」，並非晉爵爲侯，似有所誤解。「敕封」、「加封」有所不同，況綏靖爲侯級專有稱號，硬加上「綏靖顯佑伯」，反而有些扞格不通，何況廟中「嘉義城隍廟改築碑記」中明言：「……壬戌，因地方擾攘，託神庇鎮靖，膺錫綏靖侯爵，香火從茲益盛。」故筆者仍採取廟方說法。

17 吳德功《戴施兩案紀略》（臺銀文叢第47種），pp.89~90。此條資料得林文龍兄提示，謹此致謝。

18 劉銘傳《劉銘傳撫臺前後檔案》之〈奏臺灣各路生番歸化並開山招撫情形疏〉（臺銀文叢第276種），pp.265~267。

19 見《嘉義縣志》卷七人物志（嘉義縣政府，1976年2月出版），第一篇第三章第一節文學，p.48。

20 見《嘉義縣志》卷首（嘉義縣政府，1977年3月修正版），史略（十八）「嘉義田園清丈給單」，p.103。

21 同註17前引書，p.108。

22 同註18前引書，pp.165~167

23 同註16，p.221。

24 見《臺灣省通志》卷三政事志（臺灣省文獻委員會，1971年5月出版），社會篇第三章第一節第三項，pp.89~90。及《嘉義縣志》前引書，〈人物志〉，pp.184~186。

25 連橫《臺灣通史》（臺灣省文獻委員會，1976年5月印行），卷二十一鄉治志〈臺灣善堂表〉，p.439。

26 詳見溫國良譯《台灣總督府公文類纂宗教史料彙編之一》（明治二十八年

　　十月至明治三十五年四月）（台灣省文獻委員會，1999年6月），pp.232～
　　233。

27 上見《台灣日日新報》大正十年九月二十日、大正十一年九月二十六日報
　　導，轉引自王見川〈日據時期的嘉義城隍廟〉，《台灣宗教研究通訊》第
　　二期（2000年12月），pp.148～150。

28 王見川前引文，pp.151～152。

29 同註20前引書，（九）壇廟「廢合寺廟」，p.48。

30 按，石萬壽教授敘述此事，云昭和十一年嘉義市尹川添修平執行眾神歸天
　　政策，復又云昭和十一年五月，由市尹伊藤英三發起勸募，十二年動土云
　　云，有所牴牾衝突，經查鄭喜夫《臺灣地理及歷史》卷九官師志第一冊文
　　職表，p.418，嘉義市尹川添修平任卸記載為：「1933年十月由臺北市助役
　　調任，1936年（日昭和十一年）調任基隆市尹」；繼任之伊藤英三：
　　「1936年十月由高雄州地方課長調任，1938年（日昭和十三年）在任」，則
　　伊藤氏發動捐募，也應在十月就任之後，才有可能。但參照上引《嘉義縣
　　志》〈廢合寺廟〉一事記載，則年代又與鄭表牴牾，經查詢廟中諸執事耆
　　宿，又復了了不詳，三者記載，何是何非，頗費斟酌？另石文又云：十二
　　年動土，十五年十月竣工，十六年，即一九四一年完成。究竟是十五年抑
　　或十六年，真給搞迷糊了，茲參考廟方提供諸資料，暫斷為昭和十五年。

31 據「嘉義城隍廟沿革」簡介，p.5。

32 同註29。

33 見《臺灣省嘉義縣市寺廟大觀》之「縣城隍廟」（嘉義縣市寺廟大觀編刊
　　委員會，1964年12月出版），pp.31~33。

第四章

南崁五福宮——

原住民漢化的見證者

第一節　地理環境

　　南崁五福宮位於桃園縣蘆竹鄉五福村六十號,欲瞭解五福宮之創建背景,須先從整個地理環境談起。桃園縣位於台灣本島西北方,北與台北縣相鄰,東南與宜蘭縣毗連,西南與新竹相接,西北則濱臨台灣海峽。本縣縣區呈一西北向東南的狹長形,淡水河橫跨縣區的中部,自石門起以至大溪的東北,劃分本區為二部。東南部分為山地,至東南角為阿里山及雪山山脈之一部,山形峻峭,河谷窄狹。西北部地勢平緩,台地階地極為發達,有林口、桃園、中壢、平鎮等台地廣佈。淡水河沿岸之台地,以桃園大溪附近最發達,稱之為桃園台地,範圍甚廣,北起觀音山麓,南迄新竹,長約六十公里,最寬處達二十七公里,以南崁溪為界,界東是坪頂台地(即林口台地),界西是中壢台地。桃園縣境內河流甚多,其發源於東南山地者,水大流長,均經淡水河入海,以淡水河及烏塗窟溪為代表。發源於西北台地者,水量較小,河流短,其中較大之河流為南崁溪。南崁溪發源於坪頂台地之茶公堂附近,向南流經舊路坑,折向西南流,於新路坑會合楓樹坑溪,自此向西,流經王公山之南麓後,復折向西北,經大檜溪及小檜溪庄之間,會合小檜溪,流經水汴頭,南崁下庄,會合茄苳溪、大坑溪、坑子溪,至竹圍之南崁港口入海。

　　蘆竹鄉即是位於桃園台地之西北部,南崁溪的中下游。其北部為林口台地之西側邊緣,全鄉地勢,從東南向西北傾斜。[1]

第二節　創建背景

　　桃園台地一帶昔爲凱達格蘭平埔族（keta-garan）南崁四社（南崁社、宵裡社、龜崙社、坑仔社）分布之地，山地爲泰雅族大嵙崁群棲息之處。在荷西盤據時期，姑且不論其居心爲何，在其經營之下，實有業績，故言北台歷史之發軔，是由此極短期間起步。至明永曆十五年（1661），據台之荷人，爲國姓爺鄭成功所逐，遂歸於我國版圖。其時北台一帶，平野荒蕪，森林繁茂，向爲蕃人棲息遊獵之地，如南崁社雜居在南嶺廟口庄、頂庄一帶；龜崙社混居於新路坑、楓樹庄一帶；宵裡社群居在番仔寮庄、銅羅圈庄、成福庄之埔頂社角一帶，坑仔社又分頂社、下社兩小社，可能原居蘆竹鄉坑仔口，再遷居坑仔村頂社、外社一帶，以至今泰山鄉、林口鄉接近台

五福宮正面今貌

地邊緣。大體而言，南崁社、坑仔社、龜崙社分布於南崁溪流域。其日常生活以狩獵漁撈為主，黃叔璥在《台海使槎錄》中曾有如下的描述：「不事耕作，米粟甚少，日三餐俱薯芋，餘則捕魚蝦鹿麂。採紫菜、通草、水藤交易為日用。」[2]

《彰化縣誌》〈風俗志〉番俗考雜俗篇也記載：

> 番社歲久或以為不利，則更擇地而立新社以居。將立社，先除草栽竹，開附近草地為田園，竹既茂，乃伐木誅茅。室成而徙，醉舞而歌，互相勞苦。先時舊社，多棄置為廢墟，近則鬻之漢人。[3]

平埔族這種遷村習慣，當然與其原始生產方式有關聯。平埔族原有生產方式是採取熱帶原始旱田農耕，不知使用犁耕與施肥，地力一減退，隨即放棄，另覓地開闢以取代，屬於游耕農業之類，因此其對土地開發實有其局限。然而人棄我取，平埔族這種遷村習慣，對漢人極為有利，漢人移民除了住地之外，尚須獲有生產所需之農地，利用水利灌溉技術及進步農耕工具，可提高土地生產率，這使得漢人與平埔族間交替村的發生非常普遍，此種交替村，仍可由舊地名之流傳而得知，我們可以從後來漢人建立的庄名，很多都以部落名來稱呼可以得到證明。簡單地說，愈早期成立的漢莊，大都在原有部落附近，故以該部落社名稱呼。而漢人開墾之所以選擇在土著部落附近，其可能因素之一，即是部落附近經過粗略墾闢，較利於進一步開墾生產。換一句話說，平埔族對於北台土地開發的最大貢獻，應是他們開闢部落的聚落空間及其附近地區。[4]

漢人之到台灣，起源甚早，遠在西人荷人勢力至達北部之前，

北台之開闢，漢人之移入，便與漁民活動有關。明代中葉，當時因閩粵人口壓力增高，沿海居民被迫開發台灣沿岸漁場，沿海居民的生計多利賴之，所以從嘉靖起，閩粵沿海的居民來台業漁者漸多，他們與漁場附近土著民之間也逐漸有了所謂「漢番交易」，遂開啓了漢人入墾的端緒。不過初期來台的漢人，多作暫時性居留，在漁汛期或狩獵期時來台，結束了，便立即返回大陸。不但流動性高，且未見農業定居。此種現象直至鄭成功收復台灣才告轉變。[5]

　　明永曆十五年（1661），鄭成功雖順利驅逐荷人收復台灣，但為了安撫居民，以及安頓軍隊，首需解決糧食問題，故對墾殖事業，列為首要，於是實施屯墾。然欲事墾殖，必先增加勞動人口，故對人口之招徠，不遺餘力，其招致辦法，約有四端：(1)移軍來台；(2)招納沿海流亡來台；(3)遷諸將士眷口來台；(4)以罪犯降虜徙台。[6]其後鄭經仍然賡續此一政策。於是乎，明鄭時代的墾殖，由南而北，點片分布，台灣北部漸次開發。惟鄭氏時代之屯田事業，南密北疏，其所開墾區域，應只限於沿岸一小部分北台平野，如營盤坑（位南崁港附近，今蘆竹鄉）、唭哩岸（今台北市北投區）、國姓埔（今台北縣金山鄉一帶）等等均是。

　　按鄭氏之開屯招佃，在台灣北部係以南崁溪為著陸點而開始者，南崁一帶以南崁廟口之營盤坑為其根據地，今之桃園南崁地方，及台北北投地方，已有小集團漢人入墾跡象。迨永曆卅六年（清康熙廿一年，1682），聽到清軍有襲台消息，命令左武衛何祐為北路總督守雞籠（今基隆），凡諸軍需，悉差番眾頭頂背負，以人力輸送。以致番社稼禾失時，更因不堪鞭撻奴役，遂相率以叛，鄭克塽令左協陳絳率兵進剿，經略淡水、雞籠一帶，以鎮撫土番，並在

南崁地方構柵防守，拓地屯戍，據說軍士中多有娶番婦爲室者。其後施琅攻台，克塽降，屯駐軍士大半留而家焉。[7]久之，南崁一帶社民逐漸漢化，從漢俗、改漢姓（如夏、藍、陳、干、林等姓）。五福宮即在此背景下創建，故諸方志史書均記載，五福宮傳爲鄭氏時代所建。

第三節　創建年代與因由

　　五福宮原名「元壇廟」或「元帥廟」，位在蘆竹鄉五福村六十號，此廟之創建由來，據《桃園廳志》及《桃園郡要覽》之記載，略謂：相傳明鄭時，揮軍北上，曾駐軍於此，時以其香火包之護身符袋，掛於樹梢，虔誠祭禱，後人祀之頗爲靈顯，乃建廟奉祀。創建年代，《桃園廳志》更明確指出是創於永曆卅六年（康熙廿一年），鄭克塽命其將陳絳等遣軍進剿雞籠地方，在南崁地方構柵防守時創建。[8]按，此廟之創建由來及年代，均據傳聞，有浮誇之嫌，其可信度已頗值商榷，不料流衍後世，捏造附會愈多，茲以該廟所印贈之《南崁五福宮簡介》（以下略稱〈簡介〉）爲例，引文於下：[9]

　　永曆十六年春（1662）正月朔，征伐北極（臺灣北部），大明軍登陸於南崁港（竹圍港），駐紮虎頭山下（即今五福宮址），樟樹下張幕置案，奉安　玄壇元帥神像，清沾拭塵，印劍供前，營盤戎旗二十八宿，全軍叩求玄壇元帥，武運如願，大業成功，崇信淬礪。同年二月朔，戰皷（即鼓之古字）命軍，繼征

鶯歌（西歌里），鵝鶯山（三峽），大豹（有木），圓木（劍潭），滬尾（淡水），雞籠（基隆），等地，異族降而泯，平定北極而點守，智武鎮李茂副之，率兵以戍雞籠（基隆），參將陳絳率所部以戍滬尾（淡水），千總蔡先熙戎旗本營（營盤口即今五福村），將本營武坊奉安玄壇元帥，寶座書聯曰：呵護朱明顯聖拓東都，玄武英靈驅邪來北極。

永曆十七年春（1663）二月望，承天府政令，春振旅以搜，夏拔舍以苗，秋治兵以獮，冬大閱以狩，皆於農隙以講事焉。千總蔡先熙擇地養兵，開疆拓佈於坑口，水汴頭，盧竹湳，營盤口，河底等地方，斬茅為屋，插竹為社，而養兵無患，建築木造茅屋，五館十五宅。同年冬，大點賽狩，奉請玄壇元帥鎮座中館，以為崇武大典禮，各宿能執干戈以衛五方，居則往來相樂，戰則患難相扶，館門書聯曰：威震蠻夷宏開漢家業，華夏肇慶衍祚天地長。

永曆十九年春（1665），元月朔，鄭經（鄭成功之長子），率文武賀帝於安平鎮，千總蔡先熙會師，參將陳絳純朝東都，申疏鎮戍，開疆拓佈，鄭經聞之喜悅，褒忠諸將眾士，獎之以祿，叩拜天地百神，崇之以祀，封稱玄壇元帥為開臺元帥，承命之日，擇定中館奉祀 開臺元帥，將中館敬號為元帥廟，年年慶祝開臺元帥千秋，崇拜信仰，顯赫威靈，時經寒來暑往，維護元帥廟，實源於此。永曆三十七年秋（1683）七月，鄭克塽（鄭成功之長孫），信知天命之有歸，繳奏版籍土地人民，此息波濤之警。同年冬，明軍各鎮坊士卒解甲，各自流移，千總蔡先熙年已七旬有一，歸宗為懷，順隱漳浦晚年耳。把總亦庶化，流

移時易，因此念及征伐同仁，來往於元帥廟，朝崇開台元帥，會親共祝千秋，遵循成例，均沾雨露，陳述維護元帥廟，由憑成例，來自於此焉。

上文不知出自何人手筆，不通不實及荒誕不經之處難以歷歷指出，時人不察，愈益訛傳，流傳至今，坊間之書竟出現如下說法：以某一鄭軍所攜之護身符袋，竟一變者鄭王（按即鄭成功）自身之護身符袋，並親自掛於樹梢，虔誠祭禱，祈求護身神祇庇佑陣亡將士，藉慰忠魂，其後鄉民遂在此搭蓋茅棚，設置玄壇元帥像，以供瞻拜，故以「玄壇廟」或「元帥廟」名之。[10] 按，會發生以上種種附會訛傳，均淵源種因於不明玄壇元帥此一神祇之由來演變，甚至於此廟後來改名「五福宮」亦是相同原因，茲略撰文說明考證於下：

玄壇趙元帥，台灣習俗奉祀為「武財神」，又稱「中路財神」，這個財神爺據說姓趙，名公明，其模樣是個黑凜凜的大漢，滿臉腮鬍子，長九尺，披金甲，面帶怒容，手持卅六節鐵鞭，跨著一頭斑斕猛虎，形相威猛，看上去倒不像是管錢的，倒像是搶錢的（一笑）。此神的由來，一般書籍介紹，多據《封神演義》第四十六回、四十七回。在封神榜上，此人可是大大的有名，他原來是峨嵋山羅浮洞仙，應聞太師邀請，下山滅周，並於往西歧途中，收伏一黑虎為坐騎。初時仗著「縛龍索」、「定海珠」寶物連場得勝，傷了對方多人，後被五夷山散人蕭升、曹寶以「落寶金錢」破解索、珠，並被曹寶搶去兩件寶物。其後又被姜子牙用「釘頭七箭書」蠱術弄死。周克商後，子牙往崑崙山玉虛宮，請得元始天尊玉符金冊回

岐，祭封神台敕封陣亡忠魂，乃封趙公明爲「金龍如意正一龍虎玄壇眞君」。[11]描述至此，可知此人此神實與錢財並無關係，有關係的是其後又強扯上他率領四位部下，專事迎祥納福，追捕逃亡之職，四位正神是：招寶天尊蕭升，納珍天尊曹寶，招財使者喬有明（一說陳九公），利市仙官姚少司（姚邇益）。於是民間以趙公明、招財、進寶、利市、納珍爲五路財神，也稱五福神，這五福與《尙書》〈洪範〉的「壽、富、康寧、修好德、考終命」或「壽、福、富貴、康寧、多子孫」的五福不同，當然也是「元帥廟」改名爲「五福宮」名稱的源由。

　　按，趙公明原不是財神，而是瘟神，其傳說起源頗早，本爲道教中諸眞之一，始見於晉干寶的《搜神記》：

> 散騎侍郎王祐，疾困，與母辭訣。既而聞有通賓者，曰：「某郡某里某人。」嘗爲別駕，祐亦雅聞其姓字。有頃，奄然來至，曰：「與卿士類，有自然之分，又三十里，情便款然。今年國家有大事，出三將軍，分布征發。吾等十餘人，爲趙公明府參佐。至此倉卒，見卿有高門大屋，故來投。與卿相得，大不可言。」祐知其鬼神，曰：「不幸疾篤，死在旦夕。遭卿，以性命相托。」答曰：「人生有死，此必然之事。死者不繫生時貴賤。吾今見領兵三千，須卿，得度簿相付。如此地難得，不宜辭之。」祐曰：「老母年高，兄弟無有，一旦死亡，前無供養。」遂欷歔不能自勝。其人愴然曰：「卿位爲常伯，而家無餘財。向聞與尊夫人辭訣，言辭哀苦，然則卿國士也，如何可令死。吾當相爲。」初有妖書云：「上帝以三將軍趙公明、

鍾士李，各督數鬼下取人。」莫知所在。祐病差見此書，與所道趙公明合。[12]

是可見趙公明原是冥神、瘟神一類，奉上帝之命，督鬼散瘟，下取人命。梁陶弘景在《眞誥》中也稱爲土下冢中直氣五方神，《茶香室續鈔》卷十九云：

梁陶宏景《眞誥‧協昌期》篇載建吉冢埋圓石文，云：天命告土下冢中直氣五方諸神趙公明等，某國公位甲乙年如干歲，生值清眞之氣，死歸神宮，翳身冥冥，潛寧沖虛，辟斥諸禁忌，不得妄為害氣。

按：趙公明不知何神，乃司土下冢中事邪？余於《俞樓雜纂》卷四十引《太平廣記》所載云云，以為趙公明之名流傳有自，今乃知《眞誥》已有之矣。[13]

可知在魏晉南北朝時，在道教中趙公明是被視爲冥神、瘟神的。隋唐以後又把他列爲五瘟神之一，所以明代《列仙全傳》稱趙公明等爲八部鬼師，周行人間，暴殺萬民，太上老君遂命張天師治之。

然則趙公明又如何從瘟神一變爲財神呢？元明以來，道書每稱張天師道陵初於龍虎山煉丹，天帝遣趙公明守護丹爐。於是衍變至明代，面目一變，《三教源流搜神大全》中說趙公明是終南山人，秦時因世亂避居山中，修道成功，奉玉帝旨意，召爲神霄副元帥。他所居「乾」位乃是金水合氣之象。頭戴鐵冠，手執鐵鞭，是金生水之氣。黑面長鬍，是北方水象，跨下猛虎，又是金象，居於太華

山，因此代表西方金象，總之此神乃是水中金的象徵。其職掌「上奉天門之令，策役三界，巡察五方，提點九州，爲直殿大將軍，爲北極侍御史。」[14]

此書又說：漢代天師張道陵修煉神丹時，奏請玉帝派神吏著守丹爐。上帝便授趙公明爲正一玄壇元帥，「正則萬邪不干，一則純一不二」，爲張天師作守衛。其後張天師飛升上天，趙便永鎭龍虎山，開壇傳度。他手下有八王猛將，應著八卦方位；有六毒大神，以應天煞、地煞、年煞、月煞、日煞、時煞；有五方雷神、五方猖兵，以應五行；又有二十八將，以應二十八宿；又有天和地和二將，以象天門地戶的開闔；又有水火二營將，以象春生秋殺往來。不僅此，他法力廣大，權責頗重，能「驅雷役電，喚雨呼風，除瘟剪瘧，保病禳災，訟冤伸仰，買賣求財，宜利和合」，故對神祈禱，無不如意，其封號歷來有「高上神霄玉府大都督、五方之巡察使、九州社令都大提點、直殿大將軍、主領雷霆副元帥、北極侍御史、三界大都督，應元昭烈侯，掌士定命設帳使、二十八宿都總管、上清正一玄壇飛虎金輪執法趙元帥。」等等。

所以從宋代開始，趙公明就成爲生意人虔心信奉的財神爺，對這一轉變，蘇雪林女士解釋的非常好：

「趙玄壇的塑像乃全身盔甲，一手執鋼鞭，一手托元寶，跨下黑虎，臉黑鬚豎，貌甚獰惡。而且有三隻眼。封神傳的趙公明並無三目，雖以鋼鞭爲武器，並於下山時收得黑虎爲坐騎，但他卻純粹是個道人，非黃飛虎、鄧九公原是武將可比。他與錢財也毫無關係。封神傳的作者強派他做全身武裝的財神，是很勉

強的。所以只好將五夷山兩個散仙蕭昇、曹寶派在公明部下，給他們加上「招寶」、「納珍」的名號，反映公明財神的身分。……臉黑跨下黑虎，正是死神特色。……死神本為瘟疫之神，故趙公明的職務「除瘟翦瘧」；死神轉為生神，後兼醫藥之神，故趙公明又「保病釀災」；死神本為裁判人類善惡的法官，故趙公明『兼理訴訟公平一類事』，他的名字「公明」二字正判官意義的具體化。」[15]

以是，趙公明同時具有瘟神、冥神、武神、財神的多重身分與性格。但我們不可忽略「五福宮」當初之名「元帥廟」或「元壇」，即表示是以武神、戰神的身分看待趙公明，蓋以武人之魁趙公明元帥視同為武人護身之神，甚至在〈簡介〉中也明確提及：「成功銳意，誓師東征，祭告天地百神……親駕金陵武坊，虔祈玄壇元帥，呵護大明軍，武運如願，大業成功，詹定三月望，玄壇元帥聖誕日為興兵之期，即刻奉請 玄壇元帥神像……」均可明證。可惜年代經久，後人失其本意，反以財神視之，廟名改為「五福宮」，已非立廟用意了。

第四節　廟的沿革及改名

如上所述，五福宮原名「元帥廟」或「元壇廟」，約創建於永曆卅六年（1682），奉祀玄壇元帥，係屬武神、冥神，頗有鎮壓「土番」之用意。當時只是簡單地搭蓋茅棚，設置玄壇元帥護身符袋，以供

瞻拜。其後祈願靈驗，信仰者日眾，庄民草葺小祠尊奉，寺宇粗具，自是理所當然。〈簡介〉中介紹鄭經「崇之以祀，封號玄壇元帥爲開台元帥，承命之日，擇定中館奉祀開台元帥，將中館敬號爲元帥廟」，[16]雖於正史志書無徵，但也不無可能，不必因其爲稗官野史之說予以絕對否定。

迨康雍年間，北台日漸開發，墾殖撫蕃日漸有成，如康熙廿四年（1685）泉人陳瑜，於南靖厝庄著手開墾，招佃耕種，是爲移墾本縣之昉。康熙末，有粵省嘉應州人來此，向土蕃借租土地，結寨而居，常往來竹圍之南崁港口，每有航海船至，輒購貨物，與蕃人交易，利市百倍。至雍正年間，漳泉二州人民聞風陸續移殖，聚居閭閈，順次開闢。未幾，廟口庄（今蘆竹鄉五福、山鼻二村附近）、內厝庄（今內厝、錦興二村一帶），以及拔子林（今大園、竹圍一帶），荒埔變田，遂成樂土。又艋舺置北路淡水營都司，軍士分屯南崁桃園等塘汛，以固守備，例以三年爲期，新舊瓜代，其滿期可退者，率多不願歸去，至雍正末年，相繼流集於三塊石及拔仔林等處，而與南崁方面之移民共闢竹圍庄一帶之地及於海口。例如雍正六年（1728）有漳人郭光天率兵丁百餘名至南崁開墾，是後又與八里坌社土目萬糖密等訂契，收買社地，光天歿，其後人郭崇嘏、郭龍文……等相繼招集內地鄉黨族戚，移往開墾，田園廣闊，先後成業二十餘庄，於大園、竹圍以至淡水、八里坌一帶土地，擁有大租權。而蘆竹鄉一帶，雍正八年（1730）有南安縣人陳仲日兄弟四人入墾此地，其後並有客籍永定縣人江漢維，五華縣人劉聞倬等人入墾。乾隆初，有詔安縣人呂廷玉來墾，至中葉有南靖縣人邱德發入墾，嗣後又有客籍永定縣人江仰輝，鎮平縣人巫玉宗、巫玉富三兄

弟，巫永蘭六兄弟，閩籍平和縣吳兩全之來墾。[17] 總之，約至乾隆初葉，移民大致由南崁一帶擴展至坪頂、大湖、苦苓林、茱公堂、山尾、西勢湖、項湖、下湖、員林坑及龜崙口一帶；迤南亦擴張至現屬台北縣之尖山、大湖、潭底、三角埔、石頭溪、隆恩埔及彭厝一帶。[18] 而其間往來會集，均以南崁為中心，如余文儀《續修台灣府志》中已出現「南崁庄」之地名，自然而然，為酬答神庥，加以舊日寺宇朽敝，經由鄉善斥資重修，遂於乾隆五年（1740），於廟口庄正式興建元壇廟及其旁之大眾廟（關於大眾廟興建年代另有一說：乾隆二十五年（1760），元壇廟附近墳塚年久暴露，枯骨四散，於是南崁總理李元田與熟番土目何順乾，倡首鳩資安葬枯骨，並建立大眾廟）。此次之興建，必與前之簡陋草寮小祠截然不同，遂有志書誤以為五福宮建立於是年，如明治卅九年（光緒卅二年，1906）之《桃園廳志》第十章廳宇及古蹟表內，五福宮登記為建立於乾隆五年。[19] 光復後所修之《桃園縣志》卷首大事記，明確記載乾隆五年「南崁廟口庄建五福宮及大眾廟」。而該廟也首次被採錄於志書，修於乾隆十二年（1747）范咸纂修之《重修台灣府志》簡略記載：「元壇廟，在南崁社。」[20]

嗣後因應時變，增設官制，桃仔園設置二快外館，掌管桃澗、海山二堡，任命總理，主持民政。斯時福建泉州府晉江縣人周添福，駐廟佈教，承述開台元帥之跡，尤以赫聲濯靈，無不應驗，故信者益篤，香煙愈盛，初建之廟宇不能滿足庄民之所需，故於乾隆十五年（1750），廢除馬舍，擴建廟基。[21] 此役之修建，自以周添福厥功最大，是以今廟中猶存「福建省泉州府晉江縣施主周諱添福祿位」乙座，〈簡介〉中亦逕稱「開基施主」，並列有「南崁五福宮暨

大眾廟開基與歷代管理」人名，可惜未說明任職年代，難能充分利用此一資料，但可以推知其祭祀圈大致在附近之南崁頂庄、下庄、廟口庄、坑子庄、蘆竹厝庄等，即俗云南崁五大庄，管理人採公推制，而非習俗所見之擲筶方法，由神意卜選。茲將全文引錄於下：

「南崁五福宮暨大眾廟開基與歷代管理」

開基施主周添福（順寂沙彌上覺下會和尚）功德無量。

管理一代先賢陳圭璋 功德無量。

　　　　　（由南崁頂庄公推）

管理一代先賢曾秋鳳 功德無量。

　　　　　（由南崁下庄公推）

管理一代先賢林呈禎 功德無量。

　　　　　（由蘆竹厝庄公推）

管理一代先賢陳必木 功德無量。

　　　　　（由廟口庄公推）

管理一代先賢王深波 功德無量。

　　　　　（由坑子庄公推）

二代翁管理賜雲　功德無量。

　　　　　（由南崁頂庄公推）

二代曾管理 明　功德無量。

　　　　　（由南崁下庄公推）

二代林管理金磚　功德無量。

　　　　　（由蘆竹厝庄公推）

二代楊管理清漢　功德無量。

（由廟口庄公推）

二代林管理元生　功德無量。

（由坑子庄公推）

　　至嘉慶十三年（1807）舉庄全邑至元壇廟祈安建醮，有見該廟
星霜久易，復遭暴風，破漏傾頹，當即由黃仁壽、童仁等發起修
繕。自此廟貌壯大，祭典殷盛。[22]道光三年（1823），時神威顯赫，
慶典愈盛，同年冬，祈安建醮，梓里吉祥，今廟中猶存「道光參年
冬，南崁暨各庄，元帥廟祈安建醮，捐緣眾弟子仝立」之石香爐乙
座，表示物證。

　　同治五年（1866），李榮裕、賴向榮、趙順膠等人，倡議修建廟
宇，[23]改建爲前後二楹，增加後殿、拜堂，廟貌煥然一新，並添建
「聖蹟亭」乙座，至翌年五月全部工程始告完竣。按聖蹟亭，亦名惜
字亭、敬字亭、敬聖亭、字紙亭，以供焚化字紙，從前我國人受儒
家思想薰陶，遂敬重文字，無論通都大邑或是窮鄉僻壤，到處設有
聖蹟亭，以供焚化字紙。某些人文薈萃之地，甚至還有「惜字會」
之組織，爲求參與者有一共同恪遵的規範，於規約、祭品、祭器、
祝文等均有條例規範的「儀節」抄本，爲一極具意義之民俗活動。
影響所及，即使目不識丁之文盲鄉民，也不任意糟蹋字紙，凡遇被
遺棄的字紙，必定撿拾收藏，洗淨曬乾，然後匯集於聖蹟亭火化。
焚化後的字灰，美其名爲聖蹟，裝貯竹箱，供於制字先師倉頡牌位
前，最後選定吉日，舉行盛典，以鼓樂恭送，投入大海或溪流，任
其物化，以表崇敬。此一極具文化內涵的民俗活動，五福宮〈簡介〉
竟介紹爲：「同治六年，……斯時先賢暨庄民，念及明軍征伐北

惜字亭旁的古碑

極，屯兵紮營於此，將原位建立一塔，以資紀念，謂聖蹟二大字，
緣起追思，開疆闢士，發祥梓里，永誌勿忘矣！」其文令人發噱，
思之亦令人痛心，不過百數十年，其鄉已不文如此，見微知著，何
況台灣其他地方，欲求大眾之尊重古蹟，寧非難事。

　　今「聖蹟亭」前後有「捐題姓名」之碑文兩座，仔細參詳，值
得吾人注意者有下列數端：

　　1.此役參與層面不廣，僅是動員該區祭祀圈五大庄庄民，如南
　　　崁頂庄、南崁下庄、南崁廟口庄、坑仔庄、蘆竹厝庄。故捐
　　　獻金額不大，率多六元、四元、二元、一元五角、一元等零
　　　碎數目。

　　2.南崁一地文風頗盛，就碑文中提及之監生有陳紹鑾、曾學
　　　海、黃雲從。童生頗多，有：周鶴鳴、呂登「需」、張玉

「國」、王水交、李光華、歐陽輝、游鴻業、游永泉、呂蕃〇、江連〇等（按「」或〇皆是碑文漫漶，難以辨識或確認者）。另，出現「鄉賓」之名，有「陳桃郎、李先水、游世莫」三人。按，鄉賓指的是參與鄉飲之禮的地方士紳，或鄉黨年高有德之人。順治初，詔令京府直省各州縣，每歲以正月望日、十月朔日，各於儒學行鄉飲酒之禮。凡鄉飲酒，主人以府、州、縣官爲之，位於東南。三賓以賓之次者爲之，位於賓主介僎之間。眾賓序齒，僚屬序爵。舉行鄉飲之禮，非爲飲食酬庸，其目的爲敦崇禮教，各相勸勉，爲臣盡忠，爲子盡孝。長幼有序，兄友弟恭，內睦宗族，外和鄉里。[24] 此禮台灣久已不行，但存其制而已，今在南崁碑文見之，可知其地文教普及，如入君子之邦，雍雍穆穆，皆有禮讓之風焉。

3. 參與此次工程者，捐地者有「業主李成金」，勸捐募款者有緣首「李文日、李榮智、沈金榮」，該廟職員有「林旭初、林濟和、呂宜年、李榮裕、游永賀、黃慶長、呂克雍」，經理此役者有「童生游永泉、職員李榮裕、監生曾學海，童生呂蕃〇」。此外，另有業主「夏永傳、夏炳峰」，可知李成金、夏永傳、夏炳峰三人爲此地擁有大租權之大地主。

4. 碑文名單中，較引人注目者有二：一爲「欽加都司府藍煥章捐艮六元」爲捐獻最多者，原猜想此「都司府」或即「淡水營都司」之省稱，經查有關志書，並無此人，經進一步遍查相關志書之文武職官表，均無是人。幸今人田調，由坑仔社藍家族譜得知：藍煥章出身坑仔社，爲第四代藍姓，譜名東山，生於道光九年（1829），二十歲入泮，曾入社學並舉佾

生，後隨軍（武勝灣屯司廳）征戰，同治初年戴潮春亂起，因收復彰化城有功，賞戴藍翎軍功四品銜。[25] 另一為「土目潘有福」捐貢弍元，潘氏又為光緒初年南崁社之通事。按荷據時期及鄭氏時代，為管理蕃社，為之設土官，以約束番眾，管理社務。清朝沿習其制，乾隆後，改土官之名為「土目」。除此，清代番社另設有「通事」管理，於是形成土目、通事雙頭制。土目應具備資格為：為人誠實正直，熟悉社務，有家有識，並無公犯過錯，經由通事、業戶、甲首、屯弁、番耆、生員等眾人共同稟舉充任，其職責無非約束社眾、處理社務，尤其管收公租，給發口糧。[26] 而此次捐建惜字亭，竟有「土目」及若干筆者懷疑不少是漢姓之平埔族人，可見其時桃園一帶平埔族漢化之深厚。《淡水廳志》卷十一〈風俗考〉記：

> 風俗之移也，十年一小變，二十年一大變，淡水番黎較四邑為多，……今自大甲至雞籠，諸番生齒漸衰，村墟零落，其居處、飲食、衣飾、婚嫁、喪葬、器用之類，半從漢俗。即諳通番語者十不過二、三耳。誘而馴之，罔不遵禮義之化也。[27]

據此記述，可知北部諸蕃社之零落與漢化程度。揆其原因，主要是民番雜居，參伍錯綜，日久混熟，而致漢化；此外，淡邑設有土番社學六所（淡水社、南崁社、竹塹社、後㙱社、蓬山社、大甲東社），其中南崁社學早在雍正十二年（1734）即已設立，設教番童，鼓舞後學，雖績效不彰，但多少起一定作用。[28]

5.除以上諸點外，另值得特別注意的尚有一項，即是此廟之廟名。五福宮原名「元壇廟」或「元帥廟」，志書上採錄，均是記載為「元壇廟」，並無「元帥廟」之名。或謂一為正式稱呼，一為民間俗稱，則不然，蓋廟內道光參年之古石爐則稱之為「元帥廟」，而碑文稱之為「南崁庄大廟前」，可知「大廟」方是民間俗稱，一廟二名，實在玄之又玄，其中必有一番曲折待抉覆之內幕。而一般碑文之泐刻多稱呼正式廟名，此二碑居然僅稱俗名，也是一怪，其後廟名又改為「五福宮」，更是一奇。總之，廟名之一改再改，數易其名，處處充滿疑團，惜無資料或口述記錄，可供探討，只能闕之待考。

光緒四年（1878），廟宇全部破損，經呂際榮、李榮智等發動五大庄募捐，募得九百七十六圓，同年九月二十一日起工，翌年二月四日竣工。[29] 此次修整，仍維持兩殿式建築，至日據初期並無改變，茲將修於明治卅九年（光緒卅二年，1906）的《桃園廳志》之廟宇登記表轉錄於**表4-1**。

日據後，至昭和五年（1930）二月曾一度重修，其情不詳，今廟中猶有一「澤被南邦」匾，上下落款為「昭和五年歲次庚午二月重修」「南崁五大庄眾弟子等仝立」，可為佐証。大正十三年（1924）冬，屋宇及周圍土壁牆身龜裂，勢將傾圮，於是蘆竹園庄庄長康德恭，及紳士林呈禎、陳圭璋、王深陂、徐藍生等十八人集議重建，經五大庄庄民及大溪郡大溪街街民之熱心捐助下，募集日幣一萬一千八百二十圓，鳩工比材，著手改建，於大正十三年十二月二日起工，十四年十二月竣工。[30] 此役擴建為前中後三進，占地一百五十

表4-1 《桃園廳志》之廟宇登記表

名稱	所在地	祭神又は本尊	建立年月日	境内建物			境内地		氏子又は信徒戶數	例祭日	所屬財產	備考
				名稱	棟數	坪數	坪數	官民地別				
五福宮	桃澗堡南崁廟口莊	元帥爺即趙光明	乾隆五年	本殿 門 計	1 1 2	90.25 61.00 151.25	232.52	民地	氏子1500	舊曆7月13日 7月14日 3月9日 2回	敷地0.7925甲 棹6 香爐15 燭台4 鉦1 匾額3 聯1 神輿6 木魚1 簽筒1 燈8 椅子1 燒金爐2 洋燈1 執事牌6	
大眾廟	桃澗堡南崁廟口莊	地藏菩藏	乾隆五年	本殿 右房 左房 門 計	1 1 1 1 4	20.74 4.60 4.60 18.48 48.42	308.00	民地	信徒200	舊曆正月14日 7月29日	敷地0.1060甲 墳墓地1.2810甲 田0.3653甲 棹2 香爐5 燭台4 匾額3	

餘坪，今之廟貌即奠基於此時，今廟中正殿猶存有大量柱聯，從其落款年代，可資明証，茲不贅錄。廟中宮柱石質，精鑿舞龍，棟樑椽木及門窗四壁，均漆畫細緻，有美輪美奐之觀，遂改名爲「五福宮」，並兼祀觀音佛祖、註生娘娘、五谷先帝、哪吒太子、天上聖母、齊天大聖、國姓爺、福德正神、馬舍公、印劍童爺等諸神明。[31] 此次擴建時，基地內發現穴中有蛇，眾欲撲殺未獲，不知去向。落成之日，忽有群蛇集於宮前，時人咸稱神蛇，名之曰「使者公」，眾不敢近，後忽不見。今廟中有一柱聯「五雲生座下靈蛇蟄伏，福曜麗天中黑虎安馴」，上下落款爲「大正十四年乙丑季夏」、「李石基、目、國潭、嘉宗仝敬獻」，即紀其事。宮前有大榕樹，其下有穴，鄉民有人見蛇夜蟄其中，日出村野，不害人畜，惟貪食附近人

家雞蛋。昭和八年（1933），大榕樹為風所拔，樹穴暴露，蛇亦他徙。[32]

　　光復以來，幾經滄桑，廟貌更易。如一九五五年重塑廟匾。一九五七年，成立祈安禮斗法會。一九六〇年重修天井外貌。嗣後因廟貌剝蝕，於一九六一年春，經主任委員楊清漢，副主任委員曾明、林金磚、王金永、黃古等人，協議鳩資，再行重新修繕粉刷，於第二年十一月（仲冬）完成，廟貌一新，於是隆重舉行祈安建醮大典，至一九七〇年祈安完醮。一九七一年於廟側添建金亭，一九七四年四月，增鋪地面磁磚。一九七六年於右側增建禪房廚房，以供遠來香客住宿，亦可代辦膳食，次年再修建後殿，上為觀音殿，下為餐廳。[33]一九八三年添建廟前牌樓，頗增氣派。

第五節　小結

　　桃園地區往昔因介乎竹塹與八里坌、新莊、艋舺等地的中途要衝，為陸路北上南下行旅必經要地，故頗早即已開闢，明鄭時代曾在南崁一帶設屯，今桃園縣蘆竹鄉營盤坑相傳為明末鄭成功部屬屯田之地，故得名，便可以為證。據《桃園廳志》載，鄭氏駐軍，曾懸香火包於大樹，後人祀之頗為靈顯，乃搭建草棚祀奉，即今五福宮創建之由來。

　　五福宮原名「元壇廟」或「元帥廟」，奉祀玄壇元帥趙公明。趙公明的傳說起源很早，本是道教諸神之一。魏晉南北朝時，被視為冥神、瘟神一類。然而元明以來，其說漸變，能驅雷役電，喚雨呼

風，除瘟攘災，買賣求財，宜利宜合。明代小說《封神演義》更稱其爲峨嵋山仙人，以助紂抗周而亡身，後封爲正一龍虎壇眞君，下轄招寶天尊、納珍天尊、招財使者、利市仙官，於是又一變爲財神爺，統管五路財神。然而五福宮之奉祀趙公明，是因其爲武人之魁，等同武人護身之神，故廟名「元壇廟」、「元帥廟」均是此意，後人不查，改今名「五福宮」，反失本意，流於庸俗之信仰矣！

五福宮建在蘆竹鄉五福村虎頭山之麓，群山環峙，四時常青，後靠坪頂大高丘，形成陵波四走，而百脈結穴於虎頭山，其象宛然，有飛虎騰雲之雄姿猛態。對面是遍野良田，河川暢流，且茄苳溪、河底溪、南崁溪繞曲環帶，四水朝宮，風景極爲幽美，堪稱台灣聖境之一。

五福宮創建於明鄭永曆年間，有史已垂三百餘年，透過此廟之修建過程，歷次參與捐題碑中人名，可充份反映南崁諸社之漢化現象，而此廟興革多次，有史有書，有事有物，在在可徵，歷歷使人追思，油然興懷。茲爲醒眉目，以下將三百年來之興修沿革列表如**表**4-2，以爲本章之結束。

表4-2　南崁五福宮修建記錄表

次數	年代	修建原因	倡修人物	備註
1	約永曆三十六年 (一六八二)	香火袋顯靈	陳絳部隊	初僅是一簡陋草棚，可能名稱未定（據桃園廳志、桃園郡要覽）。
2	乾隆五年 (一七四〇)	正式建廟奉祀	不祥	可能正式定名爲元壇廟或元帥廟（據桃園廳志、桃園縣志）。
3	乾隆十五年 (一七五〇)	擴大廟基	周添福	據該廟簡介及長生祿位牌
4	嘉慶十三年 (一八〇七)	星霜既久復遭暴風破漏傾頹	黃仁壽、童仁等	據桃園廳志、台灣名勝舊蹟志、淡水廳志。
5	道光三年 (一八二三)	祈安建醮	不詳	筆者推測，今廟中猶存石香爐。
6	同治五年 (一八六六)	繼續擴建	游永泉、李榮裕、曾學海等	改爲前後二楹，添建聖蹟亭，翌年完成。
7	光緒四年 (一八七八)	廟宇破損	呂際榮、李榮智等	翌年二月完工。
8	大正十三年 (一九二四)	土牆龜裂	康德恭、林呈禎、陳圭璋、王深陂、徐藍生等十八人	十月動工，翌年十二月竣工，成三殿式，改名五福宮，同祀其他諸神。並發現蛇群，祀之爲使者公，今廟貌奠基於此。
9	昭和五年 (一九三〇)	不詳	不詳	據廟中「澤被南邦」匾得知
10	一九六〇年	重修天井外貌		
11	一九六一年	廟貌剝落侵蝕	楊清漢、曾明、林金磚、王金永、黃古等人	重新修繕粉刷，於一九六二年十一月完成，舉行祈安建醮大典。
12	一九七一年	廟側金亭		
13	一九七六年	添建禪房	林金磚、陳盛炘等人。	
14	一九八三年	添建廟前牌樓		

資料來源：卓克華整理

註釋

1 有關本節之地理環境，係參考《桃園縣志》卷一土地志第一篇第一章地形（桃園縣文獻委員會，1962年9月出版），及洪敏麟《台灣舊地名之沿革》第二冊第三篇第二章「地形概況」（台灣省文獻委員會，1983年6月出版），改寫而成，茲不一一詳注。

2 黃叔璥《台海使槎錄》（台銀文叢本第四種）番俗六考，p.136。

3 周璽《彰化縣誌》（台銀文叢本第一五六種）風俗志番俗考雜俗篇，p.312。

4 溫振華《台北市發展史》（台北市文獻委員會，1981年10月出版）第五章開闢，pp.911~913。

5 詳見曹永和〈明代台灣漁業誌略〉、〈明代台灣漁業誌略補說〉，收於氏著《台灣早期歷史研究》，（聯經出版公司，1981年7月二次印行），pp.157~154。

6 詳見盛清沂〈明鄭的內治〉，收於黃富三、曹永和編《台灣史論叢》（眾文圖書公司，1980年4月出版），pp.135~136。

7 參見盛清沂前引文，及《桃園縣誌》（桃園縣文獻委員會，1962年9月出版）卷首志略第三章拓殖，pp.34~35。

8 見桃園廳編《桃園廳志》（明治卅九年六月排印本，成文出版社，1985年翻印本），第十章廟宇及古蹟「五福宮」條，pp.244~245。杉山靖憲《台灣名勝舊蹟誌》（大正五年排印，成文出版社1985年翻印本），二三八，「五福宮」，p.487，及桃園郡役所編《桃園郡要覽》（昭和十四年排印本，成文出版社1985年翻印本），三名勝「五福宮」，pp.103~104。

9 見《南崁五福宮簡介》南崁五福宮暨大眾廟管理董事會印贈，1976年10
月。

10 散見一般介紹古蹟之書籍，即如《桃園縣志》卷一第四篇勝蹟第三節二目
「五福宮」亦是如此寫法。

11 見五福宮簡介「玄壇元帥公明略傳」，p.8~11。

12 轉引自呂宗力、欒保群編《中國民間諸神》（台灣學生書局，1991年10月
出版），辛編財神「趙公明」，所彙集諸史料，p.727。

13 同註12前引書，p.727。

14 同前註，p.728。

15 轉引自曾勤良《台灣民間信仰與封神演義之比較研究》（華正書局，1985
年12月再版），pp.114~115。

16 五福宮簡介，p.4。

17 參見《桃園縣志》卷首第三章拓殖，p.35；及洪敏麟前引書，pp.38~40。

18 同前註。

19 同註8，另《桃園縣志》卷三政事志建置篇第三章祠廟之登記表，記爲乾
隆十年十一月十日創立，有誤。

20 范咸《重修台灣府志》（台銀文叢本第一〇五種），卷十九雜記寺廟，
p.548。

21 參見五福宮簡介，p.5。今廟中猶有周添福之長生祿位，此説應可信。

22 同註8，另陳培桂修《淡水廳志》卷六典禮志「祠廟」中之「元壇廟」記
載相同。

23 按，《桃園郡要覽》將以上諸人記爲嘉慶十三年（1807）參與經理，而聖
蹟亭之碑文中又列有以上諸人捐獻，時隔六十年，諸人早已垂垂老矣，恐
不復在人間，顯然是《桃園郡要覽》之誤記。

24 見連橫《台灣通史》（台灣省文獻委員會，1976年5月出版），卷一○典禮志「鄉飲」條，pp.195~196。

25 見詹素娟、張素玢《台灣原住民史‧平埔族史篇（北）》（台灣省文獻委員會，2001年3月），p.205。又，至今日坑仔社藍姓、夏姓後裔，猶住在蘆仔鄉坑仔村社底。

26 詳見載炎輝〈番社組織及其運用〉，收於氏著《清代台灣之鄉治》（聯經出版公司，1979年7月出版），pp.347~466。

27 陳培桂《淡水廳志》（台灣省文獻委員會，1977年2月出版），卷十一風俗考，pp.294~295。

28 陳培桂前引書，卷五學校志社學，p.127。

29 同註8。

30 同註8。

31 廟之改名為「五福宮」，據該廟簡介記載為同治六年，不可信，按修於同治十年陳培桂之《淡水廳志》書中仍記為「元壇廟」，可知其時尚未改名。茲據《桃園縣志》卷一土地志勝蹟篇之記載，斷為大正十四年改名。

32 見《桃園縣志》卷一勝蹟篇前引文。

33 見該廟簡介，及今存廟壁之諸碑文。

第五章
彰化二林仁和宮——
創建歷史辨真相

第一節　彰化地區的開發

　　三級古蹟「二林仁和宮」，位於彰化縣二林鎮公所路四十八號。彰化縣位於臺灣西部地域之中部，適介乎臺灣南北氣候、人文景觀漸移之地，清代曾以鹿港與大陸沿岸貿易往返，對大陸文化之傳播，移民之入墾影響至鉅。就其地理景觀言：東界中央山脈，西臨臺灣海峽，南毗雲嘉平原、北鄰苗栗丘陵，境內由西向東，依次為海岸平原（南半部在麥嶼溪以南至西螺溪間，則屬濁水溪沖積扇平原）、臺地區（包括大肚臺地、八卦臺地）、盆地區，以及丘陵山地區，自成一地理區域，區內的大肚溪，把本區分割成南北兩區。二林則位在彰化縣西南部（距彰化市街區西南方約二十六里處），地當舊濁水溪下游與魚寮溪之間的沖積扇上。

表5-1

族民	分布區	文獻上提及的部落名
巴則海族 （Pazeh）	以豐原、東勢一帶為中心，北至大安溪，南達大肚溪	岸裏社、烏牛欄社、樸仔離社
巴布拉族 （Papora）	大甲溪以南，大肚溪以北一帶海岸區域	沙轆社、牛罵社、大肚社
貓霧捒族 （Babuza）	大肚溪以南，濁水溪以北海岸區域	貓霧捒社、半線社、東螺社、西螺社
和安雅族 （Hoanya）	嘉義、南投	南北投社、他里霧社、斗六門社、打貓社、諸羅山社
水沙連族 （Sau）	南投日月潭附近地區	水沙連番

在漢人入墾臺灣之前，本區已有布農族與泰雅族散居於丘陵山地，西部平原則有平埔族分布其間，據李亦園先生研究，約可分為下列諸族（見**表5-1**）。[1]

其時平埔族經濟生活以狩獵（捕鹿）為主，兼有簡單的游耕農業及捕魚，彼之生產方式是採取熱帶原始旱田農耕，不知使用犁耕與施肥，地力減退即棄之，另闢地以代之，因此易地數次，就棄屋另在現耕地附近築新屋以居，所以對土地利用有其限度，開拓不廣。平埔族這種棄村他遷，非固定性聚落的習性，是對漢人移民極有利的一項因素，使得漢人與平埔族之間交替村的發生非常普遍。加上平埔族過的是集團性的生活，因此「室無居積，秋冬之儲，春夏罄之」，平日生活「寒然後求衣，饑然後求食，不預計也。……無市肆貿易，有金錢無所用，故不知蓄積。……計終歲所食，有餘，則盡付麴蘗、來年新禾即植，又盡以所餘釀酒」。[2]致使他們無預計觀念，無儲蓄想法，過的是共產共享的集團部落性生活，難以和漢人競爭。兼以平埔族屬母系社會，以女子繼承家產，男子則入贅女家，隨妻而居，為妻家服勞役，所以「生女謂之有賺，則喜；生男出贅，謂之無賺」，[3]致使日後漢人利用婚姻以取得土地。

簡言之，平埔族在荷鄭之前是個孤立、閉塞、自足、樂天的社會。自十七世紀荷蘭人到來，部落透過交易，與外界有所接觸，社會逐漸開放。平埔族與外界的交易，是在包稅的贌社制度下進行。經荷人授權的漢人，被稱為社商或頭家，在繳納一定的稅額取得與部落貿易的特權，此外，社商亦特准入山捕鹿。[4]贌社制度始自荷人，沿襲至清初，由於他們對外界貨品需求漸增，依賴貿易程度日深，對原有經濟生活影響甚大。

除瞨社外，荷人為加強控制，由各部落推派代表，經其認可，設置土官自治管理。[5]明鄭清初均曾沿襲，其後另設通事，以溝通土著與漢人，兼辦土著課餉事宜，影響更大。而明鄭寓兵於農，實施屯田兵制，永曆二十年（1666）劉國軒率師駐半線（今彰化），平北部諸番，並行屯田。二十二年，林圯屯兵於水沙連（今竹山），奠定漢人開發濁水溪中游之基礎。

中部地區漢人社會的形成與發展，肇基於清代。雖然中部地區明鄭時代已見漢人足跡，而大規模的開拓工作，則始於康熙中葉以後。康熙四十年（1701）後，渡臺禁令漸弛，而閩粵地區受人口壓力影響，生計困難，加以農產內銷大陸，有利可圖，因此閩粵地區人民，接踵而至，開墾日盛。《諸羅縣志》記：「（康熙）四十三年，流移開墾之眾，已漸過斗六門（今斗六）以北，……四十九年，又漸過半線（今彰化）大肚溪以北矣。」[6]

移民潮陸續抵臺，或由西岸港口登陸（如笨港、二林、王宮、鹿港、五汊、大安等），或越大肚溪自彰化平原入墾，也即是說，移墾路線，海路主由鹿港上陸，陸路由南北進，以彰化為策源地。尤其雍正年間以來，移民或越大肚溪北上，或溯大甲溪南進，在大墾戶有計畫且大規模的開渠灌田，開墾範圍大展且迅速。在墾首制度下，本區土地逐漸開墾，漢人以生產水稻為主，然稻米的種植與水源關係密切，開發水源成為墾殖重要課題。在大型水圳築成之前，陂潭為主要水源出處，康熙五十五年（1716）以前，本區主要陂潭如**表**5-2。

表5-2　清初彰化地區主要陂潭

陂潭名稱	修築年代	修築灌溉情形
鹿場陂	康熙五三年 （一七一四）	在虎尾溪墘。知縣周鍾瑄捐穀五十石助莊民合築。
打馬辰陂	康熙五四年 （一七一五）	在西螺社東。知縣周鍾瑄捐穀四十石助莊民合築。
馬龍潭陂	康熙五六年 （一七一七）	在貓霧捒。潭有泉源；合內山之支流，長二十餘里。陂流四注，大旱不涸，所灌田甚廣。知縣周鍾瑄捐穀二百石助莊民合築。
西螺引引莊陂	康熙五三年 （一七一四）	在西螺社。知縣捐銀二十兩助民番合築。
打廉莊陂	康熙五五年 （一七一六）	在東螺社西北。知縣捐粟五十石，助莊民合築。
燕霧莊陂	康熙五五年 （一七一六）	在半線社南，知縣捐穀五十石助莊民合築。

資料來源：周鍾瑄，《諸羅縣志》，卷二規制志，水利項，pp.35～36；周璽，《彰化縣志》，第二卷規制志，水利項，pp.55～56頁。

　　以上各陂多在大肚臺地與八卦臺地西麓斷層一帶，泉源較豐，因而成為早期移民選墾之地。惟陂潭蓄水有限，必築水圳，墾務才能有所突破。清代初期，本區所築水圳中，以八堡圳及貓霧捒圳最重要，茲將彰化平原地區水圳修築情形，列表如**表5-3**。[7]

　　根據《臺灣府志》等早期方志資料，康熙四十九年（1710）至雍正十三年（1735），二十五年之間，臺島耕地面積增加了二萬餘甲，其中彰化縣增加約一萬一千餘甲，高居一半以上，由此可知，雍正末年彰化平原已大致完成開拓工作，其中自然以康熙五十八年施世榜築成八堡圳最具關鍵因素。

　　八堡圳又稱施厝圳，開鑿人為施世榜。施世榜為泉州人，拔貢生，曾任兵馬司副指揮。清初與其父施鹿門自福建晉江來臺，居臺南從事販糖而致富，並為半線地方墾首，施世榜繼承父業，為一官

表5-3

地區	水圳名稱	修築年代	灌溉情形
彰化	施厝圳	康熙五八年 (一七一九)	灌溉八堡，五十餘里之田。
彰化	十五莊圳	康熙六○年 (一七二一)	
彰化	二八水圳	康熙五八年～六○年 (一七一九～二一)	在施厝圳與十五莊圳間。
彰化	埔鹽陂	康熙五八年～六○年 (一七一九～二一)	利用施厝圳尾之水，築埤灌田數百餘甲。
彰化	福馬圳	康熙五八年～六○年 (一七一九～二一)	從大肚溪合二八圳，灌溉李厝莊等處，共田千餘甲。
彰化	快官圳	康熙五八年～六○年 (一七一九～二一)	灌田千餘甲。
彰化	二八圳	康熙五八年～六○年 (一七一九～二一)	灌溉千餘甲。
彰化	福口厝圳	康熙五八年～六○年 (一七一九～二一)	水從快官圳、施厝圳二支合流，築陂灌田十餘甲。
彰化	貓兒高圳	康熙五八年～六○年 (一七一九～二一)	灌田十餘甲。

紳商型墾首，從康熙四十八年著手籌引濁水溪水源灌溉，歷經多次皆失敗，後依某一自稱林先生者指引，終於五十八年始成，歷經十年，投資九十五萬兩銀，工程浩大，耗資頗鉅。該圳圳頭在今彰化縣二水鄉鼻仔頭，灌溉當時彰化十三堡中的八個堡，故稱八堡圳。圳成，施世榜以施長齡墾戶之名，在彰化平原招佃墾殖。[8]總之，大致而言，中部彰化地區若以大肚丘陵一線爲分水嶺，以西海岸平原屬於零散無組織的個別墾殖。以東的臺中盆地及山區地帶，開墾較具規模，山區地帶並需具備防衛力量，因而多有「隘制」組織，以保護移民安全。

二林即在此開發背景下興起。

第二節　二林鎮的開拓

　　二林鎮在彰化縣西南部，地當舊濁水溪下游與魚寮溪之間的濁水溪沖積扇上，東接埤頭鄉，西連芳苑鄉，南鄰大城鄉，北以濁水溪爲界，連溪湖、埔鹽二鄉鎮。「二林」鄉名的由來，有云移民初拓時，有森林二處，故命名二林，此謬誤也。鄉名眞正由來，是自蕃語譯音，此地往昔爲巴布薩平埔族（Babuza）二林社（Gielim）所在地。康熙末年間，已有漢人入墾。康熙六十年設堡，名爲二林堡。雍正年間分割出一堡，即深耕堡。乾隆年間，復自深耕堡又分出二林下堡，改原來二林堡爲上堡。至光緒十三年（1887），屬臺灣府彰化縣二林上堡、二林下堡、深耕堡。日據前期，明治二十八年（光緒二十一年，1895）隸臺灣縣（後又改稱臺灣民政支部）彰化出張所管下之二林上堡、二林下堡、深耕堡。明治三十年，屬臺中縣二林辦務署二林下堡、深耕堡，部分屬鹿港辦務署二林上堡。明治三十四年，改爲彰化廳番挖支廳二林下堡、深耕堡，部分隸鹿港支廳二林上堡。明治四十二年（宣統元年，1909），再改隸臺中廳二林支廳二林下堡、二林上堡及深耕堡。日據後期，本鎮改屬臺中州北斗郡二林街。光復後，一九四五年，改隸臺中縣北斗區二林鎮，旋於一九五〇年底廢區署，改隸彰化縣二林鎮，迄今未變更。

　　據方志及族譜所載，康熙末葉，有閩人曾機祿及曾瑞文者招佃開墾深耕堡，也有永春州大田縣林開燕氏來墾。雍正年間，閩人陳世輪等集資來墾，另有漳州南靖縣莊則周、莊幾生入墾。乾隆年

間，有泉州同安縣洪純、洪琛、孫朝、孫環、孫文仲、吳揚富，謝陣、謝清、謝承麟、謝贊、謝承鳳、謝謙、謝承補、謝神助、謝承彰、謝承尚，謝輝、謝完、謝承褒、謝章，以及饒平縣客籍涂順德、鎮平縣徐玉琳等人入墾。至嘉慶年間，續有同安縣洪純化、洪有淡、洪猛，及客籍饒平縣徐白四來墾。道光年間，再有同安縣洪思巨、洪思義、洪斷，與晉江縣人顏讚之來墾。[9]

總之，經雍正、乾隆年間的開拓，二林至乾隆末年已發展成一物產集散交易中心，形成街肆，以三林港（今芳苑鄉永興村一帶）為外港，商業鼎盛。例如，當時二林已有牛墟，於每個月的二、五、八日三天從事牛隻、牛車之買賣。並以特產落花生、小麥、製油業聞名。[10] 並先後形成十數庄，如中西庄、火燒厝庄、竹圍仔庄、蘆竹塘庄、後厝庄、山寮庄、犁頭厝庄、舊趙甲庄、丈八斗庄，漏磘庄、大排沙庄、萬合庄、萬興庄、挖仔庄、塗仔崙庄等。街市的興起象徵土地開發完成（按，並非指拓墾活動就此停止），及人口繁盛，社會趨於複雜化，溫振華氏曾根據方志與日人伊能嘉矩的研究，將中部街市的興起，分成五個時期來觀察（見**表5-4**）。[11]

並得出結論：乾隆至道光年間，中部地區「莊」增加速度大於「街」甚多。莊多表示人增加，而人增加對市場需要性愈大；而市街增加速度沒有多大變化，說明了有些市街繼續擴大形成較大中心，為增加的人口提供服務。簡言之，街市的發展，一則是初期形成街市逐漸擴大，一則是較低階層的街市在後期逐漸形成，二林街正屬於後者。除上述諸街市外，因港口而興起的市肆也應注意。雍正九年（1731）時，本區海岸有海豐港、三林港；海豐港於乾隆末被沖壞，三林港至道光初葉衰退，為南邊的番仔挖港所取代（今芳苑鄉

表5-4　清代中部地區街市表

成立年代 / 街市	康熙五六年（一七一七）	乾隆九年（一七四四）	乾隆二九年（一七六四）	乾隆下半年——嘉慶初	嘉慶末——道光十二年（一八三二）
半線街	˅	˅	˅	˅	˅
鹿港街		˅	˅	˅	˅
員林仔街		˅	˅	˅	˅
海豐港街		˅	˅	˅	˅
三林港街		˅	˅	˅	˅
東螺街		˅	˅	˅	˅
大肚街		˅	˅	˅	˅
犂頭店街		˅	˅	˅	˅
西螺街	˅		˅	˅	˅
枋橋頭街			˅	˅	˅
林圯埔街			˅	˅	˅
南投社街			˅	˅	˅
水裏港街			˅	˅	˅
牛罵頭街（今清水街）			˅	˅	˅
沙轆街			˅	˅	
大墩街			˅	˅	
梧棲港街				˅	˅
塗葛堀港街				˅	˅
葫蘆墩街				˅	˅
東勢角街				˅	˅
和美街				˅	˅
二林街				˅	˅
悅興街				˅	˅
社頭街				˅	˅
沙子崙街				˅	˅
集集街				˅	˅
爹仔寮街				˅	˅
莿桐街				˅	˅
四張犂街					˅
石崗街					˅
大里代街					˅
打廉街					˅
王功港街					˅
番仔挖街					˅
大城街					˅

（續）表5-4　清代中部地區街市表

街市＼成立年代	康熙五六年（一七一七）	乾隆九年（一七四四）	乾隆二九年（一七六四）	乾隆下半年—嘉慶初	嘉慶末—道光十二年（一八三二）
圳頭曆街					v
裏忠街					v
小埔心街					v
永靖街					v
北投街					v
挖仔街					v
合計	1	9	16	28	41

資料來源：1.周鍾瑄，《諸羅縣志》。
　　　　　2.劉良璧，《重修福建臺灣府志》，臺銀本，pp.84~85。
　　　　　3.余文儀，《續修臺灣府志》，臺銀本，pp.88~89。
　　　　　4.周璽，《彰化縣志》，國防研究院版，pp.34~40。
　　　　　5.伊能嘉矩，大日本地名辭書，（臺灣部分），pp.65~88。
說明：東螺街被水沖毀，嘉慶年間移建東螺北斗街（今北斗街），故以同一街市計算。

芳苑村一帶），其地位遂由二林接替。此外，乾隆年間，鹿港興起，四十八年（1783），鹿港詔設正口，可以直接與泉州蚶江貿易，郊商林立，商業機能擴大，中部地區大都成爲其腹地，鄰近鹿港的二林自不例外。

　　惜乾隆末葉，本區因移民日衆，爭地爭水，兼以籍貫語言互異，常因細故起衅，分類械鬥時有所聞，並愈演愈烈。以事件發生地點言，乾、嘉以前，多在平原、盆地區；嘉道以後，山區地帶衝突日有增多。此與土地開發先後，及社會發展有關，於是乎，粵人向山區遷移，閩人向西移出，對於閩粵兩籍形成明顯地分區集居現象，如海岸平原與大肚臺地泉人居多（尤其三邑人居多數），臺中盆地以漳人爲主，客籍則主要分布於臺中盆地以東丘陵地帶，形成俗云「閩海粵山」，「泉人近海、漳人居中、客人居內」的分布現象。[12] 二林亦受波及，先有莊、洪二姓與陳姓之爭，咸豐以後，兵燹屢

起，地方再度鬥爭，居民遷徙外出，僅餘一千餘戶。[13] 至同治初葉，二林又因匪盜，水災不斷，街民紛紛移出至鹿港、彰化，市況終趨衰微。

第三節　仁和宮創建年代商榷

「仁和宮」位於二林鎮公所路四十八號，居街區之西，又稱西二林，四里輻輳，乃鎮民聚會活動中心，昔日為洪姓住戶聚集之處。仁和宮奉祀天上聖母，其創建年代，據廟方提供資料，暨一般介紹該古蹟之書刊，率多謂創建於康熙六十年（1721），距今已二百八十年，此說頗值得商榷。

此說之由來，是據大正十二年（1923）所調查的「寺廟臺帳」北斗郡四：二林庄的記載。其中仁和宮的記錄（丙）沿革（一）「創立緣起及改築再興事情關係者官職氏名」，並（二）「起工竣工年月及其費額釀金方法」記載中洪培川氏敘述略謂：因康熙五十九年間閩族遷居本地，開闢有成，為答神庇，於翌年(康熙六十年）由住民捐款建築廟宇乙間，並舉廟內古鐘有「壬寅年吉月穀旦」為證。[14]

此說之不可靠，已經該表之調查員逕在文內予以反駁，蓋干支「壬寅」者有二：一為康熙壬寅年（61年，1722），一為乾隆壬寅年（47年，1782），因此不必然是康熙壬寅年，該員認定應是乾隆壬寅年，並推論創建年代應是乾隆二、三十年，所以在仁和宮調查表之「創立年月日」欄內直接記錄：「乾隆年間」。

其駁有理，茲再補充申述於后：

第一，刊於雍正二年（1724）周鍾瑄主修之《諸羅縣志》〈雜記志〉內天妃廟之記載有四：「一在城南縣署之左（今嘉義市），康熙五十六年，知縣周鍾瑄鳩眾建。一在外九莊笨港街（今北港鎮），三十九年，居民合建。一在鹹水港街（今鹽水鎮），五十五年，居民合建。一在淡水干豆門（今關渡），五十一年，通事賴科鳩眾建，五十四年重建，易茅以瓦，知縣周鍾瑄顏其廟曰靈山。」[15] 四座天妃廟並無在彰化縣者，倘若仁和宮確在康熙末年所建，距離採訪成書的《諸羅縣志》不過三年，為何不明確記載？直到道光十五年（1835）周璽總纂的《彰化縣誌》才有明確記載：「一在鹿港海墘，乾隆五十五年，大將軍福康安倡建，廟內有各官祿位。一在邑治北門內協鎮署後（今彰化市），乾隆三年北路副將靳光瀚建，二十六年，副將張世英重修。一在邑治東門內城隍廟邊，乾隆十三年，邑令陸廣霖倡建。一在鹿港北頭，乾隆初士民公建，歲往湄洲進香，廟內有御賜「神昭海表」匾額。（按指今鹿港舊祖宮）。一在邑治南門外尾窨，乾隆中士民公建，歲往笨港進香，男女塞道，屢著靈應。一在王宮，嘉慶十七年邑令楊桂森倡建。一在水沙連林圯埔（今竹山鎮連興宮），乾隆初里人公建，廟後祀邑令胡公邦翰祿位。一在鹿港新興街，閩安弁兵公建。一在犁頭店街。一在西螺街。一在東螺街。一在大肚頂街。一在大肚下街。一在二林街（即指仁和宮）。一在小埔心街。一在南投街。一在北投新街。一在大墩街。一在大里杙街。一在二八水街。一在葫蘆墩街。一在悅興街。一在旱溪莊。」[16]

上引彰化縣誌記載之天后廟率多乾隆年間建，若仁和宮確為康熙末年創建，歷史如此悠久，斷無簡略的僅記載「一在二林街」。

第二，媽祖信仰之普遍化，與移民渡海來臺關係至為密切，移

仁和宮側面外觀

民安抵臺灣，自會對海神庇佑之恩感念在心。而媽祖廟之普遍設立，更加強對媽祖的信仰，媽祖信仰也成爲溝通的媒介，透過媽祖的拜拜活動，彼此聯絡消除隔閡，加深認同，整合不同社群，並可交換農業知識，擴大見聞。於是鹿港天后宮（舊祖宮）主神媽祖，透過分香方式，成爲二林仁和宮、埤頭福安宮、北斗奠安宮之祖廟。[17] 仁和宮媽祖既爲舊祖宮媽祖之分身，則其創建年代不應早於鹿港舊祖宮。舊祖宮之創建年代有三說：一爲康熙末年，一爲雍正三年，一爲前引彰化縣誌所記的乾隆初，三說中以後二說較爲人採信，則仁和宮創建年代顯然不可能是康熙末年。況且二林鎮是在乾隆年間開拓完成（見前述二節），乾隆末形成一次級街肆，依建廟之歷史背景其年代也不會在康熙末年。

　　第三，舊祖宮曾於嘉慶丙子年（二十一年，1816）重修，鄉進士鄭捧日撰碑文「重修鹿港聖母宮碑記」，言舊祖宮「顧自創建迄今百有餘年」，較明確寫出創建時代約在康熙末造。反之，嘉慶二十年仁和宮重修，同樣是鄭日捧撰文，卻只能含糊的記述「二林有聖母宮，由來舊矣」。可知絕不會是康熙年間創建，才會如此含糊推論「由來舊矣」。

綜合上述，仁和宮創建於康熙六十年之說極不可能，然則仁和宮究竟創建於何時？若上引洪培川氏根據之說無誤（指壬寅年之古鐘，該鐘今已不存），則仁和宮至遲建於乾隆四十七年（1782），至早不會早於雍正三年（1725），而以乾隆初年最有可能。

第四節　仁和宮修建沿革

仁和宮於乾隆初肇造，其間迭經改建，乾隆四十七年（1782）或有修建，其時該宮坐北朝南，其前為舊二林溪，後為二溪路，為商舖林立之處（今二林東和里），故碑文云「地連衢壤，厥位面陽，清溪環其前，竹木護其後」。仁和宮居四里輻輳，乃居民聚會活動中心，故「里之人，歲時伏臘，雞酒管歌，咸趨走焉」。

嗣後，年月既久，廟貌剝落，嘉慶丁卯年（十二年，1807），地方耆老士紳共謀改作，決定擴大，增加後殿，變為三進。不料己巳年（十四年）夏，分類械鬥，地方弗靖而停工。直到十九年（歲在閼逢閹茂，即指甲戌年）孟多由洪培源、洪霞光等奔走努力，復襄斯舉，至二十年(乙亥年，1815)孟秋，其功告成，費番銀四千餘元，並重塑媽祖金身，昭重其事。今廟猶存其時古物有六：一是三尊神像（即大媽祖婆、三媽祖婆、四媽祖婆）。一是神龕前嘉慶乙亥（二十）年之古木聯：「仁同坤元資生舍宏光大，和本乾道變化保合利貞」，乃窓東弟子洪良垣敬獻。一是二座碑文，茲轉錄於后。

此二碑文值得吾人注意者有下列數點：

1. 其前之二林仁和宮位在熱鬧街衢，前有二林溪，為兩殿「口」字形之平面廟宇，此次擴建才變為「益以後楹為三進」的「日」字形平面廟宇。
2. 乾嘉年間，中部地區之械鬥確實嚴重，尤其嘉慶十四年漳泉之鬥，竟逼使建廟工程停工。直到五年之後，才又復工。

二林街重修

仁和宮總理太學生洪培源董事職員洪霞光邱溪官洪簇官洪沃官　太學生洪君洲高榮傑洪

紫微洪乞來等住持僧念遠敬題緣金開列于左

洪萬益號捐銀三百元　　洪簇官捐銀五十大元

坆垍莊三郎公捐銀一百廿元　三林宋橪成捐銀五十大元　洪量官捐銀二十大元

和義號捐銀一百六十元　洪沃官捐銀五十大元　溝子墘蔡琳兄弟捐銀廿五元

洪霞光號捐銀一百四十元　大城唐王周光捐銀五十大元　劉求兄弟捐銀二十六元

栢利號捐銀一百二十元　舊社林義官捐銀四十四元　新洪而官捐銀二十大元

榮盛號捐銀一百廿元　邱溪官捐銀四十二元　庄洪頤官捐銀二十大元

萬盛號捐銀一百十元　協振號捐銀四十大元　鹿寮謝賢官捐銀二十大元

洪衆官助地基銀一百元　泉合號捐銀四十大元　嵌頂鄭茆官捐銀二十大元

劉才官捐銀一百大元　洪欽明捐銀四十大元　張協泰捐銀二十大元

協順號捐銀九十大元　路上唐謝文牙捐銀三十二元　加應州李顯國捐銀二十大元

振成號捐銀七十大元　舊社陳高生捐銀三十二元　開泰號捐銀二十大元

洪蘭生捐銀七十大元　雙合號捐銀三十大元　雷乞官捐銀二十大元

洪江官捐銀五十四元　溝墘劉發官捐銀三十元　周龍興號捐銀二十大元

洪意官捐銀五十二元　坆北洪來官捐銀三十大元　坆北洪法官捐銀二十大元

嘉慶二十年　歲次　乙亥瓜月穀旦公立

重修仁和宮碑記

二林有

聖母宮由來舊矣地連衝壤厥位面陽清溪環其前竹木護其後勝槪既昭　种威彌赫設立以來
事呵護士則家詩書而戶禮樂商則山材木而海蜃蛤庇佑及於無疆里之人歲時伏臘
雞酒管歌咸趨走爲年月既久廟貌剝落歲丁卯耆老士紳共謀改作仍其舊之方而擴之
益以後楹爲三進已巳夏以地方弗靖停工歲在閼逢閹茂孟冬之月復襄斯舉鳩材募匠
肇石輸丹大梁細栱榱櫨根闌以琢以雕以丹以艧計日趙工莫不賡㕤至乙亥秋其功告
成費番銀四千餘員總其事者大學生洪君培源職員洪君霞光也土木既竣由是洪君鏞告
碎瓦頹垣則今日之畫棟雕甍矣昔日之殘壁膚朱則今日之輝金耀碧也昔日之竄蒼鼠
而緣旋蝸則今日之斧藻繽紛作而蓋氣象煥乎一新矣夫　聖母
之靈顯何地蔑有而二林之人獨敬之至虔使爰侑所在狹而更
之廣舊而整之新則神靈鑒觀不將視昔時之呵護哉日與其地洪君鏞洪
君圖洪君錫曙洪君肇勳爲文字交數相過從凡創修之始襄事之終無不詳悉落成有日
道復經此諸君囑書其事曰雖讓劣無文然素蒙　神恩深樂其功之克成與有榮幸也爰忘
固陋而爲之記

嘉慶二十年歲在乙亥瓜月穀旦
鄉進士例授文林郎揀選縣知縣現會試鄭捧日撰

3.此役工程浩大，「鳩材募匠，肇石輸丹，大梁細栱，榱櫨根闌，以琢以雕，以丹以艧」，計日趕工之下，不到一年，土木竣成，耗資四千餘元。

4.捐款者，除「洪萬益號、和義號、栢利號、榮盛號，協順號、振成號，協振號、泉合號、雙合號、開泰號」等行號外，以洪姓族人居絕大多數。按明清兩代，洪姓族人渡海來臺者，以福建同安爲最眾，全省洪姓分布最多爲彰化縣二林鎮、芳苑鎮，是該鄉鎮第一大姓。二林鎮洪姓堂號是「栢埔

堂」，乃從福建泉州府同安縣栢埔十三都遷來二林定居，其輩份順序是「純、思、爾，志、允、文、若、德」八字，據說來二林定居的有四大房宗親，於每年十二月二十二日在二林鎮西平里照西路，舉行冬至祭祖暨團聚參拜。[18]

二林之開拓，洪姓族人多有功焉，乾隆中葉有洪純，末葉有洪琛入墾；嘉慶年間，續有洪純化，洪有炎及洪猛等先後入墾，道光末年，再有洪思義、洪斷入墾二林。今二林東和里、西平里、北平里、中西里、廣興里、香田里、興華里、東興里、後厝里、頂厝里等，率多洪姓族人聚居，仁和宮所在位置，更是洪姓住戶聚集之處，其間關係不言可諭。[19]

5. 洪姓族人之捐獻，出手大方，少則二、三十元，多則百餘元，可見彼姓彼街之富饒，並多擁有科名，如太學生「洪培源、洪君洲、洪紫微、洪乞來」等是，正可說明洪姓族人之富有，及該族文風鼎盛，是以嘉慶十六年之彰化知縣楊桂森盛贊二林一地，文教興隆，書房林立，儒學昌盛，有「儒林」、「讀書人林」之美譽。[20]

6. 捐獻芳名中有「嘉應州李顯國」，則可說明其時粵人仍有留居二林者，而粵人之得以留居二林或因在泉漳械鬥中，與泉州同安人曾有合作之良好關係。而二林鎮趙甲里，昔稱「舊趙甲」乃「舊潮嘉」之訛音，正說明此里過去為潮州、嘉應州客籍人士所居住，當可佐證此事。

經此增建，仁和宮成今日之規模，四方之眾，咸來朝謁，香火鼎盛，逾百餘年而不衰。其間或蒙劫厄，幸賴神威顯赫，皆得以化

仁和宮三川殿之大門

險爲夷，如明治四十二年（宣統元年，1909）與大正六年十月
（1917），廟緣左右，遭祝融之災，居宅幾成廢墟，該宮倖免大難，
[21]不過依常情論，仁和宮或於該年應有修繕。然年月既久，廟貌日
趨腐朽，棟架亦見傾圮，而且「特以拜亭迫於街衢，殿基又復低
下」，加上後殿於明治四十四年爲洪明耀充作書房使用，左右廂房又
爲賣卜者，及洪福者挪用爲代書處所，[22]在在均需重加整頓。遂經
鄉民會議通過重修，於大正十二年（1923）六月向當局連署請願，
並提出改築之配置圖。承蒙許可，乃由庄長林炳爐，會同董事洪宗
珍、洪爾尙，洪思頭、李增塹出面，邀約參贊員吳萬益，洪學堯、
曾呈福三人，及募緣委員洪明輝、李木生、洪志赫等二十八人，於
大正十四年（1925），出面勸募四庄信士，興工起建。

　　時廟地狹迫，難以擴建，乃新購毗連土地貳段，並得洪志應獻
納宮西金亭地及室仔地，乃將廟基退奠，又復向東稍移。是役大

修，惟主結構體未作更動，中殿增建耳門，天井展長，廟外左右各留餘地四尺以爲通巷，廟貌聿新，較前宏敞。[23] 而神像重塑，廟器更新，文物卻遭一浩劫，「寺廟臺帳」中所記錄之古物，如壬寅年之古鐘，貴重之青磁花瓶，三對錫製燭臺均不見，僅存石製古香爐，可嘆亦復可痛。

是役始於大正十三年八月（甲子仲秋），完事於十四年六月(乙丑季夏)，花費一萬四千七百餘日圓，捐獻者遍及全庄之「外竹塘、二林、番仔田、二林街、土庫子、火燒厝、大排沙、鹿寮、內竹塘」，仍以洪姓族人爲多，較特殊的是在溪洲的「林本源會社捐金壹佰伍拾圓」，鹿港「辜顯榮捐金壹佰伍拾圓」，或與辜氏之佃農王功洪允治及林姓墾戶至頂后厝（今頂厝里）墾建王功寮一事有所關聯。

光復以來，歷年既久，風銷雨蝕，廟貌剝落殆甚。於是一九六一年八月，衆人籌謀修復改作，乃成立重修委員會，在主任委員陳兩順、總務楊玉麟、財務歐陽連續、工程吳順成，募捐洪鈴、幹事洪學棟，及各委員四十餘人努力下，不辭勞瘁，工程於十二月底圓滿完成。此次重建，主要在於清淨廟地，並於舊址加而擴之，而廟內聯匾楹柱，多出自大師名人手筆，或于右任或黃朝琴，具是當代墨寶。[24]

仁和宮年代久遠，雖歷經改建，猶存中國傳統建築風格，不掩其古色古香之棟宇。該宮現況規模爲三開間三進深，由前埕進入是歇山式屋面之山門，再者爲正殿與後殿，皆屬單脊硬山式建築。拜殿與中殿，更設天井，是爲一大特色。正殿中供媽祖，因長年煙繚霧繞，以致漆黑如墨。龕前千里眼、順風耳作遠眺聆聽之狀，輔弼

聖母護濟蒼生。右過水廊設有服務處，以迎接香客信士；左過水廊壁上崁列古碑，鐫刻該宮源流，裨益眾信知悉傳承由來。後殿設有假山穴垤，聊備山林之美。中龕供奉彌勒、觀音，左龕奉祀土地公，右龕供奉註生娘娘，壁上環列十八羅漢，面貌行舉互異。樑楣間瓜筒雀替，式樣樸拙典雅，殿外龍柱，略加彩繪，不失莊嚴質樸，環門樑柱林立，匾楹柱聯，多出自名師。簷脊置雙龍朝三星，垂脊人物閣樓，已見鈍平。山牆懸飾，三殿迴異。雖多見斑剝褪落，然整體建築遵循傳統形制，內藏古蹟文物頗為豐富，是以名列三級古蹟。

第五節　小結

　　彰化平原位於臺灣西部地區之中部，適介於臺灣南北氣候，人文景觀漸移之地。在漢人入墾之前，本區散布著布農族、泰雅族與平埔族。其時平埔族以狩獵為生，過著集團部落生活。自十七世紀荷人據臺，透過贌社制度與社商、土官加以治理，逐漸改變彼社會形態。嗣後，明鄭復臺，實施屯田，雖有若干開發，尚不足成為氣候。中部地區漢人社會之形成與發展，肇基於清代。

　　康熙中葉，漢人移民陸續抵臺，或由西海岸河口登陸，或越大肚溪以北，均以彰化為策源地。此後開墾範圍迅速大展，在墾首制度與水利設施修築下，彰化平原在雍乾年間已大致完成開拓工作。二林鎮即在此開發背景下興起。

　　二林鎮位在彰化縣西南部，地當舊濁水溪下游與魚寮溪之間的

濁水溪沖積扇上，原爲平埔族二林社所散居。康熙末年已有漢人入墾，遂於康熙六十年設堡，名爲二林堡。之後，歷經泉州同安洪姓、謝姓族人等不斷開墾，於乾隆末年，發展成二林上堡、二林下堡、深耕堡，擁有十數庄，形成一物產集散交易中心之街肆，以牛墟、落花生、小麥、製油業聞名遐邇。其時鹿港興起，郊商林立，將二林納入其腹地之一，二林遂得商業鼎盛，以三林港爲其出口外港，至道光初年並取代三林港之地位。

惜乾嘉以還，本區因移民日衆，爭地爭水，並因籍貫語言互異，常因細故起釁，分類械鬥屢屢。二林亦受波及；先有莊洪二姓與陳姓之爭，嘉道以後，再度械鬥生事，兼以同治年間，又因匪盜水災不斷，街民紛紛移出，市況終趨衰微。

仁和宮之始建，舊說多以康熙六十年（1721）爲主，頗堪商榷，是以大正十二年（1923）調查之「寺帳臺廟」記爲乾隆年間；一九五九年之臺灣「宗教調查表」記載「本廟建築確定日期不詳」。而筆者以方志、信仰、開拓、來源、古物種種面向考證，也確有不妥，故以嚴謹學術推斷：仁和宮創建至遲建於乾隆四十七年（1782），至早不超過雍正三年（1725），而以乾隆初年較有可能。

仁和宮位於二林鎮公所路四八號，居街區之西，又稱西二林，爲昔日洪姓佳戶聚集之處。本宮或始建於乾隆初葉，乾隆四十七年修建，其時地連街衢，坐北朝南，爲兩殿式建築。時涓涓清流環於前，翠碧綠林護其後，甚爲閑謐淨雅，爲居民聚會祭祀活動中心。而後移民日衆，周遭村民叢集，四方咸來趕集販賣，閭巷爲之堵塞。

其後，以年月既久，廟貌剝落，遂於嘉慶十二年（1807），地方

耆紳共謀改作,卻因十四年漳泉械鬥,盜匪四起,地方弗靖而停工。直到十九年,在該宮總理洪培源,職員洪霞光、住持僧念遠等人努力下,鳩材募匠,於二十年孟秋竣工,修成今日之規模,一變爲三進之大廟。此役工程浩大,計費番銀四千餘元,洪姓族人之踴躍捐輸,始克其功。

經此增擴,香火愈盛,四方之眾咸來朝謁,逾百餘年而不衰。其間是否有所修建,史傳不文,難以覘知,至日據初期,占地二百餘坪,建坪九十七坪五勺,爲三開三進深之廟宇,中殿前並有拜亭。迨大正十二年(1923),有見於廟貌日趨朽腐,棟架亦見傾圮,其間楹題壁畫不堪風雨摧殘,廟宇又被書房、賣卜、代書之用,亦見紛亂,在在均需重修,乃經鄉民會議通過,向日據當局連署請願改築,並蒙許可,在庄長林炳爐,董事洪宗珍、洪爾尙、洪思頭、李增塹等委員奔走下,出面勸募四庄信士,鳩資重建。

時廟地狹迫,難以擴建,遂新購毗連土地,及信士洪志應捐地,乃得順利進行。是役大修,中殿增建耳門,天井展長,廟外左右各留餘地四尺以作通巷,並向東移建,使得廟貌聿新,較前宏敞,惟主結構體未作更動。此役始於大正十三年八月,完工於十四年六月,花費一萬四千餘圓,捐獻者仍以洪姓族人爲主,而溪洲之林本源會社,鹿港辜顯榮亦捐金參與其役。可惜的是,廟貌固然是煥然一新,盡除昔日蔽舊之象,而神像重塑,廟器更新、銅鑄改造,卻使該廟古蹟文物遭一浩劫。

光復以來,歷年既久,風銷雨蝕,多見斑剝褪落,遂於一九六一年八月,成立重修委員會,在主任委員陳兩順,及楊玉麟、歐陽連續、吳順成、洪鈴、洪學棟等委員群策群力下,工程卒於十二月

底圓滿達成。此次重修在於清淨廟地，而廟內聯匾楹柱，多出自當代名人墨寶，成為一大特色。

仁和宮之媽祖神像，係鹿港天后宮（舊祖宮）之分身，今存大媽祖婆、三媽祖婆、四媽祖婆仍為嘉慶年古物，迄今已有近二百年歷史。其間仁和宮屢蒙劫厄，幸賴神威顯赫，得以化險為夷。如明治四十二年（1909）廟緣左右大火，居宅盡成廢墟，本宮獨獨倖免。又如大正六年十月（1917）香爐起火，儆示鄉民小心火災，其後果然三回失火，均得避免釀災，頻傳神異威靈。

仁和宮因信徒眾多，宮務日繁，早有管理組織，如嘉慶年間有總理、董事、職員及住持僧之設，至日據時期有管理人、廟祝、爐主之設，爐主三名，任期一年，於每年一月十五日、七月九日，九月十九日擲筊選出。光復以還，乃籌設管理委員會，裨益宮務之推展。委員之推選以平素熱心宮務，功在鄉梓之士紳擔任，歷任委員均能克盡職守，竭精殫慮以推展宮務。

本宮香火鼎盛，眾信或禱佑植福添壽，或盼指引迷津，每年農曆三月二十三日，媽祖聖誕大典，眾信畢集，絡繹於途，斯時鐘鼓大作，梵唄縈耳，熱鬧非凡。惟二百餘年之祀神已有若干改變，除主神聖母未變外，日據時期所從祀，配祀神明尚有：祖師公、天公、三界公、觀羽子、李囉吒太子、土地公，觀音媽、善才、童子、韋陀尊者等等，例祭日有一月六日祖師公、一月九日天公、一月十五日三界公、三月二十三日媽祖婆，五月十五日觀羽子，七月九日李囉吒，八月十五土治公（即土地公），九月十九觀音媽。至光復初期衍變為配祀、侍奉神有：關聖帝君、千里眼、順風耳，太子爺，觀音佛祖，十八羅漢，註生娘娘、福德正神（按，應是大正十

四年廟宇重修時增加或改變），以至於今日正殿供奉媽祖、千里眼、順風耳，後殿供奉彌勒、觀音、土地公、註生娘娘、十八羅漢，成一通俗性、雜祀性之民間信仰。

是可知該宮建築以嘉慶二十年（1815）之役爲一重要關鍵，而成今日之規模；而神明祭祀以大正十四年（1925）之役爲一轉變關鍵，成今日信仰之例典。

註釋

1 李亦園〈從文獻資料看臺灣平埔族〉,《大陸雜誌》,十卷九期,p.20。

2 郁永河《裨海紀遊》(臺銀文叢本四十四種),p.6。

3 周璽《彰化縣誌》(道光刻本版,彰化文獻委員會印行,1969年),卷九風俗志,p.514。

4 同前註,p.513。

5 伊能嘉矩《臺灣蕃政志》(日明治三十七年,臺灣總督府民政部殖產局發行),p.54。

6 周鍾瑄《諸羅縣志》(臺銀文叢本一四一種),卷七兵防志,p.110。

7 周璽前引書,卷二規制志水利項,pp.156~157。

8 參閱溫振華〈清代臺灣人的企業精神〉,《師大歷史學報》第九期,p.11。

9 以上參考賴熾昌《彰化縣志稿》(彰化縣文獻委員會,1960年),〈沿革志〉,pp.21~22,pp.157~158。;及洪敏麟《臺灣舊地名之沿革》第二冊下,第四編四章二十節二林鎮,pp.377~387,改寫而成,茲不另行一一分註。

10 尾部仲榮編《臺灣各地視察要覽》(昭和五年,成文出版社,1985年臺一版),p.281。另,周璽《彰化縣志》卷九風俗志,pp.487~488,對牛墟有詳細的說明,茲轉引如下:凡販牛,欲賣者必於牛墟。臺地無設墟爲市者。惟賣牛必到墟。墟日有定率。以三日爲期。如二、五、八,一、四、七之類。墟設墟長,長由官立,給以戳記。凡買牛賣牛者寫契,皆用墟戳記,若中保然,恐有盜竊之累也。墟長必鑄鐵烙牛,以字爲號,便於識別。乃近日之盜,得牛亦鑄鐵取字之相似者,覆以亂之。故偷牛者亦至墟

發賣，或爐長能知爲盜，買者不能辨也。

11 溫振華〈清代臺灣中部的開發與社會變遷〉，《師大歷史學報》第十一期，pp.30~32。

12 參見洪麗完〈清代臺中地方福客關係初探——兼以清水平原三山國王廟之興衰爲例〉，《臺灣文獻》第四十一卷二期，pp.66~69。

13 北斗郡役所編《北斗郡概況》（昭和七年版），二林庄，pp.7~8。

14 「寺廟臺帳」北斗郡四：二林庄，大正十二年調查。

15 周鍾瑄前引書，雜記志寺廟天妃廟項，pp.273。

16 周璽前引書，卷五祀典志廟祠「天后聖母廟」項，pp.275~276。

17 「寺廟臺帳」前引文，及1959年之「臺灣彰化縣宗教調查表」，另許嘉明，〈彰化平原福佬客的地域組織〉」，《中研院民族學研究集刊》三十六期，pp.176~177、184。

18 《中央日報》，第十三版，1991年12月24日，記者守悌報導。

19 洪敏麟前引文。

20 同註13。

21 同註14。

22 同註14。

23 以上皆依據大正十四年重修碑文。

24 以上據1961年廟內「重修仁和宮碑記」。

第六章
龜山壽山巖觀音寺──

北部古道的見證者

第一節　清初的龜山鄉

　　三級古蹟「壽山巖觀音寺」是在桃園縣龜山鄉嶺頂村西嶺頂十八號。龜山鄉位於桃園縣東北方，與臺北縣接壤，其分界以蜿蜒的龜崙山脈為界，北為林口鄉，東為泰山鄉、新莊市、樹林市，南為鶯歌鎮，是桃園縣十三鄉鎮中，面積居第十，卻是與鄰縣相連最多鄉鎮市的行政區。

　　龜山鄉昔為「龜崙社」平埔族聚居之所，山以社音得名。其開發，有典籍可稽者，從清領臺灣起，其前則為平埔族所棲息，尚少漢人蹤跡，迨清領臺灣始為閩粵人士開拓。其時平野荒蕪，森林繁茂，為番人棲息狩獵之地，其中南崁社、坑仔社、龜崙社大體分佈在南崁溪流域，如南崁社雜居在南嶺廟口庄、頂庄一帶；龜崙社混居於新路坑、楓樹庄一帶；霄裏社群居在番仔寮庄、銅羅圈庄、成福庄之埔項社角一帶，坑仔社又分頂社、下社兩小社，原居蘆竹鄉坑仔口，後來遷居坑仔村頂社、外社一帶，以至今泰山鄉、林口鄉近台地邊緣附近。整個龜山鄉除大坑、南上村外，幾乎都是龜崙社社域，由於位置較封閉，漢人入墾年代較晚。郁永河曾描述其景色：「自竹塹迄南嵌，八九十里，不見一人一屋，求一樹就蔭不得。掘土窟，置瓦釜為炊，就烈日下，以澗水沃之，各飽一餐。途中遇麋、鹿、麇、麚隊行，甚夥，驅獫、猲、獟獲三鹿。既至南崁，入深菁中，披荊度莽，冠履俱敗，真狐貉之窟，非人類所宜至也。」[1]

這是康熙卅六年（1697）郁永河從臺南往北投採硫磺，路經桃竹苗地區各番社，沿途所記荒涼情事。康熙卅六年猶是如此，何況其前的時代。

第二節　清領時期的開發

　　清康熙末年，有一群粵省嘉應州人，來此向土著借租土地，結寨而居，或與蕃人交易，橫發利市，桃園漸闢。但其時龜崙嶺梗阻於桃園、臺北之間，關山阻隔，益以龜崙社番盤據滋擾，行旅裹足，龜山鄉仍未見發展。

　　其時對外交通，開鑿維艱，新竹到臺北之道路，一止於中壢，一止於南崁，南崁北行，仍賴海運銜接。當時之路線，約略為：從竹塹（新竹）出發，北行至芝芭里（今中壢市芝芭里大路下），折而向西北，直走南崁，避過龜崙嶺，循林口台地西側，沿海邊而行，至八里坌（今臺北縣八里鄉），溯淡水河轉折東南，以至新莊或艋舺，路線極為迂迴遼遠。[2]

　　嗣後移民陸續移來，順次開闢，墾業始興。雍正六年（1728）福建漳州人郭光天率兵丁百餘名至南崁從事開墾，光天歿，其後人郭崇嘏、郭龍文等相繼招集內地鄉黨族戚，移住開墾，每墾一處，即給以墾批，付以庄名，而定住之。先後成業有大坵園庄、圳股頭庄……等等二十餘庄。田園廣闊之下，於是雍正初，通往北部道路始漸由當地人民自動開闢。初由南崁社取道沿岸向北迂迴，繼則放棄，改由經岌岌崎、坪頂、兔仔坑至臺北新莊，所走道路大約是現

在中山高速公路所經路線，從南崁進入龜山鄉的南上村、大坑村、大崗村、林口臺地中間，到泰山的北方，避去航行之險。[3]

　　雍正十一年（1733）後，為求更便捷，新開龜崙嶺山道，改溯南崁溪流源頭。如此，由竹塹北上，經澗仔壢（今中壢市）、桃仔園、渡小檜溪（今南崁溪上游），經舊路坑（今龜山鄉舊路村）、十八份莊（今新莊市丹鳳里），以達新莊。此路即有名的「舊路坑」道路，簡捷便近，南崁沿海岸舊路漸廢，而益促進桃園地區的開發。

　　乾隆十六年（1751），更在其南方原有小山道，開闢新嶺路，從桃仔園經新路坑（今龜山鄉新路村、嶺頂村）、塔寮坑（今龍壽村）、陂角（今迴龍），出埤角店庄（今新莊市後港里），抵達新莊，為今縱貫公路龜山至新莊段之濫觴。由於新路比舊路近，行旅日多，因而舊路隨之沒落。新路坑道路之開闢，無異突顯出龜崙社、坑仔社平埔族之式微，與大嵙崁方面泰雅族之出沒已被抑止。所以當新路開通後，為防禦山路安全，力求漢番和好避免衝突，曾在山間設立隘口，作為漢番交易場所，因而得名塔寮坑（今龍壽村）。

　　新路坑一帶之拓墾，在雍正年間，有漳人郭光天、郭崇嘏、郭龍文、郭玉振、郭樽等人的入墾為嚆矢；並有客籍嘉應州平遠縣人劉子桂、劉京璉、劉戊芳、潮州府饒平縣人羅魁福之來墾。乾隆初葉有閩籍漳州府詔安縣人羅隊、游昇平，客籍汀州府永定縣人翁元生，潮州府饒平縣人陳名顯兄弟七人（從南部北來），惠州府海豐縣人朱良求、朱良成，惠州府陸豐縣人葉開仕的入墾，並有薛啓隆等大墾戶之來墾。乾隆中葉閩人入墾者，有泉州府安溪縣人黃繼炫六兄弟，客籍嘉應州梅縣人梁義昌等人。乾隆末有漳州府南靖縣人徐日興的入墾，至嘉慶年間再有漳人南靖縣人潘文安來墾。

綜上所述，乾隆年間，移民大批由南崁一帶擴展至坪頂、大湖、苦苓林、菜公堂、山尾、西勢湖、頂湖、下湖、員林坑及龜崙口一帶。就開發時序而言：桃園一帶約始於明永曆三十五年（清康熙二十年，1681年），鄭克塽部將經略北臺，就地屯戍而形成聚落，至清乾隆中葉乃臻鼎盛，全面發展。就空間言：北部之南崁、竹圍及竹北二堡一帶最先開發，漸及中、南部。就籍貫言：移民以閩粵二省最多，閩人中又以泉漳二府爲主，汀州、興化二府次之；粵人中，以惠州、潮州二府爲主，嘉應州次之。

而壽山巖寺於乾隆年間創建此地，正說明了龜山鄉已伐茂林、燬叢莽，結茅屋，我漢人先民從事拓墾者日多，漸次驅逐蠶食土著而占有其地。

第三節　壽山巖的創建

今之壽山巖位在桃園縣北方，臺北、桃園間縱貫公路路旁，即龜山鄉嶺頂村西嶺頂十八號，從來便是交通之關隘。嶺頂村舊名龜崙嶺，山形如龜，龜乃長壽之物，於山岩下建寺，故名「壽山巖」，俗稱嶺頂廟。但壽山岩的前身其實是「三草庵」，其創建有一傳說：

緣由乾隆七年（1742），有一沙彌順寂（俗名鄧定國），乃粵東嘉縣人，自南海普陀山潮音寺攜觀音佛祖正二媽神像乙尊，轉由潮州渡海來臺。當時從滬尾港上陸，繞觀音山麓，經坪頂南下，至現廟地前古榕樹下，時日已銜山，乃在附近村民汪斗家寄宿。第二天清晨啓程就道，步行不久，突覺腹痛難忍，只得重回古榕樹下偃

臥，朦朧間夢見觀音大士現身寮前，驚醒後腹痛頓癒，明白大士欲在此地安身，遂以佛像置諸榕樹下，未幾聞風前來參拜者，絡繹不絕。後有村人張衍剛（一說張衍捷）就商於順寂，結一草房，移像其中，朝夕膜拜，不久奉者甚眾，遐邇咸聞。

迨至乾隆二十五年（1760）十二月，有舊路坑庄民張志榮，因妻有孕，已屆臨盆，偏偏連日腹痛，末見生產，於是在佛前虔禱庇佑，遂能順利產下一男。為報佛恩，於乾隆二十八年（1763），獨資創建茅屋一椽，名為「三草庵」，安奉菩薩，供信者禮拜，於是遠近信仰歸依者日多。

乾隆五十八年（1793）夏，福建水師提督兼臺灣總鎮府總兵，正黃旗蒙古人把岳忒氏哈當阿，奉令南下綏靖盜患。乘輿經過庵前時，轎轅輿桿忽折斷，出而見一草庵，內置觀音木像，乃卸轎進庵施禮休憩，信手抽出一籤，其中有句云：「添油三斤佛前點，定保前程得太平」，哈總兵閱後不以為意，只是令隨從買油一缸奉贈隨喜，豈料抬到庵前失手墜地，缸破油散，不多不少，恰好祇剩三斤油，這下不得不衷心信服。於是祈禱默佑，許以平亂凱旋後，必當建置新廟答報。乾隆六十年，果然戡平盜亂，凱旋返歸淡水時，感其威靈，特撥白銀千兩，寄託順寂，以踐宿願。[5] 隨後召集地方耆紳，會商籌建新寺事宜，推謝秀川，呂文明等為首事，興工建廟。[6] 自乾隆六十年八月動工，至嘉慶二年（1797）一月告竣，歷時三年，但是只完成正殿，移佛像其中，由哈當阿親題「慈航廣濟」乙匾（上下落款為「嘉慶二年吉月重興、欽命福建水師提督軍門，台灣鎮府總兵哈當阿立」）及「嘉慶三年吉月重建，眾弟子仝立」之「慧日光被」匾，懸在正殿，以答神庇，並正式命名為「壽山巖」。

第四節 壽山巖的沿革

壽山巖主殿雖完成，尚缺兩廂房。越二年，在首事呂文明、黃長通、何宗寶、謝秀川、謝佳標、陳國魁、游觀興、陳瑞文、彭世成等人主倡下，鳩資添建，乃有完整規模。今該寺仍存有嘉慶三年眾弟子同立的「慧日光被」匾，嘉慶五年桐月（三月）「重建壽山岩樂助」碑、嘉慶辛酉年（六年）陽月（十月）的捐獻人名古碑，嘉慶八年謝秀川、呂文明、鍾福貴等人捐立的古香爐，及嘉慶己巳年（十四年）端月（正月）龜崙等庄庄民黃長通、呂文明、黃石峰等等所立的古柱。凡此，在在說明了嘉慶初年，壽山巖在龜崙庄一帶庄民熱心捐獻下，迭年不斷地修建添補。

其後年久失修，遂於道光年間展開修建。今偏殿有道光辛卯年（十一年，1831）仲秋（八月），臺灣北路淡水同知李嗣業所立「慈

壽山巖外觀

航濟佑」匾額,則該年或有修建。至道光十二年九月十五日,正式成立神明會組織。[7]丙申年(十六年,1836),該寺舉行建醮大典,在五大庄眾信士樂捐下,醮典完成,尚剩銀壹佰九十七元,於是總事林仕成、簡新春等人,及勸首羅元鳳、呂衍塔、何元化、卓天球、張信言、金晉興、游錦華、張延吝、游三政、陳殿先、呂衍三、王德裕等人倡議之下,葺理廟宇,增建拜亭。今該寺存有道光十七年七月所立之兩對古柱(如位於正殿之「道光拾柒年丁酉瓜月立,饒邑弟子鄭成珋敬立」之「赫耀冠古今四境同其暨訖、慈悲垂宇宙萬民莫不尊親」,及「道光拾柒年丁酉瓜月立」之「巖號壽山山同水勝昭靈爽、地名崙嶺配天高化育深」),道光十八年十一月所立「重修壽山巖樂助」碑,當可佐證此事。此次修建始於道光十六年,至十八年完成,值得注意的是,依據碑文的樂捐人名,有三點應提出一談:

1. 碑文中已明確指出信仰的祭祀圈為「五大庄」,五大庄即塔寮坑、舊路坑、楓樹坑、冤仔坑(包括社后坑)、新路坑。

2. 有神明會組織及廟宇管理組織,如捐獻人名中有「信生」張錦川、游登焌、張永源、張錦麟、李如松、李中花、游於藝、游三傑、羅天喜等人,及「職員」游媽聲、江日卯等人,「總事」林仕成、簡新泰,「總理」江鼎宗。

3. 參與階層普遍,除上述庄民外,尚有「監生」劉祥光、「附貢生」簡而文,「業戶」林安承、張廣福、林大茅,商號金寶興、金晉順、復利號、源發號、裕和號、興遠號、捷昌號、長記號、振陞號、復成號、錦瑞號、懷義號、同益號、

嘉慶五年的捐題古碑

益源號、勝春號等等，及經營「料館」的金振成，及「本廟福德爺」。較令人注目的是，尚有「艋舺營水陸泰（按：原碑文如此，疑是「參」之誤）府劉（按：遍查有關志書，不知是誰）捐銀拾大元」、「艋舺分縣主易（按：即易金杓）捐銀拾大元」、「艋舺營陸路中軍府歐陽（按：即歐陽寶）捐銀捌大元」，似乎說明了該寺祭祀圈除五大庄外，尚遠及艋舺、新莊，並與軍方有密切關聯，或與因在龜崙嶺設汛駐守之事有關。

此外另有一「重修壽山巖樂助」碑，失年號，碑文中捐獻者除庄民外，商號有：成泰號、金晉順、協益號、永茂號、三協發、德金號、致宏號、振美號、隆成號、益瑞號、長盛號、長隆號、與上引碑文少有重複者且多是商店舖號，可反映附近商業之繁榮，或因

是商貿往來之要道。且此碑中尙有「貢生游邦翰」捐獻壹元，經查
《淡水廳志》選舉表，知游邦翰是道光十五年之淡水廳學恩貢生，則
可以推知此碑同屬上碑之副碑，將捐獻較少者列於此碑。

　　咸豐年間，淡北屢屢發生地震，《淡水廳志》記其事：「（咸豐）
十年……冬十月地震，日凡三次」、「同治元年春，地大震……夏五
月，地大震。……冬十月，地震。」、「五年春，地震。……六年，
冬十一月，地大震。」[8] 壽山巖亦在咸豐十年的這場大地震中，震
毀牆垣，同治四年再度震毀。適其時淡北一帶漳泉械鬥熾烈，桃仔
園、大姑陷（今大溪鎮）、南崁、龜崙口等地亦受波及，雙方械鬥之
下，屋毀人亡，損失浩大。在有心人士的調停下，藉機勸和，略謂
長年累月的分籍械鬥，觸怒上天而降下災害，致使廟宇震裂，人神
難免，爲今之計，除鳩資重建廟宇外，尤應停止械鬥，否則災禍必
將再度降臨。此說一出，從此龜崙一地，遂得風平浪靜。於是從咸
豐十年（1860）起，在總事、勸首林娘福、卓錫敬、張來旺、呂朝
力等耆紳倡導下，興直堡、擺接堡、海山堡之下牛埔、頂牛埔、西
盤庄、三袍竹、沙崙庄、海山頭、頂棚庄、下棚庄、大圳股庄、牛
埔庄、祈安社、望威庄、三角埔、坡內庄、崁頭庄，及龜崙口、老
路庄、大菁坑尖山外的各地庄民、商號絡續捐輸，其中有「職員」
林本源捐銀二十四元，[9] 及林娘福、姚琢寶、林益源、呂高年、呂
宜年、高國端等職員的捐輸外，另有卓錫敬、張長會、林娘福各捐
石門、石柱一對；何敬良、游仍帕各捐石屏、石肚一個，而福建水
師提督軍門林文察亦大力贊助。此後艋舺營陸路中軍府參將陳世恩
亦於同治十年捐款，在咸豐十年，同治三年、十年三次醵資募捐
下，共得銀一千六百元。[10] 遂得以增建前堂及兩廂耳房，於是廟貌

壯大，香火益盛。此役始事於咸豐十年，歷經同治三年的再度捐獻，至十年二月方才告一段落。今寺裏猶存「咸豐庚申及同治甲子年立」之古碑三座，同治三年秋月福建水帥提督林文察敬立之「佛法無邊」匾額，及同治辛末年（十年）花月陳世恩所立之「慈帆遠被」匾，從林、陳二人所捐獻之匾，再次肯定了壽山巖與艋舺營的密切關係。

日據初期，壽山巖「附屬建築物用作山腳庄警察署龜崙嶺巡查派出所」之用，所屬財產據調查爲建物主體九坪二合，占地五十一坪八合，廟產有田三六四七坪，建立年度爲嘉慶五年。[11] 此後滄桑屢易，廟貌數更，在白蟻侵蝕下，壽山巖頗顯傾頹荒蕪。大正三年（1914），在龜崙口庄長康新慶、堡正謝恚、林榮讚、柯石成等人倡導下，遂由五大坑庄耆紳磋商，公推呂深波爲總董事，負責推動修廟事宜。眾議既決，臺北、桃園、新竹三廳的信徒踴躍捐輸下，募得九千圓，隨即興工，從大正四年七月起，至五年仲秋完成，今廟中猶存有大量的大正四年、五年立之石柱聯可資証明，時廟中管理人爲張來本。此役工程鉅大，花費特多，今日所見之廟貌，主要即在此時修建，並爲鞏固永久計，全部以石爲柱，蛟龍蟠旋，彫工精美。而且爲紀念此役，特別將董事、緣首芳名勒刻於前殿左右壁堵，此種作法爲一般廟宇少見。另外，值得一提的是：一代名建築匠師陳應彬也參與廟宇興修，今廟殿仍有「臺北廳擺接堡外圓山庄弟子陳應彬叩謝，鹿港鄭貽林敬書」的一對柱聯，暨「前特授臺東都闓府枋橋劉嘉輝謝」的龍柱，也說明捐輸者遍及擺接堡及鹿港，其信仰果然遐邇聞名。

昭和十九年（1944）由黃其祥、陳明乞等人發起鋪裝石道，開

關道路，旋因政局不穩未竟全功。不久日本投降，臺灣重回祖國懷抱，至一九四七年再度由陳明乞、黃權寶等人發起重建，自嶺頂北桃公路起，舖裝石道，直抵廟前，道旁扶植冬青，蒙茸糾結，蒼然雅緻，頓改舊觀，至一九四八年告竣。

一九五一年辛卯，經五大坑主事人等發起重新油漆行廊佛殿，並予修整，於是廟後茂林蒼翠，其前院地作弧形，庭下有八角劇臺，臺下為池，形似初放蓮花，名曰：「蓮花池」。雖煥然一新，但因歷時五十餘載，各處破漏已多，遂於一九六三年，由區域內信徒集會，組織財團法人，並呈奉有關機關立案，登記為「財團法人臺灣省桃園縣壽山巖觀音寺」，選出桃園縣議員楊昆山為董事長，聘請楊春木為總幹事，並議決興工重修前後正殿、增建鐘鼓樓、東、西廂、五門、山門，及各處彫塑、畫摟，並購置土地，開闢停車場，於同年六月初三日動工，至一九七〇年中秋全部完竣，期間曾在一九六七年祈安建醮，今在正殿猶懸掛數匾以為紀念。一九八六年續興建凌霄寶殿，於一九八九年落成，極盡豪華壯麗。

為醒眉目，茲將壽山巖創建興修沿革列表如**表6-1**。

第五節　小結

龜山鄉位於桃園縣東北隅，境內為林口臺地之南部及山仔腳山塊所盤結，地面被南崁、舊路、楓林、搭寮等溪分割，除諸坑谷外，僅在西南部有狹窄平原，及兔仔坑溪沿岸之河谷平原，全鄉地域多屬臺地與丘陵。本鄉昔為凱達喀蘭族社名Kouroumanangh社所

表6-1 龜山壽山巖觀音寺修建記錄表

次數	年代	修建原因	倡修人物	備註
1	乾隆七年（1742）	觀音大士顯靈	沙彌順寂（俗名鄧定國）、張衍剛（一說張衍捷）	創建原始年代，其始為一簡陋草房。
2	乾隆二十八年（1763）	保佑張志榮妻子平安產子	張志榮	茅屋一椽，名為三草庵。
3	乾隆六十年（1795）	保佑哈當阿順利戡平盜亂	哈當阿、謝秀川、呂文明等人	至嘉慶二年二月告竣，僅有正殿，正式命名壽山岩。
4	嘉慶三年（1798）	繼續擴建	呂文明、黃長通、何宗寶、謝秀川、謝佳標、陳國魁、游觀興、陳瑞文、彭世成等人	由嘉慶三年添建廟房，至嘉慶十四年猶陸陸續續擴建添修。
5	道光十六年（1836）	建醮大典後剩餘銀錢予以擴建	林仕成、簡新泰等人	至道光十八年完成，此時該廟已有明確祭祀圈，及神明會組織。
6	咸豐十年（1860）	地震震壞牆垣	林娘福、卓錫敬、張來旺、呂朝力等人	歷經咸豐十年、同治三年、十年三次募款釀資的修建才得以完成，艋舺營亦大力捐助。
7	大正四年（1915）	白蟻侵蝕，廟貌傾頹荒蕪	康新慶、謝惠、林榮讚、柯石成、呂深波等人	此役工程鉅大，今日廟貌所見即在此時修建，由大木匠師陳應彬主持。
8	一九四七年	鋪裝石道	董其祥、陳明乞、黃權寶	
9	一九五一年	重新粉刷油漆	五大坑主事人	
10	一九六三年	擴建鐘鼓樓、東西廳、山門等	楊昆山、楊春木、游色嚴、簡麒標、陳招源、鄭阿牛、黃火旺等人	至一九七〇年完竣。
11	一九八六年	添建凌霄寶殿	陳招財、蘇金養等人	一九八九年落成

資料來源：卓克華整理

棲息，昔稱龜崙社，後來改爲龜山。

龜山鄉一帶原屬荒蕪之地，爲平埔族狩獵之域，迨康熙年間，有漳、粵移民，相繼遷入，從事開墾。其時龜崙社番盤據滋擾，梗阻於桃園、臺北之間，新竹到臺北之道路，一止於中壢，一止於南崁。南崁北行，有賴海運銜接，避過龜崙嶺，沿海邊而行，至八里坌，溯淡水河轉折東南至新莊或艋舺。至雍正年間，因新莊港務興盛，成爲北臺一大都會，爲求道路交通便捷，放棄迂迴海岸道路，改以經澗仔壢、桃仔園，渡南崁溪支流小檜溪，再經舊路坑、十八份莊抵達新莊。乾隆十六年（1751），更在其南方開闢新嶺路，另築桃仔園經新路坑、塔寮坑、埤角，直達新莊之捷徑，原經舊路坑之道路遂廢而不用。

壽山巖寺位於嶺頂村（原稱龜崙嶺頂），此地是接近南崁溪上源支谷，與新朝溪谷地之谷中分水界之處，爲當時交通要衝，壽山巖寺之創建，正說明了漢人已入墾此地，信奉觀音菩薩，祈求保佑旅途平安；也反映了龜崙社、坑仔社平埔族之式微，與大料崁方面泰雅族之出沒已被壓抑。

壽山巖寺傳說是乾隆七年（1742）一沙彌順寂自潮州府奉觀音像抵此落腳。乾隆二十八年（1763）村人張志榮爲答報觀音菩薩佑妻產子之恩，獨資建庵，名爲「三草庵」。

乾隆六十年（1795），臺灣總兵哈當阿撥銀新建，完成正殿，並正式命名爲「壽山巖寺」。嗣後在首事呂文明、謝秀川、黃長通、何宗寶等人倡導下，鳩資興建，於嘉慶年間陸續添建擴充，稍有小觀。其後年久失修，遂於道光年間展開修建，十六年（1836）利用建醮大典餘款，在總事林仕成、簡新泰及五十庄信徒樂捐下，再度

擴建添補。

咸、同年間，北臺地震，震毀壽山巖寺，在總事、勸首林娘福、卓錫敬、張來旺、呂朝力等耆老努力下，分別於咸豐十年、同治三年、同治十年三次募款修建，壽山巖寺才得以恢復原貌，並藉機宣揚神意，平息自道光、咸豐以來之分類械鬥。道光、同治年間兩次修建，艋舺營將領軍士捐助不少，蓋因在龜崙嶺設有汛防塘兵。駐防其地，職責所在，稽查出入，並堵盜匪偷竊，因而祈賴觀音庇佑，一切順利。

日據初期，壽山巖一度被佔用為巡查派出所，顯見仍為交通要衝之地。此後滄桑屢易，廟貌數更，在白蟻侵蝕下，壽山巖寺頗顯傾頹，大正四年（1915）七月，在庄長康新慶、堡正謝春、林榮讚、柯石成等人倡導下，推呂深波為總董事督修，廟貌恢宏，巍然美侖，一代名匠陳應彬也親自主持此役。

光復初一度鋪裝石道，至一九五一年經五大坑主事人等發起重新油漆粉刷，廟貌煥然一新。然因歷時五十餘載，各處破漏實多，乃在一九六三年六月發起重建，此役重修前後正殿，增建鐘鼓樓、東西廳、五門，至一九七〇年中秋完工。一九八六年續添建凌霄寶殿，一九八九年落成至今。

壽山巖寺是龜山鄉信仰中心，也是該鄉最古老寺廟，每月初一、十五信徒到廟膜拜，並且每年有固定四個慶典：[12]

1.禮斗法會，於每年農曆正月挑選某一日舉行一天。

2.觀音佛祖佛誕日，於農曆六月十九日舉行兩天，信徒此時最多。

3.中元節，於農曆七月十五日舉行一天，兩天放水燈做戲供奉
神明。

4.完斗法會，於農曆十二月中旬挑選一天舉行。

　　光復至今，壽山岩觀音寺共舉行建醮大典三次，分別在一九五
一年、一九六三年、及一九七五年，以後爲響應政府節約號召，改
爲二十四年乙次。建醮時，由龜山鄉五個「角頭」——即搭寮坑、
新路坑、舊路坑、楓樹坑與兔仔坑等五大坑爲主，分爲四大柱，輪
流職司主普、主壇、主會、主醮等四種職務。建醮之日，家家戶戶
都要殺豬公，辦酒席，邀請四方親朋好友前來吃拜拜。

　　組織方面，於一九六三年組織財團法人，登記爲財團法人臺灣
省桃園縣壽山巖觀音寺，除設有董事長、常務董事、董事、常務監
事、監事及總幹事、信徒代表外。另外於舉行重要祭典時設立爐主
一人，頭爐主及頭家若干人，爐主重要職責有二，一是決定建醮日
期，一是解決有關法律規定事項，和警察單位協調聯繫，使祭典順
利進行。爐主必須捐出最大「斗燈」（光復初約值市價五萬元），因
此須具有財力者才可勝任，因此一直都由原籍龜山鄉，後在臺北開
茶行的陳和錦先生擔任爐主，這是由眾人公認，不必擲筊決定，現
仍由其家族繼任。至於副爐主及頭家，由每一角頭選出若干人，擲
筊決定，負責收取丁口錢。

　　近年來因遊客信徒激增，乃新闢縱貫路旁千坪停車場及公廁乙
座，修造環池大道，另建輔佐新道，彩麗門樓乙座，人行陸橋乙
座，及增闢福德祠廣場，古廟增新貌，使得壽山巖寺成爲龜山鄉信
仰及觀光勝地。

要之，綜合本文研究，桃園縣壽山巖觀音寺被列為臺閩地區第三級古蹟的價值是值得肯定的，無論是有關地方的歷史與人文色彩或建築特色，皆相當值得予以保留甚或彰顯其文化教育上的功能。其在歷史上所顯示出的意義有：

1.有關明、清漢人入墾北臺地區的路徑與開發經過。
2.龜崙社形成的歷史背景，與漢人移入、經營的情形。
3.新路坑在早期拓墾歷史中的重要位置，及其所扮演的交通及汛防功能。
4.龜崙社的開發與臺北盆地及桃園臺地間的密切關係。

在人文活動上則顯示出：

1.早期移民社會，傳統文化信仰的移植與發揚。
2.祭祀圈擴及的領域，象徵舊社會文化的承傳及延續。
3.豐富的文物，記載本廟在地方活動上的重要地位及社會性功能。

在建築上的意義有下列三點：
1.傳統文化思想充份表現在建築的形體之中。
2.移民社會對原鄉文化傳統建築的延續。
3.記錄近代廟宇的更修過程，並忠實的表達出傳統營建的原則及匠師獨特的素養與手法。

因此，這份珍貴的文化資產在壽山巖觀音寺廣大的信眾基礎上，更有賴於政府及廟方組織共同努力使其得以延續與發揚光大。

13

註釋

1 郁永河《裨海紀遊》（臺銀文叢第四四種）卷中，p.22。

2 參見《桃園縣志》（成文出版社，1983年臺一版）卷四第五篇交通，pp.3~4，及洪敏麟《臺灣地名之沿革》（臺灣省文獻委員會，1983年出版）第二冊第三編第二章第四節龜山鄉，pp.43~50。另，郁永河《裨海紀遊》亦可佐證其時路線，如：「二十七日，自南嵌越小嶺，在海岸間行，巨浪捲雪拍轅下，衣袂爲濕。至八里坌社，有江水爲潟，即淡水也。」

3 同註2前引諸書外，另參見《桃園縣志》卷首志略第三章拓墾，pp.33~39，及黃浩明《龜山鄉志》（龜山鄉公所，1990發行）第一章「開闢史」，pp.18~21。

4 參見《桃園縣志》卷一第四篇第二章第三節古廟，pp.210~212；昭和十二年《桃園郡要覽》（成文出版社翻印，1985年臺一版），附錄「名勝」pp.104~106；昭和八年《龜山庄全誌》（成文出版社社翻印，1985年臺一版）第八章第二節，pp.70~71。明治三十九年《桃園廳志》（成文出版社翻印，1985年臺一版）第十章「古蹟」，pp.245~246其中《龜山庄全誌》記村人之名爲「張衍剛」，《桃園郡要覽》則記爲「張衍捷」，《桃園縣志》勝蹟篇中記爲「張衍剛」，卻又於大事記中記爲「張衍捷」，一書中互有牴牾，姑並存，待他日史料更週全時考證。

5 關於哈當阿捐錢創廟此說應當不假，據《國朝耆獻類徵初編》記哈當阿：哈當阿，蒙古正黃旗人，姓把岳忒。……於（乾隆）五十六年九月任福建水師提督，兼臺灣鎮總兵官。十二月，高宗諭曰：臺灣爲五方雜處之地，匪徒往往滋事。近年以來，奎林在彼力加整頓，積習未能盡改，……見在

哈當阿到彼，務須督率所屬……認真嚴辦，以期綏靖海疆。……五十八年正月，以查拏偷渡臺灣案犯有功，交部議敘。四月……再獲天地會黨人二名，再交部議敘。五十九年三月，請寬免脅從自新人犯，報允。六十年二月，鳳山縣人陳光愛等糾眾結盟，攻圍石井汎，捕斬之。其黨陳周全復引洋盜入內地……哈當阿出擊，行四十里遇雨，不得進，駐兵灣裡溪。時，陳周全已為鄉民楊仲春、貢生吳升等所誘擒，遂復彰化城。二十四日，哈當阿入城，分捕餘黨，焚其營寨。三月四日，抵鹿仔港，籌辦安撫防禦事宜。時海盜船尚在洋面游奕，令發砲擊之，各散去。」則人、時、地、事皆符合，再佐以彼親題之「慈航廣濟」匾，應可信。

6 按謝秀川為粵人，乃霄裡、龜崙二社熟番土目之管事，曾出面招佃開墾大溪一帶，則可推知龜崙社一帶時乃粵人與漳人合力開闢，此廟之由漳人粵人合力創建亦可得知，惜乾隆五十二年（1787）後，南崁與龜崙口地方，閩粵兩籍陸續多年分類械鬥，遂拆伙，粵人離去。

7 據《龜山庄全誌》第八章第三節「神明會」引錄壽山岩會的爐主（及管理人）為：詹再顯，外三名，會員數有二七名，其創立年代為「道光十二年九月十五日」，此創立年代應不是指寺廟原始創建年代，應指神明會創立年代，則壽山岩自道光十二年起即有神明會組織，且該年頗有可能曾修建過廟宇。更詳確證明請見正文所引碑文。

8 陳培桂《淡水廳志》（國防研究院本，臺灣叢書第一輯第九冊，1968年初版）卷十四祥異，p.348。

9 此「林本源」即聞名北臺之板橋林家。

10 此役所建，至日據初期未有改變，茲引錄明治三十九年五月（光緒三十二年，1906）的《桃園廳志》第十章「廟宇」登錄表於下：

名稱	所在地	祭神又は本尊	建立年月日	境内建物		境內地		氏子又は信徒戶數	例祭日	所屬財產		備考
				名稱	棟數	坪數	坪數	官民地別				
壽山巖	桃澗堡新路坑庄	觀世音菩薩	嘉慶二年二月	本殿 右房 左房 門 計	1 1 1 1 4	41.50 43.99 24.90 5.00 115.39	267.59	民地	信徒 2,000	農曆 3月10日 7月15日 9月12日 以上小祭 6月19日 小祭	甲 敷地0.0813 池沼0.2160 建物0.0332 樟3 簀筒20 印板10 燈3 香爐19 燭臺8 大鼓1 鈺1 匾額1 / 甲 畑0.1653 原野0.5486 神輿5 燒金爐2 椅子5 珠數2 打數1 銅錦20 磬1 木魚1	

11 詳見溫國良編譯《臺灣總督府公文類纂宗教史料彙編之一・明治二十八年十月至明治三十五年四月》（臺灣省文獻委員會，1999年6月），p.222、246、457。

12 據《財團法人壽山巖觀音寺醮誌》，一九七五年編印，及黃浩明《龜山鄉志》第九章，pp.265~269。另，日據時期祭典日與今日已有不同（見註10），其中舊曆三月十日爲五方土神（即五方財神）誕辰，九月十二爲「九府仙師」祭日，近年來又變爲以：(1)正月初九，玉皇大帝誕辰萬壽節；(2)正月十五上元節天官大帝誕辰；(3)二月十九日，觀音佛祖出家日；(4)六月十九日觀音佛祖得道日；(5)六月廿四日關聖帝君誕辰；(6)七月十五日中元地官大帝誕辰，普渡；(7)七月十八日王母娘娘誕辰；(8)九月十九日觀音佛祖誕辰日（一說升天日）；(9)十月十五日下元水官大帝誕辰等九個節日爲主，其中尤被重視的是正月十五、七月十五、十月十五日，及觀音佛祖誕辰的二、六、九月十九日，皆有誦經法會。從其變化，亦可知信仰之屢屢變遷。

13 此段乃吳奕德兄之提示，特此敬誌，不敢掠美。

第七章
彰化市懷忠祠——

十八世紀原住民大動亂的見證者

第一節　懷忠祠創建的因由一大甲西社「亂事」始末

　　彰化懷忠祠俗稱十八義民祠，在舊縣治的西門外，今彰化市富貴里民權路的一條陋巷中（169巷2之3號），幾乎不爲人所注意，香火也不旺盛。懷忠祠主祀懷忠十八義民，其由來幸好周璽的《彰化縣志》有傳，全文如下：[1]

　　十八義民者，能知親上死長之民，而舍生以取義也。雍正十年春，大甲西社番林武力等聚爲亂，臺鎮總兵呂瑞麟率兵討之，累戰弗克。逆番勢益猖獗，恣橫焚殺，村落多被蹂躪；縣治戒嚴。淡水同知張宏章，適帶鄉勇巡莊，路經阿束社，逆番突出圍之，鎗箭齊發，矢簇如雨。宏章所帶鄉勇，半皆潰散，幾不能脫。時阿束近社村落，皆粤人耕佃所居，方負耒出，遽聞官長被圍，即呼莊眾，冒矢衝鋒，殺退逆番；宏章乃得走免。是時戰陣亡者，曰黄仕遠、黄展期、陳世英、陳世亮、湯邦連、湯仕麟、李伯壽、李任淑、賴德旺、劉志瑞、吳伴雲、謝仕德、江運德、廖時尚、盧俊德、張啓寧、周潮德、林東伯，共一十八人。鄉人憫其死，爲負屍葬諸縣城西門外，題其塚曰「十八義民之墓」。逆番既平，大憲以其事聞。上深嘉許，賜祭予卹。每人卹銀五十兩，飭有司購地建祠，春秋祭享，以慰忠魂。今祠已廢，而塚猶存。

　　可知懷忠祠所祀義民是因大甲西社「番亂」而犧牲，因此追本

溯源，須從此一「亂事」說起。

在漢人、西方人未曾入台之前，台灣是屬於南島民族活動棲息之地，當時平埔族活動範圍，北起宜蘭平原，中經台北盆地、西部海岸平原，南抵屏東平原一帶皆是；高山族則散居在中央山脈一線及其以東地區。其中大安、大肚兩溪間所居住原住民部落，主要有西海岸地區的拍瀑拉族（Papora）的沙轆社、道卡斯族（Taokas）的大甲西社、台中盆地巴布薩族（Bdbuza）的貓霧捒社、拍宰族（Pazeh）的岸裡社等。平埔族他們的經濟生活以狩獵為主，兼有簡單的農業生產與捕魚活動，捕鹿主要由男人從事，農業生產以女人為主，當時本區平埔族以大甲溪為界，溪之北諸部落以小米為主食，以南則以小米與稻穀並重，[2] 基本上他們過著一種自給自足的經濟活動，缺乏（或者可說不需要）預計與積蓄的經濟觀念。商業活動則是在十七世紀明末時有漢人入台，常以米、鹽、雜貨等物品與彼交換狩獵之物，生活可謂單純、滿足。

明崇禎十五年（1642）荷蘭占據台島，從事傳教事業與商業活動，為把持其商業貿易利益，採取如下步驟：先以武力征服土著，再鼓勵漢人移墾並施以教化工作，以遂其統治與抽稅目的。不過，大體而言，本區雖經荷人征伐，仍保留半獨立狀態。[3] 永曆十五年（1661）鄭成功驅荷離台，取得台島政權，以台灣為反清復明根據地，積極獎勵農耕，頗事經營。但其時重心偏重在南部，對於中部地區少見完整具體開拓計畫。對於本區諸部落，唯有在反抗之際，予以討伐重懲，如永曆二十四年（1670）沙轆社發生抗官事件，鄭氏派劉國軒討平，結果「沙轆番原有數百人，為最盛。後為劉國軒殺戮殆盡，只餘六人潛匿海口，今生齒又百餘人」，[4] 並且「立法尤

嚴，誅夷不遺赤子，併田疇廬社廢之。」[5]

清康熙二十三年（1684）台灣收入清版圖，其初半線（今彰化）以北，仍多未歸化，大肚山以西沿海平原，仍是一片草萊未闢，郁永河在《裨海紀遊》中提及：「一路大小積石……加以林莽荒穢，宿草沒肩，與半線以下如各天。……渡大溪，過沙轆社，至牛罵社，社屋隘甚。」[6]爾後漢人移墾日眾，至康熙末葉，官方影響力始漸及大肚溪以北地區。隨著漢人不斷入墾，與當地平埔族不免有所接觸，彼此固然不乏和平相處例子，但也產生一連串衝突，揆其原因，不外乎有土官苛取、社商胺削、通事剋剝、官吏濫派等弊政，[7]其中又以漢民越界侵墾之事最為嚴重，清廷雖三令五申，不准越界侵奪，但效果不大，生存競爭結果，衝突屢起，積怨宿久，終於在雍正九年（1731）爆發中部地區首次原住民部落聯合抗官事件——大甲西社之役。

在大甲西社「亂事」之前，「番亂」已然頻生，舉其犖犖者，有：康熙三十八年（1699）三月吞霄亂事、同年六月淡水亂事、康熙六十年（1721）阿里山與水沙連亂事（約今南投縣埔里、日月潭一帶），雍正七年（1729）一月山豬毛（約今屏東縣三地鄉）亂事，及若干乘漢民亂事「諸番」四出劫掠殺害內地閩粵移民等事。[8]大甲社則為北路平埔族蓬山八社之一，包括東西兩部落。東社位在今大甲附近，西社在今大甲鎮西方番仔寮附近。雍正九年十二月，西社結交東鄉樸仔籬等八社爆發抗官事件。事件發生的因由，事後在雍正十一年福建觀風整俗使劉師恕指出：[9]

據各營汛稟稱，同知起蓋衙署，撥番車運木料，徵糧十日，一

比土官、甲頭一齊杖責，以致番民怨憾作歹；又稱同知幕賓楊姓常出署調戲番婦，……查番民素稱安分，今此一舉，一由該同知不能撫綏，一由奸民從中誘串。

巡視台灣工科掌印給事希德愼等亦明確指出：[10]

……據阿里史社通事林華土官君乃等僉稱，作歹係大甲西社串通內山朴仔籬、巴荖苑、獅頭、獅尾等社等語。是晚密菁中搜獲番婦二名，供稱住在牛罵番婆庄，被大甲西社番放火焚屋拿去的。昨日番子吃酒醉了，我兩人偷跑的聽見，他土官蒲氏講張太爺起造衙門，撥番上山取木料，每條木要番一百多名；又撥番婆駛車，番婆不肯，通事就拿籐條重打，十分受不得苦，故此作歹的等供。隨押送彰化縣訊供無異。（下略）

而福建總督劉世明也在奏摺中稟明是：「（淡水）同知張弘章徵比鹿餉過急，復以勞役不勻，激生事端。」[11] 也即是整個事件的導

懷忠祠外貌

火線是淡水同知張弘章意欲起蓋衙門，派令大甲西社等部落男婦做工，並派遣上山砍伐林木，復撥土著婦女駛車載運，土著不肯，通事即以藤條鞭打。另外衙役人等則將年少番婦有姿色者留下夜宿，而且汛兵民丁經過番社又需索飲食，故大甲西社在積怨之下，乃在十二月二十四日「突集番眾射傷巡遊兵丁、焚燬房屋，及傷害淡防廳家人、衙役等」、「查所燒者係同知衙署，所殺者係同知幕賓、家人，則致釁情由，必自同知而起。」[12] 淡水同知張弘章狼狽逃走，北路頓成紛亂之局。適台灣鎮總兵呂瑞麟北巡至淡水（指今新竹地區），聞變回師至貓盂（今苑裡鎮一帶），反被圍困，脫身逃至彰化縣治（今彰化市），徵兵台灣府，累戰未克。卻不料翌年五月夏，台灣道倪象愷的劉姓表親，為求爭功，竟殺害大肚社助官運糧的「良番」五人，冒稱為大甲西社「生番」，於是沙轆（今沙鹿鎮）、牛罵（今清水鎮）、南大肚（今大肚鄉）、吞霄（今通霄鎮）等十餘社，憤而聯合，聚眾焚掠肆擾各地，事態嚴峻，成為台灣中部的一場大動亂，整個事件若從大甲西社於雍正九年冬十二月發難算起，歷時近一年；若從沙轆等社一同發難算起，歷時近五個月才平定，平定經過，《彰化縣志》有扼要敘述，轉引如下：[13]

大甲西社番林武力學生等，結樸仔籬等八社番，九年十二月，倡亂鼓眾，恣橫焚殺。淡水同知張宏章走免，居民多被戕斃；北路洶洶。先是臺鎮呂瑞麟，北巡至淡水，聞變回至貓盂被圍，瑞麟奮身殺出，入彰化縣治駐劄，徵兵府中，累戰未克。五月，逆番結沙轆、吞霄等十餘社同反，圍攻彰化縣治，百姓奔逃，絡繹於道。六月，總督郝玉麟調瑞麟回府彈壓；檄新授

福建陸路提督王郡討之。七月四日，郡同巡察覺羅柏修師至鹿仔港，遣參將李蔭越、遊擊黃林彩、林榮茂、守備蔡彬等，合兵圍阿束社，火炮齊發，軍兵四面殺入，群逆不能當，皆潛逸去。郡分參將靳光瀚、遊擊黃林彩、守備林世正等，各扼隘口，絕其去路。八月，渡大甲溪，遣金門鎮李之棟、遊擊高得志、李科、守備林如錦、呂九如等，各路追殺，逆逃去；復糾黨據險自守，暗發鏢箭傷人。我師乘銳進追，由大甲西歷大安溪，登大坪山，直抵生番悠吾界，皆有殺獲。逆大窘，走南日內山，峭壁峻絕，鄉民探知巢邊僅一線，魚貫攀緣而上。逆覺，踞高巔下矢石如雨，我師奮勇進，槍砲交攻，聲震山谷，逆負創四散，搗其巢、焚其積，群逆鼠竄計窮；於是各社相繼獻渠兇林武力學生等來降。計擒獲男婦一千餘名，陣斬首級四十一，傷死二十一名，軍前梟首一十八名。撫脅從、誅首惡，還集難民，遂班師。時十一月五日也。凡四閱月，北路平。

事件平定之後，自有善後之舉，如改大甲西社名為「德化社」、貓盂社為「興隆社」、沙轆社為「遷善社」、牛罵社為「感恩社」，以紀其投誠之心。而淡水同知張弘章以「平日不能撫馭，事發竟自奔逃」以奉職無狀調處，台灣道倪象愷因「情性偏執，與人不睦，是以年前檄調回府」，結果又生事端，地方百姓喧嘩，鬧鬧道署，「倪象愷既不睦於同官，更不得兵民之心，……會檄調回省城，恭請皇上敕旨，將倪象愷解任候審。」[14]

然而事實上大甲西社之役，影響深遠，約其要端有四：「理番」政策的改變、諸部落勢力的消長、吳福生亂事的併起以及媽祖信仰

的尊崇。茲分述如下：

一、「理番」政策的改變：清初治台，採取「以番制漢」策略，寧可信任「熟番」協助平亂，並嚴禁漢人移民渡台，可知對漢民之疑懼。經此事件，因彰化縣治有賴南部二、三百名粵人，及鹿港駐箚援軍之力，始免於擴大事端，生民塗炭。事件之後遂一改重視土著，疑懼漢民之態度，官方不僅給予死難官兵民人賞卹，並准粵人攜眷入台移墾。[15] 而「理番」政策一改以往僅止於招撫、勸其歸化之消極性作法，轉而改成「順撫逆剿」，予以重懲重創，務使彼等「心服懷懾，天威不敢犯」的作法。

二、諸部落勢力的消長：事件平定後，官府「計擒獲男婦一千餘名，陣斬首級四十一，傷死二十一名，軍前梟首一十八名」，[16] 諸社勢力大受影響，迅速衰退，到乾隆年間竟成「窮番」，有賴清廷之救濟，乾隆五年（1740）台灣道劉良璧有詩「沙轆行」寫道：[17]

> 曉出彰山北，北風何淒涼！晚入沙轆社，社番何踉蹌！十年大甲西，作歹自驚惶。牛罵及大肚，挺而走高岡。蠢爾無知番，奮臂似螳螂；王師一雲集，取之如探囊。憶此沙轆社，先年未受創；王丞為司馬，撫綏得其方；孫公為副梟，恤賞不計量。為言北路番，無如沙轆強，馬牛遍原野，黍稷盈倉箱；「麻踏」如飛健，「牽手」逞豔粧。倘為千夫長，馭之衛疆場；張弓還挾矢，亦可壯金湯。奈何逢數奇，職守失其綱？勞役無休息，銖求不可當；窮番計無出，刲肉以醫瘡。支應力不給，勢促乃跳梁。一朝分箭起，焚殺自猖狂；蠻聲振半線，羽鏃若飛蝗。調兵更遣將，蕩平落大荒。危哉沙轆社，幾希就滅亡！皇恩許

遷善（沙轆奉改為遷善社、牛罵社改為感恩社、大甲西改為德化社），生者還其鄉；番婦半寡居，番童少鴈行。嗟呼沙轆番，盛衰物之常。祇今防廳廨，荒煙蔓道旁。造物寧惡滿，人事實不臧！履霜堅冰至，易戒惡可忘？夜深風颯颯，獨坐思茫茫。司牧人難得，憫然太息長！

而乾隆十二年閩浙總督喀爾吉善上奏朝廷：「臺灣熟番，生計維艱。查鳳山縣向有留存倉粟一項分貯八社，每年借給番民數千石，春借秋償，不取其息。其餘……彰化縣半線等八社、淡防廳蓬山等十三社悉係窮番，並無接濟之項；請將臺郡捐監案內議存倉穀，撥二萬石分給臺、諸、彰、淡四屬，視道里之遠近、番社之大小勻貯，選老成殷實之土目、通事經管、照鳳山例借給，年底令各廳、縣盤查，出結申報。土目、通事倘有虧缺等事，即行革究、著賠。」[18] 試思從當年的「馬牛遍原野，黍稷盈倉箱」，一變如此，讀之令人不禁鼻酸，感慨不已。反之，岸裡社（約分布今神岡、豐原、后里等鄉市，屬拍宰族）土官（潘）敦仔與通事張達京，因督率社民協助追剿平亂，立下大功，不僅受雍正帝賜給御衣，任為岸裡社總土官，而且准賜彰屬揀東堡未墾山埔，東至撮樸泰山、西至阿河坝橫岡、南至大姑婆、小堀頭、北至大安溪，自耕自食，豁免賦課。[19] 而且土官潘家因軍功興起，與朝廷關係保持良好，擁有廣大土地，也獲得統治整個拍宰族的權力，藉由統治權與經濟力，逐漸成為漢人社會的官紳家庭，直到日據時期仍是日人心中的「台灣王家」。[20] 總之，因大甲西社事件，大肚山西側的沙轆、牛罵等社，受到重創，從此力微社衰，成為「窮番」；而東側台中盆地的拍宰

社群則因軍功崛起,勢大財富,成為中部最大社群。

三、吳福生亂事的併起:吳福生原籍漳州平和縣,來台後住鳳山縣濁水溪大莊。雍正十年乘大甲西社之亂,府城官兵虛少,乘機做歹,欲搶劫埤頭街市(今鳳山市)。三月下旬,與眾夥製作書有「大明得勝」字樣三角旗幟,四月二十三日夜襲岡山,二十四日早燒舊社(今台南縣歸仁鄉看東村舊社),午後燒猴洞,並沿途招人,至二十七日搶劫埤頭布店,火燒萬丹巡檢衙門,並趕人入夥,聚眾三、四百人。時已調任廣東潮州鎮的前台灣鎮總兵王郡,適統兵在南,聞變即親率官兵往剿,而南路客莊侯心富等人也糾同該區客家義民分守八社糧倉,當變民攻打埤頭兵營甚急時,侯心富挑選義民渡河救援,四月二十九日,王郡率軍接戰時,客家義民亦趕赴軍前效力,變民乃紛紛奔潰瓦解,五月初只剩四十餘人逃回濁水溪。下旬,吳福生逃往斗六門(今斗六市),六月二十三日被捕歸案,前後三閱月平定。[21] 此事件固然突顯了當時台灣社會的流民問題,但也再度深化閩客對立衝突的延續。

四、媽祖信仰愈加尊崇:清初以媽祖信仰為心戰武器,在攻台前後,一再宣揚媽祖顯靈協助清軍事蹟,以瓦解明鄭軍隊軍心士氣,取得重大成效,清廷崇加敕封。[22] 其後並將之列為祀典,使得媽祖信仰更形開展蓬勃,成為台灣居民信仰之主流。此次事變亦不例外,福建總督郝玉麟等上摺奏聞:「上年土番不法,臣欽遵諭旨,徵調官兵六千餘員名,並一切錢糧、軍火、器械,載船一百數十隻,經歷重洋,風恬浪靜,安抵臺灣,剋期奏捷。是皆聖主敬禮神明,得邀天后宏施庇護,感應之理昭然不爽。至於出哨官兵、商艘賈舶,往來海面,洪濤怒浪,神為顯佑之處,不可勝紀。所在沿

海商賈、兵民奉祀最極誠敬,而於省會尤盛。」因此懇請朝廷同意頒賜御書匾額,春秋督撫依期主祭,並各處省會如有媽祖廟宇,一例舉行:「查福建省城南臺地方,舊有神祠,為萬民瞻禮之所,臣等不揣冒昧,懇求聖恩,俯照湄洲等處並頒御書匾額,敕令春秋祭祀照依龍神之例,督、撫依期主祭。臣等更有請者,伏惟天后凡在江海處所,靈應如響,其各省會地方,如曾建有祠宇,而未經設立祀典之處,並請降旨一例舉行,則崇德酬功之令典昭垂萬禩矣。」
23

　不僅此,此事件還留下遺跡有三,一即是「懷忠祠」,另一是一般人所熟知卻又不明瞭其「初建緣由」的八卦山與「鎮番亭」(後之定軍寨),按《彰化縣志》記八卦山:「望寮山,一名定軍山,一名八卦山,在邑治東門外。其內為坑仔內山、鹿寮山、番仔井山。以望寮山為邑治主山,上建鎮番亭。『郡志』謂:『鎮亭晴雲』,即其處也。嘉慶十七年,邑治建城,乃就鎮亭故址,改建磚寨,為邑治八景之一,曰:『定寨望洋』是也。」24 又記定軍寨:「定寨,定軍山上磚寨也。定軍山即八卦山,雍正間,巡道倪象愷平大甲西社番林武力等之亂,乃建亭山上,名山曰定軍,名亭曰鎮番,紀武功也。乾隆六十年三月,陳周全滋擾,亭燬於火,遺址無存。嘉慶十六年,邑令楊桂森倡建縣城。又於定軍山上造磚寨,曰定寨。門樓高敞,登臨一望,遠矚全邑之形勝,近瞰一城之人煙,甚壯觀也。而大海茫茫,飛帆在目,則又得一勝概矣。故以『豐亭坐月』、『定寨望洋』,冠乎八景之上,所以尊縣治也。」25 可知定軍寨前身為鎮番亭,乃為紀念「平大甲西社番亂」而建;八卦山前稱定軍山,亦與此事有關。

三爲今節孝祠外院左側砂岩石碑乙方，碑文內容爲「皇清奉天朝旌表殉難義婦汪門劉氏從死孝婦媳余氏／乾隆三年臘月穀旦立」。此碑由來，幸《彰化縣志》卷八〈人物志・列女〉有記：「汪門雙節者，邑民汪家姑婦也。姑劉氏，婦余氏，素慈孝。雍正九年，大甲西番作亂，焚殺居民。姑急告婦曰：『義不可辱，當各爲計』。語畢遂自刎。婦方抱姑屍而泣逆番猝至，遂觸垣死。乾隆三年，旌表勒碑縣東門。」[26] 日據時因日人拓路拆除東門及城牆，石碑乃移置節孝祠內。

最後須再作一補充說明者，爲前引《十八義民傳》提及「時阿束近社村落，皆粵人耕佃所居」一句。按彰化地區的開拓，是以半線保爲根據地，再向其他各保發展，半線一地在清初可說是彰化地區唯一的漢人聚落。半線保後來又分爲線東、線西兩保，線東保轄區約今彰化市大部分、和美鎮部分，爲半線社與柴坑仔社棲息埔地；線西保包括今彰化縣線西、伸港二鄉全部，及和美鎮大部分，而線西保則是阿束社居息之地，也即是說今和美、線西、伸港等鄉鎮土地均屬阿束社所有。康熙末，有泉籍墾戶施長齡、吳洛、楊某（楊志申？），及粵籍墾戶張振萬渡台，來此大規模開墾。而在他們之前已有漢人在日後形成之彰化街北門外（今彰化市富貴里、中央里一帶）設店鋪、作生意、墾農地。等到雍正初年在此設置縣治以來，至乾隆末年之間，移民最多，爲開墾的全盛時期。據日人調查，和美線區、蕃雅溝區、頭前蔡區（今和美鎮內）、下見口區（今線西鄉內）等地區在雍乾年間，由泉籍墾首楊志申、張必榮、吳伯榮（吳洛）等與阿束社交涉，取得墾地，又向官府稟請，得允開墾權成爲墾首，將草地分給佃戶，將土地墾成水田，墾首則收取大

廟內嘉慶年間古匾

租。至於塗厝庄區（今和美鎮塗厝里）、汴頭區（今伸港鄉七嘉村）、新港區（今伸港鄉新港村）等地，原是阿束社的埔地，雍正七年（1729）泉人施士安向彼取得土地。乾隆初年，移民雲集而來，或向施姓取得佃批開墾，或向「番社」取得埔地開墾。當時此地發展成爲「德頤新埔庄」。[27] 而且據事變當時監察御史覺羅柏修、與兵科掌印給事中高山聯銜奏摺中提及：「（雍正十年閏五月）初三日鹿仔港汛把總陳文外委陳自達，帶兵來縣救援。至城外外埔遇兇番擁至圍住，守備王璋率兵往救時，有義民二三百人，從南飛至奮力夾攻，殺死兇番十餘人，番眾敗走。所有義民及被難逃至庄民，共有千餘人，住劄縣治，保守城池倉庫等語。初五日彰化令陳同善，從南社驗屍回縣，至西門外，被兇番圍住，幸有義民、兵丁、民壯保護入城。該縣押車家人被番殺死，兵丁、義民、民壯俱有損傷，未經據報名數。」[28] 可見附近地區在雍正十年已住居庄民千餘人，顯然漢人來此大力開拓已是不少，遇見「番害」不得不退保縣城。而

且阿束社因參與事變，遭官兵進剿，因而勢力大衰，時福建總督郝玉麟奏摺中指稱：「（雍正十年七月）十六日天色開霽，提臣即密遣官兵分作四路，親身於十七日辰刻，合攻附近縣治梗阻道路，素稱強梁之阿束社歹番。我軍鎗砲齊發，社番逃進入山，官兵奮勇追趕，擒殺番賊三人。其被鎗砲打死者甚眾，焚其草寮積聚，燬其望臺瞭樓，各鄉百姓奪其前被搶掠之牛羊農具，不計其數。提臣即由阿束社到彰化，御史臣覺羅柏修，亦於是日由鹿仔港到縣。二十二日，提臣踏勘大肚各社，歹番窺伺出入要口，扼守把截。隨據各營報稱，歹番聞知，各皆畏懼，不敢復出。」[29]

另外，在《清代台灣大租調查書》中收有若干與阿束社有關契字，其中有一件雍正十二年（1734）七月乃阿束社土官台灣沙末等立賣契，略謂有祖遺荒埔，坐落土名巴巴里（約今伸港鄉溪底村、海尾村），「因上年亂離復業，糧食莫給，闔社番眾公議，願將此地托中引就賣與陳錦容出頭承買，三面言議時價銀一百兩正」。[30] 此一契字不只印證前述大甲西社亂事，也足以印證前述「窮番」之事實，是一極珍貴的史料。

總之，據上述諸資料，知彰化地區土地，因土地新闢，土地過剩，勞力不足，土著或自己開墾，或招徠漢人耕佃；也有賣與漢人墾首業戶，轉由他們自行招佃開墾，其中有頗多地區是由粵人先行開墾耕佃，這充分說明了粵人對彰化地區開拓的功勞，也反映在勞力不足下，初期閩客能合作相安，尚無後來分類械鬥的不幸史實。

第二節　懷忠祠的變遷與沿革

一、清朝時代

　　懷忠祠創建背景有如上節所述，但可惜者，何人何時所創建？周璽《彰化縣志》卻語焉不詳，僅是紀錄：「逆番既平，大憲以其事聞，上深嘉許，賜祭予卹，每人卹銀五十兩，飭有司購地建祠，春秋祭享，以慰忠魂。今祠已廢，而塚猶存。」[31] 今筆者實地調查該祠，正殿懸掛二匾：一「榮邁登瀛」，上下款皆脫落，相傳乃清嘉慶時所立。一是神龕上方之「捨生取義」，上下款亦脫落，傳聞為清道光時古匾。神龕兩旁聯文為：「義魂照青史萬世精忠貫日月，民魄薄雲天千秋碧血映寰宇。」而據一九七九年八月林衡道調查時，神龕聯文為：「義往事昭昭億萬世傳宇內，民精忠耿耿千百年猶在人間。」[32]

　　神龕內供奉義民爺神位有二，皆為木製牌位毛筆墨寫，大者在上，僅直書「欽賜懷忠十八義民之神位」，神位上方、左右皆龍紋圖案，基座為花鳥圖紋。另一方較小方形者，上書「欽賜」下為「懷忠粵東拾捌位義民爺神位」，文字由右向左，依次為「雍正十年壬子歲征番陣亡／建祠李喬基／李任淑、盧俊德、周相德／林東伯、陳世英、江運德／張啓寧、廖時尚、黃展期／劉志瑞、賴德旺、謝仕德／黃仁遠（按縣志記為黃仕遠）、陳世亮、李伯壽／湯仕麟、湯邦連、吳伴松（縣志記為伴雲）／道光貳拾伍年乙巳歲重建、民國四

十二年癸巳歲重修」由於此牌位乃一九五三年所重修，有關人名與
《彰化縣志》有所出入，有可能是當時描繪錯誤所致，今暫依縣志爲
斷，即黃仁遠應爲黃仕遠之錯，吳伴松爲吳伴雲之誤。

此牌位若無誤，則此祠可能爲雍正十年（1732）所建，建祠者
爲監生李喬基，粵籍嘉應州人，於林爽文之亂時，倡義復城，後被
執不屈死，《彰化縣志》幸有傳，文如下：[33]

> 李安善，字喬基，祖籍嘉應州人，監生。其祖於康熙間嘗募鄉
> 勇，從征朱一貴之亂，以軍功授職，因在彰開墾草地，遂家北
> 莊。安善為人公正，眾所推服。乾隆丙午冬，林爽文煽亂，旬
> 日連陷彰化、淡水、諸羅。十二月初，安善伺林逆率眾攻郡
> 治，彰邑空虛，遂糾集莊眾社番數千人，同原任彰化縣張貞
> 生、把總陳邦光，克復縣城，生擒偽官楊振國、楊軒、高文
> 麟、陳高等，檻送省城正法。時縣治已復，義民藉搜賊黨，焚
> 莊肆掠，致脅從者罔所歸附，以故義民去後，城復失守。賊以
> 安善所居近大里杙，恐安善破其巢，遂併力攻北莊附近，鄉勇
> 無有出援者。安善慮北莊難守，潛赴鹿港請領鉛藥以備守莊之
> 用。回至寓鰲頭，為奸細所獲，挾至大里杙，賊目婉勸其降。
> 安善罵賊不屈，賊支解之。事聞，賜祭予卹，賞知縣銜。廕一
> 子以知縣用。今附祀忠烈祠。

可知所謂「飭有司購地建祠」乃虛語，實際上仍是委託當地有
名望之粵紳負責。至於「春秋祭享，以慰忠魂」恐亦成具文，才會
有後來懷忠祠的荒廢。

廟建成之後，當時是否有如今日「義民爺」信仰在客家人地區

如此之盛，據以後該廟的變遷情況推論，恐成疑問。到了乾隆五十一年（1786）中部林爽文之役，祠宇遭嚴重破壞，後雖經修復，可能因附近粵人較少，香火不旺，而且彰化地區連年兵燹頻生，乏人照顧，日久荒廢傾圯，因此《彰化縣志》記其「今祠已廢，而塚猶存」。查周璽的《彰化縣志》始修於道光十年（1830），十六年（1836）完稿，同年付梓。可見在道光十六年左右，該祠已是荒廢，僅存塚墓，所以在道光二十五年（1845）重建。至同治元年（1862），又因戴潮春之役而毀損，然而因同治年間內憂外患事件頻仍，無力且無暇修復，直至光緒五年（1879）十月始予重建，七年正月落成。[34] 另，再據《台灣總督府公文類纂》（以下簡稱《公文類纂》）明治三十年（1897）十二月調查紀錄所記，謂懷忠祠「建立年度」爲「光緒十年」，則似乎光緒十年（1884）應有重修之舉。[35]

二、日據時期

割台之役，彰化一戰頗爲慘烈，許多建物遭到波及，如節孝祠幾乎蕩然一空（日後在大正十二年，1923年，因市區改正拓寬道路，遷建至八卦山下公園一角），懷忠祠不知有否遭到損壞，史文無載，不得而知。而日據時期之變遷，亦不得其詳，僅能據《公文類纂》紀錄知明治三十年時懷忠祠建物地基有九六‧六四坪，占地一四二‧二〇坪，並無附屬之其他家屋與田園。明治三十一年前後則作爲台中醫院彰化分院用。[36] 以後情況再據《彰化街寺廟台帳》〈懷忠祠〉所登錄資料知：大正年間該廟管理人爲黃水益，方位爲座西朝東，爲三開間兩進兩廊帶左右護龍的瓦葺土角造的平屋，境內占地約四百五十六坪，建物占地約九十七坪，廟前有魚池佔地〇‧三

六九二甲,左側、後面均是道路。廟內所祀木牌主神有:黃展期、陳世亮、湯仕麟、劉志瑞、謝仕德、廖時尙、張啓甯、林東柏、黃仕達、陳世英、湯邦達、李柏壽、賴德旺、吳伴松、江運德、盧俊德、周潮德等十八人,其中黃仕達(今廟中牌位記黃仁遠)、湯邦達(今牌位記湯邦連)、吳伴松三人名字與周璽《彰化縣志》〈十八義民〉及今廟中牌位名字有出入,或是因木牌名字漫漶不清,以致抄寫時筆誤之故。例祭日爲每年清明、三月三日、端午節、七月十五日、九月九日、冬至、除夕,其中三月三日爲墓祭之日。資料中亦記載昔年維持方法有:彰化郡舉人、秀才、及知縣李嘉棠等人寄附金維持,經查鄭喜夫《台灣地理及歷史》卷九官師志第一冊〈文職表〉,李嘉棠其人資料,彼爲廣東嘉應州人,由監生捐通判,光緒十二年由淡水知縣調署彰化縣知縣,十四年九月二十四日以前撤委。[37] 至於信徒與會員,乃「市內一般市民」,並無專屬的祭祀圈,而且其時左廊由李戇等人以每年三十日元租借使用,左廂則是由黃水益管理人家族住居使用。黃水益於大正十五年(1926)八月二十九日死亡,廟遂交給日人小島猛管理。至日據末期因實施皇民化運動,昭和十二年(1937)移交彰化市管理,管理人爲安詮院貞熊。另在靈顯事蹟、信仰變遷及祭儀變遷項目中也記載:光緒十四年(1888)八月彰化二林上堡浸水莊人施九緞因清丈乙事,起而抗爭,廣東人多來參詣,改隸後一度作爲憲兵駐在所,現時信仰下降,參詣人數不多。[38] 從以上記載,可略知日據時期概況,亦可明白何以光復初期爲數戶人家所占住由來。

　　復次,再據筆者最近發現之新史料彰化詩社崇文社在昭和十一年一月印刷發行的《前明志士鄧顯祖、蔣毅庵、十八義民、陸孝女

詩文集》，有三分之一詩文是呼籲日本當局保存重建懷忠祠與追念十八義民詩集，有不少詩文反映昭和初年懷忠祠的情狀，如〈保存彰化十八義民祠塚議〉的共同策題中，第　名的楊星亨描述：「奈何世遠年湮，任彼叢祠頹圮，秋風落日，徒存孤塚淒涼。赫赫功勳，置諸荒煙蔓草之鄉，而不加以愛護，有心人不禁感慨係之。願當局妥爲保存，復其廬山面目，或爲建築新祠，彰其姓字。或爲重修故塚，壯其美觀。」第二名郭阿壽寫到：「何乃祠既立而又廢，塚既存而反荒，亦可概也呼。……誠得仁人義士，復興其祠保存其塚，乃吾之所企望耳。」第三名宋義勇續寫：「歷今二百餘年，塚雖猶存，而祠荒廢若此，湮滅不保存，惡能傳於後世，而明其義乎。……論抗蕃之勇敢，較之吳鳳奚啻伯仲，合應一例保存其塚祠，年年致祭，以明大義。」第四名許君山紀：「殆年深月久，紅羊歷劫，滄桑變幻，至今祠宇傾頹，墳塚湮沒。……惟願當局，重修十八義民之墳塚，以慰其靈魂。」第五名古道興敘：「迴溯當年，祠建西門，塚成南畔，原享血食於千秋。誰知時至今日，祠也荒涼，塚也頹廢，任荊棘之叢生。……但願當世名公卿、富豪第、大賈巨商……急籌善策，或將故址以重新；或度牛眠以瘞玉。」第六名謝樹聲述：「緣其塚之凌夷，祠亦頹廢不堪，行路者每爲之欷歔不置。」第七名許君山再議：「建自雍正時代，紅羊歷劫，爲風雨剝蝕，至於今祠塚，勢將傾盡而湮沒焉。今者崇文社提議保存，廣徵士論，惟望當局許準鳩金，重蓋翻新，保之保之，勿使傾頹荒廢，湮沒於蔓草之中。」第八名雪鴻直陳：「鳴呼憶自版圖易色，俎豆不陳，祠塚不修，以致荒廢不堪，幾爲憐惜不已。」第九名韓承澤建議：「十八義民之祠塚，奚可聽其零落而不保存以垂永久乎？所望有志

者，倡集義捐，從新修葺，俾翠羽銀鐺，重瞻廟貌，庶忠魂義魄，永薦馨香。」就史家立場而言，最可貴者反爲最後一名（第十名）新豐人王維禎的描寫，將懷忠祠清末的變遷詳實寫出：「至於代遠年湮，其祠傾頹，獨塚未亡。迨施九緞亂，李嘉棠惜諸義民殺身仗義，奚忍祠祀終亡，再築於縣西門聖王廟南畔，今猶傾頹，勢將崩陷，滴瀝漏光。」[39] 是知光緒十四年八月施九緞一役，懷忠祠必曾遭受破壞，而彰化知縣李嘉棠遷建於縣西門聖王廟（即祭祀陳元光之威惠王廟）南畔之說則大成疑問？蓋李嘉棠於是年九月二十四日前已遭撤委，[40] 是否事後另有捐獻，委由他人興建，則不可得而知了！

三、光復以來

　　光復後之變遷，初期資料亦是不全，據木製牌位所載，知一九五三年有所重修，惜其情不詳。再據林衡道於一九七九年八月調查時，情形是：懷忠祠僅有一間小殿宇，並無後進及廂房。殿宇殘破，住有數戶人家，成爲一雜院。只留正殿中央部分，仍舊供奉義民爺神位，供人燒香參拜。[41] 一九八三年上半年漢寶德主持調查時情形：建築平面座西向東，依軸線由外向內分別爲前埕、拜殿、正殿、後院。在正殿中有點金柱隔出主要祭祀空間與左右附屬空間，無翼廊，格局單純，惟現況前埕地坪填高，後院爲違章戶占住。[42] 一九八五年十一月內政部公告指定爲三級古蹟，復撥款新台幣八百萬元補助修建，於一九九三年九月發包，翌年十二月竣工，祠宇雖存，古意已失，不無遺憾。

第三節　小結

雍正元年（1723）清廷正式將原諸羅縣境，劃虎尾溪以北，增設彰化縣及淡水廳，彰化縣治則設於半線（今彰化市）。設治之前，如康熙二十九年（1690）墾號黃元取得打廉莊一帶墾權；設治之後，漢人大量移墾，雍正元年，丁作周取得大武郡社土官孩灣等的鹿仔港墾權；雍正八年（1730）墾號楊峻榮取得東螺社土官斗肉大著等的夏里莊、七張犁莊的墾權；雍正十二年，陳錦容取得阿束社土官台灣沙末等在巴巴里的墾權與開圳權等等，皆是明顯例子。由於漢人墾拓活動的活躍，原先的平埔族群面臨生存危機，加上民「番」雜處、土官苛取、社商腋削、通事剝剝、官吏濫派等因素下，導致漢「番」衝突日增。

雍正九年淡水同知張弘章意欲起蓋衙門，派令大甲西社（今大甲鎮西方番仔寮附近）等部落男婦做工，且派遣上山砍伐林木，復撥婦女駛車載運，原住民不願，通事竟以藤條鞭打，加上平日徵比鹿餉過急，漁色「番婦」，汛兵民丁需索飲食過份，以致大甲西社在積怨之下，終生事端，於該年年底十二月二十四日，聯合東鄰樸仔籬等八社，射傷巡遊兵丁，焚燬房屋，傷害淡防廳家人衙役等，張弘章落荒而逃，爆發所謂「大甲西社番亂」。翌年五月夏，台灣道倪象愷的劉姓表親更濫殺大肚社「良番」五人，冒功邀賞，終於引爆沙轆、牛罵、南大肚、吞霄等十餘社抗爭，演變成為台灣中部一場大動亂，前後歷時一載才告平定。

當大甲西社「番亂」初起時，阿束社（今和美、線西、伸港等地）附近村落大都為粵人耕佃所居，方才負耒準備下田耕作，遽聞張弘章被圍，高呼莊眾冒險衝鋒，擊退「番」眾，結果陣亡黃仕遠等一十八人，鄉人將屍體葬在縣城西門外，題其塚名為「十八義民之墓」。事件既平，長官上奏朝廷，雍正帝深予嘉許，賜祭予卹，飭有司購地建祠，春秋既享，以慰忠魂，不過，地方官並未善盡其責，委由左近之粵紳負責建祠墓，這是懷忠祠的由來。

　　當時由粵籍監生李安善（字喬基）主其事，大概在雍正十年底建成（另一可能為乾隆初年）。此後歷經乾隆末年林爽文之役而毀損傾圮，在道光十六年（1836）左右祠宇更是荒廢，僅存塚墓，因此在道光二十五年（1845）又予重建。而同治元年（1862）爆發戴潮春之役再次毀損，直至光緒五年（1879）十月才三度重建，七年正月落成。光緒十年時有可能重修，至光緒十二年廣東嘉應州監生李嘉棠擔任彰化縣知縣時，一度以同鄉之誼，號召附近舉人、秀才捐金維持。不料後因清丈不公，引起光緒十四年（1888）八月施九緞之變亂，懷忠祠可能遭受破壞，據說當時李將祠宇遷建縣城西門聖王廟南畔，不過李於九月撤職離去，此說有待進一步証實。

　　日據初期，改隸之初，曾為憲兵隊駐在所。嗣後史文缺載，其情不詳，僅略知明治末年作為台中醫院彰化分院用，僅有一祠廟建物，廣約九十七坪大，廟地約一百四十二坪。至大正年間該祠管理人為黃水益，祠宇建築形制為瓦葺土塊所築造的三開間兩進兩廊帶左右護龍平屋，約有九十七坪大，擁地約四百五十六坪。廟前有魚池，以其收入作為祠宇香火祭祀開支。例祭日為每年清明、三月三、七月十五、九月九、冬至、除夕，其中三月三日為墓祭日。而

其時廟左廊為李戀等人以每年三十日元租用，左廂則為黃水益家族居住使用。黃水益於大正十五年八月死亡，廟交給日人小島猛管理，昭和十二年再交給安詮院貞熊管理。而且在昭和年代，祠宇傾頹，徒存孤塚淒涼，昭和十年（1935）彰化崇文社同人徵募詩文弔念且編輯成書，並呼籲日本當局與台島富豪，要妥善保存，或建築新祠，或重修故塚，事後如何，其情不知，想必不過了了。總之，在日據時期，該廟參拜人數不多，香火不盛，信仰下降，日見殘破。

　　光復以來，雖在一九五三年有所整修，但嗣後香火僅可，殿宇殘破，正殿與後院為數戶人家鳩占，神人不分，共處一室。至一九八五年十一月經內政部公告指定為第三級古蹟，並隨即撥款新台幣八百萬元整修，於一九九三年九月發包，翌年十二月竣工。完竣後之懷忠祠，廟貌雖新，古意已失。而廟前廣場，新立石碑，內文失實，有待商榷！最後，再將懷忠祠建置沿革列表如**表7-1**，以供參考。

表7-1　懷忠祠建置沿革大事年表

年代	大事記
雍正九年(1731)	是年十二月爆發大甲西社結交樸仔籬等八社原住民抗官事件。翌年五月，事件擴大，沙轆、牛罵等十餘社聯合發難，成為台灣中部一場大動亂，至雍正十年十一月才平息。
雍正十年(1732)	是年春大甲西社動亂，淡水同知張宏章路經阿束社被圍攻擊，附近粵人佃民全力搶救，陣亡十八名，計有黃仕遠、黃展期……等一十八人，鄉人負屍葬在彰化縣城西門外，題其塚名「十八義民之墓」。事平後，雍正皇帝飭有司購地建祠，賜祭予卹，每人卹銀五十兩，春秋祭享，以慰忠魂。有司轉委當地粵紳監生李喬基（安善）建廟安置。

年代	大事記
道光二十五年 (1845)	道光初年，據周璽《彰化縣志》記載，該祠已頗荒廢，僅存塚墓，所以在道光二十五年重建。何人重建？建後形制如何？史文缺載不詳。
同治元年(1862)	因戴潮春之役而毀損。
光緒五年(1879)	是年十月始予重建，七年正月落成。
光緒十年 （1884）	或有重修之舉。
光緒十四年 (1888)	因土地清丈不公事，引起施九緞起事變亂，懷忠祠遭受波及破壞，據說彰化知縣李嘉棠將祠宇遷建縣城西門聖王廟南畔，此說尚待進一步証實。
光緒二十一年 (1895)	日據初期懷忠祠曾是憲兵駐在所。
明治三十年前後 （1897）	據《台灣總督府公文類纂》知其時懷忠祠僅有祠廟建物，廣約九十七坪，佔地約一百四十二坪，並無其他建物及田園，且充作台中醫院彰化分院用。
大正初年 (1912～)	據《彰化街寺廟台帳》記錄，知：大正年間管理人爲黃水益，廟佔地約九十七坪，爲三開間兩進兩廊帶左右護龍的瓦葺土角造平屋，廟前有魚池，左側、後面均是道路。時左廊由李騩等人租用，左廂則是黃水益家人居住使用。例祭日爲每年清明、三月三日、端午節、七月十五日、九月九日、冬至、除夕，其中三月三日爲墓祭之日。該廟香火日降，參拜人數日少。
大正十五年 (1926)	黃水益於該年八月二十九日死亡，廟改由日人小島猛管理。
昭和年間 (1927～)	該廟爲風雨剝蝕，日見頹圮。日據末期實施皇民化運動，昭和十二年（1937）移交彰化市管理，管理人爲安詮院貞熊。
一九五三年	重修，其情不詳。
一九七九年	據林衡道調查報告，其時該祠僅有一間小殿宇，並無後進及廂房。殿宇殘破，住有數戶人家，形成一雜院。
一九八三年	漢寶德調查報告，情況大體依然，建築平面由外向內分別有前埕、拜殿、正殿、後院。另，前埕地坪填高，後院爲違章戶佔住。
一九八五年	是年十一月內政部公告指定爲三級古蹟。
一九九三年	是年九月該祠發包進行修建工程，翌年十二月竣工至今。
一九九九年	委託符宏仁建築師事務所辦理該祠之調查與研究。

資料來源：卓克華整理

註釋

1 周璽《彰化縣志》（台銀文叢第一五六種），卷八人物志〈十八義民傳〉，pp.263~264。

2 黃叔璥《台海使槎錄》（台銀文叢第四種），卷六〈番俗六考〉，pp.125~130

3 參見：(1)中村孝志〈蘭人時代の蕃社戶口表〉，《南方土俗》四卷一期p.58，1936年；(2)村上直次郎日譯，郭輝中譯《巴達維亞城日記》第二冊（台中，台灣省文獻會，1989年），pp.438~462；(3)中村孝志著，許賢瑤譯〈荷蘭統治下位於台灣中西部的Quatang村落〉，《台灣風物》四十三卷四期，pp.206~238，1993年。

4 黃叔璥前引書，p.128。

5 郁永河《裨海紀遊》（台銀文叢第四十四種），p.36。

6 郁永河前引書，p.19。

7 詳見戚嘉林《台灣史》第一冊（作者發行，1998年8月三版），第十四章第三節，pp.414~417。

8 戚嘉林前引書，第十四章第六節，pp.421~423。

9 詳見故宮編委會編《宮中檔雍正朝奏摺》十九輯（1979年5月出版），雍正十年正月二十四日福建觀風整俗使劉師恕〈奏報官兵攻剿大甲西社凶番摺〉，p.352。

10 梁志輝等編《台灣原住民史料彙編》第七輯《國立故宮博物院清代宮中檔奏摺臺灣原住民史料》（臺灣省文獻會，1998年10月初版），第七十一件，p.108。

11 同上註前引書，雍正十年二月十三日福建總督劉世明〈奏報剿捕彰化大甲

西社凶番情形摺〉，p.117。

12 台銀經濟研究室編《雍正硃批奏摺選輯》（台銀文叢第三〇〇種），第五十
四件〈福建總督劉世明奏聞事摺〉，p.56。

13 周璽前引書，卷十一雜識志〈兵燹〉，pp.362~363。

14 同註12前引書，第一九五件〈署福建總督郝玉麟恭請聖裁摺〉，p.236。

15 分見：(1)台銀經濟研究室編《清高宗實錄選輯》第一冊（台銀文叢第一八
六種），乾隆元年十二月十一日條，p.5；(2)前引《宮中檔雍正朝奏摺》二
十一輯，pp.355~356。

16 同註1。

17 劉良璧《重修台灣府志》（台灣省文獻會，1977年2月），卷二十藝文
〈詩〉，pp.633~634。

18 前引《清高宗實錄選輯》，乾隆十二年十月十九日條，p.64。

19 張耀焜〈岸裡大社與台中平野之開發〉（上），《台灣省苗中彰三縣文獻》
（台北，成文出版社，1983年），p.149。

20 詳見洪麗完〈拍宰族岸裡大社土官潘敦之家族〉，《台灣中部平埔族——沙
轆社與岸裡大社之研究》（台北，稻香出版社，1997年6月），pp.253~333。
又本節之作，借鏡取資該書之處甚多，謹此說明，並致謝意。

21 此事件始末可參考：(1)張炎《清代台灣民變史研究》（台銀研叢第一〇四
種），p.26；(2)台銀經濟研究室編《台案彙錄己集》（台銀文叢第一九一
種），pp.42~43；(3)戚嘉林前引書，pp.371~374。

22 詳見蔡相煇《台灣的王爺與媽祖》（台北，台原出版社，1989年元月），第
四節〈清廷與台灣媽祖信仰的展開〉，pp.153~162。

23 前引《雍正硃批奏摺選輯》，第二〇五件雍正十一年六月二十七日，
pp.250~251。

24 周璽前引書，p.11。

25 周璽前引書，p.20。

26 周璽前引書，p.275~276。

27 詳見陳宗仁《彰化開發史》（彰化縣立文化中心，1997年），下篇彰化各保的開墾〈半線保〉，p.93~106。另見林文龍〈八卦山畔平埔社社址考辨〉，《彰化藝文》第二期，p.19~25。

28 同註10前引書，p.145。

29 同註10前引書，p.169。此條資料承蒙林文龍兄提示，謹致謝意！

30 《清代台灣大租調查書》（台銀文叢第一五二種），p.330。

31 同註1。

32 林衡道〈彰化的懷忠祠〉，《台灣勝蹟採訪冊》第五輯（台中，台灣省文獻會，1980年6月），pp.157~159。

33 周璽前引書，卷八人物志〈行誼〉，p.247~248。按，林文龍兄認為「李殉難於乾隆五十一年，則雍正十年，恐怕未出生或為孩童，故雍正十年建祠之說應無可能」。誠是，但此前提乃假設李喬基享壽六十左右。若假設李喬基享壽七十左右，於康熙五十年出生，則雍正十年時約二十歲，也有其可能性。在此，個人先假設若干可能情況如下：(1)建祠之李喬基與《彰化縣志》所記之李喬基，恰好同姓同名，不是同一人，則此題無解，無法進一步探討；(2)是同一人，由此又可衍申出兩種情況：(1)如個人前所假設李喬基生於康熙末葉，雍正十年時約二十來歲，則當然有可能在雍正十年建祠；(2)如林文龍兄所假設，李喬基生於雍正初年，則建祠年代應該不是在雍正十年，而是乾隆年間。不過，在沒有進一步資料予以推翻、否定下，個人較偏向尊重就現有資料之解說。

34 詳見：(1)中研院台史所藏；(2)彰化縣政府民政課藏《彰化街寺廟台帳》

〈懷忠祠〉資料，手抄本，無頁碼。

35 詳見溫國良編譯《台灣總督府公文類纂宗教史料彙編，明治二十八年十月至明治三十五年四月》第一輯，（南投，台灣省文獻會，1999年6月），p.340。

36 同前註前引書，pp.213~340。

37 鄭喜夫《台灣地理及歷史》卷九官師志（台中，台灣省文獻會，1980年8月），第一冊〈文職表〉，p.167。

38 同註34。按兩處所藏資料，年代一前一後，略有出入，茲據二者參酌寫成。

39 詳見黃臥松編《前明志士鄧顯祖、蔣毅庵、十八義民、陸孝女詩文集》（彰化，崇文社，昭和十一年一月），pp.11~16。

40 此疑點承蒙林文龍兄之提示，謹致謝忱！

41 同註32林衡道前引文。

42 詳見漢寶德《彰化市傳統建築懷忠祠調查研究》（未著出版年月），pp.5~11。

第八章
臺南市北極殿——

政權更迭、街舖滄桑見證者

第一節　明鄭崇祀玄武之由來

　　臺南市北極殿又稱眞武廟、元帝廟、上帝廟，爲與台南其他上帝廟分別，俗稱「大上帝廟」，主祀玄天上帝。玄天上帝或稱：眞武大帝、北極大帝、北方黑帝、北極眞武元天上帝、北極佑聖眞君、上帝公、上帝爺、帝爺、北帝等等。此神之最初來歷及其形象如何，說來話長，也非本文主旨所在，在此僅能略微勾劃一個大概。

　　上古時期，我們祖先就將天上星宿按其出沒方位，歸類分等，到了漢初，已基本完成定型，即「二十八宿」之說。其說是：圍繞天上北極之星宿，可分爲紫微、太微、天市三星垣，從外面圍繞這三垣的許多星，都在三垣南面，分成二十八宿。二十八宿的位置，相當於太陽在天上經行的黃道帶與赤道帶兩側，彼此連接，繞天一圈。由於地球繞太陽運行和自轉的原因，這二十八宿不能在地球上同時看到，它們或出或沒，或升或降，於是古人將二十八宿分爲四方，四方各有七宿，可成一形，各以一種動物作爲標識，稱爲「四象」：東方蒼龍、西方白虎、南方朱雀、北方玄武。玄武包括：斗、牛、女、虛、危、室、壁七宿。

　　龍、虎、雀三種形象明確，獨獨「玄武」是什麼動物或飛禽，卻是個糾纏不清的問題。根據歷來文獻資料分析，我們大體上可以分成四個說法：(1)龜蛇說：《楚辭‧遠遊》：「召玄武而奔屬。」明洪興祖補注：「玄武謂龜蛇。位在北方，故曰玄，身有麟甲，故曰武。」(2)烏龜說：《禮記‧曲禮》：「行，前朱鳥而後玄武。」

孔穎達疏：「玄武，龜也。」(3)龜蛇交尾說：張衡《思玄賦》：「玄武宿於殼中兮，騰蛇蜿而自糾。」李善注：「龜與蛇交，曰玄武。」(4)龜蛇合體說：《後漢書》〈王梁傳〉：「玄武，水神之名。」李賢注：「玄武，北方之神，龜蛇合體。」這四種說法大同小異，正因其差別不大；反而糾纏不清，朱熹倒是一針見血的予以剖析明白：「玄武即是烏龜之異名。龜，水族也，水屬北，其色黑，故曰玄；龜有甲能捍衛，故曰武。其實只即為烏龜一物耳。北方七宿如龜形，其下有騰蛇星，蛇，水屬也，借此以喻身中水火相交，遂繪為龜蛇蟠虯之狀，世俗不知其故，乃以玄武為龜蛇二物。」[1]

要之，玄武信仰起源頗早，戰國時之泰國已有崇祀二十八宿，南方之楚國也以玄武為天神。到了西漢，又與「五帝」信仰結合在一起，黑帝治北方，亦即北帝；玄武在北方，北方屬水，水尚黑；玄武和黑帝顓頊（一說汁老紀），由此發生關係。等道教流行以後，玄武又與「三官」信仰給合在一起。三官即道教的三元大帝，即：上元一品九氣天官紫薇大帝、中元二品七氣地官清虛大帝、下元三品五氣水官洞陰大帝。三官中的水官演化成北方的水神，與玄武結合，又與黑帝結合，即有玄武之名，復享天帝地位，為最高主宰之一，從此五帝信仰只有這位北帝最為煊赫，其餘四帝便在民間信仰中逐漸黯淡下來。[2]

也約在漢代，玄武逐漸被人神化時，出現了較具體的形象，漢代讖緯書《河圖》記載：「北方黑帝，體為玄武，其人夾面兌頭，深目厚耳。」龜蛇反成其腳下所踩之物。嗣後愈加明顯，約到南宋，其形象才算確立，成了披髮跣足，金甲黑袍，腳踩龜蛇，手執

寶劍，皂纛玄旗，統領丁甲的造型。從此一位獸形星辰之神的形象，改變成一位修行得道的大仙。另一方面，北宋初年崇奉道教，民間信仰大量爲道教所吸收利用，玄武信仰興盛，也出現了有關玄武來源的新說，愈說愈奇，且佛道雜混。[3]以後爲避諱宋眞宗「玄休」、「玄侃」之名字，也更名「眞武」。

眞武之名號也在宋代屢屢賜封，如宋太宗太平興國六年（981）封「翊聖將軍」。宋眞宗受元符封泰山後，在大中祥符七年（1014）下詔加號「翊聖保德眞君」。後又詔加眞武，號曰：「眞武靈應眞君」。宋欽宗靖康元年（1126）加號：「佑聖助順眞武靈應眞君」。到元成宗大德七年（1303），加封爲「元聖仁威玄天上帝」，是爲「玄天上帝」名號之由來。

元朝以來，玄武神跡愈傳愈多，而神格隨著歷代皇帝加封升高；到了明成祖時，因有開國與靖難陰助之功，明成祖特賜封號「北極鎮天眞武玄天上帝」。而且崇奉玄天上帝的武當道士，也在靖難之役立下大功；明成祖加意崇奉，將武當山更名爲「太岳太和山」，重建廟宇道觀，歲時朔望遣官致祭，遂奠下明朝皇室崇信之基礎，上帝廟遍布國土。終明之世，歷經二百多年，奉祀不衰，玄天上帝成了明朝政權之輔國守護神；神格之高，幾乎成爲僅次於三清、玉皇的神祇了。

另外，民間以南斗星君乃源自玄武七宿之第一宿——斗宿。與俗稱「南斗註生，北斗註死」產生附會聯想，而成爲幼兒的守護神。航海家、漁民素依玄武星宿推測氣象，有云「日逢室宿多風雨，箕斗相逢天欲雨，女斗微微雨沾身，一到虛危大風起，直到三更見月星，春行多令不虛名」，故在閩南民間信仰，又一變爲海神。

鄭氏既以海上稱雄，又身為明朝大將奉明朝正朔，故信奉玄天上帝其來有自。[4]

　　玄天上帝不僅是明室輔國守護之神，在閩南民間信仰上，更是航海守護神。明白玄天上帝在官方及民間信仰之地位後，始能解釋鄭成功在臺灣廣建眞武廟之背景；當時鄭氏建造之眞武廟計有：東安坊之大上帝廟、鎮北坊之小上帝廟、及洲仔尾網寮、下洲仔甲、廣儲東里、仁和里下灣、崇德里、大目降莊等處的眞武廟。蓋從精神上言：玄天上帝為明朝官方最重要之祀典，祀奉之即有明朝正朔，賡續不替之意。從實質上言：玄天上帝既為閩南沿海百姓所奉祀之航海神，明鄭軍隊以水師為主，子弟多為閩南人，祀奉玄天上帝更可予這些子弟兵精神上莫大慰藉鼓舞。因此，清佔領臺灣後，官方大力提倡媽祖、關帝信仰，以漸取代玄天上帝信仰，並編造屠宰業之神話故事，以降低其神格，玄天上帝信仰終致衰落，停滯不前。其信仰圈恰與臺灣開發進程一樣，南部地區開發較早，歷史久，祠廟多；中部漸少，至北部則罕見其祠廟。到如今，信徒不僅不知道其來歷，更不知玄天上帝在明代曾有一段輝煌顯赫的歷史。[5]

第二節　北極殿創建之背景與年代

　　據史書記載，早期臺南市西部是一片汪洋，稱之「台江內海」。內海西緣沙洲環繞，由北而南依次是隙仔嶼、北線尾、鯤身嶼。其中一鯤身嶼即為今安平區，是西拉雅平埔族臺灣社（Teyowan）聚居之地。台江東岸是平原區，則是同族赤嵌社（Saccan）棲養之

所。早在明中葉時，已有福建漳、泉一帶之民，渡海來到此地捕魚，與原住民通商甚至結婚。

　　明熹宗天啟四年（1624），荷人撤離澎湖，轉佔安平，並在一鯤身建築城垣，初名奧倫治城（Orange），後更名為熱蘭遮城（Zeelandia）。當時以缺乏磚石，暫以木板及砂土為之，後漸次以磚石改建，即國人俗稱之紅毛城、或王城、赤嵌城、安平城、臺灣城者。後以商務日漸繁盛，中、日商人來者日多，以布匹交換，經由新港社原住民之同意，換得赤嵌一帶，即於其地建設公司、宿舍、醫院、倉庫；並鼓勵中國人移住，不久成為熱鬧街市，荷人稱其地為普羅文帝亞（Provintia，或譯普羅民遮）。嗣以郭懷一抗荷之役，於永曆七年（1653），又於該地北方山上建普羅民遮城；即國人俗稱之紅毛樓、赤崁樓者，與熱蘭遮城成犄角之勢，以鞏固其政權。

　　時台江內海之東到今縱貫鐵路一線，為綿延不斷之海岸沙丘，其中以鷲嶺、赤嵌、尖山、覆鼎金、山埔頭、魁斗山（或名桂子山）、山仔尾、土墼埕、山川台、馬房山等較為著名，鐵路以東則為二十公尺以上之嵌頂山，與臺南縣交界。隨之而來的漢人散居在安平、鯤身，及市區各山丘，以避水患及平埔族之侵害。於是市區七山丘乃漸成為漢人聚集之所，亦漸成為寺廟集中區域。而偏遠的山區，如魁斗、馬房諸山及嵌頂山則成漢人埋骨之處。[6]

　　永曆十五年（1661），鄭成功驅逐荷人後，漢人移民來臺者愈多，寺廟亦陸續建立，在鄭氏王府所在之安平地區有熱蘭遮城東方渡口之天后宮、東南方之靈濟宮、東北方之金龍殿、關帝廟、西方之弘濟宮等。在南區四鯤身有龍山寺。在市區的赤嵌有東邊的開基靈佑宮、東南邊的萬福庵、南邊的祀典武廟，西邊自北以南有開基

北極殿前景

天后官、竹林寺、普濟殿、廣安宮、開基關帝廟；西南邊有開山宮、南巷土地公廟、沙淘宮、總趕宮等。土墼埕有關帝廟、昆沙宮等。鷲嶺上有北極殿，北麓蕃藷崎上的小南天、東麓有重慶寺、西南麓有五帝廟、南麓有孔子廟等。山仔尾東邊有開山王廟、馬王廟。山川臺北邊有府城隍廟、東嶽殿。北區尖山有玉皇太子宮、南方的大觀音亭、興濟宮、西方的三老爺官等。東區有桂子山東邊的準提庵、嵌頂山的彌陀寺、竹簧厝的北極殿、後甲關帝廳等，共有三十七處，幾乎分布各重要山丘。[7]

　　明鄭入臺之初，即於市區七山丘之中央鷲嶺之上建北極殿，以奉大明皇朝之輔國守護神玄天上帝。北極殿位於昔時之承天府東安坊赤嵌街鷲嶺之頂，此地是臺南地勢最高之地，臺南俗諺：「上帝廟的磚墱，水仙宮的ㄋㄧ／ㄑㄧㄢ／（簷前）。」指上帝廟的磚墱（石階）約等高於水仙宮的簷前，生動的點出北極殿的高度與地位的崇高。又據說鄭氏入臺，見安平地理形勢險絕，宛如天關地軸，須有真武坐鎮，因此多建真武廟以為鎮壓，王必昌《重修臺灣縣志》

卷六〈祠宇志〉記載：[8]「邑之形勝，有安平鎮七鯤身爲天關，鹿斗門北線尾爲地軸，酷肖龜蛇。鄭氏踞臺，因多建眞武廟，以爲此邦之鎮云。」即是指此。不過，另有一說，謂北極殿原址是荷蘭時代的中國醫館。永曆十五年，鄭成功登陸，不久即占領此處，充做救護站。同年底，荷人退出臺灣後，鄭成功將之改建成寺廟，奉祀玄天上帝，稱爲大上帝廟。[9] 是耶非耶？已難稽考，恐怕編造故事成份較多些。

北極殿明確建造年代不詳，今存清代志書皆含糊其詞， 茲分述於下：

1. 蔣毓英《臺灣府志》卷之六〈廟宇〉記：「上帝廟，在府治東安坊，僞時建，祀北極大帝。內有明寧靖王楷書匾額『威靈赫奕』四字。」[10]。

2. 高拱乾、周元文兩部府志俱無記。

3. 劉良璧《重修臺灣府志》卷九典禮〈祠祀附〉載：「上帝廟，即眞武廟，在東安坊。康熙二十四年，知府蔣毓英修，高聳甲於他廟。一在鎮北方，總鎮張玉麟渡臺遭風，夢神披髮跣足，自檣而降，風刮抵岸，因重新之。後堂爲知府蔣毓英祠。」[11]

4. 范咸《重修臺灣府志》之記載全抄錄劉志，僅「上帝廟」改稱「元帝廟」。[12]

5. 余文儀《續修臺灣府志》亦是抄錄劉志，僅廟名記爲：「元帝廟（即眞武廟）」。[13]

6. 陳文達《臺灣縣志》雜記志九〈寺廟〉：「大上帝廟，僞時

建。康熙二十四年，知府蔣毓英捐俸重修。四十八年，里民重建，高聳甲於他廟。」[14]

7.王必昌《臺灣縣志》，後出較詳，卷六〈祠宇志〉載：[15]

真武廟在東安坊。祀北極佑聖真君（宋真宗避諱，改為真武。靖康初，加號佑聖助順靈應真君。明御製碑謂：太祖平定天下，陰佑為多。建廟南京，三月三日、九月九日，用素饌、遣太常官致祭。及太宗靖難，以神有顯相功，永樂十三年於京城艮隅並武當山重建廟宇，兩京歲時朔望各遣祭，而武當山又專官督祀事。憲宗嘗範金為像。正德二年，改京城真武廟為靈明顯佑宮。國朝順治八年題准，每年恭逢萬壽聖節，遣官致祭。康熙二十年，覆准遣祭。雞公山真武之神，仍令該地方官春秋二祭。按真君乃元武七宿，故作龜蛇於其下。龜蛇者：元武象也。而圖志云：真武為淨樂王太子，修煉武當山，功成飛昇，奉上帝命鎮北方；披髮跣足，建皂纛元旗。此道家傳會之說。後人據神異傳，謂真君仗劍，追天關地軸之妖，冠屨俱喪，伏而收之。天關，龜也；地軸，蛇也。邑之形勝，有安平鎮七鯤身為天關，鹿耳門北線尾為地軸，酷肖龜蛇。鄭氏踞臺，因多建真武廟，以為此邦之鎮云。偽時建，寧靖王書匾曰：「威靈赫奕」。康熙二十四年，知府蔣毓英重修。四十八年，里眾重建。地址高聳，規制巍峨。雍正八年，知縣唐孝本勘斷廟左車路曠地一所，起蓋店屋，年納地稅銀四兩，另前後左右店屋共二十間，各納地稅，以供香燈。舊

志載：真武廟，一在鎮北坊，俗呼小上帝廟，偽時建；康熙三十七年，總鎮張玉麟來臺，在洋遭風，夢神披髮跣足，自檣而降，因重新之。一在洲仔尾網寮，一在下洲仔甲，一在廣儲東里，一在仁和里下灣，一在崇德里，一在大目降莊：俱偽時所建者。一在仁德里嵌頂，康熙二十九年建。一在歸仁南里，康熙四十六年建。一在保大東里，康熙五十五年建。一在澎湖天后廟之東，康熙二十九年澎湖左營守備趙廣建；五十六年，左營遊擊陳國璸修。

可惜於創建年代亦是「偽時建」一語帶過。

8.謝金鑾《續修臺灣縣志》卷五外編〈寺觀〉亦詳記：[16]

真武廟：在東安坊。祀北極佑聖真君。按元武，北方七宿也。其像龜蛇，邑之形勝，有安平鎮七鯤身為天關，鹿耳門北線尾為地軸，酷肖龜蛇。鄭氏踞臺，因多建真武廟，以為此邦之鎮，廟有寧靖王書，匾曰：「威靈赫奕」。康熙二十四年，知府蔣毓英重修。四十八年，里眾重建。規制甚偉。雍正八年，知縣唐孝本勘斷廟左車路曠地一所，起蓋店屋，年納地稅銀四兩，另前後左右店屋二十間，各納地稅，以供香燈。乾隆五十年，鄉賓黃世景等修。五十三年，知府楊廷理續成。嘉慶九年，里人方相、林慶雲、蔡光準等，鳩眾復修；於本廟後建公館一所，以為營兵住宿，免其聚居廟內。又「舊志」所載真武廟，一在鎮北坊，俗呼小上帝廟，偽時建：康熙三十七年，總鎮張玉麟來臺，在洋遭風，夢神披髮跣足，自檣而降，因重新之。

一在洲仔尾網寮，一在下洲仔甲，一在廣儲東里，一在仁
和里下灣，一在索德里，一在大目降莊：俱偽時所建者。
一在仁德里嵌頂，康熙二十九年建。一在歸仁南里，康熙
四十六年建。一在保大東里，康熙五十五年建。

謝志仍然於創建年代含糊其詞，語焉不詳。

以上諸書俱無可靠、詳確記載，今所可依據，僅有明寧靖王朱
術桂題詞之匾額「威靈赫奕」，此匾落款年代爲「己酉仲秋吉旦」，
己酉爲永曆二十三年（1669）。則至少說明了永曆二十三年八月時已
有北極殿。往前推，鄭成功據臺乃永曆十五年底之事，則該廟創建
年代之上限應在永曆十五年。但該年底方才攻下臺南，諸事倥傯，
建廟非迫切之舉，倉促之下，是年興建北極殿較無此可能性，坊間
皆謂北極殿之創建年代是在永曆十五年至二十三年間，個人較傾向
於修正爲永曆十六年至二十三年之間（1662～1669）。[17] 至於當時之
規模形制，由於志書皆未提及，已無法窺知。

廟中「威靈赫奕」古匾

第三節 北極殿之興修沿革

一、清領時期

清康熙二十四年（1685），臺灣府首任知府蔣毓英捐俸重修北極殿，「高聳甲於他廟」。四十八年（1709）里民樂捐重建，「地址高聳，規制巍峨」。另，廟中正殿神龕上方懸有一匾：「辰居星拱」，乃「福建分巡臺廈道兼理學政按察使銜檢事加一級陳璸敬立」，落款年代是「康熙癸巳（五十二年，1713年）仲冬（11月）」。陳璸字眉川，廣東雷州海康人，康熙三十三年進士。先是於康熙四十一年調知臺灣縣事，後他調，至四十九年再調福建分巡台廈道，兼理學政按察使，於該年七月到任，至康熙五十四年春奉旨超擢河南巡撫。此匾即是他任職臺廈兵備道時所留下，陳璸所至有善政，狷介公慎，清操絕俗；在臺期間，建萬壽宮、修大成殿、明倫堂、朱子祠、文昌閣，規制宏敞，次第畢舉。

此時此廟周遭景觀據其後雍正八年〈上帝廟店屋地租碑記〉載：「上帝廟左畔車路曠地一所，……起蓋店屋，……併蒙諭令前後左右店屋周圍二十間，……」；暨乾隆五十六年〈大上帝廟示禁碑記〉所記：「是廟棟宇巍峨，基址寬豁」等語，似乎可說明廟左右頗有寬闊空地，週遭有店屋二十間，並且廟的左畔是車路要道，牛車往來頻繁，也說明了其時的熱鬧繁華。到了雍正八年（1730），有林天生、楊養兩人矇騙眾人，暗中請餉，在廟的左畔車路曠地起

蓋店屋，意圖私飽，形成糾紛。經臺灣府臺灣縣知縣唐孝本，及巡檢羅開勳詳細勘察，判林、楊兩人及附近二十間店屋，俱須年納地租，交與廟祝收存，充為廟中公費，並勒石垂戒。此碑〈上帝廟店屋地租碑記〉今嵌於三川門左壁，碑文如下：

> 上帝廟左畔車路曠地一所，詎林天生、楊養，陰私請飽，起蓋店屋，欺神于眾。相率鳴官，蒙廉明縣主唐、委巡捕廳羅勘詳。縣主斧斷：著林天生、楊養每年納本廟地租番銀四兩，交與廟祝收存，永為廟中公費，飽名編入廟祝分下。倘異日店屋變賣他人，著買主照斷納稅。各尊依在案。併蒙諭令前後左右店屋周圍二十間，每年納本廟地租；仍令勒石豎立：永為神廟增光、後人垂戒云。雍正八年歲次庚戌三月日闔境公眾仝立

此碑文值得注意者是「請飽」二字，似乎說明了林天生、楊養二人是班兵。按，清代臺灣班兵之糧飽，初從內地舊制，馬兵每月飽銀二兩，步兵一兩五錢，守兵一兩，月米均為三斗。而戍兵則將應得月飽，每月留五錢於內地支給，以贍其家。然以班兵遠渡大海，邊土苦惡，且拋家去里，眷屬待哺，情形特殊，為安軍心，故恤賞之典，歷年頻加，較之內地綠營為獨厚，如雍正八年，臺灣總兵官王郡上奏奏准：[18]

> 雍正八年，臺澎總鎮王郡奏准：恩給營中恤賞銀兩。臺、澎二處領到本銀，概就臺郡購置田園、糖廍、魚鹽等業，各協營遴員經理，於冬成徵收租穀、糖斤、稅銀。其應納各縣正課，仍依民間則例交納。所獲租息，以六分存留營中，賞給兵丁遊巡

及有病革退並兵弁拾骸扶櫬等盤費；以四分解交臺灣府劃兌藩庫，備賞戍兵眷屬吉凶事件。所截六分租息，每年除賞卹外，所有盈餘存貯賞給期滿換回班兵盤費。其出入數目，按年造冊送督、撫、提督、藩司核查。

則參考上引碑文，可能情形是林、楊二人，朦騙眾人請領餉銀，卻私自起蓋店屋，意圖中飽租金，被眾人發現，而控訴於官府判決。不僅此，若林、楊二人果是班兵，此碑文之敘述也說明了其時大上帝廟已是桐山營（即東山）班兵戍臺時，登陸羈寓或待渡之所（見後）。

迨乾隆五十年（1785）有鄉賓黃世景重修。[19] 此役可能一人獨立難成，未竟全功，乾隆五十三年（1788）知府楊廷理捐俸續成，並將該廟前後左右界內擴地侵築者，一律追還。於是廟宇整麗，神民咸安。不料乾隆五十五年（1790），有廟後居民馬梓，挖掘磚壁，增築房屋，侵圍界地。經值年爐主郭友等人，向知縣仇賦莘控訴，判決馬梓罰銀並於每年供納地租，此外又令周圍界內店屋二十四間應納地租，以充油香之費。郭友又於翌年向新任知縣沈樹東簽呈稟請，勒石申禁，以杜爭端，俾得永遠遵守。該碑〈大上帝廟示禁碑〉，今亦嵌於三川門左壁，碑文如下：

署福建臺灣府臺灣縣正堂加五級記錄沈：為稟請示遵以供神祀，以肅法紀事。乾隆五十六年六月二十八日，蒙本道憲楊批：據郭友等具呈前事詞稱：「竊郡城之中有上帝廟，恭奉北極上帝神像，赫濯無疆，最稱勝地。是廟棟宇巍峨，基址寬豁，皆前人募建，以崇帝德，而肅瞻仰。迨歷年久遠，日就傾

頹：且有頑硬之徒，將本廟之前後左右界內壙地肆行侵築，更見摧殘，殊堪敬憫！乾隆五十三年間，蒙大憲在府任內捐俸重修，併准境眾呈請究還界地在案。爰是廟宇整麗，神民咸安。不虞五十五年間有廟後居民馬梓，增築房屋，復敢侵圍界地長一丈三尺、闊五尺，挖去磚礧千餘塊。境民共憤，僉舉值年爐主郭友等，率眾乃赴仁憲呈究。蒙行前縣主仇勘明，堂斷馬梓侵界不合，折罰番銀四十元；仍令每年供納地租，均付本廟逐年爐主收放利息，以為修理廟宇之資。又令周圍店屋二十四間，每年各應納地租錢二百文，以充香油之費。此皆儆省侵佔神地之至法；但恐賢愚不一，久後暫玩，難保無不肖之徒，將來復謀抗佔之弊，貽瀆神明而負憲恩！友等係現年爐主，竊以原斷案牘不若示諭之昭彰、使知共儆。合僉呈稟請，叩乞憲臺大人，惠及神明，恩准出示，勒石申禁，以垂鑒戒。俾得永遠遵守，以杜爭端。沾恩靡既！上叩等情。蒙批：「臺灣縣查案示禁！仍具詳備案」等因。蒙此，合行示禁。為此，示仰居民人等知悉；爾等居住該處廟地界址，遵照逐年交納地租錢文，不得短少；毋庸侵佔地界！各宜凜遵，毋違！特示。

首事郭友等、景山號、源興號、新文錦、全成號、新泉錦、益陞號、吉和號、正太號、得利號。乾隆五十六年七月 日給立石碑記。

此碑文中「本道憲楊」，即福建分巡臺灣兵備道楊廷理；楊氏曾在乾隆五十三年捐俸重修大上帝廟，三年後任兵備道，又處理該廟之土地糾紛，可謂與廟有緣。碑文又記附近店屋有二十四間，且廟

地一再被侵占，從雍正八年（1730）之二十間到乾隆五十五年
（1790）二十四間，六十年期間，只增加店屋四間，似乎說明廟宇附
近地區發展有限，已有瓶頸困擾，僅剩廟周圍有比較大的空地，所
以才一再被侵占，而且附近皆是店屋街舖，也說明了廟所在位置是
熱鬧的街衢。另外，值得注意的是廟中首事的「景山號、源興號、
全成號、益陞號、吉和號、正太號、得利號」等，以常理推測應是
諸船戶或行號店舖；若是船戶，或是配運桐山營班兵之船戶。若是
行號店舖，則或是附近二十四間店屋之街舖行號。而該廟之組織與
管理，顯然有廟祝與爐主（爐主採逐年制），及管理人（或稱首事、
董事）。

　　嗣後情形，據謝金鑾《續修臺灣縣志》記：「嘉慶九年，里人
方相、林慶雲、蔡光準等，鳩眾復修，於本廟後建公館一所，以為
營兵住宿，免其聚居廟內。」[20] 此營兵即桐山營兵。清季戍邊多以
內地各營撥往戍守，定期更替，謂之班兵制度。康熙二十二年
（1683），清廷收臺灣入版圖，由於臺灣孤懸海外，又是明鄭故地，
加以當時兵餉繁重，全國一片裁兵之聲，施琅遂建議由福建各營額
兵中抽調兵丁萬名到臺防戍，既可守臺，且使「兵無廣額，餉無加
增」，獲得聖祖採納，制定班兵制度。最初臺灣綠營分成水陸十營，
即：臺灣鎮標中、左、右三營，臺灣水師協中、左、右三營，澎湖
水師協左、右兩營，南路營、北路營、水師、陸路營各半。其陸營
諸兵多由漳州、汀州、建寧、福寧、海壇、金門等六鎮標，及福
州、興化、延平、閩安、邵武等五協標抽調而來；其水師則由福建
的海澄、金門、閩安三協標，及廣東水師南澳鎮標抽調而來[21]。而
來自福建省福寧之桐山營兵，因崇奉玄天上帝之故，且進出皆是鹿

耳門口岸，因此戍臺登陸或待渡遣返多半羈旅在大上帝廟。然而終究有所不便，便在嘉慶七年（1802），由方相、林慶雲、蔡光準等人仕廟後蓋屋，以為桐山公寓，不准別營使用，至嘉慶九年完工，並議定營兵每班捐輸若干為香火之資，維持廟貌。而廟周遭有店屋街舖二十餘間，顯然營業對象以這批桐山營兵為主。

惟日久年深，是廟傾塌多年。道光十五年（1835）遂由班兵或捐資或幫工予以修護，[22] 並與四條街眾合力一併捐獻並修葺廟後公寓。事後由桐山營頭目鄭國平、高雲飛、江士暉、林進標，與董事蘇建邦、張克容、張達三、黃璜，及四條街眾等簽立公約；並向臺灣縣知縣托克通阿與臺灣嘉義營參將珊琳簽稟，聯銜出示，勒於石碑，以杜爭端，以垂永遠。該碑有二，內容大同小異，一是〈大上帝廟四條街桐山營公眾合約〉碑，立於道光十八年（1838）四月，今嵌於廟內天井左壁，碑文如下：

> 本廟之建，不知始自何時。而桐山戍臺登陸待渡，每羈於此。
> 先輩亦奉斯神香火，廟祀益興。前之董事因慮每班寓宿神前，
> 乃蓋廟后房屋，于嘉慶九年告完，以為桐山公寓，別營無涉。
> 每班油香照納。茲恐后人不知來由，爰立公約擬定廟后房屋永
> 付桐山營。公寓門窗毋許蹧棄；如有空房，應歸爐主管顧，不
> 許私租他人。至於廟宇，乃眾人捐修，通臺可共。惟此房屋乃
> 四條街與桐山營互相起蓋物業，均不得以常住及管顧，踞據為
> 私己。去年經桐山頭目鄭國平、高雲飛、江士暉、林進標，同
> 董事蘇建邦、張克容、張達三、黃璜、并街眾人等，僉稟邑主
> 託、參府珊，察准聯銜會印，出示存案，以杜爭端，公約黏附

在卷，合泐此碑，以垂後世焉。

道光十八年四月　日公立。桐山張日陞捐錢十千文。

　　一是〈大上帝廟桐山營四條街公眾合約〉碑，立於道光十八年五月初八日（兩碑所立時間相差約一月），今嵌在該廟註生娘娘祠前壁，碑文如下：

廟之建，不知始自何時；內有明季寧靖王匾額，又有國初陳道憲聯對。詢諸父老，或云：「有桐山人攜帶神袋到此，靈感里眾，乃為建廟」。或云：「明裔朱氏名戀，牧豕其地，祀神靈感，里眾乃以其地建廟，兼塑其像於西廊」。二說未知孰是。查之《縣誌》，經載此廟乃偽鄭所建；節次重修，均載年代。又誌嘉慶九年設立廟後公館，以為桐山營貴寓。溯其原委：蓋因康熙年間設營戍臺，桐山營眾登陸、待渡，每羈於此。先輩亦奉斯神香火，廟祀益興。本處紳士倡建重新，桐山營亦有捐題。迨嘉慶七年冬，前之董事因慮每班羈寓神前，乃蓋廟後房屋，於嘉慶九年完工，以為貴營館舍公寓，別營無涉。每班議貼香資，至今如故。可見敬神之心，孚于遠近；彼此相待，禮如賓主、實為美也！茲因是廟傾塌多年，列位捐資幫工，經將廟後公寓併修。誠恐後人不知來歷，爰議公約立石，擬定：廟後房屋，永付桐山營之人，公寓門窗器物，毋許蹧棄。如有空房，應即漸（暫？）歸爐主管，固不許二比私租他人。至于廟宇，乃係眾人捐修，通臺可共；惟此房屋，乃四條街與貴營互相捐題起蓋物業，均不得以長住以管顧，踞為私己。切宜共守勿失：永垂此碑以及后世可也。去年經桐山營頭目高雲飛、鄭國

平、江士暉同董事蘇建邦、張啓賢、黃璜及四條街等,簽稟臺縣主託、本參府珊,察准聯銜會印出示,准勒石碑,以杜爭端;公約粘抄附卷在案,以垂永遠不朽焉。

道光拾捌年伍月初八未時吉立。助碑桐山營參張日陞出錢壹拾壹仟文,起陳一春肆仟伍百文。

據此二碑文,值得我們剖析與補充的是:

1.此廟時已稱「大上帝廟」,有別於俗稱「小上帝廟」之稱的靈佑宮。

2.年深歲久,此廟之來源,道光年間眾人已不知曉,遂有種種附會訛傳。幸有志書記載,否則不知胡說訛傳至何時?若果真訛傳下來誤導後世,將添糾葛。不過,此碑文倒也提供了一條訊息,即建廟之前,此地區曾爲牧豬之地。

3.「國初陳道憲」指的是陳璸(惜廟中供奉之陳璸像已遭竊),「查之縣志」之縣志係指謝金鑾之《續修臺灣縣志》。

4.根據以上諸碑文可知乾隆五十五年值年爐主爲郭友,翌年擔任首事管理廟務。道光十八年董事爲蘇建邦、張克容、張達三、黃璜、張啓賢等。

5.是碑之所以有兩方,一是桐山營與里眾所公立,一是臺灣嘉義營參將珊琳出示,故後碑文中有稱「以爲貴營館舍公寓」、「本參府珊」等等之詞。

6.珊琳爲嘉義營參將,桐山營兵等人須向臺灣縣知縣及嘉義營參將簽稟,聯銜出示,似乎說明了桐山營兵在道光年間駐防在嘉義城,或斗六門(參見後之碑文解說)。按,道光十三年

（1833），調整營制，復設臺灣鎮標右營遊擊，改原設北路左營為嘉義營，設參將一人，駐嘉義城（今嘉義市），歸臺灣鎮總兵統轄。移原設北路左營督司駐斗六門（今雲林縣境），為斗六門營都司，歸嘉義營參將兼轄。移原設斗六門汛守備駐嘉義，為嘉義營參將中軍守備。是時嘉義營兵力、防戌情形是：(1)駐嘉義中軍守備一員，千總三員，把總四員，外委十員，額外外委四員，馬戰兵三十五名，步戰兵若干名，守兵六百八名，兵戰馬二十五匹。駐防地點有：一、駐嘉義縣城，一、防城外汛，一、分防斗六門汛，一、防西螺汛，一、防水沙連汛，一、防笨港汛，一、防鹽水港汛，一、八漿溪、水堀頭、山底、牛稠溪、打貓等五塘。一、分防他里霧、大崙腳、中路頭塘、林圯埔、大埔林、三條圳、虎尾溪、虎尾塘。(2)斗六門營：都司一員，駐斗六門，千總、外委、守兵，皆由嘉義營遞年撥員輪防。[23]

7.較可惜者，碑文中所提之「四條街」，未明確寫出是那四條街。臺南市現在的民權路包括了清代時很多街巷。由中山路進入民權路算起至公園路，是清代枋橋頭前後街，今之社教館即清代臺南名園四春園，為吳尚新私人花園。由公園路至忠義路，北極殿上帝廟即在這一段，其北邊為清代打鐵街、做針街，南邊為鞋街、草花街，鞋街，清代時有隘門，石額題「鞋街春暖」。再下去是忠義路至永福路，北為竹仔街、南為帽子街。此段為過去最繁榮的一段，過去除路燈外，每家商戶，均裝有室外照明燈，入晚燈光輝煌，夜市熱鬧，今已遠非昔比。接著為永福路至西門路，北為武館街、十三舖，

近西門路爲內宮後，南爲大井頭，近西門路爲內南河。民權路一帶自清代起，即是臺南市商業繁榮區域，早年以布店、洋雜貨、銀樓、中西藥、文具及鞋帽爲主，臺南附近鄉下人家到府城購買衣物及日用品者，必至民權路。光復後中正路、西門路後來居上，遂一蹶不振。[24] 明白此，也就明瞭何以上帝廟每次修建總有許多商店行號之捐輸。參考其後幾次修建有綢布郊、靴店、草花街等等之捐獻，我們有理由相信此「四條街」頗有可能是：打鐵街、做針街、鞋街、草花街等四條街。

道光年間古物，除上述二碑外，尚有一石爐及一口古鐘。石香爐乃「道光丁酉年，弟子蔡日進謝」，丁酉年爲道光十七年（1837）。而鑄鐵古鐘上銘刻：「道光十七年歲次丁酉菊月穀旦。帝道遐昌吉祥如意、皇圖鞏固五穀豐登、國泰民安八方寧靜、風調雨順千祥雲集。本境職員吳尚新同衆弟子公捐喜助，監生黃源鍾督造，姑蘇祁元昌監製、梅冶坊鑄造」。吳尚新是道光年間府城大鹽商，字勉之，號勵堂，生於乾隆六十年（1793），卒於道光二十八年（1848），享年五十四歲。吳氏生平樂善好施，急公尚義，而道光十年（1830）所創建之「吳園」（又名四春園），爲府城名園，尤爲人樂道。其生平見施瓊芳《石蘭山館遺稿》中之〈中議大夫刑部員外郎吳公誌銘〉，文長，茲不引錄。又銘刻文中較值得吾人注意的是「本境」一詞，清代府城內之所謂「境」就是人群與地域的一個結構，以某幾個廟宇爲中心之祭祀團體，透過祭祀之共同行爲與意念相結合，亦因此而影響到群衆之共同事務與涉外事務之執行，簡言

之，「境」頗類同所謂「祭祀圈」，透過此類結合，表達「合境平安」之願望。據採訪資料，該境稱「中和境」，以北極殿爲境主，包括了辜婦媽廟、府城隍、人壽境狗屎巷頭、嶺前街、嶺後街、六合境之土地廟、首、二、三、四、五全，萬福庵、大士殿等。[25]另外，根據此石爐、古鐘與後殿前檐柱柱聯之「乙未年重修」[22]所立年代，說明了該廟在道光年間之修建，應該始於道光十五年，迄十七年九月竣工，方由蔡日進獻石香爐、吳尙新等人獻古鐘以示慶賀。並在同年，爲避免營兵長期占住，或竟據爲私有，由桐山營頭目高、鄭、江等人與董事蘇、張、黃等人，與四條街里民簽署一份公約。翌年立碑爲記，並簽稟兩位上憲，聯銜出示，以杜爭端，以垂永遠。

　　道光十七年之後，歷經約二十年，在咸豐四年甲寅（1854）梅月（四月），北極殿又再次重修，留下了一方捐題碑，今嵌在北極殿天井左壁。該碑並未敘述修建始末原因，僅列出「官紳舖戶各姓名碑記」，洋洋灑灑，超過百人之多，文長且瑣碎，茲不引錄，但需要補充說明的有下列數點：

1. 該碑額刻雙龍紋飾與「北極殿」廟名，不再使用「上帝廟」或「大上帝廟」的廟名。
2. 碑內倡捐官宦，其中「掛印總鎭府邵」，名連科，有傳：[26]

　　邵連科，號捷軒，字邦善；閩縣人，少負大略。年十六，覩時局多艱，慨然曰：「大丈夫當馬上殺賊，安用毛錐爲？」遂於道光十四年入伍，充督標水師營右哨，以軍功累升至澎湖協副將。連科單刀履任，眾軍皆驚，澎湖爲七省要衝，在任三年，

輯撫得宜，升海壇總兵。無何，特簡為臺灣鎮掛印總兵官·時臺疆不靖，聚黨橫行者甚多，其魁桀感（戚）受約束於土豪林文察。連科廉知文察之才可大用，遂羅致之，推心置腹。文察感知遇，力圖報稱，歷任剿撫，所向有功。連科乃錄其功而力薦於朝，奉特旨以參、遊用。後轉戰各地，功績爛然，卒以節終。咸豐七年，官至福建水師提督；卒。

「臺澎兵備道裕」，名鐸，無傳。「南路協鎮府曾」，名允福，有傳：[27]

曾允福，同安人，家廈門尾頭社。嘉慶五年，入水師營為舵工，歷年駕船出洋，緝盜多獲。由左營外委累擢南澳左營遊擊。道光元年，署提標後營遊擊，護閩安副將，署提標參將；舉軍政卓異。調臺灣中軍遊擊，獲盜吳包舵，陳婆（姿）惜、黃菁等。擢艋押營參將，卒於官。

「台防公府洪」，名毓琛，有傳：[28]

洪毓琛，山東濟南府人。道光二十一年進士。咸豐四年，任臺灣海防同知，陞知府。廉潔愛民，聲望素洽，民有洪菩薩之稱。同治元年三年任滿，陞湖北漢黃德道，甫卸篆；會彰化戴潮春事起，勢甚熾，警至，或勸之速行。毓琛曰：「吾受朝廷厚恩，民情愛戴，一旦有變，委而去之，於心何安？」於是修城垣，備器械，抽釐勸捐，調選兵勇，為戰守計。旋以紳民懇留，署理分巡臺灣兵備道。時人心惶惶，所在風鶴，羽書旁午，日不暇給；乃設籌防局於府城，百計維持，

以顧大局，人心依以為重。屢請餉內地，巡撫徐宗幹准其就地勸捐。時兵荒之際，富戶避匿；乃激勸官募，分上、中、下三等，籌捐十餘萬金；不敷用。遂權發票鈔，通行郡治；並出其服用玩器，易錢以濟軍。十二月，積勞成疾，又以變亂未平，兵餉支絀，悲憤增劇。每與僚屬籌議時務，常泣下。彌留時，猶依枕作書以示僚屬，數十紙皆軍務也。二年六月，卒於任。官民哀悼，巡撫徐宗幹請從優議敘，贈太常寺卿，蔭一人入監讀書。後，鄉宦趙新，施瓊芳等請建專祠；祠成，歷百餘年而禮祭不衰。民國三十四年第二次大戰中，祠毀於空襲。

「臺灣縣正堂姚」，名鴻，亦有傳：[29]

姚鴻，任斗六門分縣，居官廉明，安良除暴。嘗慮差役過多，藉端勒索，為之裁派差名，輕減差費。凡有益於地方之事，莫不認真整頓，以期成效。若夫倡修廟宇、捐建橋樑諸善舉，猶其餘事。士民愛之，奉公祿位於受天宮內；更置田租十八石，遞年演戲恭祝，俾垂不朽云。

3. 碑文中所列舖戶行號，幾乎都是臺南諸郊之郊商、行號、船戶，其中首度出現者有「臺郡茶郊」；而「簽舖金義利」在臺南市其他諸古碑中率用「簽郊」之稱，僅在此碑獨用「簽舖」，是可怪者一。而諸行號中頗多是臺南三郊郊行，卻未用「三郊」之公號，是可怪者二，按方豪在〈臺南之郊〉中考論：臺南北郊、南郊創始於乾隆中葉，至乾隆末葉糖郊加入

後，逐漸形成三郊。嘉慶年間，三郊參加之工作最多，但至乾隆末年以後，三郊以外，又逐漸出現不少小型之郊，以道光初年為最盛。此後，臺南之郊，即開始走下坡路。道光三十年只有一文獻，已不見三郊之名。咸豐朝各郊對寺廟重修，雖時有捐獻，但數額甚微，足見財力之薄。同治朝，幾無文獻可稽。光緒十一年（1885）之呈稟，僅係一種廟產主權之表示，實際上已沒落至受人欺凌之地步，誠可浩歎！[30] 若然，據此碑文佐證，則咸豐初年「三郊」確是已衰微，不足以號召管理諸郊商。另，碑文中有「大報館」，不知是否即是課館，待考！

4. 督修諸人有：監生蔡獻德、職員陳有裕、員生許際時，玉雲號、陳時中、黃月陞、捷陞號、蔡文禮等人，綜考上引諸碑，可知北極殿之組織管理體系，前後有過：廟祝、首事（即董事）、爐主、職員等。而監生蔡獻德，碑文中有「日進蔡獻德……以上各捐銀二十元」及「蔡日進再捐殼灰一萬五千四斤」，參之前述古石爐「弟子蔡日進謝」應即是同一人。

不出十年，同治二年癸亥（1863）陽月（十月），北極殿又在黃月陞、蔡文禮、洪日陞、曾文漢、乾德號、吳通義等人督修下再度予以修建，成為清領時期最後一次修建記錄。也留下〈重修北極殿碑記〉一方，詳細記錄捐獻的眾「官紳舖戶姓名」，今嵌在該廟三川門右壁，文長，茲不轉錄。不過，碑文中值得考究者有：

1. 碑文中所列諸舖戶行號與上述咸豐年間碑記所列諸舖戶行號，有一大半以上不同，短短十年變化如此之大，似乎說明

了府城商業競爭之激烈，可能有不少行號歇業或被淘汰。

2.碑文中有「大進館」，「中營館」；但不知與前述碑文中之「大報館」有何關聯？不知是否即是筆者猜測之課館？碑文中又有「縣大蕎」、「道大蕎」，不知是否即轎行？抑或划竹筏之「蕎師」組織？[31] 而「臺郡餉典」雖是臺南府諸當舖所納賦稅，但不知是否有可能是前述渡臺班兵餉銀外放典質所收租息之收入頗豐，亦樂得捐助一番。按臺南市西區頗多碑文散見「臺郡餉典」之捐輸，如嘉慶二十四年之〈普濟殿重興碑記〉中有「臺郡餉典捐銀十六元」；道光二十一年之〈重修天后宮碑記〉中有「臺郡餉典合捐銀六十元」，光緒九年〈普濟殿重興碑記〉中有「臺郡餉典捐銀陸拾元」等等皆是。

3.捐輸人士中又有「僉首督修曾文漢捐銀四十元」，考臺南府入清版圖，沿鄭氏之制，仍分為四坊，後增為六坊二保。坊於同治十三年（1874）分為七段，段再分為街、境。街係屋宇毗連之處；境者大率係民家散在之所。段置總簽首，街境則設簽首，各處理轄內事務。簽首是由轄區內士紳、舖戶，經總簽首推舉，稟請知縣准允，並給予札諭，並發戳記。簽首處理事務如次：(1)處理團練、冬防、聯境條約；(2)處理管內公共事務，如柵門修造、救火器設備、道路溝渠修繕時挨戶捐題；(3)管內紛議及一般細故之調處；(4)編製保甲，給門牌；(5)將總簽首傳達之官命，傳達於民人；(6)管內有不善之徒，即稟報官，以策管內安全。[32] 不過，此碑中之「簽首」似非指此。清代時，臺南各廟均設有「簽首」一人、「老大」若干人，以管理廟產，由各老大分任記帳及管錢，及掌管廟

中事務；同時設有爐主，專負祭祀、於每年神明誕辰舉行祭典時擲「筊」，以決定誰人爲今年當值「爐主」，爐主外，尚有「頭家」若干人，以佐爐主辦理祭祀。爐主任期一年，而簽首、老大則任期不定，如無特別事故往往終身擔任。簽首類多在廟境內較有地位財勢者，相當於今廟宇管理委員會的主任委員；老大等同委員，爲熱心敬神，年事較長名望較孚者。簽首之名現已不存，老大則沿稱如舊。早年臺南市有「落宮」習慣，遇有紛爭，乃至境內廟宇，請求簽首及老大調解。當時上帝廟境尚有若干小廟境，遇調解案件當事人涉及兩廟宇或事情重大者，尚須請上帝廟十八境總簽首蒞臨調解，相當於今之「合議庭」。[33]

4. 捐輸名單復有「清溝局捐旗杆的銀三十元」。清代臺南每逢淫雨之後，游泥載道，行路多難。用是眾議捐修，清溝鋪石。同治五年丙寅（1866），臺灣府設局興工，疏濬清理郡城溝渠，並修城洞、造橋樑、舖石版，以創坦途，〈臺郡清溝碑記〉敘其事：[34]

竊惟地脈流通，災祲不犯，文運亦興，理固然也。臺郡溝渠，丙寅秋，奉丁前道憲，葉府憲、白邑主設局，勵民疏瀹有方，穿城南北兩大澗、雜處街衢各小溝，分別總局、境眾任之。澗水疏至濱海，與海水通，岸邊各砌磚石。雜溝濬到通渠，與澗水接，渠底盡棄穢蕪。疏大澗，則修城洞，造橋樑，計費五千有奇；濬雜溝，則敷石版，創坦途，輸金約居其半。視初時舉事估量整萬者，已省四分之一。溯自興工、

告竣，首尾三載，癘氣不侵；丁卯鄉闈，閩、粵計中七名，俱郡垣府，縣兩學，又似有明徵焉。因錄題捐芳名、銀數，并綜其事序之。

碑文中之「臺澎水陸總鎮曾」名元福，與前述之曾允福不同人，一般志書頗多混淆在一起，「臺澎兵備道丁」名曰健：「臺灣府葉」即臺灣府知府葉宗元；「臺灣縣白」即臺灣縣知縣白鸞卿。此役溯自興工告竣，首尾三載，因勒石紀事，並錄捐款官紳、士民、商號與金額於碑中，其中有若干與〈重修北極殿碑記〉所列官紳舖戶姓名相同，只是有關清溝局成立時間，兩碑互有牴牾，一是同治五年，一則在同治二年即有捐輸旗杆事蹟，何是何非，苦於史料不全，有待來茲再予詳考。不過，至少根據此碑文所記，可斷定同治二年修葺之北極殿，廟前立有旗杆。

二、日據時期

以上這兩次修建，是北極殿保有清代最後完整全貌。日據後，日人在明治四十年（光緒三十三年，1907年），拓寬竹子街（舊赤嵌街，今民權路）為九公尺道路，拆毀前殿部分，迫使在明治四十四年（宣統三年，1911年）不得不暫時修葺。[35] 另，「慶祝北極殿重修建醮紀念」，落款為「三官廟、五帝廟境眾獻敬，辛酉年陽春月」，辛酉年為大正十年（民國十年，1921年），這之前必有一番大工役，才會建醮慶祝。但也有可能僅是主體之正殿完成，其後又陸續興修。依據立於昭和二年丁卯（民國十六年，1927年）之〈重修北極殿碑記〉內提及「茲將大正拾貳年癸亥梅月重修，寄附金有志

者，芳名列左……」，及後殿一落款「癸亥落成建醮」之對聯，「天與開山長留自在，心同止水常見如來」；似乎說明了大正十二年癸亥（民國十二年，1923年）梅月（四月）興修後殿，至昭和□年年初竣工。所以後殿點金柱有「歲次丁卯陽月吉置」、「曾文郡下營六姓眾弟子敬獻」之柱聯；及「大上帝廟重修落成紀念」、「玉井北極殿眾弟子一同叩謝」之柱聯；和後殿明間簷柱之「北極殿重修慶祝紀念」、「蕃薯崎小南天敬謝」之柱聯。

　　總之，這次修建是約從大正九年（1920）開始，至十年（1921）完成正殿；後於大正十二年（1923）修建後殿，至昭和二年（1927）完工。這期間分別舉行了兩次建醮典禮，以示慶賀。負責此次修建的有管理人洪采惠、前任董事陳和興、王長利、洪慶興、林盈月，及當任董事金義興、永順隆、大源號、陳碧珍、江泉號、邱萬興、金自德、許成泰、姚濟昌、莫非命、時敏齋、徐慶雲等人。並在昭和二年十月立〈重修北極殿碑記〉，詳列寄附捐輸者。名單中較引人注目的有：綢布郊「金義興」，「邱萬興四拾元，又寄附四點金柱二支」、「邱金同成寄附石碑工料金四拾元」、「南部靴店貳拾伍元」，「三進靴店拾四元」、「大福館」、「江泉商店內湯朝虎，造謝假石山、水景一組」等，捐輸行號、人數不多，總金額「計金壹千五百元」，似乎說明了北極殿香火、信徒已不如往昔。

　　另外，根據昭和八年（1933）十二月，相良吉哉編著，臺灣日日新報社台南支局印行之《台南州祠廟名鑑》調查記載，其時之北極殿，「祭神」有韋陀爺、玄天上帝、土地公、十八羅漢、朱王爺、註生娘娘、達摩、伽藍、釋迦、三界公等等，可知此時之北極殿已成道、佛教混合之民間通俗寺廟。「創立」年代記錄是康熙五

十五年（1716），「信徒」有百二十人，正可印證前述香火、信徒不如往昔之事實。「例祭」日有舊曆一月九日、一月十五日、三月三日、七月十五日、七月十八日、八月十五日、九月九日；「管理人」爲洪采惠、許漢；廟「財產」有「建物敷地」四間，各占地○、○○一八甲；○、○○四二甲；○、○○五二甲；○、○一○七甲，末一間可能指的是廟宇本身，前三間殆爲附近店屋，年收入「約三百圓」在日據時期不能算少，所以個人推測主要爲店屋租金之收入。至於廟的「沿革」爲：本廟爲鄭克塽時建設，咸豐四年（1854）時蔡獻德等六人監督改築，至同治二年（1863）黃月隆等六人倡首鳩資修繕，費金一千五十九元，用石灰一萬五千餘斤。今廟中尚有寧靖王「威靈赫奕」匾額，及陳道憲（陳璸）之對聯。本廟與明代苗裔及鄭氏一族關係菲淺。[36] 此條印證前文稽考修建沿革，大體無誤，也可作前文之佐證。

三、光復以後

　　臺灣光復以來，北極殿又歷經多次重修，如一九四七年花月（二月）興工，菊月（九月）修竣，立有「重修北極殿碑記」位於正殿左壁，開列捐獻人士、行號，其中較引人注意者有：崙子頂玄天上帝眾爐下、第一建築合作社、招和堂轎班爐下、溪埔寮眾弟子等等，捐獻金額合計舊臺幣九十七萬九千四百五十元，主其事者有董事：蔡才、王汝禎、胡后、王定、陳江海、高賜成、葉四海、邱擔半、洪存義、郭池中、戴順和、張煙塵、莊碧山、孫銘坤、蔡淑棟、吳火樹、徐朝宗、曾金海、平和行、歐土城等十九人一商行；並在後殿右側留有「北極殿堂重修舊制」之柱聯。

一九五八年戊戌正月再重建，至一九六○年庚子八月告竣，主
其事者有董事：郭池中、葉四海、王定、邱擔半、洪存義、洪旺
熙、吳慶元、戴順和、張煙塵、孫銘坤、蔡淑棟、徐朝宗、吳火
樹、胡啓壎、王育森、洪昆啓、鄭讚來、洪昆龍、陳三堯、李世
雄，及中和境眾舖戶。此次工程，事後立有「重修北極殿碑記」，位
在天井右壁，詳列捐輸名單，中有「草花街小公」、「本廟內魚榮
商」、「招和堂轎班」，金額合計新臺幣十二萬一千二百七十九元五
角。據本碑所列名單，似乎顯示當時廟四周應有不少魚肉榮販。

　　一九六二年續有小修，後殿右側留有一壬寅年（1962）之對
聯，另正殿有一「民國伍拾壹年花月（即二月）落成紀念」、「四聯
境普濟殿眾舖戶敬獻」之對聯。按，四聯境包括普濟殿、媽祖樓、
金安宮、集福宮，無境主。[37]

　　一九六四年甲辰，臺南市因執行都市計畫，而拓寬民權路為十
五公尺，北極殿前殿再度被迫拆除大半，遂在一九六九年起作一大
修髹漆，至一九七一年告一段落，此次改建，負責委員有：郭池
中、葉四海、邱擔半、王定、蔡奕添、洪旺熙、吳火樹、洪存義、
王育森、孫銘坤、蔡金永、陳三堯、張燦森、洪昆啓、洪安祿等
人，六月立有「改建北極殿拜亭」碑，位在天井左壁，開列名單以
為昭信，中有「草花街小公」、「九天宮五龍寺信徒」、「天壇信
徒」，「民權路八十一號攤販」，「南部皮行」，「本廟空門誦經
團」、「民權路九五巷攤販」、「天壇女誦經團」、「湯朝虎」（不知
是否與前敘昭和二年碑之「江泉商店內湯朝虎」為同一人？）、「北
極殿大公」等。改建後之北極殿，成為緊臨街道，建有騎樓之廟
宇。另外，在此需要作一補充說明者是所謂的「草花街小公」與

「北極殿大公」，按臺南市各廟宇中，所祭祀的神明不只一尊，有主
神、有配祀之神，因此各廟中便有「神明會」，照料各配祀神明，各
廟主神司其祭祀者稱「大公爐主」，配祀各神司其祭祀者稱「小公爐
主」，所謂「大公」、「小公」皆是神明會。一座廟神的神輿出巡
時，有幾個轎班，各轎班分配廟內各神，也屬小公的神明會，也各
設有轎班爐主，輪值司班祭祀。[38]

　　近來則在一九七七年、一九八一年續有修繕整飾，成為今日所
見之面貌。

第四節　小結

　　位於今臺南市民權路二段八十九號的北極殿，古名：真武廟、
元帝廟、俗稱大上帝廟。昔年位於市區七山丘之中央鷲嶺地，故廟
宇高聳甲於他廟，規制巍峨；如今卻夾峙在整排商店之間，已成櫛
比鱗次的街屋部分。整個北極殿是由有騎樓之前殿、帶拜亭之正
殿，以及有左右廂的後殿所組成。進深幽長，面寬約五倍，具備標
準店屋廟宇之特徵。

　　北極殿騎樓內有踏階通正門入口，入口開三門，除中門左右尚
存有一對螺紋如意之古抱鼓石外，餘多已新建。前殿內之左右牆與
天井左壁上，嵌有歷來修建之九方古碑。正殿前帶有三開間拜殿，
正殿供奉玄天上帝，左右陪祀慶、趙二元帥。神龕精雕細琢，供桌
製作精緻，均為他廟少見。而正殿神龕背面，安置倒座，供奉地藏
王菩薩。正殿後為拜亭，與後殿連接，後殿主祀觀世音菩薩。拜亭

左右以天井隔有廂房，據聞原爲桐山營公寓所在，乃桐山營班兵住宿待渡之會館，目前左側供奉註生娘娘，右側供奉地基主。

北極殿供奉主神爲玄天上帝，玄天上帝本稱玄武大帝，宋眞宗時因避諱改爲眞武大帝，此外尚有玄天大帝、北極大帝、開天仙帝、開天大帝、開天炎帝、開天眞帝、元武神、眞如大師、元帝、元天上帝、帝爺、上帝爺、北極佑聖眞君、北極聖神君等諸稱，臺灣民間則習稱「上帝公」。玄天上帝爲四象北方玄武七宿之升格，龜蛇爲其形象。北方屬水，色黑，故曰玄，身有鱗甲若將帥威風，故曰武，演變後來，遂成「二一眞武神，腳踏天關蛇龜精，披頭散髮爲上將，頂戴森羅七座星，來鎮北方爲上帝，兼管諸天掛甲兵，左青龍、右白虎，前朱雀，後勾陳，坐管千里虛空內：立照十方世界中」(《玄武咒》) 的形象。到了明代，因曾助太祖逃難，成祖靖難，一躍成爲明朝輔國守護神。

另外，民間航海家、漁民船戶素依玄武星宿推測氣象、方位，故在閩南民間信仰，又一度爲海神。鄭氏既以海上稱雄，又身爲明朝大將，奉明朝正朔，故信奉玄天上帝其來有自。

鄭成功既收復臺灣，有見安平鎮七鯤身爲天關，鹿耳門北線尾爲地軸，酷肖龜蛇之地理風水，因而廣建眞武廟，以爲鎭壓，北極殿即是在此背景下興建的。

北極殿創建於明鄭永曆時期，至今已有三百多年。三百年來歷有修葺，其詳已見於前文，論其史蹟價值，約略言之有下列數點：(1)爲創建於明鄭時期之古廟；(2)係奉祀鄭成功來臺時從大陸攜來之玄天上帝香火之廟宇：(3)爲臺灣本島上最早街道赤嵌街上廟宇；(4)留有豐富文物，廟中石碑、古匾、以及姑蘇古鐘，俱堪研究，可以

明白清代臺灣班兵制度、古行舖、祭祀圈等等社會史實。餘如因玄武方位屬北，五行屬水，尚黑，以故廟中木柱漆成黑色，這是在台灣寺廟中極爲少見，亦是其特色之一。要之，北極殿處臺南之建瓴，古稱鷲嶺，地勢高聳，和開基玉皇宮南北相望，甚具形勢，爲臺南市重要古蹟之一。末了茲將彼修建興廢沿革，表列如**表8-1**，以清眉目，兼爲本文之殿。

表8-1　臺南市北極殿修建記錄表

年代	修建原因	倡修人物	說明
明永曆十六～二三年（1662～1669）	1.明室崇奉 2.民間信仰 3.安平地理形勢宛如天關地軸，須有眞武坐鎮		1.位於承天府東安坊赤嵌街鷲嶺之頂。 2.傳說原址是荷蘭時代中國醫館。 3.形制不詳，廟名上帝廟或眞武廟。
清康熙二十四年（1685）	不詳	臺灣府知府蔣毓英	高聳甲於他廟。
清康熙四十八年（1709）	不詳	里民樂捐	1.地址高聳，規制巍峨，甚偉。 2.康熙末雍正初，是廟棟宇巍峨，基址寬豁，左畔是車路道，往來頻繁，周遭約有二十間店屋。 3.可能是桐山營班兵戌台登陸羈寓待渡之所。 4.設有廟祝、爐主掌管廟事及祭祀。 5.雍正八年發生林天生楊養二人私自請領餉銀，起蓋店屋之糾紛。
乾隆五十年（1785）	不詳	鄉賓黃世景	

（續）表8-1　臺南市北極殿修建記錄表

年代	修建原因	倡修人物	説明
乾隆五十三年（1788）	可能黃世景未竟全功	臺灣府知府楊廷理捐俸續成	1.將廟前後左右界內壙地侵築者，一律追還，於是廟宇整麗，神民咸安。 2.廟名已有大上帝廟之俗稱。廟中設有值年爐主及首事（董事）。 3.乾隆五十五年，有廟後居民馬梓，挖掘磚覽，增築房屋，侵佔廟地之糾紛。
嘉慶七年（1802）	增建廟後公館，供營兵住宿	里人方相、林慶雲、蔡光準等人	在廟後建公館一所，供桐山營兵住宿，免其聚居廟內。於嘉慶九年完工，並議定營兵每班捐輸，充香火之資，維持廟貌。
道光十五年（1835）	廟宇傾塌多年	1.桐山營頭目鄭國平、高雲飛、江士暉、林進標等人。 2.董事蘇建邦、張克容、張達三、黃璜等人。	1.由班兵損資或幫工予以修護，並與四條街眾合力，一併修葺廟後公館。 2.廟後殿供奉觀音菩薩。 3.此廟來歷年久不曉，已有訛說。 4.可能於道光十七年完工，與街眾立約使用，並簽稟上憲存案立碑。
咸豐四年（1854）	不詳	督修人物有監生蔡獻德、職員陳有裕、貢生許際時、職員黃月陞、玉雲號陳時中、捷陞號蔡文禮等。	1.廟名改用北極殿。 2.捐獻者頗多舖户行號，大多是臺南行郊之郊商或行號，也説明此廟香火之盛。
同治二年（1863）	不詳	督修人士有黃月陞、葉文禮、洪日陞、曾文漢、乾德號、吳通義等人。	1.捐獻行號與咸豐四年名單變化頗大，似乎説明府城商業競爭之激烈，或其時市況不景氣，轉手頂讓現象頗多。 2.廟前立有旗杆，為清溝局捐獻。
日明治四十四年（宣統三年、1911年）	拓寬街道、拆毀前殿	不詳。	

（續）表8-1 臺南市北極殿修建記錄表

年代	修建原因	倡修人物	說明
日大正十年（民國十年、1921年）	不詳	不詳。	僅修正殿。
大正十二年～昭和二年（民國十二～一六年、1923～1927年）	不詳	1.前任董事：陳和興、王長利、洪慶興、林盈月。 2.當任董事：金義興、永順隆、大源號、陳碧珍、江泉號、邱萬興、金自德、莫非命、許成泰、姚濟昌、時敏齋、徐慶雲等人。	1.修建後殿。 2.時廟管理人爲洪采惠、許漢。 3.捐輸行號、人數不多，金額不大，反映香火有冷落現象。
1947年	不詳	董事：蔡才、王汝禎、胡后、王定、陳江海、高賜成、葉四海等十九人。	1.照原規模修護。 2.從該年二月至九月。
1958～1960年	不詳	董事：郭池中、葉四海、王定、邱擔半、洪存義等及中和境眾鋪戶	
1962年	不詳	不詳	後殿、正殿，留有對聯可作爲有重修過之證明。
1969～1971年	拓寬民權路，前殿再度拆除大半	委員：郭池中、葉四海、邱擔半、王定、蔡奕添等人	成爲緊臨街道，建有騎樓之廟宇。
1977年	修繕粧飾		
1981年	修繕粧飾		

資料來源：卓克華整理

註釋

1 文中所引諸條資料均據呂宗力、欒保群編《中華民間諸神》（臺灣學生書局，1991年10月初版），乙編〈玄武〉，pp.73~95，另參看劉逸生《神魔國探奇》（遠流出版社，1989年6月初版），〈由怪爬蟲變成的北帝〉，pp.11~22。

2 同註1。

3 同註1。

4 范勝雄《府城的寺廟信仰》（臺南市政府印行，1995年6月出版），府城神佛聖歷〈玄天上帝〉，p.28。

5 蔡相煇《臺灣的祠祀與宗教》（臺原出版社，1989年9月第一版），第二篇第三節〈真武玄天上帝〉，p.107。

6 石萬壽〈臺南市寺廟的建置——臺南市寺廟研究之一〉，《臺南文化》新十一期（1981年6月30日出版），pp.45~47。

7 同註6。

8 王必昌《重修臺灣縣志》（臺銀文叢第一一三種），卷六祠宇志〈真武廟〉，pp.167~177。

9 見黃靜宜，王明雪主編《臺南歷史散步》上冊（遠流出版社，1995年5月初版），導覽篇：中區〈北極殿〉，p.58。

10 蔣毓英《臺灣府志》（臺灣省文獻委員會，1993年6月初版），卷之六廟宇〈上帝廟〉，p.69。

11 劉良璧《重修臺灣府志》（臺灣省文獻委員會，1977年2月出版），卷九典禮祠祀附〈上帝廟〉，pp.330~331。

12 范咸《重修臺灣府志》（臺銀文叢第一○五種），卷十九雜記寺廟〈元帝廟〉，p.546。

13 余文儀《續修臺灣府志》（臺銀文叢第一二一種）卷十九雜記寺廟〈元帝廟〉，p.646。

14 陳文達《臺灣縣志》（臺銀文叢第一○三種），雜記志九寺廟〈大上帝廟〉，p.208。

15 同註8。

16 謝金鑾《續修臺灣縣志》（臺銀文叢第一四○種），卷五外篇寺觀〈真武廟〉，pp.336~337。

17 北極殿之創建年代，穩當說法當然是永曆一五～二三年之間，不過，個人較傾向於是永曆十六～二十三年，甚至於是永曆二十二～二十三年，原因在於寧靖王是永曆十八年渡臺灣，以寧靖王在鄭氏的抗清陣營中地位之崇高，鄭氏將帥及平民，咸尊敬之，因此若其前已有上帝廟，照理應請寧靖王題字立匾，不必拖到永曆二十三年，也就是說，個人懷疑北極殿或是創建於永曆二十二年，於翌年落成，方才請寧靖王題辭落匾。然而這究竟是個人之推測，僅置於附註中以就教於高明！

18 余文儀前引書，卷九武備（一）〈恤賞〉，p.387。

19 同註16。按，鄉賓指的是參與鄉飲之禮的地方士紳，或鄉黨年高有德之人。順治初，詔令京府直省各州縣，每歲以正月望日、十月朔日，各於儒學行鄉飲酒之禮。凡鄉飲酒，主人以府、州、縣官為之，位於東南。三賓以賓之次者為之，位於賓主介僎之間，眾賓序齒，僚屬序爵。舉行鄉飲之禮，非為飲食酬庸，其目的為敦崇禮教，各相勸勉，為臣盡忠，為子盡孝，長幼有序，兄友弟恭，內睦宗族，外和鄉里。見連橫《臺灣通史》（臺灣省文獻委員會，1976年5月出版），卷十典禮志〈鄉飲〉，

pp.195~196。

20 同註16。

21 詳見李汝和《清代駐臺班兵考》(臺灣省文獻委員會印行,1971年5月出版),pp.1~2。

22 北極殿後殿前檐柱有柱聯:「南海慈雲輝聯北極,西方法雨澤普東瀛」,爲「董事蘇建邦敬書、黃璜恭題」,落款年代是「乙未年重修」,蘇建邦與黃璜爲道光年間北極殿董事,是知乙未年爲道光乙未十五年(1835),則該年爲北極殿道光年間重修之一年,坊間一般書籍介紹北極殿是於道光十八年重修,均是誤讀〈大上帝廟四條街桐山營公眾合約碑〉與〈大上帝廟桐山營四條街公眾合約碑〉,碑文明確說明:「去年(指道光十七年)經桐山頭目鄭國平⋯⋯等,僉稟邑主託、參府珊⋯⋯」,並不是說該廟於該年翻修。另,據該柱聯,可知道光年間北極殿後殿崇奉觀世音菩薩。

23 李汝和前引書,〈班兵之防戍〉pp.84~85。

24 連景初《海嶠偶錄》,〈臺南市民權路滄桑錄〉《臺南文化》第九卷第一期(1969年3月出版),pp.64~65。

25 洪敏麟《臺南市區史蹟調查報告書》(臺灣省文獻委員會,1979年6月出版),第三章第七節〈祭祀圈區別〉,p.69。

26 鄭喜夫《臺灣地理及歷史》卷九官師志第三冊文武職列傳(臺灣省文獻委員會,1980年8月出版),〈邵連科〉,p.233。另見陳衍《福建通志列傳選》(臺銀文叢第九五種),卷五〈邵連科〉,p.279。

27 鄭喜夫前引書,p.227。另見周凱《廈門志》(臺灣文叢第九五種),卷十二列傳〈武功〉,p.492。

28 鄭喜夫前引書,p.940。另見《臺灣省通志》(臺灣省文獻委員會,1970年6月出版),卷七〈人物志〉,p.112。

29 同註28。另見倪贊元《雲林縣采訪冊》(臺銀文叢第三十七種)，(斗六堡)、〈宦績〉，p.36。

30 方豪《六十至六十四自選待定稿》(作者發行，1974年四月初版)，〈臺南之郊〉，總頁數285。

31 詳見謝金鑾前引書，卷七藝文二所收蔣允焄〈新建塭岸橋碑記〉中提及：「……有地曰洲仔尾……春夏之交，霖雨泛濫，積潦奔谿，往來病涉。附近居民，設竹筏以濟，因挾以為利，行旅尤艱之，……而篙師狙獪，持緩急以困旅人者，……」，p.508。

32 戴炎輝《清代臺灣之鄉治》(聯經出版公司，1979年7月出版)，第三篇第二章第一節，pp.217~218。

33 連景初《海嶠偶錄》〈南市廟宇與民俗的關係〉，pp.62~63。

34 該碑原置於臺南市北區臺灣縣城隍廟前，1955年，移立赤崁樓之小碑林收藏。

35 楊仁江《臺南市國家二級古蹟專集》(臺南市政府編印，1993年5月出版)，〈北極殿〉，p.16。

36 相良吉哉《台南州祠廟名鑑》(昭和8年12月發行，2002年3月景印初版二刷，台北大通書局)〈祠廟・台南市の部〉「北極殿」條，p.19。

37 同註25。

38 同註33。

第九章
宜蘭碧霞宮——
一場論戰的平息

第一節　宜蘭碧霞宮之創建

　　碧霞宮又名岳武穆王廟，位在今宜蘭市城隍街五十二號，主祀岳飛，是臺灣少數幾個以岳飛為主神之廟宇，其淵源可追溯至早期之坎興乩堂。

　　乩堂為鸞乩之所，扶鸞又叫「扶箕」、「扶乩」、「飛鸞」，是中國的一種古占法，卜者觀察箕的動靜，來斷定所問事情的行止與吉凶，後來漸次發展為書寫，或與關亡術混合起來，不只藉箕的移動，逕然用口說出，或用筆寫出的也有。[1] 據林文龍〈清代臺灣鸞務史略〉的研究，清初康熙年間，臺灣已有扶鸞活動，道咸年間已有鸞務，文人結社，恭奉神明，設置沙盤、木筆，請神降乩示事。[2] 宜蘭之鸞堂頗多，如新民堂、喚醒堂、未信齋、醒世堂、鑑民堂、碧霞宮鸞堂等，其間的淵源與關係頗為糾葛，據王見川的研究：(1)新民堂創建於光緒十六年（1890）；(2)醒世堂創建年代不明，但至少光緒十六年梅月（4月）即在扶鸞濟世；(3)未信齋乃由書齋改成，源自粵東，大約同時也在扶鸞造書；(4)鑑民堂約創於光緒十三年（1887），乃擺厘鑑湖陳氏家族的私廟，附在登瀛書院中；(5)喚醒堂成立於光緒二十一年（1895）夏天。[3]

　　關於碧霞宮的設立《治世金針》〈本堂自敘〉云：[4]

　　　甚矣，神天之大也。馨自早歲束髮受書，每於神道設教之語，
　　　心竊疑之。謂其必無是理也。數年來蘭陽士子，設鸞請乩者相

續不絕。馨始亦疑其事之為虛。後及未信齋，與林君以佃等請鸞問事。蒙先儒陸夫子指述啓悟，並著喝醒文一部。身親其事，心始豁然。自是頗有信受奉行之心焉。本年春，堂兄祖疇，邀集同志重興此舉。屢蒙神聖示事，括及幽隱。於是僉請設堂。蒙馬天將奏准旨下命。恩主武穆王下塵濟世。自四月望後開堂，而問症求事者，踵若相接，罔不洞澈精微。間有三月之久，救濟頗多。及秋七月下旬，又承玉旨續造善文，頒行勸世。諸聖真相繼著作二十天，全部完功。自行述而地獄而天堂，名為《治世金針》，又名《重視三才》。……天運丙申菊月吉旦鸞下沐恩校正陳惟馨盥手拜識。

此文爲陳惟馨（碧霞宮鸞堂之總校正兼抄錄）所寫的「自敘」，詳讀此序文，可知：(1)原本陳惟馨不信扶箕，視爲迷信之舉。後與林以佃等人至未信齋請鸞問事，指迷起悟，身親其事，方才豁然相信，自是信受奉行，並著有《喝醒文》乙部；(2)於本年（丙申歲，即光緒二十二年，明治二十九年，1896年）四月開堂，七月下旬續造善文，經二十天才完功，名爲《治世金針》，又名《重視三才》。

不過，此說仍有若干疑點，碧霞宮之創建與坎興鸞堂淵源頗深，據林文龍前引文記坎興鸞堂則是創建於同治初年，林文云：「同治初年，噶瑪蘭廳治（今宜蘭市）北門大郊商金漳興號，發起興建坎興鸞堂，以當地舉人李春波（字鏡如，號心亭，咸豐九年己未科中式）爲堂務總理。」[5]而《治世金針》卷一內文記有：「功曹溫天君詩……群推武穆王諭……茲蘭邑經設鸞數次……。」[6]可見碧霞宮鸞堂之詳確創建年代仍有待進一步研究。

然而碧霞宮之「源自」坎興鸞堂應當是確實的，碧霞宮主供岳飛與坎興鸞堂同，且在《治世金針》再版序中視其為「本宮之始，記載立廟之經緯，闡揚先人於甲午割讓之後，創立碧霞宮，奉祀岳武穆王，藉以在日人統治之下，維繫漢魂之不墜，進而冀求疆土之光復，……歷歷詳敘，是本宮門生不可不讀之史書也」。[7] 不過詳閱《治世金針》內文並無「記載立廟之經緯」，碧霞宮之關聯坎興鸞堂，應該是由於創廟者率多是該堂之鸞生，且該鸞堂又名碧霞堂，《宜蘭縣志》卷二，人民志〈宗教篇〉記碧霞宮之創建始末，文如下：[8]

> 碧霞宮一名岳武穆王廟，在本縣宜蘭市城隍街，創始於清光緒二十二年丙申春初，至光緒二十五年己亥三月初八日興建廟堂，是年八月初旬正堂工程告竣，茲述其概況如下：
> 當日本據臺之初（光緒二十一年），有邑人陳祖疇兄弟意欲重返故鄉福建避難，進退未決，乃延新民堂鸞生李琮璜，吳天章扶鸞乩，乩辭指示須以忠孝感化人心向善，挽回劫運。於是由陳祖疇、陳惟馨、陳光苑、陳登第、李琮璜、吳天章、蔣國榮、賴黃章、張榮藩、胡宗虞、林承芳，石秀峰、簡賡南、李桐柏、李紹年、林彪年等創始，於光緒二十二年三月初八日開設坎興乩堂，並籌建碧霞宮，祀岳武穆神像，至光緒二十五年三月初八日興建廟宇，是年八月初旬正座工程始告完竣。該創始人等憤慨臺灣淪於日本，目擊蘭人受其蹂躪，欲存民族正氣，故奉岳王以為模範，其初心諒非出於迷信也。

碧霞宮立面牌樓式山門

　　而《治世金針》卷首列有「碧霞宮鸞堂諸生奉派執事名次」的名單中有「本堂總董兼禮誦陳祖疇、總校正事兼抄錄陳惟馨、抄錄生兼副董蔣國榮，正鸞生兼傳宣李宗璜、陳登第、副鸞生兼禮誦吳天章、副鸞生兼司珠墨胡宗虞、副鸞生兼淨壇賴黃章、備用正鸞生兼接駕張榮藩、李宗基、傳宣生林承芳、幫錄兼司香游聯甲」等人，[9] 與《宜蘭縣志》所載諸人作一對照，幾乎雷同，所差者，《宜蘭縣志》名單多出「陳光苑、石秀峰、簡賡南、李桐柏、李紹年、林彪年」等人，少「李宗基、游聯甲」二人，「李宗璜」則寫作「李琮璜」。

　　由於坎興鸞堂成員名單中，並無李望洋、楊士芳二人，這份名單又與《宜蘭縣志》記載籌建碧霞宮人員幾乎相同，因此今人王見川認定「可見李望洋與楊士芳倡建碧霞宮一事，純屬傳聞，並非事實。」[10] 並根據大正五年（1916）林確堂在《臺法月報》十卷四號的一篇〈本島人の信仰た善用せる善績〉報導，與明治三十一年（光緒二十四年，1898年）九月二十八日木村泰始在《臺灣日日新報》日文版的一篇〈宜蘭扈從日錄〉七「地方士紳的歡迎會」的報導，

從而判定「兒玉總督在明治三十一年下賜金錢予碧霞宮」、「楊士芳等人募集的碧霞宮建廟款，似乎大部分來自日本政府的賜與。」[11] 此種論斷與廟方奉祀岳飛之民族忠孝節義的立場與建廟說法大相逕庭，引發一場筆戰，[12] 王見川仍堅持認爲：(1)碧霞宮是由坎興鸞堂擴建而來的，其修建從明治三十年（1897）九月以後才開始，逐步興工迄明治三十二年（1899）全部竣工；(2)碧霞宮名稱之由來，與「碧血丹心望曉霞」故國之思無關，應是源自岳武穆王天上宮闕名諱；(3)楊士芳在明治三十年十月至明治三十一年仲夏月之間，加入碧霞宮，任「總理堂講事」，而其先前組織的勸善局亦成爲碧霞宮之附屬機構；(4)碧霞宮創建經費，大部分似乎來自日本政府的賜與，而其「建廟啓文」之內容（部分）可能是僞造的，不能輕信；(5)碧霞宮在日據時期是宜蘭的教化中心。[13]

王見川之看法，個人大體肯定，但對於若干細節仍有值得進一步探討與修正之必要，茲分小題析論如下：

一、創廟人物

楊士芳等人是否有介入建廟之舉，其實王見川之說法已自相矛盾，理由很簡單，若相信林確堂與木村泰治之報導，楊士芳等人拿日督之錢來建廟，就不能相信《治世金針》與《宜蘭縣志》卷二〈人民志、宗教篇〉的建廟名單（因無楊士芳等人）；反之，若採信《宜蘭縣志》與《治世金針》兩書之名單，楊士芳等人並未參與建廟，則當然不能採信上述兩人報導。

那麼楊士芳等人到底有沒有介入建廟之舉？個人看法是有的，依據廟方說法，建廟緣起如下：[14]

楊進士士芳遺像

由進士楊士芳、陳祖疇等人發起,先於丙申年(1896)三月八日,在宜蘭坎興街陳祖疇宅開堂,敬祀岳武穆王,以為團結聚會之所,為遮蔽日人耳目,取碧血丹心望曉霞之義,定名為碧霞宮,期盼早日復見光明,重回祖國懷抱。而至一八九七年(按,即明治三十年)間,再經進士楊士芳、舉人李及西二位倡募建款四千五百日幣,遂向李烏鼠購置宜蘭五坎仔街現址,籌建三年於己亥年(明治三十二年,1899)仲秋落成。

此說之可信,林靜怡大作之解釋可參考,另外最有力證據是,廟方尚存有一件明治三十年丁酉(光緒二十三年、1897年)十一月,碧霞宮「首事楊士芳、李及西」向李烏鼠購買五坎仔一塊地的地契,其範圍是「東至碧霞宮石界竹垾,西至城牆,南至穀倉並范家,北至郭家園」,「又從中畔厝地截出壹分五厘柒毫正,賣過於碧霞宮首事楊士芳等,東至李粗皮竹垾、西至李及西石界竹垾,南至

穀倉竹圻，北至郭家園」、「其餘東畔厝地貳分捌厘五毫陸絲捌忽，東至城隍廟石路，西至碧霞宮，南至李家、曾家並陳家，北至郭家園」，地契旁邊另附有地籍圖，即地契末文的「合約字連圖說參紙壹張」之「圖說」，圖中用蘇州碼記土地地基與價錢，如東畔土地值四千兩百五拾四錢、九百一拾四角，中畔土地值兩千六百一拾三錢、五百零二角；西邊土地值兩千七百一拾三錢、五百二拾二角。後又有「門生李本壁奉獻」字樣，但不知買地錢是否即其人之捐獻。

此地契之重要性不僅讓我們知道了：(1)其時碧霞宮占地範圍大小，與附近環境；(2)其時土地之地價；(3)也證明了楊、李二人是碧霞宮首事，參與建廟之舉；(4)更說明了在明治三十年十一月時碧霞宮已有（否則土地範圍，不會說西至碧霞宮），至於其時形制規模如何，史文有缺，不可得知。

那麼何以一開始《治世金針》與《宜蘭縣志》兩書沒有提及楊、李等人呢？曾任碧霞宮神職校正的方坤邑先生其實已解釋的相當合理：「在計畫建廟時陳祖疇基於進士號召力較大的考量，改讓楊士芳進士出面當頭，所以召集、買地、簽契約都是楊進士做的，以後碧霞宮的第一任首事也是請楊進士擔任，楊進士一共做了八年首事。」[15]但其中另有一番曲折，詳見下小題。

二、創廟時間與經過

碧霞宮建廟時間有四說：(1)《宜蘭縣志》卷二《人民志，宗教篇》記：光緒二十二年（明治二十九年，1896年），開始籌建，光緒二十五年（明治三十二年，1899年）三月初八日興建，是年八月初旬正座工程始告完竣；(2)王見川：光緒二十三年（明治三十年，

1897年）九月後開始，迄光緒二十五年全部完工；(3)廟方：光緒二十三年（1897年），籌建三年，於己亥年（光緒二十五年）仲秋落成；(4)《臺法月報》：光緒二十三年十一月正式建廟完成。

如前所述，若依廟方今存地契所載，在明治三十年（光緒二十三年，1897年）十一月時已有碧霞宮，則參照以上四說，應可確定該廟的始建年代是明治三十年，何月動工則不可得知（依王見川說法是九月），至於十一月完成大體可信。參考前引「正座工程始告完竣」一語，個人假設如下：明治二十九年（光緒二十二年，1896年）三月陳祖疇等人開設坎興乩堂，並開始籌建碧霞宮，可能在明治三十年年初動工，三十年仲秋完成主殿建物，是以此一時期創建人員一開始並無楊、李諸人。嗣後一方面基於楊、李等人之功名官銜號召力較大，改由他們出面，另一方面楊、李等人或有意或被動將勸善局併附於碧霞宮內，所以需進一步買地擴建，至明治三十二年（光緒二十五年，1899年）才全部完成。換句話說，整個碧霞宮建廟工程是分兩期完成，如此才能解釋以上諸說之矛盾糾葛不清。

三、資金爭議

王見川認為碧霞宮之建成有日督所給之四千金，其實是誤讀史料，木村泰治之報導很清楚的記載是在「天后宮招待」總督等人，後來西鄉廳長轉送李望洋、楊士芳、李紹宗等三人的是「總督所捐之廟宇維持金」，[16] 已明白的寫出這筆錢是「維持金」不是「建廟金」，而且此維持金並未指明是給碧霞宮，可能是天后宮，可能是碧霞宮，也可能諸廟一同均沾雨露，王見川於大作中自己也提及得到兒玉總督的賜與，不只宜蘭市的廟宇，頭城、羅東等地的寺廟，也

都有分沾到賜金，並非只有碧霞宮獨得恩寵。[17]

同理，林靜怡質疑王見川說法，認為〈善用本島人信仰中心的績效〉報導中敘述此廟為明治三十年十一月正式建廟完成，兒玉於隔年撥金給寺廟建廟，這與前述所有文件資料中建廟時間記載不合。[18] 其實若個人上述建廟時間、經過之假設能夠證實，則王、林之間的矛盾都可以合理解釋，即當時碧霞宮主殿已完成，所以兒玉總督給予一筆錢以維持運作（此運作或是指宣講活動，見下節）。

總之，碧霞宮是由陳祖疇等人之坎興鸞堂與楊士芳等人之勸善局兩大系統組合而成，而廟宇建築亦極有可能分兩期建成。其中以陳祖疇等人首倡建廟，而楊士芳則以地方仕紳的領袖身分積極推動。廟宇規模「基地約百餘坪，建築物占地九十八坪一合二勺」。[19]

以上究竟只是個人之稽考推斷，最有力的證據是臺灣總督府公文類纂的檔案史料，在《公文類纂》幸存有收錄一件「宜蘭廳提報核准碧霞宮興建事宜」案卷，此卷宗是明治三十二年九月七日宜蘭廳長發文，九月十一日民政部文書課收文，同年九月十四日總督及民政長官閱畢核准。內文是：「有關宜蘭廳本城堡東門后街楊士芳等十人提出建廟申請乙案，業已核准。」內文並陳報申請建廟之項目，如「廟宇所在地名」：宜蘭本城堡五坎仔；「廟名」：碧霞宮，（祭祀之神為宋朝大忠大孝，御賜精忠之武穆王岳元帥）：「廟宇建坪及境內坪數」：建坪三十坪，境內三十六坪；「境內（地主）」：民有地。[20] 根據此一卷宗我們可以剖析如下：

1. 倡首建廟人物，的確有楊士芳，可惜卷宗內未附其他九人名單，方便我們進一步對照比較。

2. 若根據發文、收文、閱畢之時間而認為明治三十二年九月七日前碧霞宮尚未興建，是很容易誤判的，蓋因前引廟方地契，已確知明治三十年十．月時已有碧霞宮，而且工見川前敘兒玉總督在明治三十一年即賜下「維持金」予碧霞宮，可見早在發文日期前「碧霞宮」已確然存在，此次楊士芳等人申請的是「增建」部分，是以建物坪數才有三十坪，地基三十六坪。

3. 個人推斷建廟工程分成二期：第一階段建正殿，於明治二十九年籌建，明治三十年年初動工，同年仲秋完成，才開始進行第二階段，而建廟申請發文日期是在明治三十二年九月七日，在時間上完全符合個人的推斷，正可以印證個人有關「創廟人物」及「創廟時間與經過」之論斷正確無誤，而「建廟資金」個人相信應該是楊士芳等倡首人物捐獻募集外，尚有「門生李本璧奉獻」，兒玉總督所賜之「維持金」或許也有運用在增建之役，但絕非主要「建廟資金」，但盼將來有新史料發現來證實吾說。至此有關諸項論爭已大體解決，這場論爭應可告平息了！

第二節　碧霞宮歷史沿革與古文物

碧霞宮既於明治三十二年（光緒二十五年，1899年）全部竣工，時廟址在宜蘭舊城西北角，今城隍街與碧霞街交接口，採座北朝南之配置，其形制、規模、史文有缺，不可考知。但大體可推知

為兩進式建物，前殿建坪約三十坪，正殿約六十坪，附近有田園、竹叢，穀倉及李、范、曾、陳住家，而且廟的外圍可能是石頭堆砌的圍牆。當時附近除城隍廟外，尚有常平倉、仰山書院、文昌廟、靈惠廟等建物，碧霞宮擇基於此，固然與當年歷史空間有關，也應與坎興鸞堂有關。

其後有若干次的增建、翻修。《臺灣日日新報》於大正五年（民國五年，1916年）三月二十五日曾報導：[21]

> 宜蘭坎仔碧霞宮廟，崇祀武穆王及五文昌。該廟建自明治丙申年（按：明治二十九年，1896），客歲都人士再為釀資，建造東西廊及左右兩廊。外環圍宮牆，內有青雲閣及勸善局兩軒，中殿祀岳王像，旁列王橫、張保兩像。東西廊祀岳王部將諸神像，左右廊合祀五文昌。廟貌巍峨，香煙不斷，為蘭地人民素所信仰之神。例年以舊曆二月十五日，為祝岳王神誕，都人士恭行祭典。

據此可知，在大正四年（1915）碧霞宮曾有一次大擴建，增建東西廊及左右二廊，外有圍牆，東西廂房有青雲閣及勸善局兩軒。所祀奉神明，中殿是岳王像，旁配祀王橫、張保，東西廊祀岳王部將諸神像，左右廊合祀五文昌。此次擴建，奠下今貌。另，在昭和二年（1927）八月二日該宮曾舉行岳武穆王鎮座式，但不知是否有改建之事。[22] 光復後，一九五三年，道教第六十三代天師張恩溥曾蒞宮講道，一時盛事，該宮此後曾有多次翻修，其中以一九五三年與一九六二年較具規模，一九六一年曾修補東西軒，一九八一年再修後將天師壇改稱老君壇至今；另廚房、會議廳等亦一併整建，拜

亭、山川門之門樓等在此時興建。另因門生增加，每當擴大祭祀時，廟前前埕即嫌過小，因此在一九五一年及一九八四年，由管理委員會發動募捐，添購該宮後面建地及前方右側講堂，總計五百多坪作爲建廟之用。一九九〇年信徒大會通過重建案，成立重建委員會，決定改建成目前常見現代鋼筋水泥多層廟宇建築。一九九二年完成設計請照，舉行破土儀式，不料翌年宜蘭縣政府出面協調，請保留正殿部分建築，並擬列爲古蹟。至一九九五年初步達成協議，變更設計。廟方基本立場希望縣政府協助解決廟後土地產權問題，新設計改建計畫之空間能容納日增的門生與講學空間，及新建物要符合道教正統形制，[23] 近年遵古法已改建完成。

碧霞宮所存之詩書字畫匾聯甚多，其他日據時期存留至今之古文物亦復不少，廟方留有清冊，因項目龐雜瑣碎，茲不附錄。

第三節　碧霞宮的教化善行活動

清廷爲教化百姓，一向有宣講聖諭之舉，但在臺灣，或因是新闢之地，百舉待理，地方上未暇多設置，爲彌補此項欠缺，各地民間乃成立宣講善書，作爲社會教育之用。這些機構多爲地方樂善好施之人所創，並由能言善道的地方仕紳擔任宣講師。時間均在每月朔望之日，也有每日在夜間寺廟市肆熱鬧之地舉行。內容大都根據聖諭廣訓的旨趣，再加上佛道思想，雜以因果報應之說，頗見教化的效果。[24]

在宜蘭，宣講機構即是前述的新民堂、喚醒堂、慶安堂等鸞

堂。以碧霞宮爲例，開堂以來「僅以儒爲宗，以神爲教，宣講武穆忠孝節義，警頑立廉，以飛鸞濟世，解釋士民疑惑」。[25] 同時亦出善書，說敦倫、教五倫，以提高道德，如碧霞宮的《治世金針》、喚醒堂的《渡世慈航》等等皆是。在碧霞宮右側的勸善局，初設目的便以宣講聖諭，勸化世人爲宗旨。

勸善局之設，是在光緒甲午、乙未年間，清廷戰敗割臺予日本，而日人尚未接管宜蘭時，此時地方不寧，盜匪群起，因此楊士芳、李望洋、李及西、李紹宗、黃友璋、呂桂芬等人，乃共同組織「勸善局」，以維持宜蘭境內安寧。如《臺灣列紳傳》記呂桂芬於明治二十九年（光緒二十二年，1896年）三月，被推舉爲「勸善局長，首倡宣講聖諭，隨時勸化，頗有佳績」。[26] 《臺灣日日新報》大正十五年（1926）三月二十四日報導：「蘭陽黎旭齊氏，自碧霞宮創設宣講善書，至今計之，星霜三十有二。」[27] 同報昭和六年（1931）六月十三日〈宜蘭碧霞宮勸善局紀念祭典〉文載：「宜蘭碧霞宮勸善局，自明治二十八年舊四月二十四日進士楊士芳等，創宣講聖諭以來，迄今賡續三十有六載。」[28] 以上諸文之記載不只明確說明楊士芳等人於光緒二十一年（1895）創設勸善局之事實，亦復說明勸善局之設置早於坎興鸞堂（一爲光緒二十一年四月二十四日，一爲光緒二十二年三月初八），兼可佐證個人之前述假設碧霞宮是勸善局與坎興鸞堂兩系統合作而成。不僅如此，個人甚至懷疑被王見川認定是僞造的「建廟啓文」頗有可能是成立「勸善局」的「啓文」而非指「碧霞宮」，因其發起人名單之官銜不僅正確無誤，與勸善局同人頗多重複相同，尤其指出李紹宗是「臺灣通志采訪主事」此等細微末節亦是正確無誤，造假功夫逼眞如此，實在不可能

是偽造，試問其造假的動機與目的何在？焉知後代會爲楊士芳是否是倡建人引起爭議，若造假目的僅在於證明楊士芳是當初碧霞宮倡建人之一，未免大費周章，無此必要。正因其是勸善局的「成立啓文」，也在日人據臺鼎革交替之際，所以文中才有緬懷大清，耿耿孤忠之辭句。吾說若得成立，不僅碧霞宮成立之諸多疑點可以釋然，而王、林與廟方之爭執亦可平息。

　　乙未割臺後，官方宣講聖諭活動自然停止，改由新成立的喚醒堂與碧霞宮承擔，而碧霞宮則由勸善局同人負責。當時勸善局董事有莊贊勳，呂子香、游登三（即游聯甲）、蔡振芳，講生爲李克聯、游棟樑、江大川、張耿光、黃如金、呂桂芬等人。講生「必須禮裝以恭，燒香點燈之後，始能上臺。他們打開善書開口講演，雖然語詞平易，但句句都發自肺腑，讓聽者肅然起敬，可以使人棄邪歸正，養成敦厚之風氣」。「除了每月十六、二十九兩天休講之外，風雨無阻，且不管有無聽衆，都必須到場宣講。而一旦宣講完畢，講生還要在日誌上明記自己的姓名及講題，以供神明鑑覽。」[29] 而關於講堂的布置、講臺的安放，《臺灣日日新報》有詳細記載：[30]

長六尺寬五尺的宣講臺正面安置著武穆王的神位，講堂兩側則掛上「宣講明賢傳聖經聲聲入耳」與「講勸善男信女個個歡心」的對聯，以及「忠孝節義」、「義氣參天」等顯現神明精神的警句。而後面則張貼有聖祖仁皇帝的聖諭十六條。第一條：敦孝悌以重人倫。第二條：篤宗族以照雍睦。第三條：和鄉黨以息爭訟。第四條：重農桑以足衣食。第五條：尚節儉以惜財用。第六條：隆學校以端士習。第七條：黜異端以崇正學。第八

條：講法律以警頑愚。第九條：明禮讓以厚風俗。第十條：務本業以定民志。第十一條：訓子弟以禁非為。第十二條：息誣告以全善良。第十三條：誠窩逃以免株連。第十四條：完錢量以省催科。第十五條：聯保甲以弭盜賊。第十六條：解讎忿以重身命。以上皆為勸世的良言佳句。條文的後面還寫有雍正年間廣訓敷繹至萬言，曰聖諭廣訓，凡宣講要訣及勸善書等均宜根據此御聖諭。

而《臺灣新報》在明治三十年十月十二日，亦有報導楊士芳宣講勸善的事蹟：[31]

> 宜蘭有邑紳楊士芳者年邁古稀，尤童顏鶴髮，步武如壯。現設立宣講在于街衢閭巷各處勸化。楊君任堂講之責。每週講檯迎請別處宣講，則儀仗整齊，鼓樂迭奏。楊君不辭勞煩登檯首講善書，講畢，行三跪九叩之禮，舉止康健，人咸羨其樂善不倦焉。

講臺的移置，並非如王見川所言「在明治三十年，尚未找到合適的宣講場所」，[32] 而是四處宣講才移動，而且常有善男信女因求神保佑，如願達成，「便欣然負擔宣講幾天的謝恩善行，故宣講臺常常被移置各地」。[33] 此講臺今已不存，但原有之宣講神輿、神牌、匾額、對聯今猶存，可喜可賀，古物有靈，邀天庇護。

日人據臺期間，碧霞宮門生組成的勸善局，經常派人深入民間，巡迴各地宣講。該宮有門生制度，分鸞、講、經三部分修行，個人可自由參加一種或數種。鸞為扶鸞、經是誦經，講則是宣講經

書、善書，這組要從搭棚學起，因為出去宣講，經常要自己動手搭棚，然後才依次是講生、宣講生、正講，另有助講、副講協助。依該宮明治三十六年（1903）《宜蘭碧霞宮本堂先後鸞講生結會祀神、分鬮、行善名錄》中所載，早期有五十二名會員，分成扶鸞、宣講、誦經三組，楊士芳參加的是宣講組。而在明治癸卯三十六年刊印的《九天東廚司命灶王真君護宅天尊真經》所附〈文帝救劫寶訓〉中記「戊戌年〈按即明治三十一年，光緒二十四年，1898年〉仲夏月，臺灣宜蘭本城坎興街碧霞宮鸞堂重修，謹將本堂執事姓名如下」的名單中有：「總理堂講事進士楊士芳、校正生貢生黃友璋、校正生稟生汪鳴鳳、董事武生陳掄元、總理講事兼正講稟生呂桂芳、總理兼禮誦並助講陳祖疇、副董兼抄錄並副講蔣國榮、幫理堂講事兼副講職員莊贊勳、總理臺事兼正講生李克聯、左鸞生兼傳宣陳登第。」[34]「重修」一詞，亦無意中提供了一條資料，再度證明前述個人創廟經過之推斷。而楊士芳列名首位，陳祖疇名次居中，固然反映了在鸞堂中身分地位與職務之先後，其實也反映了當年諸人之社會地位與聲望，亦再度佐證個人前述借重楊士芳之推論。

此種宣傳活動，在日後仍然持續進行者，如《臺灣日日新報》大正五年（民國五年，1916年）二月二十六日曾報導：[35]

> 宜蘭市勸善局董事莊贊勳、呂子香、游登三、蔡振芳等，依例於舊元宵日，邀集紳商善人等，恭迎岳武穆王牌位，到天后宮宣講善書，勸化愚民，以敦風俗。是日午後一時，各宣講生及諸紳士、區長、保正，集武穆王廟，如例舉行祝典，乃迎神輿繞街。先是頭隊龍鳳旗十六面，大鼓吹八陣，次執事涼傘六、

七十付，俱係各保人民獻納，華彩奪目。次音樂隊四陣，次鐘鼓亭四櫃，次提爐日月扇，次聖諭亭。又次武穆王神輿，掌駕十六人，隨駕拈香者，乘轎兩百餘頂，步行千餘名。沿街遍巷，排列香案，環巡至媽祖宮止，即行開講式，擇品學兼優，最負眾望者，登壇開講著書，紳董靜聽，式終。自是由該局講生，每夜輪流宣講。或設於市，或設於庄，均從其便。迄今歷二十二年之久。任其責者，始終如一。熱心苦口，有益於地方不少云。

此一宣講勸善活動，從清末日據時期以來，在地方仕紳長期負起責任，始終一貫熱心參與指導，頗得當時日報讚譽，也成為碧霞宮最具特色之活動，參與人眾多達千餘名，也是臺灣寺廟宣講活動罕見現象。可惜時移勢變，從光復後一九六〇年起，宣講多名存實亡，只剩下祭典時才有，平時則改以文宣製品替代，因此組織中也一度加設文宣組。雖然碧霞宮仍將宣講一組留存，平時或做道經助印或講授國學，或行經懺法會而已。[36]

至於其他社會救濟，如施棺賑米、恤孤憐貧，提供圖書種種善行，不遑枚舉，歷經一百多年來未曾間斷，人咸稱頌。

第四節　碧霞宮之組織與祭典

碧霞宮既由坎興鸞堂與勸善局合併成，其組織據前引「鸞堂諸生奉派執事名次」知有：總董、副董、總校正、淨壇、接駕、抄

錄，幫錄、禮誦、司香、珠墨、正鸞生、副鸞生、傳宣生等職銜：
而勸善局有董事、講生等。合併之後有總理堂講事、董事、副董、
總理講事、總理、幫理堂講事、總理臺事、校正生、正講、助講、
禮誦，抄錄、左右鸞生、傳宣等等。

　　董事即首事，依據地契所載首任首事是楊士芳，爲正主持人。
之後改稱總董，分由陳祖疇、游聯甲，王蔡樹三人擔任。光復後因
應政府規章，改爲理事會，正主持人稱理事長，也制定了組織章
程，詳細規定分工合作。一九五一年爲健全組織，強化功能，成立
董事會，正主持人又改稱董事長，至一九八六年修訂管理委員會章
程，再改稱主任委員。其任期前十三屆從半年至二年不等，至方坤
邕接任的第十四屆起固定爲每任三年，屆時擲筶決定人選。廟內組
織分爲：經理、典儀、鸞務、總務、賑救，與宣講等六組，自十八
屆董事會起，另增設文宣、婦工二組，其中文宣組至管理委員會第
一屆時廢除，至今維持七組。

　　碧霞宮較爲特殊者爲門生制度，該宮之所以能維繫近百年傳統
而不斷，也是得自於此。過去門生分鸞、講、經三部分修行，個人
可自由選擇參加一項或多項。鸞爲扶鸞問乩，習鸞要從鸞生做起，
分左右鸞，依次由右鸞升左鸞，最後升正鸞。講是宣講善書，先從
搭棚學起，依次是講生、宣講生、正講。經是誦經法會，初從學禮
誦開始，前後要二年以上學習才可升爲禮誦，再若干年才是正誦。
碧霞宮初設有三組五十二名成員，因其重點並非收信徒，因此選擇
門生頗嚴，人數一直不多。門生爲志願加入，須奉岳武穆王爲恩
主，經嚴謹的品德審核，再允加入，並由岳恩主賜一法名，從讀學
習敦倫經，以瞭解岳武穆忠孝節義情操，以此修行，報效社會國

家。在一九八七年時為配合管理組織改組，遂將原有門生制度政稱為信徒制度。光復前之門生率為男性，如今男女參半，且百分之八十為公教人員或其子弟，可見素質之高與整齊。加入辦法也有所改變，依管理委員會章程第五條規定，凡景仰恩主忠孝節義精神，交入會費五百元，每月另添油香五十元即可提出申請。經委員會審查通過，並擲筊經岳恩主准允，即可成為信徒。另外每月朔望之日，上午例行舉行祈安消災誦經，下午八時舉行信徒察點典禮，象徵信徒向恩主報告半個月來之修行或善行，並祈求闔家平安。據該廟統計，至一九九七年約有近三百名信徒，平均年齡為六十三歲。[37]

除管理委員會與門生制度外，尚有監察委員會，成員均為義務職，其有關之組織編制、執掌、會議、會計，非本文主旨所在，兼且瑣碎，茲不贅。

碧霞宮既以供奉民族英雄岳飛為主神，每年農曆二月十五日岳王聖誕，例以三獻大禮致祭，盛況宛如祭孔大典，且有「武佾舞」獻祭，這一套隆重古禮，也成為該宮特色之一。三獻釋奠大禮程序如下：首先大鼓擂鼓三通，接著樂禮生與獻祭官依程序就位，在啟開大門宣示大典正式開始。先行「瘞毛血」禮，將牲體毛血埋入土中，依次「進饌」、「迎神」、「上香」後，即舉行「武佾舞」，行三獻禮。「武佾舞」儀制始於一九六〇年，至今已有四十年。三獻禮後，再行「送神」、「闔扉」，大典即告完成，[38] 岳王祭典自昔一向就是宜蘭縣各界要事，每年祭典向由地方首長主祭，各界機關首長、民意代表陪祭，甚且有中央部會官員為祝獻官。如日據時期《臺灣日日新報》曾報導：「例年以舊曆二月十五日，為祝岳王神誕，都人士恭行祭典。又以春秋兩季祭典，擇日行之。自昔迄今，

年以爲例。昨十八日，值王誕。是日午前七時，都人士衣冠蹌濟，集候兩廊分派執事，恭行三獻禮云。」[39] 即是例證。不僅此，該宮內之岳飛像有帥、王、帝三種造形，分別代表岳飛生前、死後追封、及道教賜封的三種身分。且每年正月二十日的「開印」與十二月二十日「封印」典禮，倣古衙門禮制，亦是一大特色。

除岳王祭典外，全年例行活動還有：祈安消災法會（農曆一月十三～十五日）、春祭（三月初三）、秋祭（八月三日）、朝眞禮斗法會（九月一～九日）及每月朔望祈安上疏禮誦經懺，直到年底十二月十五日完經上疏。另外經常性活動尚有：元月初一舉行全體門生團拜會，初四子時舉各行業歲首抽運籤典禮。四月二十四日舉行宣講紀念日活動，七月有中元普度等等。[40]

第五節　小結

扶鸞又名扶乩，是中國的一種古占法，據學者研究，清初康熙年間，臺灣已有此類活動；道咸年間已有鸞務，時有文人恭奉神明，設置沙盤、木筆、請神降乩示事。清末光緒年間，在宜蘭之鸞堂頗多，有名者如新民堂、喚醒堂、未信齋、醒世堂、鑑名堂、坎興堂等等。

其中關於坎興鸞堂之設置，或者可以追溯至同治初年，經設鸞數次後，至明治二十九年（光緒二十二年，1896年）四月正式開堂，並由陳祖疇、陳惟馨、陳光范，陳登第、李宗璜等十數人，籌建碧霞宮，祭祀岳武穆神像。可能在明治三十年年初動工，於十一

月初步完成主殿建物。

　　另一方面楊士芳、李望洋、李紹宗、黃友璋、呂桂芬、李及西等人，因有見於割臺之際，兵荒馬亂，地方不寧，人心惶惶，乃共同組織「勸善局」，宣講忠孝節義，警頑立廉，安定人心，進而冀求疆土之光復，重回祖國懷抱，並且有意建廟，求一固定集會場所，乃有「建廟啓文」之撰寫與鼓吹。

　　由於雙方動機，作法均不謀而合，而且楊士芳等人擁有科舉功名與官銜仕紳之地位名望，陳祖疇等人想借重他們之聲望以資號召，所以禮讓楊士芳出面當頭，因此召集、買地、簽約率由楊士芳主事，在明治三十二年六、七月時向日方宜蘭廳長申請擴建，並經核准終於在明治三十二年（光緒二十五年，1899年）碧霞宮才全部完成。以後碧霞宮第一任首事也是請楊士芳擔任，而勸善局也併附在碧霞宮內。關於此次買地擴建之事，今廟內猶存地契一件，可作證明。至於該廟形制規模如何？史文有缺，不可得知，僅知：為兩進式建物，前後殿約三十坪，基地約百餘坪，外有圍牆，建物占地九十八坪一合二勺，採座北朝南之配置。

　　碧霞宮既於明治三十二年全部竣工，嗣後有若干次之增建翻修，如大正四年（1915）增建東西廂及左右二廊，時外仍有圍牆，內有青雲閣與勸善局兩軒，所祀神明，中有岳王像，東西廂祀其部將，左右廊合祀五文昌。光復後，一九五三年一度修繕，一九六一年及一九八一年間大興土木，曾修補東西軒，包括天師壇及功德堂等處，另廚房、會議廳等亦一併整建，拜亭與三川門之門樓也在此時興建。一九八四年發動募捐，添購該廟後面空地，總計五百多坪準備作為擴建廟宇之用，幾經波折，至一九九六年一月，廟方才取

得一百三十多坪土地所有權,一九九〇年,由李肇基、簡松輝、陳生明、張茂坤等十八人,依據信徒大會決議案,組織「重建籌備委員會」。一九九一年十月起成立「重建籌備委員會」,並委託張清標建築師規劃重建,決定改建成鋼筋混凝水泥現代式多層廟宇建築。一九九二年完成設計請照,舉行破土儀式。不料,翌年五月宜蘭縣政府為慶祝「開蘭二百週年紀念」,將廟後方土地規劃為楊士芳紀念公園,並列報碧霞宮為古蹟,不准重建。以後幾經反覆陳情,縣府也召開古蹟勘查座談會協調,並委託臺灣大學城鄉研究發展基金會,完成「宜蘭縣古蹟遺址調查研究計畫」。一九九六年起陸續完成廟後停車場建設,及一九九六年初廟後綠地之征收,與拆除舊屋。另以補助社區規劃名義,撥款協助還清該廟當初委請建築師重建規劃費用四十萬元等。同年(1997年)信徒大會中同意縣府將碧霞宮列入古蹟保存,十月,碧霞宮正式列為縣定古蹟,並經委託中國工商專校負責該廟之調查研究案。一九九八年十月,續有油漆廟宇及電氣配線與雨棚換新之小型工事,並正在新建一棟文史館,作為展示廟中有關善書、神器等等古文物之用途。一九九九年一月,內政部民政司同意撥款維修,計經費有一千三百萬元,於二月發包維修左右廂房,五月全面修護正殿,目前已完成整修。

碧霞宮成立之初,便有宣講善書,教化善行之舉,惜因時移勢變,自一九六〇年代起,宣講多名存實亡,平時改以文宣刊物替代宣揚,僅於祭典時才有象徵性的宣講,至於其他社會救濟,如施棺賑米、恤孤憐貧,提供圖書閱覽,種種善行,不遑枚舉,歷經百年,未曾間斷,人咸稱頌。

至於其組織與祭典,早期有楊士芳擔任首事(即董事),嗣後改

稱總董，分由陳祖疇、游聯甲、王蔡樹三人擔任。其中陳祖疇不僅
爲碧霞宮創建時實際出力者，爲最大功臣，而且曾於明治四十年
（1907），將扶鸞寫成之《敦倫經》，由陳祖疇不辭辛勞，親自攜往中
國江西龍虎山，請六十二代嗣位張天師鑑定，並蒙贈二張天師符與
一個雷牌。而光復後，一九五三年，第六十三代天師張恩溥曾蒞宮
講道答報，成爲當年盛事。光復後，因應政府法令規章，改爲理事
會，正主持人稱理事長，也制定了組織章程。一九五一年爲健全組
織，成立董事會，正主持人又稱董事長，至一九九六年修訂管理委
員會章程，再改稱主任管理委員會。日前之主任委員爲李肇基，下
設副主委，有陳旺叢、簡金德、廖世明、江林素蘭、游禎三等人，
其他之委員、候補委員，與監察委員詳細名單，茲不贅。

　　碧霞宮較爲特殊者爲門生制度，分鸞、講、經三部分與賑救等
修行，個人可自由選擇一項或多項參加，一九八七年時爲配合組織
改組，遂將門生制度改名信徒制度。光復前之門生率爲男性，如今
男女參半，目前約有近三百名信徒，平均年齡爲六十三歲，百分之
八十爲公教人員及其子弟，年齡高、水準高，爲其他廟所少見。

　　碧霞宮既以供奉民族英雄岳飛爲主神，每年農曆二月十五日之
例行祭典活動，已見前文，茲不贅引。

　　總之，碧霞宮之特色與價值，約略言之有三：

1.是臺灣少數幾個以岳飛爲主神之廟宇，祭典不僅符合古制，
　　而標榜忠孝節義之精神，保存民族正氣之宗旨，尤爲他廟所
　　罕見。
2.廟之創建歷史不久，卻善於保存文物、古蹟。

3.宣講善書，教化善行，與其門生制度，歷經百年而不墜，維繫百年傳統而不斷，不僅是該廟最具特色之活動，更是臺灣寺廟之僅存。可見以儒爲宗，以神爲教，以飛鸞濟世，宣講忠孝節義，出書警頑立廉，是該廟最具特色與價值所在，碧霞宮之善行，其功大矣！

註釋

1 許地山《扶箕迷信底研究》（臺北，臺灣商務印書館，1986年2月5日一版），第一章〈扶箕底起原〉，p.7。

2 詳見林文龍〈清代臺灣鸞務史略〉、〈臺灣最早的鸞堂小考〉，收於氏著《臺灣史蹟叢論》上冊〈信仰篇〉（臺中，國彰出版社，1987年9月），pp.283~291。

3 詳見王見川〈略論清末日據初期宜蘭的鸞堂〉，《宜蘭文獻雜誌》23期（宜蘭縣立文化中心，1996年9月），pp.47~64。

4 《治世金針》第一冊（宜蘭碧霞宮，1972年景印本），卷一，pp.14~17。

5 林文龍〈清代臺灣鸞務史略〉，pp.284~285。

6 《治世金針》第一冊，p.34。

7 方坤邕〈治世金針再版序〉，《治世金針》第一冊，未註頁碼。

8 王佐才《宜蘭縣志》（宜蘭縣文獻委員會，1962年4月）卷二〈人民志・宗教篇〉，pp.10~11。

9 《治世金針》第一冊，卷一，pp.5~6。

10 同註3。

11 同註3。

12 詳見：(1)林靜怡〈再探宜蘭道教寺廟碧霞宮建廟緣起〉，《宜蘭文獻雜誌》27期（宜蘭縣立文化中心，1997年5月），pp.59~74；(2)王見川〈關於碧霞宮〉，《宜蘭文獻雜誌》27期，pp.75~94。

13 王見川〈關於碧霞宮〉，pp.89。

14 《碧霞宮功德堂歷代先輩芳名錄》（宜蘭碧霞宮第二屆管理委員會編，

1993年2月），p.14。

15 林靜怡前引文，p.68。

16 詳見王見川〈關於碧霞宮〉一文之附錄〈宜蘭扈從日錄〉，pp.92~94。

17 王見川前引文，p.81。

18 林靜怡前引文，p.71。

19 李春池《宜蘭縣志》（宜蘭縣文獻委員會，1964年9月）卷三〈政事志，建置篇〉，p.34。

20 詳見溫國良編譯《臺灣總督府公文類纂宗教史料彙編之一》（明治二十八年十月至明治三十五年四月）（南投，臺灣省文獻委員會，1999年6月），pp.144~145。

21 同註3，王見川前引文，附錄五，〈岳王祭典〉，p.73。

22 同前註，p.74。另，報導當中提及：「王祭閣樓上飲宴領胙云」，可知此時已是二層樓之建物。

23 《歷史空間與地方環境經營》（臺大建築與城鄉研究發展基金會，1995年6月），pp.95~97。

24 王啓宗〈清代臺灣的風教〉，《臺灣史蹟源流研習會研究班講義彙編》（臺北，臺灣史蹟研究中心，1989年12月）p.119。

25 同註7。

26 鷹取田一郎《臺灣列紳傳》（臺北，臺灣總督府，大正五年），「呂桂芬」條，p.65。

27 見王見川〈略論清末日據初期宜蘭的鸞堂〉，附錄六〈樂善好施〉，p.73。

28 王見川〈關於碧霞宮〉，p.84。

29 王見川〈關於碧霞宮〉附錄一〈善用本島人信仰中心的績效〉，pp.71~72。

30 同前註。

31 轉引自王見川〈關於碧霞宮〉，p.85。

32 同前註。

33 同註25。

34 《九天東廚司命灶王眞君，護宅天尊眞經》（宜蘭碧霞宮，明治三十六年），p.37。

35 同註27，王見川前引文，附錄四〈宣講勸善〉，pp.72~73。

36 林靜怡《宜蘭市道廟管理組織的研究》（政大社會學研究碩士論文，1997年7月），第五章p.50與pp.63~64。

37 同前註，pp.49~50。

38 黃盛璘編《臺灣深度旅遊手冊・宜蘭》（臺北，遠流出版公司，1992年10月），p.93。

39 同註27。王見川前引文，附錄五〈岳王祭典〉，p.73。

40 同註36。

第十章
湖口三元宮──

興也交通，衰也交通

第一節　清代湖口地區的開拓

　　湖口鄉位在新竹縣北部，東、北面與桃園縣楊梅鎮接壤，西鄰新豐鄉，南面部分與竹北鄉相接外，部分與新埔鎮毗連，整個鄉域地形宛如三角形。

　　湖口地區在荷據、明鄭、清初三時期，大體而言是一片荒林草埔景象，並無漢人村莊，是屬於平埔族竹塹社棲息之地。不過，當時由竹塹通往台北平原，先後形成三條交通路線，行經本區：(1)沿海而行：其路線由竹塹一帶沿海岸而行到達台北平原；(2)沿大料崁溪（今大漢溪）而行的內港道：此內港是指今樹林鎮潭底附近低地，當時由鳳山崎出發，沿著大料崁溪西岸東北行，到達台北盆地。若由竹塹出發，會經過鳳山崎、大湖口、三湖（今楊梅鎮三湖里）、八德（今桃園縣八德鄉），再沿著大料崁溪西岸，經鶯歌、山仔腳、樹林而到達海山、新莊等地；(3)巴里舊道：路線由鳳山崎東北上，經過湖口、三湖、再往桃園直達南崁。[1] 三條路線中有二條（內港道、巴里道）通過湖口，對本區之開拓自然是有利的，揭起開拓的先聲。

　　另一方面，由於福建水師提督施琅，因私心嫌惡潮惠等地區客民，故嚴禁他們渡台墾荒，直到康熙三十五年（1696）他作古後，繼任者漸弛禁，潮惠客民才得以渡台墾荒。初期群往南部地區，以後轉向中部、北部，客莊也日漸增加，大體而言，在康熙年代，是以屏東為中心，兼及高雄、台南、嘉義地區。雍正年間，移至彰

化、台中一帶。乾隆年代，北移至台北、桃園、苗栗、新竹一帶，尤其新竹的東南山區，晚至道光年間，才由客家人開闢，因此湖口地區在客家移民拓墾史中，是屬於較晚開闢地區。究其原因，除了本區位處較偏僻貧瘠外，清初漢「番」隔離政策也不可忽略，當時自苗栗縣中港尖山，至土牛莊（今頭份鎮土牛里）行經新竹縣鹽水港（今香山鄉鹽水、南港、內湖等村）、南隘（今香山鄉南隘村）、茄苳湖（香山鄉茄苳村）、石碎崙（今新竹市柴橋里）、牛屎崎（今新竹市光鎮里）、大崎（今寶山鄉大崎村）、金山面（新竹市金山里）、犁頭山腳（今竹北市十興村）、再經鳳山崎（湖口鄉鳳山村）、北勢（湖口鄉中勢、孝勢、仁勢、愛勢等村）、婆羅汶（湖口鄉波羅村）、大湖口（湖口鄉湖口、湖鏡二村）一帶的丘陵，再北行桃園楊梅，通過三角湧（台北縣三峽鎮）直到台北。[2] 這條「番界」穿過湖口，將今湖口鄉一分為二，自然在心理上有礙移民的入墾企圖。然而隨著移民渡台日多，官府禁令難以生效下，不得不面對現實，允許漢人承佃番租，於是在漢「番」合作之下，墾殖日廣，乾隆三十三年到三十五年間（1768~1770），有陸豐人彭開耀入台墾拓，初居本鄉王爺壟一帶（今信勢村）。乾隆四十一年（1776），竹塹社通事丁老吻、土目什班等人，招漢佃賴應龍入墾婆羅粉草地（今波羅村）。乾隆末年，竹塹社通事錢子白來到本鄉開墾，又在嘉慶年間，其族錢茂才、錢榮和、錢振燕等人也一併加入，先後共開鑿五條圳道灌溉。其後續有陸豐人陳乾興、徐翼鵬、彭朝達、葉韶任等人，來到本鄉南勢、和興、王爺壟、崩坡缺等地拓墾建庄。[3] 在這一段艱辛開拓過程中，當時漢「番」之間合作關係，據今人張炎憲之研究，大致有如下三種情況：(1)社人同意漢人開墾土地，完成後分割

土地；(2)招漢佃開墾「番」地；(3)社人缺錢，典胎借土地或房屋給漢人，事後或無法贖回而賣斷。[4]茲將開拓相關人物列表如**表10-1**。

表10-1　乾嘉時期湖口鄉開拓者

時間	人物	籍貫	墾地
乾隆十四年（1749年）	衛開業 衛福生	原住民	竹塹社頭目，與通事錢子白以所居舊社，時遭水患，乃率族人移居霧崙毛毛（今竹北市六家一帶），與漢人雜居。用漢人耕作技術墾成豆仔埔（今竹北、竹仁、竹義等里）、馬麟厝（今竹北市聯興里）、北勢仔（今竹北市麻園里）、番仔陂（今竹北市番陂里）等莊。並引犁頭嘴山（竹北市十興里）之水，建番仔陂圳，灌溉番仔陂、新社、溝貝、麻園等莊一帶水田七十餘甲。另又率一部分之族人由新社進墾枋寮平野（即今新埔鎮上寮、下寮二里），一部分人由新社北向，開鳳山崎荒埔（今本鄉鳳山村）。一部分人由新社向東北進墾員山仔（今新豐鄉員山村）。
乾隆三十三至三十五年（約1769年）	彭開耀	廣東惠州府陸豐縣	攜妻子渡臺，初居王爺壟（今本鄉信勢村）。乾隆三十六年（1771年）進墾枋寮六甲山（今新埔鎮上、下寮里），因遇原住民之抗拒而遷九芎林下山之五座屋（芎林鄉下山村）。
乾隆四十一年（1776年）	賴應龍		竹塹社通事丁老吻、土目什班招募漢佃，入墾婆羅粉草地（今本鄉波羅村）
乾隆五十九年（1794年）	錢子白	原住民	竹塹社通事錢子白開湖口；下至嘉慶年間，其族錢茂才、錢榮和、錢振燕等，共開五水圳五條；湖口地區之墾業，殆全在該族籠罩之下。
乾隆五十九年（1794年）	陳乾興、徐翼鵬、彭朝達、葉韶任	廣東惠州府陸豐縣	受竹塹社墾批，在南勢（今本鄉湖南村）、和興（本鄉和興村）、王爺壟（本鄉信勢村）、崩坡缺（本鄉波羅村）等地建莊。

資料出處：《湖口鄉志》，p.170。

表10-2　大湖口清代創建之陂圳

名稱	創建人	創建年代	創建經費	灌溉甲數	水源	水路	備註
赤崁陂	錢茂才之祖先	嘉慶二年	未詳	三十甲	四湖之尾／庄湖四	吳厝庄－土牛溝－下北勢庄	灌溉下北勢庄田三十餘甲。光緒二十三年與鄭景齋爭訟圳路填毀。冬季則田園枯竭。
上北勢圳	番業戶錢茂才	嘉慶年間	未詳	二十五甲	崩庄窩及陂溪／下南	上北勢庄－下北勢庄－紅毛港之嶺尾埤頭	灌溉上北勢田二十五甲。顧陂酬勞及修治費由佃戶分擔。後歸錢茂才之裔孫錢文標。
下北勢圳	番業戶錢榮和	嘉慶四年	未詳	三十甲	崩庄窩及陂溪／下南	上北勢庄－下北勢庄埤頭	顧陂酬勞及修治費同前。後歸錢榮和裔孫錢振燕。
德盛陂圳	新庄子徐熙拱	嘉慶年間	未詳	三十五甲	四湖溪／尾	德盛庄(在此築陂頭)	徐熙拱裔孫徐榮鑑。
波羅汶陂圳	番業戶錢榮和	嘉慶年間	未詳	五十六甲	糞箕窩溪	在溪口築陂頭－南勢庄－波羅汶庄－紅毛溪	南勢田二十六甲。 波羅汶田三十甲。
王爺壟陂圳（狗頭陂圳）	錢振燕之祖先	嘉慶年間	未詳	十甲	糞箕窩溪	在狗頭庄築陂頭	
育嬰堂陂圳	新庄子徐熙拱	咸豐八年	未詳	二十八甲	四湖溪	德盛庄(在此築陂頭)	後歸育嬰堂及徐榮鑑出資經理。
和興陂圳	新庄子徐熙拱	咸豐九年	未詳	二十四甲	四湖之尾／庄湖四溪	和興庄(在此築陂頭)－德盛庄－紅毛港	光緒二十三年被鄭景齋填毀圳路，冬季則田園枯竭

資料出處：〈湖口鄉文獻採訪錄〉，p.5~6

總之，政策的改變、移民的增加、道路的經過，是本鄉墾業快速進展原因，而水利的開發，更有相當程度的影響。由於附近無大川長河，灌溉水源皆取自小溪流，從清代以來鑿有數條陂圳，詳情參見**表10-2**。

　　根據**表10-2**，本鄉最早開鑿陂圳，是嘉慶二年（1792）之赤崁陂，灌溉面積約三十甲，水源取自四湖庄的四湖尾溪，灌溉水路自吳厝庄，沿著土牛溝流經下北勢庄，可見吳厝地方在本鄉開發史上屬於較早開發地區，並且有某一吳姓墾民在此拓墾建厝居住。其他陂圳水源分別來自南窩溪、四湖溪、冀箕窩溪等，就其水路流經地方觀察，今湖口鄉中勢、信勢、波羅、和興、德盛等村一帶，於清代應該是人口較集中、土地開發較早、經濟較繁榮地方。不過這些陂圳卻因氣候乾旱，雨水不足，相對水量不穩，陂圳平時涸乾，過雨則漲，所以鄉民多另鑿池塘貯水，以資調節防患，本鄉「溜池」之多，於新竹縣數一數多，形成「儲水池式灌溉」之景觀。[5]經過乾嘉年間的大力開拓，土地墾殖大體暫告一段落，湖口一帶民居成庄，人口繁盛，計有鳳山崎、大湖口、波羅汶（粉）、四湖、崩陂等庄，隸屬竹北二堡，咸豐五年（1855）四月，當時「竹北二保大湖口庄牌長彭阿祿、賴李壽、林陳恩、廖阿新、曾阿生、鄭阿壬、庄耆戴有賢等」在一件僉稟中提及人口、義倉、生業等等事項：「切祿等住居竹北二保大湖口庄，周圍十餘里，大小煙戶三百餘家，編列二十有七牌，丁口三百餘人，俱各守分農業無異。……惟有殷富街正葉滿一人，素行善事，家頗豐厚，……而殷富張阿喜等，違藐憲諭，……□□□（原缺）義谷係于咸豐二年十月間，奉張前憲示諭，勸捐社倉，業六佃四……因未建廠，寄貯殷富張阿喜等處收存

……獨不思大湖口通衢大路，四方肩挑輻輳，更兼地瘠民貧，即當加意撫恤，……」。同年同月又有「竹北二保中崙庄保正羅鳳章、中崙庄牌長彭天雲、陳林秀、庄耆張窻元、波羅汶庄甲長許進添、牌長劉阿富、陳阿旺、庄耆張傳元等」上僉稟指控「本境內殷戶張阿喜串全大窩口羅阿水等」利用旱季減收，高抬米價，販售碎米，侵吞義谷。後由大湖口庄總理戴朝清、保正王永壽等勸處息訟，僉懇將案註銷。[6]至同治十三年（1874）作戶口調查時，「鳳山崎庄閩籍二十三戶、男二十七丁、女二十三口、幼孩一十六口、幼女一十四口。婆老粉庄閩籍二十五戶、男二十一丁、女二十七口、幼孩九口、幼女一十三口。大湖口庄粵籍二十八戶、男三十二丁、女三十三口、幼孩一十九口、幼女一十九口。崩坡庄粵籍一十三戶、男二十七丁、女三十二口、幼孩二十一口、幼女一十六口」，而總理爲邱殿安、庄正張元清、保長王永壽。[7]對比之下，顯然閩粵分居，涇渭分明，不知是否受到咸豐年間北台械鬥之影響？而且戶數從咸豐五年的三百餘戶，減爲同治末年的八十九戶；不過丁口數變化不大，從三百餘人變爲三百四十九人。咸同年間，短短二十餘年，湖口雖略有變遷，但因是新竹往淡水必經之路，「通衢大路、四方肩挑輻輳」的交通要紐地位，倒是一直未變，因此每逢官府至淡新各處張貼告示貼單，大湖口與波羅汶必是固定張貼地點。甚至傳教士馬偕亦至此地開設教堂佈道傳教，《淡新檔案》亦收錄相關文案，如光緒十九年（1893）九月，二快頭役朱福查報保內教堂教士情形，稟文中記：「旋查偕教士於本年夏初，在大湖口向鄒阿石稅店一座，欲（擬）設教堂，因鄒阿石之店，前稅與人尚未撤清，現在北勢仔庄張阿壽之護厝，暫作禮拜。傳道許圳清，教民二十餘人，欲（擬）

俟年底即移大湖口街開堂。」、「旋查偕教士于去年間（指光緒十九年）未回英國，時已在大湖口街頭向鄒家買一地基建設教堂，坐北向南，華式，前進瓦屋，後進茅屋，現在傳道許圳清蓋築方完，尚未有教民，兩處（按，另一處指紅毛港庄）均無育嬰，惟有庄民患病求葯而已。」至二十一年正月「卑轄竹北二保大湖口，離城二十餘里，有英國小教堂一座，係華式，前進瓦屋，後進茅屋。堂內並無洋人，有華教士張仁壽、許圳清二名。並無育嬰，間有施葯。教民二十餘人，理合登明。」[8]

不僅如此，因爲交通要道，清末在湖口設有舖遞，《新竹縣采訪冊》卷一〈舖遞〉載：[9]

> 大湖口舖：在縣東北二十二里竹北堡大湖口，為腰站。南距竹塹舖二十二里，北距淡水縣中壢舖三十三里。舖司一名，舖兵五名。按《廳志》卷三〈建置志·舖遞〉……按此舊制也。同治十年以後，似曾改設。驛站章程有中港腰站、竹塹正站、大湖口腰站，而無老衢崎、南嵌兩站名目。其何年月裁撤及改設，詳細章程，今縣中無案可稽，無從核實登載。光緒十四年，奉札改定新章，名為「郵政專責」。各營派撥兵丁遞送，留竹北堡大湖口舖腰站，而裁撤竹南堡中港腰站。每站各派頭目一名，專司約束；舖兵丁名數隨地派撥，多少不同，今因之。

光緒十一年（1885）巡撫劉銘傳奏請建設台灣鐵路，十三年六月起工，十九年十一月台北至新竹間火車鐵路竣成，其間光緒十八年鐵道舖至本鄉老湖口，自新竹至湖口短短距離，竟然舖設有九道鐵路橋，可見地形之崎嶇碎裂，《新竹縣采訪冊》記自南而北九道

鐵路橋樑如下：[10]

　　第一道鐵路橋：在縣東北十二里鳳山溪，為火車適臺北之所。
(下略)

　　第二道鐵路橋：在縣東北十二鳳山崎頂。長二丈，寬一丈五尺。

　　第三道鐵路橋：在縣東北十三里。長二丈五尺，寬一丈五尺。

　　第四道鐵路橋：在縣東北十四里。長二丈，寬一丈五尺。

　　第五道鐵路橋：在縣東北十八里。長一丈六尺，寬九尺。

　　第六道鐵路橋：在縣東北十九里。長三丈五尺，寬一丈五尺。

　　第七道鐵路橋：在縣東北十九里。長一丈五尺，寬九尺。

　　第八道鐵路橋：在縣東北二十里。長一丈四尺，寬九尺。

　　第九道鐵路橋：在縣東北二十里，長一丈五尺，寬九尺。

　　第十道鐵路橋：在縣東北二十一里大湖口小溪。長九丈六尺，寬一丈八尺五寸。

　　湖口也因是交通要衝，設有火車站，稱為「大湖口火車票房」，置正票房司事、副票房司事各一員，掌理站務。大湖口、新竹間火車票價定為五分五文，光緒十九年之後升一倍為一角一分。貨物每一百斤，以乘客一人份換算徵收，危險物及大小動物等同。[11]由於火車站設在老湖口，使得老湖口成為人潮往來要區，各方面得以迅速發展，日漸繁華，而原先的波羅汶雖繁榮在先，卻也日漸沉寂，終被老湖口取代。

　　乙未割台，日軍攻至大湖口，修復鐵路路線，即自楊梅壢渡過頂瓦磘木橋至下瓦磘仔、崩坡，此區間　線路皆迂迴山腹前進，過羊

屎窩木橋、及羊屎窩第二木橋至大湖口。又過大湖口木橋、循小山丘至冀箕窩，其間路線皆爲山原，通過下番仔坑湖木橋至五里亭，又過五里亭木橋，彎過小曲線轉向左折，降下鳳山崎之急傾斜，即是鳳山崎鐵橋，再過木橋達新車站，轉爲清代之鐵路線，亦是日據初之照原線修復通行之狀況。[12]

　　日據時期，老湖口成爲該鄉政經文教中心，也成爲最熱鬧地區，因爲是新竹、中壢間的一個人員、貨物運輸的中繼站，老湖口的商業急劇成長，也是商業重鎮。是故，大約大正三年（1914）當地商戶街民集資興建一條寬敞筆直新市街，即今之所謂湖口老街，在新市街的北端新建了一座奉祀三官大帝的廟宇——三元宮，使得新市街進一步成爲宗教與商業、文教、政治中心所在。

第二節　三元宮之創建與沿革

　　湖口三元宮供奉主神爲三官大帝，三官大帝之信仰，在台灣民間還算相當普遍，不過由於三官誕辰正好是正月十五、七月十五、十月十五，碰上元宵節、中元普度，及秋收後的謝平安慶典，往往被遮掩，未能突顯其本色，因此志書著墨不多，如《淡水廳志》〈風俗考〉歲時條記：「……十五日上元節，張燈、演劇、放煙火。」[13] 對於中元、下元二節並未記載。《新竹縣采訪冊》卷七記〈土著風俗〉有「十五日上元節，張燈演劇，放煙火。……十月十五日，爲水官大帝誕，或備牲醴致祭（原註：惠安北路之人，則於下午設香案向外，牲醴甚豐，家家有之，其餘各籍之人，或不祭。）」[14] 同

廟立面外觀

書〈客莊風俗〉並未提及任何三元節隻字片語。又如《新竹縣志初
稿》卷五〈風俗〉載：「十五日爲上元，兒女張燈嬉游，好事者或
放煙火。自上元前後數日，設席款客，曰請春酒，互相酬答。……
十月十五日爲下元，家備牲醴祀三官大帝。城莊揚旗擊鼓，弦歌載
道，恭迎東嶽神像，其著紙枷相隨者，與七月十五例同。」[15]

　　志書著墨雖不多，但奉祀之廟宇卻不算少。《新竹縣志初稿》
〈典禮志‧祠祀〉記新埔堡廟宇有：「三元宮：在內立莊，距縣治東
二十里。同治八年建。廟宇七坪三合、地基一十五坪七合一勺。年
徵穀三石。」、「三元宮：在波羅粉，距縣治北十六里。咸豐元年
建。廟宇一十一坪五合、地基九十二坪五合七勺。年徵銀一十四
圓。」、「三元宮：在汶水坑，距縣治東三十五里。道光二十六年
建。廟宇一十六坪八合八勺、地基二十七坪九合七勺。」、「三元
宮：在石岡仔大茅埔莊，距縣治東四十里。嘉慶二十五年建。廟宇
四坪九合六勺、地基二十四坪三合二勺。」、「三元宮：在嵌頭屋管
內中崙莊，距縣治北二十里許。咸豐元年建。廟宇二十坪五合、地

基三十坪八合。」記樹杞林堡廟宇有：「三官大帝廟：在月眉莊。同治十二年建。廟宇三十二坪八合、地基二百六十四坪。」、「三官大帝廟：在圓崠仔莊。光緒十四年建。廟宇八坪、地基一十坪零四勺。」、「三元宮：在太平地。咸豐十一年建。廟宇五十六坪八合、地基七十一坪。」在頭分堡有：「三官廟：在三灣莊。道光十年建。廟宇六坪二合二勺、地基五十二坪。下田一町三反五畝二十一步（按，日制1町約99.18公頃；1反10畝為300坪，約991.7平方公尺；1畝百步，1公畝約100平方公尺），年徵穀二十石。」[16]

又如《新竹縣采訪冊》卷四〈竹塹堡祠廟下〉記：「三官祠（俗名三界宮）：一在縣東二十三里下內立莊。正屋三間，左右廂房各三間，祀三官大帝。咸豐間創建，同治間劉阿和倡捐重修。一在縣東四十五里大崩嵌莊。正屋三間，左右廂房各一間，同治間，墾戶陳福成倡捐建。一在縣東南三十二里員崠子莊。屋三間，光緒二年，范阿光倡捐建（以上三官祠計三所。新輯。）」〈竹北堡祠廟〉有：「三官祠：一在縣東三十里大茅埔。正屋三間，左右廂房各二間，祀三官大帝。同治間，吳慶榮、廣源記等捐建，並捐充香燈租穀八石。一在縣東四十二里鹹菜甕街。正屋三間，左右廊各一間，前進三間，廂房三間，道光間，莊民捐建。一在縣東北三十七里楊梅壢街。正屋三間，左右廊各一間，前進三間，廂房三間，道光間，呂天福等倡捐建。一在縣東北四十二里頭重溪。正屋三間，左右廊各一間，光緒十四年，鍾進祿等倡捐建（以上三官祠計四所。新輯。）」[17]《淡水廳志稿》卷一〈祠廟‧廳治北〉有：「三官祠二：一在宵裡莊，乾隆三十七年荒歉，業戶黃燕禮等祈安建設。一在八塊厝莊，嘉慶八年，疫災，莊民建設。」[18]《淡水廳志》卷六

志五〈典禮志・祠廟〉亦載：「三官祠，一在霄裏社，乾隆三十八年歲歉，黃燕禮等祈安建設。一在八塊厝莊，嘉慶八年疫災，莊民建設。」[19] 在如此的信仰背景下，大湖口庄居民信奉三官，建廟供祀自是理所當然之事，今湖口鄉三元宮有二，一為波羅汶三元宮，波羅汶地區是該鄉先民最早開拓成聚落之地，據聞在嘉慶初年，由今新豐鄉中崙之三界公廟刈香請來，並聘明師暫擇吉地搭壇敬奉，後經指點，在壇前龍方（左方）挖井，得清泉湧出，解決居民平日缺少之苦，眾人稱奇，香火日盛。遂在咸豐元年（1851）由庄紳張裕光、傅萬福、陳鴻熙、陳榮章等人倡首捐建廟宇。張氏首捐廟地，而波羅汶、中崙、番子湖、南勢、上北勢、下北勢等八大庄信眾出錢出力，興建三間土牆廟宇而成，並塑三官大帝聖牌敬奉，配祀南天文衡帝君、孚佑帝君，司命真君、福德正神。[20] 至於另一座廟宇則是老湖口之三元宮，其創建年代有二說，一是署名「烈」作者在一九五四年元月二十日刊行之《新竹文獻會通訊》第拾號〈湖口鄉文獻採訪錄〉鴻文中記錄：[21]

> 三元宮：廟在舊湖口之湖口村，崇祀三官大帝，創建於五十年前，紳員羅志旺（字朝昇）及羅如嚴等捐獻本廟基地，勸募庄中信徒捐貲建造。廟原來坐東向西。至民國九年冬月，由周霖河、戴雅、羅志鼎、葉有千等倡首募捐，在原地址改為北向興工，建築今之廟宇。

五十年前大約是明治三十七年（光緒三十年，1904年）。另一說是發行在一九九六年六月之《湖口鄉志》記該宮之創建由來與年代：[22]

清末時期，老湖口地區仍是農地一片，境內並無較具規模的廟宇，只有零星的土地公廟坐落其間，為老湖口人提供護衛與平安。當時老湖口人常遠至新豐鄉的中崙三元宮進香，並有一爐主負責管理中崙三元宮的祭祀事宜。由於老湖口至新豐的路途頗為遙遠，來去一回極為費神，於是居民們遂決議向新豐三元宮分香火，計畫在老湖口地區另建一座三元宮，以使本鄉善信進香更為便利，於是大正三年老湖口三元宮正式起建，捐建廟地的地主是羅如嚴以及羅志旺，本鄉人士慷慨樂捐，直到大正七年廟身始竣工完成，地點就坐落在今湖鏡村老街頭。

此二說皆有所未洽。按，據廟方所提供之《湖口庄神明會賜福嘗簡介》中敘及創會緣由有「茲大湖口等庄，凡有聚居斯土，無不累沐深。仁等念沾恩多載，感德有年，爰為倡首共飲祀，底日賜福祀典……每年訂於十月十五日，所有各份諸人，肅整衣冠，齊到壇前拈香禮拜……」，並提及「大湖口庄原祀三界公老爐」，可見此地早已搭壇祭拜，而賜福嘗創立於道光十五年（1835）十月十五日，湖口三元宮之歷史淵源至晚可推到此年，當然其地點未必一定是今廟址所在。不僅如此，組成之會員中有「三官嘗」神明會，顯見「賜福嘗」之前早有「三官嘗」則大可再往前推到道光十五年以前，可惜無確切年代可說明，因此湖口三元宮之歷史淵源，可從道光初年談起，倒不必拘泥，過於保守僅從民國初年談起。

湖口三元宮之歷史淵源雖可追溯至道光初年，但何以遲延九十餘年方才正式擴建廟宇，經詢問廟中執事不得其詳，個人推測或因有波羅汶與中崙之廟可祭拜，並無迫切性；加上此地在清末設有火

車站，因交通便利而興起，取代波羅汶之地位，才決定建廟也說不定。至於其創建年代，《湖口鄉志》謂大正三年（1914）正式起建，大正七年廟身始竣工完成。而前引賜福嘗簡介謂：人正元年湖口三元宮建廟捐金二百元，大正八年三官大帝登龕捐金六十元，慶成豬羊費七十元，其中略有參差矛盾之處。今實地調查採訪，所得如下：廟中左廂房供有二長生祿位，一爲「廟基施主紳員羅朝昇諱志旺長生祿位」，一是「地基施主羅公諱如嚴之祿位」，羅如嚴與羅朝昇一爲十五世，一爲十六世，乃叔姪關係，原籍陸豐，下北勢莊人。羅志旺生於清同治丁卯六年（1867），卒於日據大正十年（1921），享壽五十有五歲。羅如嚴生於同治癸亥二年（1863），卒於大正八年（1919），得年五十七歲。羅志旺少年得志，中試清末武秀才，因擁有功名，故其牌位在左。羅志旺除了捐獻三元宮廟地外，並率先捐地整治今湖口老街道路，此二牌位惜未有落款年代，除能證明該廟地爲二人捐獻外，對創建年代考證並無幫助。正殿神龕之對聯爲「三山擁華堂萬古聲靈不朽、元德敷下土千秋俎豆維新」落款有「癸亥年季冬月上浣書（按即大正十二年十二月）、周萬順全敬」，上懸之匾爲「帝心簡在」，落款爲「己未年仲秋月（按即大正八年八月）、眾弟子全敬立」。其前尙懸一匾，乃賜福嘗十五位經理於民國癸亥年季多穀吉（按，應爲旦字之誤，或穀字之後漏一旦字）日立之「恩溥薄海」匾。天井左壁嵌有二石碑，無題，額刻「三元宮」，細閱內文乃捐題碑，右碑略記：「謹將建築湖口庄廟宇各信等氏名、金額豎碑標明于左：周萬順六千五百円，……羅如嚴貳百七十四円……賜福嘗貳百大円……羅志旺三十二円……癸亥年季冬月立」，左碑記「寄付牌樓：戴淪百七円……」，據廟中執事言，周萬

順等四兄弟出錢最多，該廟方得以完成，周萬順當地人尊稱周百萬，爲今新竹縣議會主任秘書周清治之曾祖父。再，廟之三川殿門柱落款年代爲「歲次戊午年梅月穀旦（按即大正七年四月）」，龍柱落款爲「大正戊午年吉旦」「周萬順全敬祝」，根據以上實地採訪，反滋困惑，其中如：

第一，三元宮落成年代究竟是在大正七年？八年？抑或十二年才完成。第二，廟若假設是在大正七年或八年完成，何以直到十二年才勒碑昭信，而不是一般通例在落成當時便勒碑紀念？第三，據〈湖口鄉文獻採訪錄〉乙文中，謂三元宮原座東向西，至大正九年（民國九年）由周霖河、戴雅、羅志鼎、葉有千等倡首募捐在原地址改爲座南朝北方位。此文文意頗不明白，是指：(1)該廟是在大正九年才動工興建，十二年完成，由舊廟座東向西方位改建成座南朝北方位？抑或是(2)大正初年才動工改建之三元宮爲座東向西，可能在大正七、八年完成後，因方位不對、風水不佳，才又在大正九年改建成座南朝北方位？但試思建廟是何等大事，事前必請風水師勘察過，或是擲筶向神明請示，焉有建好之後，才發覺方位不對、風水不佳，才再轉向重建，今試一一探索解隱如下。

1.三元宮創建因由：老湖口原本即有街屋，舊街屋位於今所謂「湖口老街」區之西，即與省公路交會附近，多爲一層之土埆屋宇，而清末之火車站位於前者之南方約三、四十公尺之處，可能因商業鼎盛，店主共議將北側街區拆除，並將村廟稍向南移，遷建於東邊，以進一步吸引顧客，在如此設計之下，運輸中樞在街之西端，信仰中心三元宮廟址位於街之東

端，店家可兼享利益，庇佑商業不衰。[23] 換一句話，村民在新街北端新建三元宮，奉祀湖口地區的共同信仰三官大帝為主神，企圖將新街區建成為湖口的新宗教及商業中心所在，我們從其後之捐題姓氏人名分析，遍及祭祀圈中九大宗姓，便可明白其中關聯與企圖。另一方面可省長途跋涉到中崙三元宮進香。

2. 三元宮創建年代問題：三元宮創建因由若果真如上述，則有可能在此背景下，街區居民一方面要拆除搬遷舊屋，也要新建街屋，一方面又要捐獻建廟，財務調度上較為吃緊，籌資困難，有可能因此從大正元年開始計劃籌資募捐，因籌款不順，一再延擱，至三年才動工，七年初步完成廟身，八年登龕。據廟中執事謂此時廟中經費不足，後經周萬順大力捐輸（約占總經費40%）才得解決眉急，另外加上客家習俗建廟之後，還要經：登龕→起醮→福醮→圓醮等步驟，建廟之工程之大典才算完成。所以有可能是大正九年經周萬順等人樂捐解決經費問題，十二年舉行落成建醮大典，並勒碑昭信，大功告成。並且為感恩周萬順，由其題聯在正殿神龕，突顯其貢獻。

3. 三元宮方位問題：據廟中執事羅美搖主委解釋，原座東向西之小廟為賜福嘗所建，位置約在今廟右側之社區活動中心，無關今三元宮，所以前引〈湖口鄉文獻採訪錄〉，作者可能誤以為此小廟即是三元宮，才會有此糾葛混淆。另一種可能新廟甫建成，發覺與新街規劃動向有矛盾衝突，不得不再次改建。今廟座南朝北原因也有關風水，大湖口有一則傳說：

「好地出在大湖口（或作大窩口），金獅朝北斗，長崗來做
案，波羅擺水口，誰人做得到，黃金萬萬斗。」三元宮座南
朝北，後面是蒼莽青翠的糞箕窩，前面曾有湖水，依「山管
人，水管財」的風水地理位置，加上又「朝北斗」「黃金萬萬
斗」，人財相聚，不易散去。

　　三元宮建成之後，當時祭祀圈遍及今湖南、湖鏡、湖口、長
安、長嶺五村，每個村選有爐主，必須輪流舉辦祭典，慣例沿襲至
今。由於很多菜販都會前來廣場賣菜，漸漸形成一不定期市集，而
廣場平日人群集聚，成為當地街民的凝聚中心與生活空間，直至今
日，無甚改變。[24]

　　三元宮外貌、形制與內部陳設均簡單樸實，故落成以來變動不
大，迨及日據末期因實施皇民化政策，採「廢佛毀釋」、「寺廟整理」
等手段，以致三元宮祭祀暫停頓，賜福嘗財產亦被充公，直迄光復
後方得收回，並恢復祭典。

　　光復以來，不免年久損壞，幾番修繕或增建，如一九六七年在
當時重建主委楊盛勳，副主委詹德業主持下，將三元宮作一整修，
並添建廟前戲台。進入一九八〇年代，更見頻繁，如一九八一年天
井加蓋屋頂，一九八二年新設光明燈，一九八五年十月彰化市信士
簡鴻鶴、簡周月嬌等捐獻新台幣十八萬元於廟前添建金爐乙座；一
九八六年十月台北市住貴陽街信士朱王銀鷥、朱有土等人亦捐十八
萬元新建廟前涼亭乙座；一九八七年重修廟門門扇等等皆是，近年
管理委員會正計畫予以整修之中。

第三節　祀神由來與祭典

湖口三元宮所祀神祇為中國本土信仰，亦即道家之三官，又稱三元。三官為天、地、水三官之簡稱，合稱三官大帝、三官上帝，中國大陸各省以稱三官老爺居多，台灣則俗稱三界公。三元則指上元、中元、下元三節，配以天、地、水三官之生日，至於「三官」之說，或「三元」之說，何者早？何者晚？事遠難稽，最早文獻出自《三國志・張魯傳》注引《典略》，謂：[25]

> （東漢靈帝時）東方有張角，漢中有張修。修為五斗米道。鬼吏主為病者請禱。禱之法，書病人姓名，說服罪之意。作三通，其一上之天，著山上；其一埋之地；其一沉之水；謂之三官手書。使病者家出五斗米以為常，故號曰五斗米師。實無益於治病，但為淫妄，然小人昏愚，竟共事之。

三元宮主祀之三官大帝

可見一開始並非日月星辰之神，但仍是源於原始宗教中對天、地、水的自然崇拜，而且據上引《典略》知道早在東漢時早期道教已經奉天、地、水三官為主宰人間禍福的神明。至唐代《酉陽雜俎‧前集》卷二，記：

> 夏啟為東明公，文王為西明公，邵公為南明公，季札為北明公，四時主四方鬼。至忠至孝之人，命終皆為地下主者，有上聖之德，命終受三官書，為地下主者，一千年，乃轉三官之五帝，復一千四百年，方得游行太清，為九宮之中仙。又有為善爽鬼者，三官清鬼者，或先世有功，在三官流。逮後嗣易世練化，改世更生。此七世陰德，根葉相及也，命終當道遺腳一骨以歸三官，餘骨隨身而遷。男左女右，皆受書為地下主者，二百八十年，乃得進處地仙之道矣。

則又認為三官不僅掌人間禍福，也主鬼神之升轉。大約到宋代，將三官與三元說法聯繫起來，而且愈到後世演繹附會愈多，出現眾多說法，如《蠡海集》中認為三官源起金、水、土（或木、金、水）三氣，或謂即南天門唐、葛、周三將軍，《歷代神仙通鑑》說三官乃元始天尊從口中吐出，後來降落凡間，成堯、舜、禹三位帝王，死後封為三官大帝。在民間流傳較廣泛的是出自《重增搜神記》與《三教源流搜神大全》的故事，略謂三官為陳子檮（一作椿）與龍王三公主所生。這其中種種變遷演繹，清趙翼《陔餘叢考》卷三十五有一則詳細考證，轉引如下：[26]

> 道家有所謂天、地、水三官者，《歸震川集》有《三官廟記》

云其説出於道家，以天、地、水為三元，能為人賜福、赦罪、解厄，皆以帝君尊稱焉。或又以為始皆生人，而兄弟同產，如漢茅盈之類也。是震川初未嘗考其由來。郎瑛亦但謂：天氣主生木，為生候；地氣主成金，為成候；水氣主化水，為化候。其用司於三界，而以三時首月候之，故曰三元。三元正當三臨官，故又曰三官。則瑛亦未究其出自何處。按《通志》有《三元醮儀》一卷，但不題撰人姓氏。《宣和畫譜》有名畫周昉《三官像圖》，及唐末范瓊、孫位、張素卿皆有之。又《東坡集》中有《水官詩》，乃大覺璉師以唐閻立本所畫水官贈老泉，老泉作詩報之，兼命坡公屬和者。然老泉詩徒摹寫閻畫，東坡亦第述立本之以畫名家，而未著水官所自。惟宋景濂跋揭文安偈斯所撰《曲阿三官祠記》，謂漢熹平間，漢中張修為太平道，張魯為五斗米道，其法略同，而魯為尤甚。自其祖陵、父衡造符書於蜀之鶴鳴山，制鬼卒、祭酒等號，分領部眾，有疾者令其自首，書名氏及服罪之意，作三通。其一上之天，著山上；其一埋之地；其一沉之水；謂之天地水三官。三官之名，實始於此云云。此最為得實，但裴松之《三國志》注引《典略》，謂為太平道者，乃張角，為五斗米道者乃張修。《後漢書》及司馬《通鑒》亦同。景濂乃謂修為太平道，魯為五斗米道，不免小誤。按松之所謂張修，應是張衡，即張魯父也，《典略》誤耳。然張衡等但有三官之稱，而尚未謂之三元。其以正月、七月、十月之望為三元日，則自元魏始。《魏書》：孝文帝以太皇太后喪，詔令長至三元絕告慶之禮，是三元之名，魏已有之。蓋其時方尊信道士寇謙之，三元之説，蓋即謙之等襲取張

衡三官之說，而配以三首月為之節候耳。《冊府元龜》：唐開
元二十二年十月敕曰：道家三元，誠有科戒，今月十四日、十
五日是下元齋日，都內人應有屠殺，令河南尹李適之勾當總與
贖取，并令百姓是日停宰殺漁獵等。自今以後，兩都及天下諸
州，每年正月、七月、十月三元日，起十三至十五，兼宜禁
斷。《舊唐書·武宗紀》：會昌四年正月，敕三元日各斷屠三
日。《宋史·方伎傳》：苗守信精道術書，上言三元日，上元
天官，中元地官，下元水官，各主錄人之善惡，皆不可以斷極
刑事。下有司議行。此又三元之名之原委也。

附會演繹雖多，使得後世人們對三官由來反而模糊迷離；不過
其職掌倒是未變，仍是掌管人間禍福，鬼神遷轉，但各有專司，分
工明確，如：天官一品，又稱上元賜福天官紫微大帝，堯也；地官
二品，又稱中元赦罪地官清靈大帝，舜也；水官三品，又稱下元解
厄水官洞陰大帝，禹也；其神格僅次於玉皇大帝，又由於天官可賜
福，到了近代，民間遂與祿、壽並列，竟有充為財神，及畫為門神
之俗，所以連雅堂於《台灣通史》中指稱：「是皆古之聖王，功在
後世，沒而祀之，宜也。然而台人之言曰：天官賜福、地官赦罪、
水官消災，此則出於師巫之說。」[27] 頗有祀之非宜的意思。

在台灣客家地區，信仰以三山國王、媽祖、三官大帝、義民爺
較多。在三元宮建廟之前，大湖口庄信仰主要有三官大帝、媽祖、
有應公等。目前所知該地區最古老的「伯公」正是陪祀在三元宮的
福德正神。由於客家人尚質樸有古風，故三元宮初始僅奉神位，即
以木牌寫上神名位號奉祀，最多背後牆上繪有圖紋裝飾，尊循「一
寫、二畫、三雕塑」的古風。近年桃竹苗客家地區崇拜三官大帝廟

字，紛紛認定為堯、舜、禹三帝，因此為之雕像塑身，或頭戴冕旒，或戴官帽，造型不一，反失古風，令人悵嘆不已。

　　至於三元宮年中祭典，因廟中奉祀神明除三官大帝外，尚有媽祖與註生娘娘，因此近年行事，略別之不外乎下列數項：(1)諸神明誕辰祭典；(2)北港進香；(3)節日慶典；(4)舉辦法會，茲以二〇〇〇年度為例，列表如**表**10-3。

表10-3　湖口三元宮2000年度祭典行事表

日期(農曆)	祭典行事說明
正月初一日	春節農曆過年焚香開門(在卯、辰時)。
正月初五日	北港進香。
正月初六日	恭迎天上聖母分身神像蒞本宮(大約下午三時左右抵達，大旗鑼鼓迎接，約安奉十天，於每年農民節後的第一個週日送回)。
正月初九日	本宮眾神一日遊庄，大旗鑼鼓恭迎聖駕(本年輪由湖口村提供飲食)。
正月十五日	卯時(上午五時)本宮三界爺上元天官誕辰舉行春季祈福。
正月十六日	恭迎聖駕並且舉行祈福外台，供眾信參拜
正月二十日	本宮舉辦起斗、安奉太歲、禳燈、法會制化。(以後每月二十日請道士來宮誦經拜斗，舉行保運法會。)
正月廿二日	本宮觀音佛祖至大溪進香過爐。
正月廿三日	恭送天上聖母回北港。
三月二十日	註生娘娘誕辰。
三月廿三日	天上聖母聖誕，媽祖會在本宮舉行，豬羊供奉，並行吉禮儀式。
七月初六日	近十年參與道教冥陽大法會。
七月十二日	前往恭迎三官大帝金身回本宮。
七月十五日	本宮三界中元地官誕辰。
八月初一日	本廟坪舉辦湖口萬善祠慶讚中元祭典，供備大豬公參拜。也請道士超拔，並有演唱外台戲。
十月十五日	本宮上午舉行秋季還福，為三界爺下元水官誕辰並有演唱外台戲，同時三界會有大豬公參拜並行吉禮儀式。
十二月二十日	上午八時圓斗，並奉送太歲星君，至十二時圓滿結束。

資料來源：卓克華整理

總之，近年已質變爲正月之「媽婆遊庄」爲年度最盛事，藉由媽婆（媽祖）繞境，凝聚祭祀圈內六村村民。遊庄隊伍以車隊緩緩繞行全境一圈，遊庄所經過之處，村民在門口皆置香案供品膜拜，而且由每年輪值之爐主村家家戶戶提供繞境隊伍飲食。遊庄當日中午「行春宴」，跟隨遊庄之車隊與信徒每人以一碗雙箸遊走各家各桌飲食，場面喧嘩熱鬧且溫馨。

第四節　神明會與祭祀圈

　　神明會爲台灣傳統民間組織，是專爲祭祀神佛而設立，多由同鄉、同姓、友朋、讀書人等組成，其組織目的固然以奉祀某神明爲主，兼及會員間親睦、寺廟之維持與修建。在清代，神明會與移墾之村莊尤具密切關係，以村莊爲單位由村民所組成，透過村莊廟的神明會組織，深具有團結村民、保衛村民、維持安寧之政治企圖與經濟價值。在中國大陸，神明會或稱「會」、「社」者；在台灣南部，以「會」爲主，偶見「堂」或「社」名；在台灣北部，則通常稱爲「黨」、「嘗」、「季」，也有名之爲「盟」、「閣」、「祀典」、「亭」、「祠」等，其中粵籍人士所組織者，多稱爲「嘗」，[28] 湖口三元宮神明會之「賜福嘗」即是一例。

　　賜福嘗創立於道光十五年（1835）十月十五日（按即下元水官大帝聖誕日），一九九八年下元節該嘗管理人戴國志將舊錄議約資料整理成一《湖口庄神明會賜福嘗簡介》，雖云「簡介」，實則已對該神明會有一詳實可信之介紹。按神明會於成立之時，常設有帳簿，

帳簿內含括兩部分，一為序文，記述成立之緣由，並列舉各神明會會腳姓名或商號之捐款數、認股數、變動狀況、規約，以及執行機關與職權；本文則記載收支。賜福嘗之成立緣出，可能是「以前未有專祠宮廟奉祀之前，仍用懸爐禱祭，此爐即是三界公爐」，後來或因在道光十五年建立小祠（三界公壇？）安奉，乃有賜福嘗之擴大成立，其成立序文如下：

> 竊思星宿繫諸三台象昭，天上等級列為三品瑞，應人間仰維。三元三品三官大帝，默司福壽，宏勳貫乎三元，陰降祥禎，鴻麻被乎萬姓，其足享世代之血食者有由來矣。茲大湖口等庄，凡有居斯土，無不累沐深。仁等念沾恩多載，感德有年，爰為倡首共飲祀，底日賜福祀典，每份共津早穀壹石，彙繳成數，交殷放息，每年訂於十月十五日，所有各份諸人，肅整衣冠，齊到壇前拈香禮拜，登將母利計共若干，一同會算，訂明公簿，俟生息既大，然後置業立產，以垂永遠，所謂全始全終，共賴無疆之德，可久可大，咸蒙有腳之春，豈非從賜福中來哉乎。是為序。

而創立會腳有二十七名：「葉玉明、陳勝安、王永壽、戴星魁、呂金生、陳俊相、余元福、余昆成、余文信、三官嘗、吳阿丙、王宏添、王宏統、王玉壽、范八茂、周三合、戴進觀、羅阿福、葉玉明、彭阿祿、許俞團、廖三才、戴南鴻、劉進來、邱鳳照、陳乾興、羅阿保」，每名會腳捐穀一石，共計二十七石，作為本金放息圖利。不過，在此有兩點小小疑問，一是序文提及「仁等念沾恩多載……」，可見倡首者有一名為「仁」者，可是遍尋創立二

後堂香爐

十七名會友，並無此人名字。二是創立會中有一「三官嘗」，可知早在「賜福嘗」成立前，早已另有一神明會組織，因此三元宮之歷史溯源，不只是道光十五年（1835），還需往前推若干年代才對。再者，成立時生放條款，議定如次，並當即實施：

1.捐題早穀俱交嘗內殷實生放，不得短少。
2.每年每石供貼利谷三斗正。
3.眾信嘗友人等三年清算，存數登帳。
4.議戴星魁收去早谷五石生放、議呂金生收去早谷四石生放、
　議王玉壽收去早谷四石生放、議葉玉明收去早谷五石生放、
　議陳俊相收去早谷五石生放、議余元福收去早谷四石生放、
　合計共生放谷二十七石正，經眾會友公立。

三年之後的道光十八年（1838）十月十五日回收本利計穀五十九石四斗，並再議定利息，每年每石供貼穀一斗正，限至明年十月

十五日經眾清算，另行公議。迨及道光二十二年（1842）公簿首次出現以銀元計算，每年貼利加貳。二十三年，首次開支酒席費。同治初年（1862）捐給新埔街廣利宮七十元作為生息銀。[29] 同治十三年（1874），陳阿杏借去佛銀八十餘元，至光緒十年陸續還繳母利百餘元。另外，有陳勝生者於同治五年（1866）借去佛銀一百九十元，卻抵賴不繳歷年租利，本年（十三年）八月起，余雨初夥同王萬壽親往討還，陳勝生同意將水田抵還，計價銀八百八十元（座落在今湖口鄉下北勢段，農地重劃後改為信勢段，地號為978，計22筆），同年十月十五日齊集諸會友商討，但因銀錢不足，向陳阿勞借出一百多銀元方能買成。嗣後招佃耕作，以收租抵還債務，直到光緒十年底才還清，所以在光緒十一年（1885）九月十八日，在管理人戴拾和、王鳳喈、葉呈茂、王萬壽等人開設致祭，演唱官音全台，恭祝三官大帝千秋後，眾人決議兩件事：一是重議組織條款，二是以大湖口庄之賜福嘗會友為主，各拈鬮決定負責每年祭典、爐主、首事週而復始，不再逐年拈鬮決定，原文如下：

> 即將賜福嘗內人等名姓，輪值爐主首事，週而復始，各拈鬮為定，係大湖口庄祭例，不得另移他庄開例。
>
> 第一鬮：王合春、周三合、王登壽、陳榮和、呂朝達、余章南、吳月祿、戴拾和、彭雙仁。
>
> 第二鬮：余昆成、賜福嘗、許阿苟、王玉壽、葉金明、陳四源、羅勝武、范八茂、戴阿炎。
>
> 第三鬮：葉金明、王萬壽、陳勝安、余元福、羅阿福、戴日秀、廖阿桂、邱阿興。

經嘗內眾會友議立條款如下：

1.載明自道光十五年間湊成嘗一事，每份各津谷壹石，陸續生放，同治五年陳勝生借去佛銀參佰元，即將契一紙立借手據，交于經理戴拾和收存。至同治十一年眾會友分去佛銀百九十元，惟陳勝生等歷年租利抗欠，未收毫粒。迨至同治十三年八月間，余雨初邀同王萬壽親向討，而陳勝生兄弟始則騙限延搪，繼與其理較，伊兄弟願將該處田業變賣抵還。雨初往返三次不惜跋跎，夫價什費自行料理，至冬十月十五日，齊集諸友爰妥議欲立此業，銀尚不敷，向陳阿勞借出佛銀百有餘元，另登載，方能成買此業，招佃耕作，每年收租五十石，應納大租谷七石五斗正，磧地金二十四元，幫佃起造田寮，每年收租抵還債務，至去年冬還清。於光緒十一年九月十八日邀集諸友會議，設立章程、爐主、首事。備豬羊五牲四果、演戲全台，慶祝致祭，每年除祭費外，或置要用仍要另行再議。

2.每年十月十五日值年爐主、首事等，備豬羊牲犧、果供、金帛等物，不得過於奢華，均照簿底可用可也。祈諸友人等，蕭整衣冠，齊到爐主家中拈香禮拜，每人賞祭肉一斤，如有功名紳矜穿戴公服袍掛者，頒胙肉壹斤，以昭神敬福有攸歸。

3.嘗友諸人至期會算，原設酒席桌三張，另備一張敬請先生、經事之人。房親待客以免失禮，故每人僅可一人赴席，當給桌單定位，免致紊雜，搬椅借桌首事維難。

4.嘗內志士進學者至爐首拈香，准給花紅銀二元，如有科舉進

士者，加給花紅銀四元正。

5.大湖口庄原祀「三界公老爐」至八月間演唱祝慶，值爐來迎請，嘗內應貼佛銀一元，以助費用。

6.先年陳勝生兄弟立有借字並帶上手印契一紙，今在經理戴拾和手內收存。

據上引條文，知此時賜福嘗設有爐主管祭祀事宜，首事爲協助之人，財務另由「經理戴拾和」處理，會友每屆決算期，可分配利益，並有獎勵進學赴考之義舉，尊重本庄中舉或功名之紳衿，或受贈銀或領胙肉。而且出現「三界公老爐」字樣，佐證此時已有分香或新設之爐壇。祭典方式爲每年搭壇供爐祭拜，平時香爐則供奉在爐主家。值得注意的是：這一年（光緒十一年）正是臺灣建省的一年，賜福嘗在本年擴大祭典與組織，並設立章程，改採分組方式輪值爐主，舉辦常年祭典，已奠定建廟之基礎。

及光緒十四年（1888），嘗內眾會友首次頒發配嘗金，每份壹元（後第二次是在光緒十八年，每份七角二分，第三次在光緒十九年，每份五角二分，爾後才每年發配）。另外本年祭祀費用二十四元，陳阿杏兄弟言明由他們負責支出，算是徹底還清同治十三年的借款，眾皆同意，並無異言。此外，因昔年余雨初催討陳勝生借項，跋涉辛苦，且自行貼支夫價，眾人爲酬謝勞苦，除去嘗內二十五份佛銀二十五元外，加上光緒十一、十二、十三年盈餘，仍有三十一銀元給予余雨初，作爲夫價什費。光緒十八年，經會友計算，盈餘銀一十八元一角正，均分二十五份，每份七角二分，仍有一角賞給小夫，可見此數年農作收成不好，公簿結餘金未增長毫金。

乙未割台，進入日據時期，變化愈多。先是，明治三十七年（1904），原由余雨初之子余澄溪保管之印契、丈單、謄本，因他遷居外地，即移交管理人分執，其中葉千存管承買陳家印契連司單乙紙，戴雅存管丈單乙紙，王送存管土地台帳謄本三紙，陳炎存管嘗印一枚。嗣後大事條列如次：

1.明治四十一年（1908）波羅汶建廟，捐金十二元，年度結餘金四十七元九角二分一毫正。

2.大正元年（1912）湖口三元宮建廟捐金二百元，年度結餘金五十六元一角四分正。

3.大正八年（1919）三官大帝登龕捐金六十元，慶成豬羊費七十元。

4.昭和十一年（1936）、十二年、十三年等年度，相關收支與執行諸案，另有印刷詳細表格，配付各會友，故不登錄公簿。

5.昭和十四年至十九年間，因大戰末期，日本台灣總督府採皇民化政策之壓迫，以及「廢佛毀釋」、「寺廟整理」等宗教迫害運動之下，以致神嘗各款祭祀停頓，財產亦被充公，直迄光復才恢復祭典。

光復之初於一九四五十月十五日舉行總會議，議決事項有：(1)一九四四、一九四五年度（昭和十九、二十年）決算書承認案；(2)收入財產均被日本政府充公處置承認案；(3)管理人選任案，結果眾人仍維持原辦理者，有葉松、王國恩、陳天虎、戴有恭、王乾火等五位爲管理人。另議決例祭分組輪值承認案，重新分爲下列五組：

第一組：葉　松、葉玉明、陳勝安、王永壽、戴拾和、呂金生。

第二組：王國恩、陳俊相、余元福、余昆成、余文信、吳阿丙。

第三組：陳天虎、王宏添、王宏統、范八茂、周三合、戴進觀。

第四組：戴有恭、王玉壽、羅阿福、葉玉明、彭阿祿、許俞團。

第五組：王乾火、廖三才、戴南鴻、邱鳳照、陳乾興、羅合和。

嗣後之大事沿革，茲簡列於下：

1. 一九四九年原管理人陳天虎更名陳能拔。
2. 一九四九年捐三官大帝神位聖牌價金一百五十元，年度結餘金一百十二元九角二分正。
3. 一九五七年原管理人王國恩更名王瑞琳。
4. 一九六○年信勢國小創校捐金五佰元。
5. 一九六七年慶三元宮重修贈紀念紅彩乙幅、燈乙對。
6. 一九七三年原管理人葉松更名葉永德。
7. 一九七九年贈三元宮櫃台乙式。
8. 一九八○年原管理人王乾火更名王南爐。
9. 一九八○年捐三元宮鐵櫃乙台。
10.一九八一年三元宮天井加蓋屋頂捐金壹萬元。
11.一九八二年三元宮新設光明燈捐金捌千元。
12.一九八四年原管理人戴有恭更名戴天敏。

13.一九九二年會友中餐改為支付餐食津貼。

14.一九九三年原管理人陳能拔更名陳福全。

15.一九九七年原管理人戴天敏更名戴國志。

16.一九九八年出刊《湖口庄神明會賜福嘗簡介》，資料整理、管理人為戴國志。

除了上述「賜福嘗」之正式神明會組織外，湖口三元宮早在建廟之前，即已建立起以附近村庄為主的大湖口庄祭祀圈（Religious sphere），光復以來，經由分火、割香，或神明互訪，如與北港朝天宮、桃園大溪蓮座山觀音寺、中華民國三官大帝道脈宏孝協進會舉辦冥陽大法會等等宗教活動，來建立彼此交陪廟之社會關係。今謹將近年爐主、首事舉例臚列如下以供參考：

1.一九九九年，值年爐主：王達龍。

　湖鏡村首事：羅美堅、張瑄堂、甘士政。

　湖口村首事：莊明石、廖新添、戴文增。

　長安村首事：盧朝材、馮正男。

　長嶺村首事：詹增旺、陳國昌。

　湖南村首事：余成照。

2.二○○○年，值年爐主：陳尉全。

　湖口村首事：范光輝、葉義宏、（羊窩）廖振彩。

　長安村首事：胡榮藏、張永樺。

　長嶺村首事：黃元李、盧朝任。

　湖南村首事：羅世秋。

　湖鏡村首事：羅鴻逸、呂理鈞、羅世建。

可知湖口三元宮之祭祀圈含括湖鏡、湖口、長安、長嶺、湖南等村，即俗稱老湖口地區。值年爐主與各村首事僅負責每年正月十五日祈福、與十月十五日還福祭典。廟中牟日事宜則交由三元宮管理委員會管理，三元宮管理委員會於一九九〇年成立至今，本屆（第三屆）主委爲羅美搖，四位常務管理委員爲各村村長，如湖口村甘泰偉、長安村盧朝琴、長嶺村盧朝順、湖南村陳國全，再由信徒大會中選出十七位管理委員與五位監察委員所組成。

第五節　小結

乾嘉年間一波波來台移民風潮，帶動了湖口地區的開拓，如乾隆時期錢氏一族奠下墾業，彭開耀到王爺壟、賴應龍至波羅汶，及陸豐人陳乾興、徐翼鵬、彭朝達、葉韶任等亦到南勢、和興、王爺壟、崩坡缺等地建庄，出現婆老粉庄、大湖口庄、崩陂庄等；加上道路的暢通運輸、陂圳水利的灌溉，墾業快速發展，一一形成血緣聚落，出現若干大姓氏族的分佈村落，並先後建立十數座宗廟公廳，如表10-4。

至於地域性的發展，大體集中今中勢、信勢、波羅、和興、德盛、吳厝等村，其中又以波羅汶地區爲中心。移民既來，自會帶來原有信仰，祈神庇佑，嘉慶初年搭壇敬奉三官大帝，迨以咸豐二年（1852）創建的波羅村三元宮爲代表，並自此開始由八大庄衆信輪值祭典，至今沿習不輟。爾後在光緒中葉因鐵路通過湖口，且火車站設於老湖口，使得老湖口一帶日趨發達，終於取代波羅汶地區。

表10-4　湖口鄉宗族原籍地及移墾一覽表

來臺時間	民系	入墾本鄉位置	家族燈號	來臺祖	原居地	曾於他鄉發展	移民本地時間
康熙末(約1715年左右)	客	長安村南窩	盧電光	盧玉招	廣東潮州府惠來縣梅林寨	雲林西螺、中壢水尾	
乾隆初年(約1736年左右)	客	長安村北窩	黃六成	黃廷拔	廣東惠州府陸豐縣	桃園白沙墩	
乾隆五年(1740年)	客	中勢村	張六和	張奕標	廣東惠州府陸豐縣葫蘆斜方廓都甘坑甲楊桃窩石公坡	鳳山崎	嘉慶十六年(1811年)
乾隆初年(約1745年)	客	長安村崩坡下	周義和	周廷芳周廷俊	廣東嘉應州長樂縣	台北八芝蘭堡	
乾隆二十年(1755年)	客	波羅汶	張昆和	張善文	廣東嘉應州長樂縣鯉魚江	竹東樹林頭	
乾隆二十年(1755年)	客	湖南村箕南窩	呂氏河東堂	呂祥振	廣東潮州府豐順縣錫灘寨		
乾隆年間(約1755年左右)	客	和興村	范氏高平堂	范昌謀	廣東惠州府陸豐縣吉康都崀嶺鄉黃護寨	新豐、湖口交界處	
乾隆三十五年(1770年)	客	湖南村番箕窩	羅氏豫章堂	羅上威	廣東惠州府陸豐縣河田許山下石禾程	桃園龜崙、關西鹹菜甕	
乾隆四十一年(1776年)	客	湖南村番仔湖	傅氏四章堂	傅麟章四兄弟	廣東嘉應州鎮平縣文支鄉黃泥塘大圳背	楊梅壢庄	道光三十年(1850年)
乾隆五十三年(1788年)	客	湖口村	戴拾和	戴南珠	廣東嘉應州鎮平縣三圳墟黃泥窟	台南安平	
乾隆年間	客	湖南村南勢	陳四源	陳曰勳	廣東惠州府陸豐縣八萬鄉	竹東樹林頭	乾隆五十九年(1793年)
嘉慶十一年(1806年)	客	湖口村羊喜窩湖口	甘氏渤海堂	甘貴文	廣東嘉應州長樂縣五華		

（續）表10-4　湖口鄉宗族原籍地及移墾一覽表

來臺時間	民系	入墾本鄉位置	家族燈號	來臺祖	原居地	曾於他鄉發展	移民本地時間
嘉慶十九年(1814年)	客	長嶺村長崗嶺	周三合	周宜尊	廣東湖州府鏡平縣原高郡七藍鄉玉皮社		
清朝年間	客	湖口村羊喜窩	范八茂	范特靈	廣東惠州府陸豐縣吉康都崙鎮鄉田心霸		
道光五年(1825年)	客	德盛村	黃協和	黃連正黃連端	廣東惠州府陸豐縣吉康都石寨河田	楊梅水尾里	
(原缺)	客	德盛村	巫氏平陽堂	巫長仁	廣東嘉應州鎮平縣嵩山堡四下村		

資料來源：《湖口鄉志》，pp.164~165。

　　老湖口地區早期即有懸爐禱祭三官之習俗，至道光十五年（1835）成立「賜福嘗」神明會，或有可能建立小祠安奉，或仍是臨時祭典搭壇供爐祭祀。另一方面光緒中葉因火車經過老湖口，並在此設置車站，人潮往來，帶動商機而迅速發展，成爲一新的商區，至日據時代大正初年，當地商人住戶集資興建新市街，原來小祠也不得不配合擴建，遂將村廟稍向南移，遷建於東邊，即新街北端，使得老湖口成爲新宗教及商業中心，也省得街民長途跋涉到中崙三元宮進香。老湖口三元宮從大正元年（1912）開始籌資募捐，三年動工，七年初步完成廟身，八年登龕，但此時也面臨經費不足問題，經周萬順等人大力樂捐才得以解決，大正十二年（1923）舉行落成建醮大典，並勒碑昭信，大功告成。新廟二落，陳設簡樸，座南朝北，並由今湖南、湖鏡、湖口、長安、長嶺五村庄輪值祭典，沿襲至今。期間因日據末期施行寺廟整理，廟產充公，以致祭祀一度告停，直至光復初方得恢復。

光復以來，年久損毀，自有幾番修繕增建，如一九六七作一整修，並添建廟前戲台、一九八一年天井加蓋屋頂、一九八五年新建廟前金爐、一九八六年又建廟前涼亭、一九八七年重修廟門等是。另一方面，由於楊梅到新竹間的鐵路，因鐵道坡度較陡，車頭至此往往拉不上來，再加上路基不穩，頻生事故，[30] 因此日人決定鐵路改道，昭和四年（1929）向西遷移，即今之楊梅、富崗、湖口、竹北路線，新車站改設於下北勢，即今所謂「新湖口」。火車站離去，「老湖口」隨即沈寂，幕起幕落。反之，原是一片農田的仁勢村與中勢村，一下子湧入許多商家，機關團體隨之遷移成立，新湖口成為新的政經中心，取代老湖口地位。老湖口由繁華歸於沒落，遺留下紅磚街屋與三元宮，成為日據時代的歷史證物與文化資產。老湖口雖不再熱鬧，但三元宮依然是信仰中心，廟前依然是居民休閒、聯誼、娛樂的活動中心，廟雖老舊，街雖空寂，人群卻未走遠！

註釋

1 參見：(1)湖口鄉志編輯委員會《湖口鄉志》(新竹縣湖口鄉公所，1997年8月，再版)，〈開拓篇〉，pp.23~24。(2)烈〈湖口鄉文獻採訪錄〉，《新竹文獻會通訊》第十號（新竹縣文獻委員會，1954年元月），pp.2~9。(3)黃旺成等《新竹縣志》(成文出版社，1983年3月，台一版)，〈卷六經濟志〉第十篇交通第二章「公路」，p.85。

2 《湖口鄉志》，p.24。

3 《湖口鄉志》，〈氏族篇〉，pp.160~170。

4 詳見張炎憲〈歷史文獻上的竹塹社〉，《台灣平埔族文獻資料選集──竹塹社》(上)（中央研究院台灣史田野研究室，1993年5月），pp.7~23。

5 《湖口鄉志》〈開拓篇〉，p.29。

6 詳見《淡新檔案》第四本（台灣大學，1995年11月）第一編〈行政・民政類〉，檔案編號：一二六〇一～一二六〇一・七，p.170~175。

7 詳見《淡新檔案》第三本（台灣大學，1995年11月）第一篇〈行政・民政類〉，檔案編號：一二四〇三・四九〈同治十三年分淡屬各庄人丁戶口清冊稿〉，pp.334~336。另同治十一年五月時，大湖口總理爲葉呈華，波羅汶庄總理爲黃錫蘭、張清榮，庄正黃雲陞（見p.149）。

8 詳見《淡新檔案》第二本，檔案編號：一一五〇九・五〇～一一五〇九・一〇一，pp.80~106。

9 陳朝龍編纂，林文龍點校《新竹縣采訪冊》（台灣省文獻委員會，1999年元月），卷二〈舖遞〉，pp.104~105。

10 《新竹縣采訪冊》，卷三〈橋梁〉，p.120。

11 《湖口鄉文獻採訪錄》p.6~7。

12 同前註。

13 陳培桂《淡水廳志》(台銀文叢第172種),卷十一〈風俗考〉,
   pp.300~301。

14 《新竹縣采訪冊》,卷七〈風俗〉,pp.374~378。

15 鄭鵬雲等《新竹縣志初稿》(台銀文叢第61種),卷五考一〈風俗〉,
   pp.179~181。

16 同前註前引書,卷三〈典禮志·祠祀〉,pp.115~124。

17 《新竹縣采訪冊》,卷四〈祠廟〉,p.211與216。

18 鄭用錫著、林文龍點校《淡水廳志稿》(台灣省文獻委員會。1998年3
   月),卷一〈祠廟〉,p.54。

19 陳培桂前引書,p.152。

20 《湖口鄉志》,〈宗教篇〉,p.301~302。

21 同「烈」前引文,p.8。

22 《湖口鄉志》,pp.302~303。

23 林會承主持《新竹縣老湖口老街街屋立面調查與研究》(中原大學建築系
   歷史與理論研究室,1989年),pp.211~213。

24 《湖口鄉志》,pp.239~240。

25 以下引文若無特別註釋,均轉引自呂宗力等編《中國民間諸神》(上冊)
   (台灣學生書局,1991年10月初版),乙編〈三官〉,pp.64~72。

26 趙翼《陔餘叢考》(乾隆庚戌,湛貽堂版,華世出版社,1975年10月景印
   本),卷三十五〈天地水三官〉,p.396。

27 連橫《台灣通史》(台灣省文獻委員會,1976年5月),卷二二〈宗教志〉,
   p.444。

28 詳見周宗賢《台灣的民間組織》（幼獅文化公司，1983年6月初版），第一章〈宗教組織・神明會〉，pp.9~10。

29 《新竹縣採訪冊》，p.308

30 參見：(1)《湖口鄉志》，p.242；(2)黃旺成《新竹縣志》〈卷六經濟志〉，p.27。

第十一章
新港大興宮——

笨港滄桑見證者

第一節　笨港的開發與大興宮的創建

　　嘉義地區位於嘉南平原上，其開拓相對於台南縣市境外的其他地區而言，是頗早的，相傳明神宗萬曆元年（1573），海賊林鳳率衆萬人以魍港（約今嘉義縣布袋鎮）爲基地，四處騷擾閩粵沿海，二年十月，總兵胡守仁進兵攻剿，並徵調平埔族諸羅山社（約位今嘉義市）等社丁壯從征，大敗林鳳，是爲漢人武力及於今嘉義地區的開始。當然，林鳳是否確遭原住民夾攻而逃，視爲民間傳說則可，據爲史實則頗待商榷。[1] 又傳說，熹宗天啓元年（1621），顏思齊、鄭芝龍從日本九州率衆來台，屯駐於笨港一帶（約今嘉義縣新港鄉、及雲林縣北港鎮），顏思齊後來招募漳泉移民渡台，墾成十寨，約爲今北港鎮、水林鄉一帶，其中一寨即爲撫番寨（今北港鎮府番里），爲本地區開拓先鋒，其墓也在一九四八年於水上鄉南鄉村三界埔尖山上發現，或可佐證爭執不休的傳說史事。同時期，荷人入據台南，不過，在崇禎元年（1628），鄭芝龍歸降明朝，離開笨港前，今嘉義一帶諸羅山社等平埔族，並未受到荷人統治。嗣後，荷人揮軍北上，陸續征服貓兒干社（約今雲林縣崙背鄉）、他里霧社（約今雲林縣斗南鎮）、柴裡社（又稱斗六門社，約今雲林縣斗六市）、打貓社（約今嘉義縣民雄鄉）諸社，於崇禎九年（1636），逼迫諸羅山社等社土目，聚集新港（今台南縣新市鄉），宣誓效忠，正式受荷蘭的殖民統治，直到永曆十五年（1661），鄭成功收復台灣爲止。

　　鄭氏復台，分派兵鎮屯田各地，其中智武鎮相對其他多數兵鎮

而言爲位置較偏北方的兵鎭營舍，約在諸羅山社北方之北門外北香湖一帶，其他如楝梛庄、下雙溪庄、溪墘厝等等（約今朴子鎭、六腳鄉地方）已有漢人開拓蹤跡，傳聞陳姓屯弁拓墾土間厝，水燦林等地；屯弁陳士政、陳德卿等溯北港溪屯墾竹仔腳庄等地皆是。而諸羅山社則歸設治於佳里興（今台南縣佳里鎭）的北路安撫司管轄，顯見我漢人先民開拓之初步成果。

及康熙廿二年（1683），鄭克塽降清，翌年收入版圖，設官分治，置一府三縣，以北路爲諸羅縣，治諸羅山社。此後雖因衙署未建，縣官仍暫居佳里興，然自康熙四十三年（1704），奉文移治諸羅山（今嘉義市）後，即成爲府城以北之政軍中心。而笨港一地也成爲水路交通一大要津，漸發展成重要河港口。

「笨港」一詞的出現，在十七世紀荷人所繪地圖已有 "R.-Poonkan"、"Poncan" 或 "Poong-Kang" 之名，所謂 "Poonkan" 當是土語，「笨港」乃其音譯，惟其確切地理位置，屢有不同的解釋，也不易釐清，大要言之，約今台南以北，彰化以南的地帶之間。至康熙廿四年（1685）蔣毓英《台灣府志》記〈諸羅縣水道〉中之山疊溪「至笨港，入于海」；[2] 記〈水師汛地〉，則「一汛猴樹港、笨港，把總一員，兵一百名」。[3] 其他毫無記載。蓋嘉南平原北部墾殖伊始，周圍地域尙屬叢林密草與湖沼參雜情形，港口腹地條件還未育成，僅是大陸沿岸帆舶出入停泊，或移民登陸之港口。

其後墾務進展，方才成爲貿易鼎盛，貨物進出之重要河口商港。康熙末季終於發展成商賈輳集，市面繁榮的街肆。黃叔璥《台海使槎錄》記：「北路米由笨港販運，南路米由打狗港販運。」又記近海港口哨船可出入者之一有笨港，「而笨港並有小港可通鹿耳

門內，即名馬沙溝是也」。而且鎮標兵營之駐防，一度建議設「北路增一千名，以五百駐斗六門，後護半線，前護本營，並查笨港海口，防禦生番。以五百駐半線，後護澹水，前護斗六門，稽查鹿仔港，防護大江口」。[4] 俱可見笨港地理形勢之重要。周鍾瑄《諸羅縣志》分記：「笨港公館在笨港街，康熙五十五年，附近士民公建」、「笨港，商船輳集，載五穀貨物」、「白沙墩，縣北各莊社往笨港必由之路」、「秀才莊，笨港船隻出入必經之地，多匪類出沒」、「鹹水港，港由蚊港東入郡治」，「往笨港必由之路」，[5] 可知笨港已是商旅貿易往來之交通孔道，因此周書又記載：「笨港街，商賈輳集，台屬近海市鎮，此爲最大。」[6]〈水師防汛〉在笨港爲：[7]

> 笨港，在縣治西北三十里。南與猴樹港毗連，北至海豐港水程一潮，商賈船隻輳集之所。輪防安平協左營遊擊、守備一員，隨防千、把總一員，目兵一百三十名，哨船二隻。設砲臺三、煙墩三、望高樓一。內分：猴樹港，在縣治正西三十里。南至蚊港水程一潮。目兵十名。屬笨港隨防千、把總兼轄。

總之，從荷鄭至康熙末季（1624～1717），隨著漢人移民向北不斷拓殖，米糧大幅增產，笨港是漢人移民建置在山疊溪河口潟湖內岸的街市，由於居深灣之內，有利於大陸或台灣西部沿岸帆船停舶避風，並且因居溪口，可導引移民深入嘉南平原墾殖，或輸運各種貨物，笨港成爲八掌溪以北，大甲溪以南，發展最快，也算是最重要的河港。當時諸羅縣所產米穀多數由此港口販運至台南府城，也有若干小船直接從笨港偷運至內地。而另一方面，歷經四十年的墾殖，耕地面積不斷擴張，成爲農業發展的重要條件，其中又以水利

大興宮正立面外觀

建設厥功最大，嘉義地區在康熙年間完成的主要陂圳，據《諸羅縣志》記載有新陂、咬狗竹陂……等等三十二個陂圳，[8]遍及嘉義地區。陂圳的修築需要大量人力與資金，可想見此時人口大量的移入，因此周鍾瑄稱康熙初年「流移開墾之眾，極遠不過斗六門」，康熙四十三年（1704）「而當是時，流移開墾之眾已漸過斗六門以北矣」，四十九年（1710）「蓋數年間而流移開墾之眾，又漸過半線大肚溪以北矣！此後流移日多，乃至日南、後壠、竹塹、南嵌，所在而有。」[9]隨著水利的開發，田園增加，人口更大量移入，村落自然形成，康熙末年，諸羅縣十七庄中，在嘉義地區者，有諸羅山庄、北新庄……等十庄，約占百分之五十八，街市也相對增加，有十字街、太平街、鎮安街、笨港街、土獅仔街、猴樹港街、打貓街等，相對於中部地區僅有半線街，[10]嘉義地區是非常繁榮地。此為笨港至康熙末年開發與其周遭地域大環境之景象，在此背景下，康熙卅九年（1700），笨港街居民創建了「天妃廟」，這是笨港街第一座出

現的寺廟，至於信奉保生大帝的廟宇，則尚未見諸文獻記載。[11]

雍正元年（1723），分諸羅以北數百里之地，增設彰化、淡水二縣廳，九年（1731）各縣再增設縣丞一員，諸羅縣丞分駐笨港，首任縣丞胡光祖於次年就任，以稽查地方及出入船隻。[12] 時縣丞署置於磚仔窯，其地所在有二說：一說在今北港鎮東方東勢窯一帶；一說在北港鎮新厝仔，即今後溝仔與頂灣仔內靠近北港溪稍北地方。三年後，再將縣丞署移建於坂頭厝，即今之新港鄉坂頭厝村，俾文武兩署，南北呼應。而康熙年間為笨港地區大體墾殖就緒時期，雍乾年間則為全力發展時期。也就是說在此期間，有不少漢人在北港溪南北兩岸，包括今嘉義縣新港鄉、溪口鄉、六腳鄉、雲林縣元長鄉、斗南鎮、斗六市等地區從事拓墾生產活動，笨港街肆隨人口大量增加不斷擴展，乾隆六年（1741）諸羅縣漢人行政區原僅為四里、七保、十七莊，至乾隆二十九年（1764）增闢為三十九保、一莊，共計四里、四十六保、十八莊。笨港街因人口眾多，被劃分為南、北二保，中隔一溪，北街屬大榔東保，南街屬打貓西保，對外皆稱笨港街，舟車輻輳，百貨駢闐，俗稱「小台灣」。[13] 笨港倉廠數目，也由乾隆六年時的六十九間，到三十五年時增加到一百零九間，[14] 短短二十年，增加之速度，可以想見其時農產米糧豐收盛況。而據當時所繪地圖，笨港南街又分前、後兩街，加上對岸北街，其繁榮情況，有「一府二笨三艋舺」之俗諺。故清廷於北街駐千總一員，增兵至一百二十三名，南街則為縣丞署、縣倉、陸師汛所在，總集政治、軍事、經濟於斯。幾乎可以說笨港為當時臺灣第二大港口，漸擺脫與鹿耳門港之依存，常有內地大船直接到笨港販運米穀與油、糖等物，笨港此一港口市鎮急遽擴大，貿易繁興，郊

行興起，笨港三郊（泉州郊金合順、廈門郊金正順、龍江郊金晉順）乃合資於乾隆四年（1739）創建水仙宮以爲公所。同時，陸師駐笨港南港防汛兵也合建關聖帝君廟。乾隆三十年（1765），北街陳姓居民成立陳聖王會，合祀開漳聖王陳元光；蔡姓居民成立順正大王公會，合祀蔡姓祖先蔡志、蔡澤等人。乾隆四十二年（1777），北街王姓居民成立開閩王會，合祀開閩王王潮、王審邦、王審知三兄弟。[15]

當時北街一帶爲泉人所居，南街多爲漳人，不同民系，埋下衝突潛因，乾隆四十七年（1782）九月，彰化縣番仔溝地方，漳泉民人口角構釁，繼起械鬥，波及笨港。十月，北街街民洪鐘糾衆搶南港，兩街居民互相械鬥，其時南港漳人勢弱，多走避。十一月，福建水師提督漳人黃仕簡率兵搜捕要犯，將首夥凶犯多人正法示衆，並出面招回南港商民，修築房屋，仍前交易，共敦和好。[16] 乾隆五十一年（1786）又爆發漳人林爽文抗清民變，笨南港坂頭厝附近七莊居民起而響應，北街紳民結壘固守，但不幸壘陷圍破，遇害者百多人，北街幾成廢墟。翌年九月亂事平定，坂頭厝等七莊被焚燒，笨港於焉收復。其後，北街居民建義民廟以合祀死事烈士，乾隆五十六年（1791）南街居民則建南壇（後改稱水月庵），以資弔念超薦。[17]

嘉慶二年（1797）十月，台灣發生颶災，吹損禾稻，刮倒房屋，壓斃人衆，使得「今北路嘉義、彰化等屬，雖晚稻多有損壞。而南路台灣、鳳山等縣，受風較輕，地瓜番薯雜糧等項，尚可有收。」仁宗皇帝仁心德政，「屢經降旨該督撫體察情形，量爲接濟。今該督等專派道員，賷帶藩庫銀二十萬兩前赴該處，以備賑

卹，災民自必早霑實惠。」[18] 此次颶颱蠲賑，《福建通志台灣府》
亦記載：「嘉慶二年，以台灣颶災，除淡防、台、鳳、嘉、彰五
屬，本年應行輸免供穀外，再將本年應徵錢糧分別蠲免、緩徵各有
差。」、「嘉慶二年，台灣府屬颶災、撥解司庫銀二十萬兩接濟，並
應運內地兵穀三萬四千餘石截留，以備賑糶。」[19] 此次颶颱，各地
災情嚴重，笨溪氾濫，積水三日始退，浸毀之廟宇、民宅頗多，如
水仙宮、關帝廟蕩然無存，全毀，如道光三十年（1850）的〈重修
水仙宮碑記〉所記：

> 吾笨南港有水仙尊王、關聖帝君二廟，由來舊矣，不意嘉慶年
> 間，溪水漲滿，橫溢街衢，浸壞民居者，不知凡幾，而二廟蕩
> 然無存。（下略）

新港奉天宮嘉慶十七年（1812）所立的〈新建奉天宮碑記〉亦
記：

> 溯自我天后聖母，在笨之宮，因烏水氾濫，橫遭沖毀，我笨亦
> 幾至蕩然無存，毀於一旦……毅然與笨眾，敬遷我神諸聖像於
> 笨之東麻園寮肇慶堂，於此洪氾雖可遠避，然舊日巍峨廟宇，
> 已不復存。

笨港南街居民遷地為良，因溪流改道，轉向南移，此後又連年
洪水氾濫，南岸不斷侵蝕，「南街」部分街肆既遭沖毀侵蝕，於是
選擇郊東五里，離河道稍遠，地勢稍高的「麻園寮」營建新街，為
有別原來的「笨南港街」，稱彼為「舊南港」，而此地為「笨新南港
街」，以後省稱「新南港」，最後再省稱「新港」，此為新港地名的由

來。

　　連年港水氾濫，溪流改道，也造成漳泉勢力的重組。笨港是一港口市鎮，人物雜遝，乃漳泉雜處之區，從雲嘉地區漢人祖籍分布來觀察，笨港的漳人位在漳人分布區最前哨，而且居住河的南岸。連年水災，家園被毀，大部分漳人被迫遷徙到新港重建家園，而且溪道南移，笨港核心區轉爲位在北岸的北港，於是漳人在笨港的優勢消失，港口轉由泉人操控，「北港」遂因此崛起。[20]

　　或許在大水之後，土性浮覆，瘟疫橫行，職司醫藥的醫神——保生大帝特別爲人重視崇奉，於是在嘉慶九年（1804），新南港的第一座廟宇大興宮——崇奉保生大帝，便由漳州籍居民與部分民雄同安人何姓之號召下倡建，而廟名「大興宮」也表達了希望此新家園趕快重建復興而大興，寓意深遠！[21]

第二節　保生大帝信仰的由來與傳入笨港

　　大興宮所崇祀主神爲保生大帝，保生大帝之尊號別稱頗多，有：吳眞人、大道公、吳公眞仙、沖應眞人、大道眞人、眞人仙師、花橋公、正佑公、康佑侯、靈護侯、英惠侯、忠顯侯、御史太醫妙道眞人、昊天金闕御史慈濟靈醫妙道眞君、萬壽無極保生大帝等等，不勝枚舉。

　　帝原名吳夲，他生前是北宋時代閩南地區的一名中醫，因醫術高超，醫德高尚，死後演變成在閩南地區的一位醫神。現存最早記載其生平的資料是楊志的〈慈濟宮碑〉（以下簡稱〈楊碑〉），今碑猶

立於青礁慈濟宮。楊志是南宋龍溪縣人，進士出身，該碑撰寫於南宋寧宗嘉定二年（1209），碑文提到：

> 侯弱不好弄，不茹葷，長不娶，而以醫活人。枕中、肘後之方，未始不數數然也。所治之疾，不旋踵而去，遠近以為神醫。……既沒之後，靈異益著。民有瘡瘍疾疢，不謁諸醫，惟侯是求。撮鹽盂水，橫劍其前，焚香默禱，而沉痾已脫矣！鄉之父老，私諡為「醫靈真人」，偶其像於龍湫庵。……歲在辛未，鄉尚書顏定肅公奏請立廟。……廟既成，四方之香火，來者不絕，士祈功名，農祈蕃熟。有欲為非義者，則所禱更不酬。蓋古所謂「聰明正直而一」者也。淳熙乙巳，承事郎顏公唐臣，率鄉大夫與其耆老，徹舊而新之。高門有伉、宮寢奕奕。輪焉奐焉，翬飛鳥革。既又立屠蘇，其房居學佛者，以供灑掃之役，然後祠宇粗備。數十年來，支分派別，不可殫紀。其在積善里，曰西廟，相去僅一二里。同安、晉江，對峙角立。閩莆嶺海、隨寓隨創。而茲廟食，實為之始。……謹按譜牒，侯姓吳，名夲，父名通，母黃氏。太平興國四年三月十五日生，仁宗景祐三年五月初二日卒，享年五十有八。自侯之沒，至紹興辛未，凡一百一十六年而後立廟。至乾道丙戌，凡三十一年又加「忠顯」之封。至嘉定戊辰，一十三年而後增「英惠」之號。合而計之，一百七十有餘年，人心皈嚮，終始如一。異時疏湛恩都顯號，蓋未艾。姑敘其梗概如此。若夫雨暘不忒，寇盜潛消，黃衣行符，景光照海，挽米舟而入境，鑿旱井而得泉，秋濤嚙廬隨禱而退，凡此數端，備見部符使者事

狀，茲不申述。

另一碑為莊夏所寫的〈慈濟宮碑〉（以下簡稱〈莊碑〉），莊夏是南宋永春縣人，曾出任漳州太守、兵部侍郎，該碑現立於白礁慈濟宮，撰寫於嘉定十二年（1219）前後，碑文記吳夲的生平事跡如下：[22]

按侯姓吳，名夲。生於太平興國四年。不茹葷，不受室。嘗業醫。以全活人為心，按病投藥，如矢破的。或吸氣噓水，以飲病者，雖沉痼奇怪，亦就痊愈。是以瘺者、瘍者、癱者、疽者，扶舁攜持，無日不交踵其門。侯無問貴賤，悉為視療。人人皆獲所欲去。遠近咸以為神。景祐六年卒於家。聞者追悼感泣，爭肖像而敬事之。……歲在辛未，肇剏祠宇。於是，精爽振發。民謹趨之。水旱疾疫，一有以意欲謁，如谷受響。時梁鄭公當國，知其事，為詳達部使者，以廟額為請。於是有「慈濟」之命。越慶元乙卯，又有「忠顯侯」之命。

關於兩碑記載吳夲生平事跡，大同小異，雖碑文中說「欲羅網放失，探故老之所聞，貽諸後人，信以傳信」，但是碑文撰寫時代距吳夲之死已有約一百八十年之久，難免有些不可傳信的記載。不過，綜觀兩碑記載，吳夲的生平大致如下：吳夲字華基，號雲衷，泉州同安人，生於宋太祖太平興國四年（979）三月十五日，卒於宋仁宗景祐三年（1036）五月初二，享壽五十八歲。父名通，母黃氏，少學醫，長而醫術精湛。一生吃素，未婚。去世後，鄉民肖像奉祀，並在青礁立庵塑像祭祀，私謚為「醫靈真人」。此後屢傳神

蹟，開始了由「人→神」的演化過程。也就是說吳夲不但成為醫神，能以各種靈異治癒大眾的疾病，同時也逐漸朝向消災除患、無所不能的地方鄉土神演進，各種有關的神話傳說應運而生，如去死回生、剋瘟疫、醫癒宋仁宗太后病、平盜寇、泥馬渡康王、鄱陽湖上救明太祖、治療明成祖皇后、醫虎喉、點龍眼等等傳說，[23] 不僅原有醫病癒疾的職能保存下來，而且反因其職能的多功能化，更加強他醫神的地位，擴大信仰圈，所以祭祀吳夲的寺廟也陸續增加，而規制名稱也由「庵」到「廟」到「宮」，反映建物規制不斷擴大，道教色彩日濃，而且神格日趨提升。加上宋代對地方神明追封敕號蔚然成風，只要地方官吏鄉紳上表請封，列舉所謂「靈異」事蹟，多半就頒誥敕封，所以宋代所敕封的神明幾乎已到氾濫地步，個人曾戲稱此時代為「造神運動時代」。同理，也因朝廷對吳夲的神格確認，更擴大保生大帝的信仰與堅貞崇拜。於是從南宋時期，朝廷敕封吳夲封號只到「眞君」，但到明代成祖洪熙元年（1425）時，卻進而封為「昊天金闕御史慈濟醫靈沖應護國孚惠普祐妙道眞君萬壽無極保生大帝」。一個地方神，封到「保生大帝」的神格，已達至高無上的等級，這也反映了閩南民間信仰之盛。

有宋一代，見諸文獻記載，奉祀吳夲的宮廟並不多見，除了聞名的漳州青礁、白礁慈濟宮外，加上泉州花橋宮、漳州上街漁頭廟、龍溪新岱社、詔安北門慈濟宮等，總數不過六座。[24] 其中有五座位於漳州，可見同安籍的鄉土神，更為漳州人所崇信，反而在同為泉州人的三邑人中，雖有一定比例的信仰，但不若對媽祖之熱烈。直到明清時代，數量才明顯大增，並隨著漳泉移民浪潮傳入台灣。台灣最早的保生大帝廟是今台南縣新化鎮的大道公廟，相傳建

於荷據時期；規模最大的是台北市大龍峒保安宮；祭典最隆重的是台南縣學甲慈濟宮。

　　早在明末，隨著漳泉移民開始進入台灣，闢草萊、斬荊棘，面對著雜草叢生，還要與瘴癘瘟疫各種疾病抗爭，治之得法，尚可活命，無醫無藥，多半不起，因此作為醫神的保生大帝，被移祀台灣，深受漢人移民崇拜。隨著開墾事業的發展，由隨身攜帶的分香、分靈，進而搭建草寮，充當廟宇，神明也是備嘗艱辛。若遇颱風水災，草寮倒塌，神像尚需信徒奮力搶救。等到墾地有成，村庄漸興，才能興建小廟小宇，讓神明穩居殿堂，接受膜拜。這種草創時期，人神同甘共苦的命運，幾乎所有台灣古廟都有過相似經歷。因此在台灣的每一古老廟宇，往往成為一鄉一鎮的傳統信仰中心，墾民團結的紐帶。這種村與廟一體，人與神不可分的宗教社會現象，構成了台灣移民文化信仰特色。

　　作為漳泉移民，尤其是同安籍移民鄉土保護神的保生大帝，信仰的發展與廟宇的興建，與移民開發台灣的腳步，基本上是相同一致。例如澎湖是漳泉移民最早到達的地區，元朝已置巡檢司，屬同安縣，因此澎湖也是保生大帝信仰最早移祀地區，白沙鄉的威靈宮奉祀保生大帝，相傳創建於明萬曆三十年（1602）前後，即是一證。荷據時期，舊志書有明確記載建廟年代的古廟，為位於今台南縣新化鎮的大道公廟。鄭成功收復台灣，以今天台南市為基地，分向南北屯田開拓，所以明鄭時期興建的保生大帝廟，大都集中在今台南、高雄縣市地區。及清廷領有台灣，更進一步向西部南北沿海區域開拓，保生大帝的信仰也跟隨漳泉移民所開墾新地區而擴大而增建，笨港地區亦不外乎如此。

依《嘉義管內采訪冊》，知明治三十三年（光緒二十六年，1900）
左右，新南港街有一千一百零六戶、四千九百七十五人；舊南港僅
有一百五十一戶、六百九十三人；含臨近村莊居民、中庄、頂下灣
仔內、坂頭厝、頂下菜園、埤頭、後庄等，共有兩千零六戶、八千
八百八十四人。到昭和元年（1926），新港人口增加至一萬五千七百
人，漳州人百分之八十六、同安人百分之二點五、三邑人百分之五
點一，而此時的北港人口一萬九千四百人，除同安兩百人、漳州一
百人外，全為三邑人，三邑人所占比例高達百分之九十八點五，後
更成立北港郡（含北港街與元長、四湖、口湖、水林四庄，高達七
萬九千七百人人，其中三邑人百分之六十六、同安人百分之十六、
漳州人百分之十七）。

　　另外據昭和元年（1926年），台灣總督府官房課的調查統計，有
關新港（時稱新巷庄）漢人居民籍貫，可知當地以漳州人居絕對多
數，其統計如下：在福建泉州府方面，同安縣四百人，三邑（南
安、惠安、晉江）八百人，安溪縣零人，在漳州府方面卻高達一萬
三千五百人，至於汀州府僅三百人，龍巖州、福州府、興化府、永
春州則皆無；在廣東方面，則僅有潮州府七百人，嘉應州、惠州府
皆無，合計一萬五千七百人。[25]漳州人所占比例，高達百分之八十
六。雖然此調查資料，距清代已有相當歲月，未足為憑，但至少反
映出，本廟的創建者同安人，雖僅占當地人口結構的百分之二點
五，但所祀的主神保生大帝，卻也是漳州人所熱烈信仰的，另外一
個原因是：道光三十年（1850）漳泉再度械鬥，影響所及，原居北
港之漳州人移往新港，新港泉州三邑人則徙居北港，所以此後在新
港之大興宮擴建，很難在泉州人地區募得大筆資金，難以擴大規

模，也因此日後大興宮幾度修建，多半是地方小商舖與庶民的小額捐款。因此，大興宮的興隆，與漳州人的崇信是有絕對關係的。若更進一步闡釋，則清中葉以降，各漳泉械鬥中，同屬於泉州府的同安人，並未與三邑人（南安，惠安，晉江）合流，反而是依託於漳州人，這實是因為同安人在原鄉的地理位置與宗教信仰，毋寧是與漳州人較貼近的。渡海來台後，漳州人與同安人，時常連結，以共抗三邑人，亦屬淵源有自，同時，在信仰方面自能共襄盛舉。

笨港地區保生大帝信仰的傳入，據傳開始於顏思齊立寨開拓笨港時。思齊乃福建省漳州海澄縣青礁村人，因此隨他來台的漳州鄉親眾多，其中有一位來自青礁吳厝溪吳某鄉親，從老家青礁慈濟宮恭請大帝金身，隨其渡台，安奉自宅，朝夕膜拜，祈求庇佑。[26] 此說雖史文無傳，但深思當年開拓情景，頗有可能。這是保生大帝信仰傳入笨港地區的傳說與先聲。

第三節　大興宮的興修沿革與廟中文物

大興宮之前身，傳為明代天啓年間，笨港某吳姓人士於自宅供奉保生大帝金身，後因神靈顯赫，乃於乾隆三十二年（1767），由笨港南街紳商鄉民，全力鳩資興建宮廟，[27] 並沿襲青礁祖廟之宮號：顏曰「笨港慈濟宮」，街民則俗稱「保生大帝廟」或「大道公廟」。嘉慶四年（1799），笨港南街被洪水沖毀，宮廟改遷，重建於蔴園寮今址，至九年（1804）新廟落成，由王得祿取名宮號，稱「大興宮」，並在桐月（三月）捐獻卷書型神桌乙張，以表敬意。[28]前身之

說恐有待進一步證實，查遍修於乾隆三十九年（1774）的余文儀《續修台灣府志》中之「祠祀」、「寺廟」均無是項記載，例如「諸羅縣」地區僅記：「保生大帝廟，即吳真人，在縣治西門外，康熙四十年建。」笨港一地廟宇亦僅提及「彌陀寺……乾隆二十三年建」、「水仙宮，在笨港南港街。乾隆四年建。」、「天后廟，……又一在外九莊笨港街，三十九年居民同建。」[29] 等等均是，獨無前身「慈濟宮」之記載，但以「台多漳泉人，以其神醫，建廟獨盛」[30] 的信仰背景來看，此說並非空穴來風，或有可能此時仍是民間私祀的小廟，故志書並未採錄。

大興宮建於嘉慶九年之說則有志書確證，《嘉義管內采訪冊》〈打貓西堡〉「祠宇」記：「大興宮，在新南港街之後街，崇奉保生大帝，嘉慶九年十一月紳民公建。」[31] 而王得祿與邱良功其時正追隨浙江提督李長庚，於閩、粵、浙海面追擊洋盜蔡牽、朱濆等賊，戎務倥傯，王得祿猶能撥冗關懷鄉梓祭祀，盛情感人。可惜者，關於此次新建，未曾留下任何有關該廟的規模形制資料，以供追索探知。

歷經三十六年，大興宮於道光二十年（1840）再度大修，此次重修，亦未留下任何可資覆按稽考的史料。咸豐八年，歲次戊午（1858），三度重修，距道光二十年，不過十八年，不知是該廟已然腐朽圮損，亦抑香火旺盛，有需要重修擴建，容納日多信徒。此次重修，幸留下一「咸豐捌年、臘月吉置」，不知何人捐立的「帝德化生」匾，與「大興宮重修喜捐緣金名碑」，碑屬「捐題碑」，非「紀事碑」，未能進一步瞭解此次重修的背景、經過，誠屬遺憾！不過，差幸留下該捐題碑，亦可提供若干線索探討，今據該碑析論如下：

1. 此次重修董事為：林騰霄、林文瀾、楊大成、黃媽養等四人，此四人亦應是該廟董事。

2. 綜計捐獻的眾紳商信士與店號舖戶有一三五單位，共捐銀六百六十四元。捐獻單位頗多，但平均金額不多，捐獻者少見官府與士紳，可見此廟屬於一般大眾的闊港廟。

3. 董事有黃媽養，卻未在捐獻名單見到其名，於常理不合，而名單中有「黃媽喜」其人捐銀四元，應該是同一人，碑文恐有誤刻，但不知「黃媽養」或「黃媽喜」何者才對。

4. 四董事中，以楊大成獨捐銀三十二元，居所有信徒第二多。其他三人或十元或四元，並不多，可見楊大成信仰之虔誠與財力之不弱。

5. 捐輸者，林姓人士或舖戶有三十五位，陳姓八位，蔡姓七位，梅姓七位、黃姓五位，吳姓五位。而董事四人中林姓二人，可見林姓為當地望族，並實際掌控該廟。

6. 捐輸名單中較特殊者有「加餉館」捐銀十元，另道光二十二年（1842）的「再立笨新南港義塚」石碑中亦有「嘉餉館」捐銀四元，「加」可能是「嘉」的誤寫或俗寫。一九九四年夏季「新港口述歷史採訪寫作營」進行田野採訪時，曾在新港鄉福德路水溝旁發現一塊刻有「加餉館地至林福壁為界」十個字的界碑。[32] 由於缺乏相關資料參酌，作者推論「應是清代徵稅的官方機構」，推論方向恐有待商榷，鄙意或應是駐防嘉義營的餉館所購置的土地界碑。

按，清代臺灣班兵之糧餉，初從內地舊制，馬兵每月餉銀二

兩，步兵一兩五錢，守兵一兩，月米均爲三斗。而戍兵則將應得月
餉，每月留五錢於內地支給，以贍其家。然以班兵遠渡大海，邊土
苦惡，且拋家去里，眷屬待哺，情形特殊，爲安軍心，故恤賞之
典，歷年頻加，較之內地綠營爲獨厚，如雍正八年（1730），臺灣總
兵官王郡上奏奏准：[33]

> 雍正八年，臺澎總鎮王郡奏准：恩給營中恤賞銀兩。臺、澎二
> 處領到本銀，概就臺郡購置田園、糖廍、魚鹽等業，各協營遴
> 員經理，於冬成徵收租穀、糖斤、稅銀。其應納各縣正課，仍
> 依民間則例交納。所獲租息，以六分存留營中，賞給兵丁遊巡
> 及有病革退，並兵弁拾骸扶櫬等盤費；以四分解交臺灣府劃兌
> 藩庫，備賞戍兵眷屬吉凶事件。所截六分租息，每年除賞卹
> 外，所有盈餘存貯，賞給期滿換回班兵盤費。其出入數目，按
> 年造冊送督、撫、提督、藩司核查。

到了道光十三年（1833），調整營制，復設臺灣鎮標右營遊擊，
改原設北路左營爲嘉義營，設參將一人，駐嘉義城（今嘉義市），歸
臺灣鎮總兵統轄。移原設北路左營督司駐斗六門（今雲林縣境），爲
斗六門營都司，歸嘉義營參將兼轄。移原設斗六門汛守備駐嘉義，
爲嘉義營參將中軍守備。是時嘉義營兵力與防戍情形是：(1)駐嘉義
中軍守備一員，千總三員，把總四員，外委十員，額外外委四員，
馬戰兵三十五名，步戰兵若干名，守兵六百八名，兵戰馬二十五
匹。駐防地點有：一、駐嘉義縣城，一、防城外汛，一、分防斗六
門汛，一、防西螺汛，一、防水沙連汛，一、防笨港汛，一、防鹽
水港汛，一、八漿溪、水堀頭、山底、牛稠溪、打貓等五塘。一、

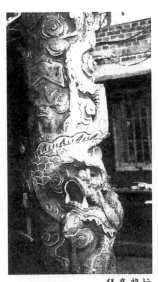

拜亭龍柱

分防他里霧、大崙腳、中路頭塘、林圯埔、大埔林、三條圳、虎尾溪、虎尾塘。(2)斗六門營：都司一員，駐斗六門，千總、外委、守兵，皆由嘉義營遞年撥員輪防。[34] 明白上述歷史背景，知嘉義營在笨港地區設有汛塘駐守，則此「加餉館」頗有可能是嘉義營的餉館，辦理撫卹、存貯、租放業務，而「林福壁」應是指林福其人屋宅的牆壁。若此塊界碑所存地點為第一現場，並未移動過，此一地帶在清代道光、咸豐年間應是繁華的店屋街肆，也就是說，此地為昔年嘉義餉營館所購置的店屋，租放收息以添補餉銀開銷。鄙意若推論不誤，此界碑為嘉義地區開發史上有關軍事、商業、拓墾的重要史料，極具價值，新港鄉公所應妥善保存才是。

　　總之，此次修建，多為地方街民、店鋪捐輸，計有六百餘元，金額總數不能算少，惜未留下修建形制任何資料，但不知今廟後合

院建物是否即在此次修建時添置。

　　嗣後，直至日據之前，修建情形不可得知，今廟中只存有一
「光緒乙酉年（按十一年，1885年）孟春月（按正月）吉旦」、「代
理嘉義縣知縣李時英敬酬」的「保我赤子」匾，與光緒丁亥年（十
三年，1887年）孟夏（四月）署笨港分縣事楊錫霖敬獻的「恩周道
濟」匾。二人行誼不詳，僅知：李時英，號小皋，貴州貴筑人，監
生出身，約於光緒八年十二月到任笨港縣丞，十一年之前卸任。楊
錫霖，江西新城人，由附生兼襲雲騎尉，同治九年捐縣丞，光緒十
三年四月在任笨港縣丞，餘不詳。[35]

　　乙未割台，時局不靖，土匪猖獗，北港與新港街民頗多爭渡返
回內地，避居泉州、廈門者。據明治三十年（光緒二十三年，1897
年）嘉義縣知事所提報之社寺、廟宇調查事宜中登錄大興宮建物本
體為十二坪，占地二十四坪，建立年代為道光十五年（1835），所在
地為打貓西堡新南港街。[36] 據此可推知清代咸豐年間以來之大興宮
形制規模不大，廟宇本體不過十二坪之大，極有可能是一落單開間
之形制，前有拜亭，而且廟宇財產未見登錄，不知是沒有抑或漏
記。

　　日據初期，明治卅七年（清光緒三十年，1904年）十一月，斗
六、彰化、鹽水港、嘉義四廳大地震，家屋全毀者六百家，半毀者
千家，傷亡近三百人。越年，明治卅九年（1906）三月，嘉義、斗
六間又大地震，歷時四、五日之久，家屋倒壞六千七百多處，壓斃
千餘人，傷一千九百人。[37] 兩次大地震，大興宮受損甚巨，整座拜
亭歪斜。遂在新巷庄長林維朝倡導下，發動地方大戶殷商，以及眾
善信捐資重修，成今日形貌。按林維朝（即雲門舞集創始人林懷民

之曾祖父，已故前交通部長林金生之祖父），字德卿，號翰堂，新港庄人。清同治四年（1865）十一月廿八日生。先世林緣於乾隆年間，自閩漳州龍溪縣，移居諸羅縣坂頭厝，以農興家。曾祖父時始遷徙新港街內，並推選為團練局長；征討戴萬生之役有功，賞戴五品藍翎。父林慶，以莊者有盛名。林維朝，自幼讀書，邑人咸謂林家千里駒。清光緒十三年（1887），丁亥歲考，取進嘉義縣學生員第十一名。十七年（1891）補用團練分局長。越歲，陞任打貓西堡團練局長，乙未鼎革後，應聘新港公學校教諭，講書授徒。繼之，擢用新巷庄長、保甲局協議員。日本明治卅五年（1902），授佩紳章；任紅十字社分區委員、農會委員。明治卅七年（1904），以新巷庄長兼任大潭區長。明治卅九年（1906），重攝月眉潭區長，對公益事業，莫不竭力。明治四十一年（1908）十月，登庸嘉義廳參事、嘉義廳誌編纂委員，並任輕鐵春龍公司董事長。大正二年（1913）八月，嘉義銀行經營有問題，為眾人疑責，紛擾互月不解，造成金融恐慌，以副頭取（副董事長）受命查核，從事整頓。越歲九月，因功出任嘉義銀行正頭取（董事長）。嗣後，以經營糖廍數處，且在新港一帶開墾荒地數十甲；更任新高製糖株式會社原料委員長、明治製糖會社原料事務囑託等。晚年，任台南州協議會員，並兼有建物敷地審查委員、煙草配銷人、教育會地方委員等不計枚舉，令譽遠播，德望殊高。昭和九年（1934）卒，遺著有〈勞生略歷〉，其中〈怡園詩草〉未梓。[38]

　　這次重修，倡導者為新巷庄長林維朝，督造者為林添有、何銘錐，於明治四十年（1907）端月（正月）落成，刻有一捐輸名單的木匾以資紀念徵信，而廟方亦在一九九七年仿原匾重刻，原匾收藏

以保護。區中眾善信之捐款合計五百零七日元，中以「林晉成」其人捐金獨多，有一百元，林維朝二十元，其餘均是小額捐款，可見地震之嚴重損害，致物力維艱，元氣未復；同理，地方艱困，眾人願慷慨解囊，亦可知眾信的篤誠。

嗣後情形，據昭和八年（1933）12月印行之《台南州祠廟名鑑》記載大興宮之諸項目，有：「祭神」：保生大帝、巨趙、家臣、福德正神、虎將軍，「創立」：乾隆年間，「信徒」：三百人，「例祭」：舊曆三月十五日，「管理人」：新港楊景，「財產」：祠廟敷地〇、六甲，畑（即旱田）一、二四八五甲。「沿革」：據云是乾隆年間住民釀金創立，其後明治三十九年（1906）因地震，堂宇破壞，由林維朝、林添有、何銘錐等人倡導，募集五百餘元，於明治四十年（1907）改築完工。[39] 據此登錄可知祭神與祭典與今日比較，變化不大；倒是祠廟地基在日據時代近六分之廣（約二百坪），今日只有五十平方公尺，顯然變化過鉅，經詢問廟中執事，才知因光復後，部分土地被闢為道路使用，以致廟地縮小，廟貌大損。廟產之農地也因光復初期之土地放領政策，減少甚多。而廟之本體規模惜未登錄，據此反推清末，日據初期已知情形與今日三時代對比，可大體推知寺廟建物本體，形制規模一直不崇大，未有過鉅變化。

光復以來，屢有修繕粉刷，一九五九年李清福出任董事，會議重修屋頂剪黏；又如一九六九年內部整修，地面舖設地磚，重漆神桌、匾額、天公爐及神像，另添製諸神神衣等，而成今貌。此次修繕，計陳孟德等人捐獻三萬三仟元正，支出三萬二千七百九十元，餘款二百一十元作為油香錢，捐輸善信與開支項目，另製木匾乙

面，懸掛廟壁，以資昭信。如今已隔四十年，廟貌灰黯，丹青剝落，亦有待進一步整修。該廟也在一九八五年經內政部評定爲第三級古蹟，爲新港鄉增一輝煌，添一盛事！

第四節 大興宮的管理與祭典

大興宮創建以來，均由地方士紳管理廟務，今所知者咸豐年間董事有林騰霄、林文瀾、楊大成、黃媽養等人，其中楊大成財力頗稱雄厚。迨及日據初期，因兩次地震而傾頹，雖有新巷庄長林維朝號召重修，但因信徒僅有三百人左右，雖云有楊景其人管理，但事實上乏人管理，建築老舊。至大正元年（1912年）由在廟口販賣冷飲之蔡炭代管，兼爲廟公。直到一九四五年，台灣光復，才改由周阿憨出任該宮主事，陳文城掌理文書，而蔡炭平日仍擔當廟公的工作。

一九五四年始成立大興宮管理委員會，由李清福出任董事長，林出平、鄭塗、陳永、黃在、何碧山等人爲董事，但僅維持二年，即交給大興村長執掌。於一九五九年再改爲奉天宮管理委員會代管，長達卅四年。其後，一九九〇年在鄉民周茂林、何達煌、鄭朗雲等人組團，前往大陸青礁祖廟，謁祖進香，睹廟貌之恢宏，回思大興宮的冷清，遂有意重整。回台後，由周茂林發起籌備工作，隨即辦理信徒登記，同年八月，正式由信徒選出「大興宮管理委員會」第一屆委員暨監事人選。名單如下：主任委員林振邦、副主任委員林華讚；委員有周茂林、許宏渠、何廷槐、林秋林、陳水河、陳孟

德、陳炳鑽、林志明、陳春益、楊丁貴、邱明利等十二人。常務監事林瑞琦、監事有李石、侯森茂二人。近年改選，名單變化不大，主委、副主委依舊，財務二人：陳孟德、吳景仰。總務五人：楊丁貴、許宏渠、何長鴻、陳春益、陳炳鑽。祭典二人：邱明利、陳明洲。營造二人：蔡銘森、周振發。常務監事林瑞琦，監事侯森茂、林能德。

依據昭和八年（1933）十二月出版之《台南州祠廟名鑑》中，顯示大興宮持有之財產，其中包括土地登記為祠廟用地六分，田有一甲二分。今日大興宮使用面積僅餘五十平方公尺。然其原貌未見圖片可佐證追索地籍移轉情形，經訪談管理人，由其提示目前的大興宮土地所有權為建地部分共有五筆，面積達五百五十八平方公尺，持有全部權利（見**表11-1**），另農地部分則因一九五三年左右由佃農放領。該放領部分之相關徵收費與單據仍存於大興宮管理委員會內。可解釋瞭解之部分為大興宮、後方廳堂辦公室、集會所與其之四周土地皆劃入都市計畫之道路用地（大興宮面前計畫道路為十米，大興宮則劃入六米計畫道路範圍內），且部分土地皆已開闢為道路使用中，亦即大興宮持有之土地急速削減至目前窘迫之現況，實為紙上作業藍圖式都市計畫之執行結果。

表11-1

筆數	所有人	地號	面積m²	地目
一	大興宮	新港鄉港西段185地號	60	建
二	大興宮	新港鄉港西段186地號	260	建
三	大興宮	新港鄉港西段187地號	154	建
四	業主大興宮	新港鄉港東段1035地號	10	建
五	業主大興宮	新港鄉港東段1038地號	74	建
持有面積小計			558	

大興宮奉祀主神爲保生大帝，從祀、配祀神明有福德正神、玄天上帝、虎爺、馬爺、康趙二元帥。年中祭典主要是保生大帝農曆三月十五日的千秋誕辰，當日清晨五時便由該宮直屬誦經團誦經，祈求國泰民安、工商繁榮。先一日也開始演外台戲（包括布袋戲、歌仔戲、歌唱晚會），以爲慶賀神明千秋。其他祭典如：正月十五遶境，祈佑闔境平安；三月三日玄天上帝誕辰、六月六日虎爺生日、八月十五土地公生、九月九日中壇元師（即太子爺）誕辰，均有誦經祝禱及演外台戲慶賀。

近年大事值得一提者有：一九八五年被內政部評定爲三級古蹟。一九九○年十月聘請鄭朗雲先生撰述大興宮沿革，存留一信實可徵紀錄，不料先生於一九九四年十二月十六日因病辭世。一九九三年十二月二十日，大陸祖廟董事長等五名，與台中元保宮董、監事人等共百餘位，蒞臨大興宮訪問，該宮董監事予以熱誠招待，並贈送新港名產新港飴等等，餘不贅。

第五節　小結

保生大帝的信仰可以追溯到宋代，到了明清時代，信仰大盛，並隨著漳泉移民浪潮傳入台灣。在台灣，最早的保生大帝廟是今台南縣新化鎮的大道公廟，相傳建於荷據時期，規模最大的是台北市大龍峒保安宮，祭典最隆重盛大的是台南縣學甲慈濟宮。

位於嘉義縣新港鄉的大興宮，是一間小小的保生大帝廟，也一直是間小小的寺廟。大興宮之前身，傳說爲明代天啓年間，某吳姓

移民自原鄉恭奉金身前來笨港。後因神靈顯赫，乃在乾隆三十二年（1767），由笨港南街紳商鄉民，合力捐資創建祠宇奉祀。嘉慶四年（1799），笨港南街被大洪水沖毀，廟宇改遷，重建於麻園今址，至九年（1804）新廟落成，由王得祿改名「大興宮」，表達了希望在這場洪水浩劫後，能早日重建大興家園，寓意深遠！

　　大興宮創建至今已有近三百年歷史，中間歷經各次修建，每次修建捐獻者，均呈現一個相同特色：即捐獻者多半庶民小戶，捐者眾多，金額甚少，充分顯示「村廟」的本色。也就是說，在台灣的每一古老鄉鎮，每一古老廟宇，往往是一鄉一鎮的傳統信仰中心，墾民團結的鈕帶，這種村與廟一體，人與神不可分的宗教社會現象、人文歷史場域，構成了台灣移民文化信仰特色。大興宮廟不大，一間小小廟宇卻見證了笨港滄桑，其間有械鬥、有洪水、有地震，更有民系遷徙、不合、對峙、衝突等種種往事，這種人與神，廟與地共同成長，同甘共苦的命運，幾乎所有台灣古廟都有過相似的經歷；只是，悠悠歲月，滄海桑田，廟依然在，神依然在，而昔日人群呢？

註釋

1 參見：(1)《明實錄閩海關係史料》（台銀文叢第296種），p.77；(2)張增信《明季東南海寇與巢外風氣》，《中國海洋發展史論集》第三輯（中研院社科所，1988年12月），pp.332~333。

2 蔣毓英《台灣府志》（台灣省文獻委員會，1993年6月），卷之三〈敘川〉，p.27。

3 同註1前引書，p.113。「猴樹港」即今東石港。

4 黃叔璥《台海使槎錄》（台銀文叢4種），分見p.23、6、32。

5 周鍾瑄《諸羅縣志》（台銀文叢141種），分見p.27、12、117、119。

6 周鍾瑄前引書，p.32。

7 周鍾瑄前引書，p.123。

8 詳見周鍾瑄前引書，卷二規制志〈水利〉，pp.34~41。

9 周鍾瑄前引書，p.110。關於地名「日南」，周書所載爲「南日」，應是誤書。經查地名由來來自番社「日南社」，位於今日大甲。見余文儀《續修台灣府志》（台銀研叢62種），p.61。以及安倍明義《台灣地名研究》（台北，蕃語研究會，1938年），p.178。

10 周鍾瑄前引書，p.30、32。

11 周鍾瑄前引書，卷十二雜記志〈寺廟〉，pp.281~283。

12 余文儀《續修台灣府志》（台銀文叢121種），分見p.66、120、161。

13 余文儀前引書，p.87。

14 余文儀前引書，p.69。

15 蔡相煇《北港朝天宮志》（北港朝天宮董事會印行，1995年1月增訂初

版），p.80。

16 張本政編《清實錄・台灣史資料專輯》（福建人民出版社，1993年12月），
乾隆四十七年10月5日、21日、26日、27日，11月1日、11日、17日、26
日、28日、29日，12月6日、8日、16日、19日、21日、25日等條，
pp.265~274。

17 參見：(1)倪贊元《雲林縣采訪冊》（台銀文叢37種），p.49。(2)蔡相煇前引
書，p.81。

18 張本政前編書，嘉慶二年10月18日、12月14日兩條，pp.640~641。

19 魏敬中《福建通志台灣府》（台銀文叢84種），p.185、187。

20 溫振華〈北港媽祖信仰大中心形成初探〉，《史聯雜誌》第4期，p.13。

21 據廟方提供，鄭朗雲編撰《新港大興宮保生大帝沿革》，謂大興為「取香
火大興鼎盛之意」，當然也是一說，不過回思該廟創建的時代背景，鄙意
以為寓意亟盼新南港迅速復興繁榮之意涵較貼近時代氛圍。

22 按，以上二碑文亦見諸《海澄縣志》〈藝文志〉，本文則採自方友義、方文
圖等人編《吳眞人藥籤與中草藥研究》（廈門大學出版社，1993年10月），
〈附錄：有關吳眞人與慈濟宮碑記十則〉，pp.185~189。

23 關於保生大帝神話神蹟傳說頗多，可參見坊間一般有關書籍，此處僅以大
興宮廟方提供之沿革為例。

24 詳見林國平、彭文宇《福建民間信仰》（福建人民出版社，1993年12月），
第5章第2節〈保生大帝〉，pp.217~239。

25 台灣總督府官房調查課編，《台灣在籍漢民族鄉貫別調查》（台北：台灣
時報發行所，1928年），pp.22~23。

26 見廟方提供之簡介。

27 據廟方提供，鄭朗雲編撰《新港大興宮保生大帝沿革》，記大興宮之前

身，略謂明代天啓年間，有某吳姓人士，追隨顏思齊至笨港拓墾，從故鄉漳州青礁慈濟宮，恭請保生大帝金身護佑，安奉在自宅供奉，後因神靈顯赫，乃於乾隆三十二年（1767），由笨港南街紳商鄉民，全力鳩資興建宮廟。

28 同註21。

29 余文儀前引書，分見p.649、648、332。

30 余文儀前引書，p.646。

31 不著撰人，《嘉義管内采訪冊》（台銀文叢58種），p.4。

32 邱奕松〈鄉土情嘉義采風〉，《嘉義文獻》第25期，1995年12月，pp.5~6。

33 余文儀前引書，卷九武備〈恤賞〉，p.387。

34 李汝和《清代駐台班兵考》（台灣省文獻會，1971年5月），〈班兵之防戍〉，pp.84~85．

35 鄭喜夫《台灣地理及歷史》卷九官師志〈第一冊，文職表〉（台灣省文獻會，1980年8月），p.192。

36 台灣省文獻會編《台灣省通誌》卷首下〈大事記〉（台灣省文獻會，1968年6月），pp.117~118。

37 台灣總督府《台灣列紳傳》（台北，1916年），p.247。以及邱麟翔〈鄉賢錄〉，《嘉義文獻》第20期，1990年12月，pp.56~57。「新港」改稱「新巷」，係大正九年（1920）實施地方制度改正時，因與彰化「新港」同名，故將嘉義本地改稱「新巷」。台灣光復後，彰化「新港」改稱「伸港」，嘉義本地又改回「新港」。見安倍明義前引書，p.225。以及新港文教基金會《對話新港》（新港，2000年），p.390。林維朝，在改制新巷時，仍任庄長。

38 詳見溫國良編譯《臺灣總督府公文類纂》宗教史料彙編之一・明治二十八

年十月至明治三十五年四月（臺灣省文獻委員會，1999年6月）p.369。

39 見相良吉哉《台南州祠廟名鑑》（昭和八年12月，台南初版發行，2002年3
月，台北古亭書屋，覆印初版二刷），p.173。

第十二章
關仔嶺碧雲寺——

雲深不知處

第一節　碧雲寺的創建

在本省南部地方的風景名勝，最能引人入勝的，可算是關子嶺的溫泉與水火同源，而位在玉枕山腹（又名玉案山、枕頭山、五密山）的碧雲寺，更是古剎禪林，名聞全台。

碧雲寺的肇建須從兩座古寺說起：

位在台南縣六甲鄉赤山村的赤山龍湖巖為台灣第一古剎，其由來民間相傳：鄭經時代的諮議參軍陳永華，有回師次赤山堡，偶聞兩僧誦經有所悟，有見此地山清水秀，環境幽雅，乃決意建立佛寺於此，奉祀觀世音菩薩，並延聘福建高僧參徹法師為方丈。此說於史實有徵，倒是不假，如蔣毓英《台灣府志》卷之六〈廟宇〉載：[1]

> 龍湖巖，在諸羅縣開化里，偽總制陳永華建。環巖皆山也，前有潭名龍潭，潭左右列植楊柳、緋桃，亭內則碧蓮浮水，蒼檜摩空；又有青梅數株，眾木榮芬，晚山入畫，真巖居之勝地也。

高拱乾《台灣府志》卷九外志〈寺廟〉記：[2]

> 龍湖巖，在諸羅縣開化里。陳永華建。環巖皆山也；前有潭，名「龍潭」。潭之左右，列植楊柳、桃花；亭內碧蓮浮水，蒼檜摩空，又有青梅數株，眾木茂榮，晚山入畫。真巖居之勝境、幽僻之上方也。

　　周鍾瑄《諸羅縣志》卷十二雜記志〈寺廟〉一記：「觀音宮，一在開化里赤山保，即龍湖巖也。」[3]〈古蹟〉再記：「龍湖巖，閩人謂寺院為巖。在開化里赤山莊，偽官陳永華建。環巖皆山；幽邃自喜。前有潭，名龍湖，周環里許，遍植荷花，左右列樹桃柳。青梅蒼檜，遠山浮空，遊者擬之輞川圖畫。」[4]參酌三書所記，可見確是陳永華所建，而且此寺在康熙年間已成旅遊勝地，才會有「遊者擬之輞川圖畫」之句出現。不過，若謂此時便延聘參徹禪師前來主持，恐有待商榷。據大仙寺所藏《開寺三字經史》所載：「肇建時，康熙君，四十年，名僧理，參徹師，福建省，出龍岩，身佩佛，渡海來，地遊遍，到岩井，憩石几，佛不動，知有緣，居此地，草庵建，此為先。」[5]可知參徹禪師為福建省龍岩人，於康熙四十年（1701），身佩佛像，渡海前來台灣，雲遊四方。並非永曆時期來台，亦非陳永華延聘而來。

　　參徹禪師又名擇參，傳聞渡台之初，曾駐錫於六甲赤山龍湖巖，後來為求晚年靜隱之地，四處勘察，偶經此地，在石几上休

憩，其後欲起身離去，居然搬不動暫時奉置一旁的佛像，知佛與此地有緣，不願離去，於是決定駐錫於此，自闢荒野，親結草蘆，由龍湖巖迎一尊觀音佛祖來此奉祀，時維康熙五十八年（1719），距參徹禪師來台已有十八年之久。嗣後奉佛誦經，參禪悟道，守戒恒心，感化居民，由是信徒日眾。迨及二十八年後，乾隆十二年（1747），積久募得仙草埔、坑內、白水溪，與岩前、三層崎等村落緣金，共得六百銀元，始建立一佛殿，取號曰大仙寺，立下宏基。[6]

是時參徹禪師弟子鶴齡禪師，也參與鳩資，從旁襄助。至乾隆五十五年（1790），嘉義縣營參府軍官洪志高，素傾仰鶴齡，有見前建佛殿，歷時四十多年，風雨剝蝕，諸多破敝，遂倡議捐建，釀金一千銀元，大加修建，克日成之，面貌一新。以後又迭經嘉慶年間王得祿、允謙禪師；同治年間吳志高；日據時期廖炭、施烏拋等人倡助，多次改建，光復後也逐年修復添建，已成為名副其實古刹。[7]

另一方面碧雲寺的創建由來，目前有四種傳聞，一是乾隆末年嘉慶初，有李應祥者（一說劉應祥是錯誤）自內地渡海來台，氏雖非沙門，卻篤信釋教，持齋禮佛，並隨身攜奉觀音神像，初居阿公店（今之岡山），聞白河玉枕山有高僧弘法，遂前來大仙寺聆益修行。為求靜養之地，在玉枕山南腰，擇一福地（俗說此地風水位在龍背上；一說為半壁吊燈之靈穴，而大仙寺為仙人拋網風水佳穴。姑誌二說，以茲參考），結草蘆、奉觀音，潛修行，授學識，為今碧雲寺開基之始。其後番社（今東山鄉）有林啓邦等八人，攜一書僮，仰慕應祥學德，並盼覓一幽雅讀書環境，不遠而來，在上大岩石頂（今九股仔茶園附近），搭一草寮研讀闈墨。嘉慶十一年（1806），林啓邦等人往福州赴考，結果悉數中式，名標省榜。欣喜

登龍，九人咸念尊師大恩，遂合資千兩購買今九股之學田地，捐爲寺產，並興築寺宇本堂，取名碧雲寺。[8] 一則紀此地滿山蒼翠，似帶穿雲，一則企盼人步碧霄，青雲直上，時嘉慶十三年（1808）。爲有別大仙寺，本寺又稱新岩，稱大仙寺爲舊岩。此爲碧雲寺創建之由來也。另一子說略有出入，略謂：緣由李應祥祖師於乾隆五十七年（1792）親由福建泉州府晉江縣，奉迎觀音佛祖乙尊來台，先安奉在阿公店，再迎奉於大仙寺。不久，發現關子嶺枕頭山麓，地勢極佳，風景優美，氣候溫暖，實爲清心養性、隱居潛修最宜之地，乃將原供奉於大仙寺之觀音佛祖，迎遷其中。

第二說則是應祥與啓邦等人一同赴考，俱登龍門，應祥中榜後無意仕途，再返台地，立志釋門，遂受戒爲鶴齡弟子。嘉慶元年（1796）商得鶴齡同意，分觀音乙尊於此地奉祀，至嘉慶十三年亦建一寺，名爲「碧雲寺」，一時禪林稱勝，互相輝映。鶴齡禪師圓寂後，應祥即繼大仙寺第三代主持，碧雲寺首代主持，兩寺兼管，一脈相連。

第三說則出自連橫《台灣通史》卷二十二〈宗教志〉，文云：[9]

> 碧雲寺：在縣轄哆囉嘓堡之火山。康熙十四年，僧參徹自福建來，住錫龍湖巖，偶至此地，以其山林之佳，遂闢茅結廬，奉龍湖巖之佛祀之，朝夕誦經，持戒甚固。附近莊人，乃謀建寺，曰大仙巖。嗣命其徒鶴齡居之，又建一寺於玉案山之腹，後祀如來，而前奉延平郡王神位。乾隆五十五年二月，參徹歿，眾葬之寺前，建浮屠。五十六年，邑人洪志商募修。嘉慶二十四年，子爵王得祿重修。

第四說出自昭和八年（1933）十二月出版之《台南州祠廟名鑑》記載，略謂：嘉慶元年（1796）有阿公店名為應詳（按應詳為應祥之誤）者來大仙岩修習三年，晚年在此定居結庵靜養，並奉祀觀音菩薩，此為本寺創建之原始。其後有番社某讀書人及其門人結伴前來，在本寺附近大岸石上搭寮修學，八年之後，於嘉慶十一年至福州參加考試，師弟十人全部登第。由於感念應詳平日的教誨，為報恩情，乃出資一千元，新建本堂，名為「碧雲寺」，於嘉慶十三年（1808）落成。咸豐元年（1851）有洪志高捐出一千元，一般信徒亦合捐一千元，改建碧雲寺，並增築天公壇。其後在明治十二年（按即光緒五年，1879）有吳志高者信徒，捐出六百元修築。明治三十七年（1904），廖炭自出七百日元，加上其他信徒捐出三百日元，合計一千日元修築碧雲寺。[10]

此四說頗有出入，連橫之說，康熙十四年有可能是「四十年」之筆誤，洪志高也誤為「洪志商」，而創碧雲寺之人，據寺中現存墓碑與「開山蓮座」的長生祿位，首位開山住持是「應祥」禪師，則連說不可靠，應以第四說較接近事實。但第四說也不可儘信，所謂十人中式之說語焉不詳，經翻檢志書選舉志，也未發現嘉慶年間有林啟邦與李應祥等人之名。總之，時日既久，創建由來，真偽莫辨，姑誌四說，以供參考。不過，參酌諸說，可確定者：乾隆末、嘉慶初有李應祥其人自阿公店來到大仙寺修行，三年後在其附近結庵定居潛修。不久有番社地方讀書人林啟邦，及其門人等，到此搭寮攻讀，後到福州應試登第，為感念應祥平日之教誨與照顧，與觀音佛祖的庇佑，遂合資千元興建「碧雲寺」，於嘉慶十三年（1808）正式落成，此碧雲寺創建之由來也。

第二節　碧雲寺修建沿革

一、清代時期

　　碧雲寺雖創建於嘉慶十三年，但與大仙寺同一住持，同一會計，遂種下日後糾紛。

　　嘉慶十六年，張士輝夥同蘇光賜、蘇廷觀、蘇子成等人，考慮寺無緣業田產，難為供養，遂首倡捐貲，計鳩銀三百二十六元，購買三處田園，以其收入作為寺中香煙之資，並勒石為紀，碑文如下：[11]

〈玉枕火山碧雲寺募為緣業碑記〉

夫有寺必有香火，而香火必資緣業，自古尚矣，於今為昭。火山碧雲寺，為嘉邑名勝，崇奉觀音大士，英靈遠庇，早已膾炙人口。因寺無緣業，住持僧家，富於煙霞，貧於供養，難為無米之炊，空□□□□□□□□神而邀福也。士輝爰謀善士蘇公光賜、廷觀、子成諸君，首倡捐貲買緣田。繼偕住持□□捐地□公□□□□□□□□盛興。計鳩銀參百貳拾陸元，買業參處，永為寺中香煙，以迓神庥。公議將年□息付與。寺□□□□□□□□□。□此登堂為不夜之天，涓滴皆光明之藏矣。特慮世態變遷，或遭豪強兼併，或被不肖盜□，□□□□□□□□□□昧。謹勒畟額、名數於石，以垂不朽。俾後起者擴而

充之，庶幾斯寺振興，不致莫為之後繼，盛（下缺不明若干字）。

今將明買緣業銀額並捐題名數條列於左：

一、買□元墾田壹段共六坧，坐落糞箕湖山腳，價銀貳佰零捌元。

一、買大武壠派社番婦斗鵑加弄承墾田園壹所，並宅地壹所，坐址七重坑口，價銀捌拾捌大元。

一、買大武壠派社番目京龜勿等承墾荒埔園一坵，併帶龍眼、檨仔在內，坐址六重溪溪□，價銀貳十貳大元。

張士輝捐銀肆十參元。蘇光賜捐銀參十參元。蘇廷觀捐銀參十參元。

蘇子成捐銀參十參元。段士謨捐銀參十大元。盧秀華捐銀壹十大元。

吳永長捐銀壹十大元。吳在觀捐銀壹十大元。尤興捷捐銀壹十大元。

李時夏捐銀壹十大元。邱垂統捐銀壹十大元。卓楚觀捐銀壹十元。

白廷奎捐銀壹十大元。白登山捐銀壹十大元，林光卿捐銀壹十大元。

俞林觀捐銀壹十大元。吳春觀捐銀□元。李遷觀捐銀□元。林山觀捐銀□元。張尚觀捐銀□元。

嘉慶拾陸年歲次辛未陽月（缺）日，職員張士輝等全立石。

此碑文值得吾人注意及補充的，有下列數點：

1. 今台南縣境，荷據時期以來，即為西拉雅平埔族棲息漁獵之地，主要部落如新港、麻豆、蕭壠、大目降等社，後因漢人移民來到，其土地或被購買、或被強占，或被欺騙，而移住到今旗山、台東等地，留居原地者，多集中在今新營區東山鄉吉貝耍，及新化區右鎮鄉崗子林等處。另一方面，在今之台南縣烏山山脈西麓一帶也有「大武壠」、「芒仔芒」、「茄拔」、「霄里」四社，此後向曾文溪岸移占，以致四社移動到楠仔仙溪流域，大武壠社約在今台南縣善化鎮。[12]「番童」，採漢文教育，歷經百年交往與雜居，到乾隆初年已改用漢俗漢語，同化甚深。而同時對「番地」的處理，清初嚴禁漢民租借典買，然而隨著漢人移民日多，違法之情，迭出不休，事實上不能阻止典賣贌墾，直至乾隆三十三年（1768）才放寬禁令，不過漢民買「番地」者多，而租贌者少[13]此碑文即是例證之一。同樣地，亦顯示此地直到嘉慶年間仍有平埔族大武壠社人住居，並猶保有田園土地。

2. 倡首者為「職員」張士輝，此張士輝史傳無文，待考？而同倡捐輸的蘇光賜、蘇廷觀、蘇子成三人，不僅名列碑首，捐貲獨多，可想見蘇姓應是此地望族。而段士謨其人頗有可能是平埔族後裔。[14]若然，此碑文捐題名單不僅反映了嘉慶年間地方勢力消長及財力興衰，又印證平埔族漢化之深。

3. 碑文中有「番目京龜勿等」一名詞，須作一補充說明。清領台灣後，仍鄭氏之舊，番社亦設有「土官」一名或若干名，

視該社大小不等。土官並非世襲酋長，亦無絕大權力，除約
束番眾外，亦要辦理力役和輸賦。土官嗣後改稱「土目」，光
緒年間再改名「頭目」。名稱的改換，並未改變其實質。「派
社」一詞，則或與夫役的派撥有關，如設有隘防「番社」的
把隘，官派夫役、看守收成，或修路等，亦可見彼負擔之
重。[15]

　　自嘉慶十六年（1811）張士輝等人捐獻田產後，直至割台前
夕，有關碧雲寺之是否再有捐獻？抑或有所修葺增建？史文缺載，
無法論斷敘述，不過，道光十二年壬辰（1832），店仔口（今白河鎮）
人張丙率眾起事，據聞碧雲寺因此次民變而遭焚毀，番社（今東山
鄉）居民乃迎請觀世音神像至番社，建一便房安奉，當時嘉慶營參
將洪志高得知，即發起募捐，創立「碧軒寺」，並獻「碧雲傳香」
匾，今猶掛在正殿中。嗣後，此寺與碧雲寺保持密切關係，光復初
期兩寺之管理與祭祀活動都是合併辦理。[16] 此說若不誤，則按常理
事後碧雲寺應該有所修建，惜史文乏載，今廟中亦無任何碑匾、柱
聯可資佐證。到了咸豐元年（1851），如前引《台南州祠廟名鑑》所
記，有洪志高等人募捐二千元，改建寺宇，並增築天公壇。另外，
在此其間大仙寺有嘉慶二十三年王得祿與同治八年（1896）斗六都
闇吳志高兩人兩次大力捐輸修築，雖云兩寺一體，但不能就此推論
碧雲寺也有所蒙惠修繕。吳志高其人為當地傳奇人物之一，若干作
為與碧雲寺有關，值得一述。吳志高字玉屏，乳名牆，所以俗稱
「吳仔牆」或「吳牆仔」，或直呼「阿牆」。道光六年（1826）十二月
初六生於糞箕湖之潭底（今白河鎮河東里），卒於光緒六年（1880）

二月二日，享年五十八，葬於大排竹的下庄仔。吳志高生來俠骨，好結交，屢試不第。時有里人吳振坤，爲其旁親，橫行鄉里，志高被邀對抗，敗之，奪其產，家益富有。後安營築壘，大養羅漢腳，號令一方。又大開埤圳，以利農耕，附近五十三莊奉爲總理。同治元年（1862）三月，戴萬生亂起，其眾進紮店仔口，志高初倚之，授爲將軍。後台灣鎮總兵林向營統兵攻之，志高轉投之，未即向營敗戰自殉，志高潛回鄉里，集眾固守。翌年春水師提督吳鴻源援師進兵，復令志高爲嚮導，大軍遂入嘉義，再解重圍，萬生伏法。後殘黨嚴辦復亂，台澎兵備道丁曰健往討，志高從之，事平，授志高斗六都司。[17] 志高履任不久即告回鄉，在巷仔口林厝，大興土木，新築都司府，並修復店仔口文祠，創立玉山書院。同治八年（1869）捐款修建仙草埔大仙寺。同治十三年（1874），因傳道士甘爲霖擴建白水溪教堂，認爲有礙吳家祖墳風水，志高嗾使族眾前去毆傷教徒，縱火燒教堂，爆發白水溪教案，此衝突直到光緒三年（1877）才暫告一段落。[18] 光緒二年（1876）捐款修復店仔口福安宮、城隍廟、觀音亭。光緒六年（1880）又倡首捐金修復碧雲寺等等義舉（按《台南州祠廟名鑑》記載爲光緒五年，似爲矛盾，有可能或是五年興建，六年完竣）。民間亦傳說滿清末造，官治無能，地方寺廟觀庵分被當地豪強控制，不但主掌其祭典，且操攬其經濟大權。當時吳仔墻控制舊岩大仙寺，大客庄的陳番鴨（號向義）主控新岩碧雲寺，視同自己家廟，至今民間猶流傳「赤山岩好佛祖，吳仔墻好媱媒」、「吳仔墻好媱媒，陳番鴨好大鼓」、「赤山好佛祖，吳仔墻好大鼓」等等俗諺，意謂吳志高有一賢內妻，善於幫夫打戰。陳番鴨則號召力強大，大鼓一擊，附近村莊羅漢腳都會群集而來。[19] 總

之，在民間的傳說中，吳志高是一位豪強型鄉紳。嘉義賴家《嘉城賴仁記家譜》，在家譜中，賴世英撰〈賴省齋公行述稿〉亦記：「同治元年，吳志高幫官殺賊，恃功橫為，借名拏盜，搶劫庄民，莆姜林四十九庄人呼天哭地，慘莫勝言。公（指賴時輝）與黃大章目擊心傷，合力保護，遂與高有隙。」嗣後在同治初年的戴潮春亂事中，賴時輝施藥救人、賑恤難民、收埋死者、修補城牆、道路與橋樑，創設聯義局，聯結十六境義民，進而籌設莆姜林四十九庄聯義分局、燒賊寨、衝鋒殺賊、防守嘉城，功在鄉里。不料事後封賞，仕紳陳熙年賞同知訓導，豪強吳志高賞藍翎都司守備，獨漏賴時輝，引起賴家不滿。[20]

此期間碧雲寺成一名勝，常為文人雅士，官宦騷客所流連，留下頗多詩篇以紀勝，如清末晉江縣令蘇鏡潭（字菱槎）有詠碧雲寺詩道：[20]

安禪初地闢孤峰，持缽東來咒毒龍。
遙指浮圖楓樹杪，碧雲深處一聲鐘。

又邱逢甲於光緒十七年辛卯（1891）招同諸友遊枕頭山之作，有詩兩首，一為「辛卯首春招同賴俊臣、徐炯爾、賴遠瀾、蘇祥其、王師竹、林行人遊玉枕山，由大仙岩抵碧雲寺」，詩云：[21]

策杖來探海外奇，春風吹客出城時。路從虎墓穿林曲，泉繞麟岩下澗遲。
窺井少酬諸葛志，搴雲同賦大蘇詩。莊嚴尚鮮開山手，何處談禪覓戒師。

攜朋如作竹林游，布襪青鞋興致幽。岩翠滴人雙袖濕，海光朝佛一龕收。

三更嘯月猿歸洞，半榻眠雲鶴共樓。尚有向平心事在，名山未敢久淹留。

另一首為「宿碧雲寺疊前韻」，詩道：

聞說新岩境更奇，筍輿未及斂昏時。鴉馱落目栖林早，龍帶歸雲入洞遲。一路煙霞春引夢，萬山風雨夜催詩。天花散盡禪心靜，丈室維摩是我師。麟尾鳳頭次第遊，最嶔崎處最清幽。滿庭花影天香墜，半夜鐘聲佛火收。古澗吐雲藏寶剎，空山吟月憶瓊樓。題詩塵壁存鴻爪，也當東坡玉帶留。

同遊之賴世觀（字士仰，號東萊，嘉義人，賴時輝四子），亦賦詩「辛卯首春偕邱仙根工部長兄俊臣廣文等遊火山新岩」，[22] 詩云：

玉枕山中別有天，靈泉流火幾千年；杖頭日近迴峰接，足下雲生古洞連。鳥宿疏林巢對月，猿啼深塢樹拖煙；鐘聲直透三清境，舉首徘徊興欲仙。石徑盤旋策杖遲，新岩卻比舊岩奇；層雲遠繞迷身際，萬壑皆低俯首時。露竹頻看抽稚筍，春花自放古虯枝；蓬萊有路無窮景，人入林中鳥不知。

碧雲寺幽曠可喜，除眾人熟知的水火同源和枕山曉翠外，還可在寺前俯眺嘉南平原，當夕陽返照之際，白雲飄前，村落點點，天晴時可遙望布袋港近海船影，入夜只見燈火搖曳，與夜空星月對映，成為一景名曰「銀屏耀彩」又名「麟屏夕照」。又當夏天晨雲夕

霞變幻，遊人山門小憩，便覺置身雲海仙嶼似的，此名「西岩雲海」，除此，碧雲寺附近尚有「石室仙蹤」、「紅蝠洞天」、「靈風動石」、「龍喉風煙」，以上合稱八景，餘如出米穴、石猿、石蓮花、水火珠等等，雖是傳聞附會，卻也頻添佳話勝景。

二、日據時期

甲午戰敗，割讓台澎，我台民志士仁人，不甘屈虜，憤起抗暴。時店仔口街（即今白河鎮）居民有林添丁、黃玉麟、黃振等人於日本領台初期，號召同志，共據碧雲寺抗日，展開戰鬥，惜寡不敵衆，同志四散，寺宇也被焚毀，而大仙寺亦遭波及，此後寺宇荒蕪，一度沈寂。明治卅七年（1904）與明治卅九年，嘉義、斗六一帶兩次大地震，屋毀傷亡頗衆，寺宇又遭浩劫，大半倒塌。而信徒雖有心重建，但兩次地震，無法順利施工，據說明治三十八年廖炭出而重修三寶殿（廖炭是台南下茄苳人，乃日據時期齋教龍華派領導人之一，爲「台灣佛教龍華會」的創會會長，曾任台南名刹大仙寺與碧雲寺的管理人，其人事蹟，讀者有興趣可參見王見川大著《台灣的齋教與鸞堂》〈日治時期的「齋教」聯合組織——台灣佛教龍華會〉乙文，此處不贅述）。而兩廊部分則爲明治四十年時番社庄人蘇超群所修築。迨至大正四年（1915），時廖炭有心廟務，欲挽回寺運，出資七百日元，並前往日本考察，回台後，仿奈良大佛西本願寺之規模式樣，[23] 與大仙寺住持德融禪師合作，加上其他信徒捐資三百日元，合計千元，從新改建大雄寶殿，從明治三十七年有志重興，至此前後費時十數年始告落成，一時宏偉，獨冠全台，致是香火日漸興盛。

昭和初年之碧雲寺，管理人仍是廖炭，當時寺內住有齋友三
名，齋姑四名，但因大仙寺再興梵宇，卻忽略了碧雲寺，時番社庄
長（今東山鄉）陳按察激憤不平，認爲碧雲寺信徒近三萬人（包括
今多山鄉全部及白河鎮部分信徒，共十九村里），視寺爲信仰聖地，
而廖炭棄之不管，獨偏大仙寺，遂與廖炭頻生磨擦，以致水火不
容。不過事實上，背後涉及廟產之爭，遂致糾紛不斷，幾至訴訟，
由於事涉隱晦，雖言者鑿鑿，亦難以舉証，今日時過境遷，也就不
必追問清楚。結果經當時之白河庄長林占春出面調解。將碧雲寺交
給番社庄人士自行管理，昭和六年（1931）分寺拆產，從此兩寺寺
產及會計分立，碧雲寺終得獨立，由陳按察等人組織管理。[24] 陳氏
並擔任首屆主事大總理，開始號召募資，進行碧雲寺修建工程。

　　昭和九年，遂在陳按察、邱秋貴、蘇超群、蘇澤、鄭注江等人
擔任首事鼓吹下，呼籲各地善信鳩資改建，歷時兩載，於昭和十一
年（1936）告成。今之大殿，寺旁的天公堂（壇），南北兩列的平房
客室，寺眾所居之禪房、大寮等，還有觀音菩薩、十八羅漢等金
身、神龕、彩繪等等，均在此役修建雕塑，因此大殿之中，處處留
下大量匾額、柱聯、神龕的捐題紀錄，值得一提者有三：(1)是留下
此役匠師之題名錄，如彩繪雕塑有「磚城（周）國材筆」、「磚城元
得畫筆」、「安平周金全作」、「安平周國材作」、「赤嵌磚城（周）
國材筆」、「花木彫刻台南市陳老能」、「小木台南市蔡水、徐大
樹」、多爲台南匠師，足堪爲台灣建築史、美術史留一史料文獻；
(2)捐獻者頗多蘇姓與段姓，且首事五人蘇姓獨占其二，對照前引嘉
慶年間碑文，時經百年，蘇、段兩姓後裔猶虔誠奉祀，捐輸不落人
後，不禁令人感佩之；(3)是捐獻者頗多台南市信士，匠師亦多是台

南市人，亦可想見此廟與台南市之深切關係。其他捐獻善信，除附近人士外，也有鹿港、福州、可知信仰圈之廣泛，神靈麻庇之無疆。

除此，另在廟左側典藏室尋得一書，題曰：「瑜珈燄口施展要集」，年代爲「昭和拾六年歲辛巳」，可知昭和時代碧雲寺住持有爲地方主持中元普度法事。再則，日據末期，因實施「皇民化運動」，毀廟焚像，接收各寺廟宗教團體財產，當時拆除白河鎮的福安宮，就原址建立保甲聯合事務所，辦理此事。附近廟宇各神像收集迎請至新營郡警察課。[25] 大仙寺難逃厄運，一度被白河街長接收管理，遣散寺僧，直到光復後才得歸還。[26] 碧雲寺在此事件中，但不知是否有遭到波及，僅知東山鄉大客村上帝廟的神像曾避難於碧雲寺，迨及光復才被迎回原廟安奉。[27] 既能庇佑他廟神像，想必也是逃過一劫，安然無恙。

三、光復以來

本省光復後，信仰復興，一九四五年略有修建，今廟中存有不少此年代之匾聯，及一對洗石子柱子。一九四九年，在住持霖淨法師、明淨法師倡導下，率眾捐資重建寺左的清虛宮（天公廟），一九五○年動工，一九五四年完工，總工程費高達六十餘萬，並承蒙先總統蔣中正先生親臨獻香，賜匾「凌霄寶殿」，爲該寺無上殊榮。一九五八年環山道路成，更便利遊人前來大仙寺、碧雲寺與水火同源觀賞，益增香火。一九六六年乃興建地藏王寶殿，由各方檀信佈施，至翌年竣工。一九七○年又接著在大殿後興建仿古式三寶殿，憑添宏麗。一九七八年主殿地坪重鋪大理石。總之，自光復以來本

寺信仰復盛，且自日據末期起，歷年來加建南北大樓、講堂、天宮壇、客室、齋堂、寶塔、山門、外牆等，形貌變化不少，幸指定爲古蹟後，近年正施工整修，努力予以復舊，恢復古貌。

第三節　碧雲寺的住持、管理與神明

　　碧雲寺自創建以來，歷代住持，據現存三方墓碑與廟中奉祀的「開山蓮座」，其先後如下：(1)開山第一代正宗派比丘僧應祥師；(2)第二代圓寂上心下悟悉波師、第二代圓寂比丘僧心下師（按開山蓮座原文如此並排）；(3)第三代順寂沙彌西下師；(4)第四代檀那候補比丘僧瑞入禪師；(5)第五代仁德薛公禪師（按墓碑紀第五代芳公績興師墓，不知何是？）；(6)第六代比丘僧加濱禪師；(7)七代重建修陳按察老夫子；(8)第八代釋霖淨師。

　　之後，據採訪所得，第九代爲釋明淨師，時爲一九五一年代，在其任期曾聘侯振妙師爲當家師，卻不料雙方竟發生糾紛，均被斥革。一九六一年延聘釋心田法師住持。心田法師之後，均無再聘住持，改由董事會主掌一切，期間曾延聘釋正慧法師爲當家師，職掌祭祀。

　　另一方面，眾信士爲維護該寺權益，按照政府法令規章，於一九四七年由東山鄉長陳澄沂先生（其父即陳按察）召開十九村里之信徒大會，成立火山碧雲寺管理委員會，陳澄沂膺選爲首屆主任委員，洪添龍爲副主任委員。以後照規定每三年改組一次，陳澄沂連任多屆主任委員。例如一九六〇年十二月之改選，仍由陳氏擔任主

委，黃飯卑、陳瑞興二人爲副主任委員，陳登科、藍朱文、柯清日、蘇來枝、吳甑饗、吳萬成、洪添龍、沈蒼吉、蘇木火、陳榮、王三鍾、蘇義生等人爲常務委員，並聘寶淨法師爲住持。直至一九七○年八月撤消原有組織，重新改組爲財團法人火山碧雲寺董事會，並報請台南縣政府核備。時首屆董事長爲黃飯卑，陳登賀爲副董事長，加上李就、蘇萬賜、李等待等等，合計共十二人爲董事，任期四年。第二屆董事長、副董事長仍舊，董事人選略有改變，增爲十六人。第三屆起，組織人事編制較詳，董事長爲段獻德，副董事長爲吳秋上，下設常務董事三人、董事十人。常務監事爲邱江泉，有監事四人，合計董監事共二十人。第四屆改選時，仍爲原班人馬，被檢舉選舉違法，未經台南縣政府核准，不過仍繼續擔任職務，至一九九五年第五屆產生爲止。現時第五屆董事長爲李黃嬌容、副董事長藍濟源，其他常務董事、董事十三人。常務監事仍是邱江泉，另監事四人，董監事合計二十人。

　　至於其祀神與祭典，據《台南州祠廟名鑑》所記，在昭和八年左右，屬佛教曹洞宗，祭神有：觀音菩薩及其左右侍神之善才、良女，三寶佛、土地公、天公、十二婆姐，不免也掉落台灣民間宗教之俗信，已非純佛教。其時信徒約有二十萬人，可見信仰之盛。住職、役員等與大仙巖相同，例祭日爲舊曆之二、六、九月十九日，四月八日、七月十五日、十二月十五日，財產擁有建物敷地（基地）○、一二四三甲，田三、二九三五甲，畑地一、○九二甲，山林○、一九四甲，原野○、○五七五甲，可謂擁有龐大之土地不動產，也是引起日後兩廟廟產紛爭之因素。光復後其年例祭典，則爲農曆二月十九日的觀世音菩薩誕辰；四月八日釋迦牟尼佛萬壽；七

月三十日地藏王菩薩誕辰。諸神的來歷，茲簡介如下：

觀世音：梵文"Avalokitesvara"（阿縛盧吉帝濕伐羅）的意譯，亦譯「觀自在」、「觀世自在」，唐代避李世民諱，略稱「觀音」。大乘經中所說大菩薩，稱為過去正法明佛，乘願現為菩薩，與大勢至菩薩同為西方極樂世界阿彌陀佛輔弼，悲心特深，化身種種救度苦難眾生，號為施無畏者。《法華經‧觀音普門品》謂「苦惱眾生，一心稱名，菩薩即時觀其音聲，皆得解脫，以是名觀世音。」並言此菩薩能化三十三種身，度化眾生，一心稱其名號能免除各種苦惱急難，乃至求長壽、子女、涅槃等，皆無不應。其形相有六觀音、七觀音、三十三體觀音等，一般所說為「聖觀音」。密乘以為蓮花部主，謂其密號名「正法金剛」或「清淨金剛」。又有四臂觀音、紅觀音、大悲勝海觀音等形相。[28]

地藏菩薩：梵文"Ksitigarbha"的意譯，音譯乞叉底檗婆，又譯「地藏王菩薩」。《地藏十輪經》謂此菩薩「安忍不動猶如大地，靜慮深密猶如地藏」，故名。稱其受釋迦牟尼佛付囑，于釋迦已滅、彌勒未降之前，濟度眾生，發願「眾生度盡，方證菩提；地獄未空，誓不成佛」。據稱常在地獄中拯救極苦眾生。漢地佛教以唐玄宗時來華入九華山修行數十年的新羅僧金喬覺（乃新羅王族出家）為地藏菩薩化身，以九華山為地藏應化道場。敘說地藏本跡愿行的《地藏菩薩本愿功德經》；廣泛流傳於漢地佛教界。台灣民間亦稱其「幽冥教主」。相傳統轄冥府十殿閻羅王，綜理檢察人間善惡，以靈獸為座騎，獸名獟，或名諦聽，狀如虎豹而小，耳極聰敏。

釋迦牟尼（Sakyamuni）：亦譯釋迦文。姓喬答摩（瞿曇），名悉達多，意譯義成。釋迦為其種族名，牟尼意為仁、忍、寂，釋迦

牟尼意譯能仁、能寂等，是世人對他的尊稱。爲古印度北部迦毗羅衛國淨飯王太子，屬刹帝利種姓。關于其生卒年代，有六十餘說。最早爲西藏傳說的前一〇四一到前九六一年。漢傳是前一〇二七到前九五三年。南傳佛教國家一般傳爲前六二四到前五四四年。中國近代學者從南齊《善見毗婆沙律》後的「衆聖點記」和阿育王即位年代推算的前五六五到前四八六年，已被普遍採用。悉達多從小受婆羅門教育，精通當時各種學問及武藝，婆耶輸陀羅爲妃。據傳因感生老病死之苦，于二十九歲（一說十九歲）出家修道。先到摩揭陀國王舍城附近從阿羅蘭仙（Arada Kalama）習無所有處定，又從郁頭蘭仙（Udraka Ramaputra）習非想非非想處定。未從禪定中找到解脫之道。後到尼連禪河附近的樹林中修苦行六年，亦未見解脫之道。乃棄苦行，到伽耶的一棵畢鉢羅樹下坐禪，在禪定中思維，覺悟超離生老病死之道而成佛，時年三十五歲（一說三十歲）。成道後先在波羅奈城鹿野苑向父王派來隨侍他的阿若憍陳如等五家臣說法，開始建立教團。此後在印度北部、中部恒河流域說法傳教，摩揭陀國頻婆沙羅王、拘薩國波斯匿王等先後皈依擁護。善于隨機施教，用各地方言說法，加上神通示現，徒衆日廣。逐漸制定了出家弟子集體生活的戒律制度。八十歲時在拘屍那迦城附近的沙羅樹林中逝世。遺體火化，舍利爲諸國分得，建塔供養。其生平事跡見于《長阿含》中的《大本經》、《游行經》，《雜阿含》中的《轉法輪經》及《摩訶僧祇律》、《修行本起經》、《普曜經》等。

第四節　小結

　　碧雲寺位在關仔嶺火山之半腰,背倚秀麗的枕頭山,清籟幽絕,臨高遠眺,白河水庫,盡收眼簾。全寺倚山面野,氣聚勢暢,加以殿宇崇宏,庭院寬敞,爐鼎香篆,鐘鼓聲悠。從嘉慶十三年(1808)正式創廟以來,也有近二百年歷史,中經道光十二年、光緒六年、昭和九年、一九五四年、一九六六年、一九七〇年、一九七八年等次的整建修葺,深富古蹟之美與佛寺之莊嚴,且寺的附近還有八景奇勝,觀光資源頗為豐碩,寺中又備有精美素席和客房,供遊人膳宿,名山古刹,古刹名山,相得益彰,得住斯鄉便是仙,叫人流連不忍離去。

註釋

1 蔣毓英《台灣府志》（台灣省文獻會，1993年），卷之六〈廟宇〉，pp.70~71。

2 高拱乾《台灣府志》（台銀文叢65種），卷九外志〈寺廟〉，p.221。

3 周鍾瑄《諸羅縣志》（台銀文叢141種），卷十二雜記志〈寺廟〉，p.283。

4 周鍾瑄前引書，pp.285~286。

5 據大仙寺編印《白河鎮大仙寺沿革簡介》，1991年出版。

6 吳新榮《台南縣的寺廟及神明》（台南縣政府民政局，1983年10月），pp.141~142。

7 參上註前引文。另可參考李政隆等《台南縣白河大仙寺研究及修護計畫》（李政隆建築師事務所，1994年2月），〈歷史之研究〉，pp.17~40。

8 同註6前引書，pp.153~154。按此說林啟邦等人購置九股田園爲寺產，與下節首述張士輝等人因寺無恒產，倡議鳩金購田有所抵悟，因史料不足，難以研判何者爲是，兩說併存。鄙意或者林啟邦等人所置田業歸屬大仙寺，才有如此情形發生，若然，則早在嘉慶年間碧雲寺與大仙寺已有產業之糾葛問題存在。

9 連橫《台灣通史》（台灣省文獻會，1976年5月），卷二十二〈宗教志〉，p.457。

10 詳見相良吉哉編輯《台南州祠廟名鑑》(相良吉哉編輯發行，昭和8年12月發行)，p.137。

11 該碑文黃典權《台灣南部碑文集成》與《台南縣志——古碑志》均有採錄，不過互有出入、疏漏，茲據原碑文校補如正文。

12 吳新榮〈南台灣采風錄〉,《吳新榮全集》(遠景出版社,1981年),第三篇「南縣語言系統及平埔族系統」,pp.133~135。

13 戴炎輝《清代台灣之鄉治》(聯經出版社,1979年),第六篇第三章,pp.503~507。

14 吳新榮前引書,〈飛番墓與阿立祖〉,pp.209~215。

15 戴炎輝前引書,第五篇第三章第四節,pp.371~385。

16 詳見陳仁德等《台南縣市寺廟大觀》(台南,興台文化出版社,1963年12月)〈碧軒寺(東山大廟)〉則,p.213。按該則將道光壬辰年誤為甲辰年,茲於文中逕於改正。

17 吳志高生平主要據:(1)賴子清等《嘉義縣志稿》卷七〈人物志〉(嘉義縣文獻委員會,1962年),p.41;(2)賴永祥《教會史話》第一輯(人光出版社,1990年),〈斗六都司吳志高(pp.207~208)、〈教務教案檔〉(pp.221~222)、〈陳祚裏白水溪案〉(pp.223~224)、〈盲人信徒溫旺遭殺〉(pp.209~210)、〈白水溪遭難〉(pp.203~204),〈標天才之回憶〉(pp.205~206)等改寫成。

18 此案經過詳見:(1)賴永祥前引諸文;(2)林文慧《清季福建教案之研究》(台北,台灣商務印書館,1989年),〈白水溪教案〉,pp.45~47。

19 詳見吳新榮前引書,〈赤山岩好佛祖,吳仔墻好嬌媒〉,pp.10~12。

20 詳見顏尚文〈嘉義賴家史料的蒐集與運用〉,《中國現代史專題報告第21輯——台灣史料的收集與運用研討會論文集》(2000年10月31日,國史館印行),pp.532~533。

21 林藜《蓬壺擷勝錄》(自立晚報叢書編輯委員會,1972年2月),pp.104~105。

22 林文龍《台灣詩錄拾遺》(台灣省文獻會,1979年12月),p.166。

23 陳漢光《台灣詩錄下冊》（台灣省文獻會，1971年6月），pp.1152~1153。

24 吳新榮〈震瀛採訪記〉，《吳新榮全集》，p.49。

25 同註7。

26 詳見：(1)陳玲蓉《日據時期神道統制下的台灣宗教政策》（自立晚報社文化出版部，1992年4月），第六章〈皇民化政策與國家神道〉，pp.246~247；(2)陳仁德等前引書，〈福安宮〉則，p.185。

27 同註 7。

28 陳仁德前引書，p.215。

29 諸神來歷主要據下列三書改寫成：(1)陳兵編著《新編佛教辭典》（北京，中國世界語出版社，1994年）；(2)追雲燕《三教聖誕千秋錄》（台中，聖德雜誌社，1990年再版）；(3)初旭編著《佛門諸神》（太原，北岳文藝出版社，1994年），茲不再一一分註。

第十三章

台南市總趕宮——

歲久不知神來歷

第一節　總趕宮的創建背景

　　台南市總趕宮位於該市中區。中區在台灣開發史上深具重要史蹟地位，它不僅是台灣最早期的移民渡口，其後成為全台最早市街，也是台南市市街的中心。在政治上，清初全台首要行政機構皆集中於此，直到今日，仍為台南市行政中樞所在。所以，中區自是台南市古蹟最多最密集之處，稱之為台南市的「文化都心」絲毫不為過。[1]

　　總趕宮位在今中正路一三一巷十三號，其由來據康熙五十九年（1720）陳文達《台灣縣志》〈雜記志九・寺廟〉記：[2]「在西定坊：聖公宮，偽時建。……在永康里……聖公廟：在中樓仔街，康熙三十年臺廈道高拱乾建。」

　　嗣後諸志書大多有所記錄，茲臚列如次：

1. 乾隆7年（1742）劉良璧《重修福建台灣府志》卷九〈典禮・祠祀附〉記：[3]「聖公廟：在中樓仔街，康熙三十年臺廈道高拱乾建。漳、泉舟人多祀其神，以其熟識港道。一在海防署前。」
2. 乾隆17年（1752）王必昌《重修台灣縣志》卷六〈祠宇志・廟〉記：[4]「聖公廟：在永康里中樓仔街（神姓倪，忘其名，生長海濱，熟識港道，為海舶總管，歿而為神，舟人咸敬祀之）。康熙三十年巡道高拱乾建。又一在大東門內彌陀寺左。

一在西定坊，曰總管宮，偽時建。一在鎮北坊總爺街。」

3. 乾隆三十九年（1774）余文儀《續修台灣府志》卷十九〈雜記・寺廟〉記：[5]「聖公廟：在中樓仔街，康熙二十年臺廈道高拱乾建，漳泉舟人多祀其神，以其熟識港道。一在海防署前。」

4. 嘉慶十二年（1807）謝金鑾《續修台灣縣志》卷五〈外編・寺觀〉記：[6]「聖公廟：在永康里中樓仔街，神姓倪，軼其名，生長海濱，熟識港道，為海舶總管，歿而為神，舟人咸敬祀之。康熙三十年巡道高拱乾建。乾隆五十四年里衿蔡廷尊等修。又一在大東門內彌陀寺左。曰總管宮，偽時建。一在鎮北坊總爺街，今圮。」

5. 嘉慶年間李元春輯《台灣志略》卷一〈勝蹟〉記：[7]「聖宮廟，在永康里中樓仔街。神姓倪，軼其名，生長海濱，熟識港道，為海舶總管，歿而為神。州人咸敬祀之。康熙三十年，巡道高拱乾建。五十四年，里衿蔡廷尊等修。又一在大東門內、彌陀寺左；一在西定坊，曰總管宮，偽鄭時建；一在鎮北坊總爺街，今圮。」

6. 大正7年（1948）連雅堂《台灣通史》卷二十二〈宗教志〉記：[8]「總管宮：在西定坊，鄭氏時建。神倪姓，軼其名，為海舶總管，歿而為神。又一在大西門外中樓仔街，康熙三十年，巡道高拱乾建。」

綜合上引諸志書所記，可見皆是輾轉抄襲，泛墳習套，但可略知：總管宮原稱聖公（宮）廟，係創建於明鄭時期，因奉祀某倪姓

的海舶總管，所以又稱為「總管宮」。隸清後八年，即康熙三十年（1691）經台廈道高拱乾另在府治北邊中樓仔（今台南市東豐路火車平交道東邊）分香新建一座聖公廟。到了乾隆年間再增建兩座，一在彌陀寺左邊（東邊）；另一在總爺街（約今崇安街），合計有四座聖公廟。

在此，值得我們注意的問題有二：一是此廟創建因由為何？何以能在清初迅即普獲信仰，增建三所？又何以在嘉慶年間就有沒落現象？以致在總爺街的聖公廟坍壞，今已無存。二是主祀的廟神倪姓究竟是誰，來歷如何？

茲先從該廟創建背景探討起：永曆十五年（1661）鄭成功驅逐荷人後，漢人移民來台者更多，自然帶來原有之宗教信仰，而因此寺廟陸續興建。在安平地區有熱蘭遮城東麓渡口的天后宮、東南麓的慈濟宮、東北麓的金龍殿、關帝廟、西麓的弘濟宮等五座。在南區四鯤鯓有龍山寺。在市區赤嵌有東麓的開基靈佑宮、東南麓的萬福庵、南麓的祀典武廟、西麓自北以南有開基天后宮、竹林寺、普濟殿、廣安宮、開基關帝廟等七座；西南麓有開山宮、南巷土地公廟、沙淘宮、總趕宮四座。土墼埕有關帝廟、毘沙宮等二座。鷲嶺上有北極殿、北麓蕃薯崎上有小南天、東麓有重慶寺、西南麓有五帝廟、南麓有孔子廟五座。山仔尾東麓有開山王廟、馬王廟二座。山川台北麓有府城隍廟、東嶽殿二座。北區尖山上有玉皇太子宮、南麓的大觀音亭、興濟宮、西麓有三老爺宮四座。東區有桂子山東麓的準提庵、嵌頂山上的彌陀寺、竹篙厝的北極殿、後甲的關帝廳四座。共有三十七座，幾乎分布各山丘。[9]

另一方面，之前荷人選擇了台江潟湖內岸一個深入的灣頭，在

總趕宮正面

這灣頭聚落創建了「普魯民遮街」（destat proventie），其現在位置大致是永福路、民權路口起，至北極殿間之民權路段，街道自西北西向東南東延伸，長約三四〇公尺，寬約十五公尺，街路高度比兩側低。至明鄭時期大井頭街已向東延伸形成嶺前、嶺後兩街；向西出現新街、橫街，並劃府治為東安、西定、寧南、鎮北四坊。鄭經時又設十字街，將街分為四坊，建宮室衙署，並大事建築寺廟，展開都市建設。

　　台南古街市建立在嘉南平原的西南隅台江潟湖東南岸，昔時古街可略分為城內、城西二區，城內區以乾隆五十三年（1788），知府楊廷理改築土堆城垣作為城內範圍，當時城內地勢最低處有二：一為西北隅的小北大街以西地區；另一低處在米街、抽籤巷、蓬寮街、草仔巷、二府口以西地區。二個低處之西皆接近台江潟湖，在此建有明鄭清初年間的古廟宇，如元和宮、三山國王廟、縣城隍廟、廣安宮、小關帝廟、開山宮、沙淘宮、保西宮、總趕（管）宮、毘沙宮等，由北而南沿海濱排列著。[10]

透過這些廟宇位置與附近地形可以印證得知：赤嵌地方在荷據時期的海岸線係在赤嵌樓前至大井，並向南伸沿，到鄭氏據台初期大井南邊海岸稱爲瀨口（即今永福路），是內海的沿岸，此一線的西邊是台江內海，故地形皆急速向西方低斜下去。此後因受地盤運動影響，陸地逐漸上升，海濱自大井原海岸線退向更西邊，出現一片新浮覆地，居民就在這塊浮覆新地上建屋住居，市肆紛錯，出現一條「大井頭」新街。當時海岸隆起，海水潮位是退到米街（今新美街）、抽籤巷（今三義街）、帆寮（今正義街）、沙淘宮（今中正路150巷）、總趕（管）宮（今中正路131巷）、二府口（今府前路304巷）這一線。而且其時台江內海海岸線以福安坑（今府前路西段南邊大排水溝）爲界，南邊屬萬年州土墼埕，北邊屬天興州西定坊。坑口以北稱北汕，南岸叫南汕。[11]

在新浮地的西邊新海岸，自大井頭渡口以南爲帆船的碇泊所在，經舟夫船人沿岸搭寮居住或修理船隻，所以此一帶地名俗稱爲「帆寮」。在南邊則爲漁民的居所，因是用茅草搭寮居住，故叫「草仔寮」。當年西海岸所住船夫漁民多係漳泉地方移民，渡海來台，進出台江「而不知海上風浪，傾檣沈舟，爭死生於呼吸，其禍尤不可測」。[12]當時不僅有風信海道之險，復有港澳礁石之阻，陳盛韶《問俗錄》記海道之險有三：[13]

> 海道之險有三：廈門至鹿耳門水程十二更，蚶江至鹿港七更，五虎門至八里坌六更。更各六十里。雲天汪洋，方面難識，全憑舵工捧指南針以候風信定趨向。子午稍錯，南犯呂宋或暹羅、交趾，北則飄蕩不知所之，其險一也；舟至大洋，不遇颱

風可以無患。受患多在港口，如澎湖溝有岩石，鹿耳門左右夾鐵板沙，五虎門山風閃拂，八月後正月前即難行。番挖、王功兩口不寬深，其地偏僻，海口皆有沙線攔截，舟至港門下碇，風帆未收，風浪突起，即被沙裂，其險二也；海中洋有紅水溝、黑水溝，海水皆碧，紅黑二色終古不淆。而黑水溝尤險，廣百餘里，邪長，莫溯其源，極深無際，波濤瀁洄，舟至此桅蓬俱動，其險三也。航海者必擇船擇人，並擇載船，欲其大，尤欲其堅，大則可以禦風潮，堅則可以抵沙石。舵工水手，必諳港道、明針路。其負載太重，窮極無賴，樂禍幸災者，不可不防。船大而固，舵工老幹，載七八分貨物，其先不必急，俟出海（船上主政名出海），請登舟乃行；其後不可緩，船抵港門下碇，即雇小船登岸。禹之行水也，行其所無事，士君子一行作吏，出處進退，皆平心任運。至於海上往來，尤宜行所無事，絲毫不庸勉強。

而周凱《廈門志》亦提及進出台江，須面對港澳深淺、礁石險易的艱難險阻：[14]

廈船遠渡橫洋，因畏颶風，又畏無風。大海無櫓搖棹撥之理，千里萬里，祇藉一帆風力，湍流迅駛，倘順流而南，則不知所之矣。操舟者認定針路，又以風信計水程遲速，望見澎湖西嶼頭、花嶼、貓嶼為準。若過黑水溝，計程應至澎湖，而諸嶼不見，定失所向，急仍收泊原處，以候風信。若夫風濤噴薄，悍怒激鬥，瞬息萬狀。子午稍錯，北則墜於南澳氣，南則入於萬水朝東，有不返之憂，或犯呂宋、暹邏、交趾諸外地，亦莫可

知。海風無定，而遭風者亦不一例，常有兩舟並行，一變而此順彼逆，禍福攸分，出於頃刻。此廈船渡台海道之險阻也。如海舶乘風已抵鹿耳門，忽為東風所逆不得入，而門外鐵板沙又不得泊，又必仍返澎湖。若遇月黑，莫辨澎湖島澳，又不得不重回廈門以待天明者，往往有之。鹿耳門海底皆鐵板沙線，橫空布列，無異金湯。門內浩瀚之勢，宛似大海，港路紆迴，舟觸沙線立碎。南礁樹白旗，北礁樹黑旗，名曰盪纓，又曰標子，以便出入。潮長水深丈四、五尺，潮退不及一丈，入門，必懸起後柁乃進。此廈門海舶入台之艱難也。

而遭匪船洋盜窺伺搶劫、或遭風寄碇擱淺口岸，被沿岸匪人搜貨拆船，更是常事。因此為求渡海平安，身家財貨兩全，是以對職司「航海」的神明奉為守護神，尊崇有加，在閩台奉祀海神除媽祖、水仙王外，對於這麼一位「生長海濱、熟識港道，為海舶總管」的倪姓神明，也不免尊崇敬祀。所以漳泉來台的船夫漁民就共同出資擇地在西海岸較高的地方，座東面海，建廟奉祀，祈求護佑，這就是總趕宮創建由來的背景，也是選擇今址興建的原因。

但總趕宮何以在嘉慶年間後，信仰漸趨沒落呢？如前述，台江的淤淺隆升早已有之，且素以港路紆迴、航道艱險聞名，到了嘉慶年間台灣府城附近港道已有諸多變化，總趕宮位置漸離海岸。最嚴重者為道光三年（1823）七月的一場大風雨，使曾文溪（原為灣裡溪）在蘇厝甲西邊沖潰溪岸，改道向西南，挾帶內山崩潰的大量泥沙，流注台江內海，致使台江內海自曾文溪到台灣府城小北門外，淤塞成為陸埔，加速結束了業已淤淺的台江潟湖的命運，而曾文溪

溪口也改道由鹿耳門港道入海。那時總管宮已遠離內海海岸二、三公里之遙，舟人漁民也漸疏離此一「倪聖公」的航海神，總管宮遂變成一般境眾的守護神。[15] 少了舟人漁民的熱忱信仰與捐獻，信仰膜拜者既少，香火流失，以致廟名「總管宮」的由來漸漸失傳，訛傳成今名「總趕宮」。也導致距創建廟宇近一百七十年之久，才有第二次的修建，這些在在都明顯表示了該廟信仰沒落的現象，地理環境的變異影響導致如此，令人不免有滄海桑田的感嘆！

第二節　廟神由來試探

　　總趕宮主祀廟神為誰？乾隆七年（1742）劉良璧《重修福建台灣府志》卷九〈典禮附祠祀〉：「聖公廟……漳泉舟人多祀其神，以其熟識港道。」乾隆十七年（1752）王必昌《重修台灣縣志》卷六〈祠宇志・廟祠〉記：「聖公廟……神姓倪，軼其名。生長海濱，熟識港道，為海舶總管，歿而為神，舟人咸敬祀之。」可知早在乾隆初年，府城居民已不識此神來歷。或許因為此神頗為靈驗（所以才稱聖公），台廈道高拱乾才在府治北郊中樓街另建廟分火奉祀，嗣後又陸續增建二座。

　　到了後世，倪聖公由來，愈傳愈奇，其說如下：(1)民間傳說倪總管為鄭成功麾下輔義將軍，原姓李，總管船舶，歿後因口音之誤，「李」府總管成了「倪」府總管；[16] (2)認為是閩台民間王爺信仰，「倪總管」是王爺平時派駐人間的神明，代替王爺「總管」一切事務；[17] (3)為唐末五代時開漳聖王陳元光之部將，一是輔信將軍

沈毅，一是輔順將軍李伯苗，另一則是輔義將軍倪聖公。[18] 此說到後代，愈說愈煞有其事，在日據時期調查時謂「此神姓倪名聖分，海澄縣人，是開漳將軍的從祀。」[19]

此三說之荒誕，依常識判斷即可知其誤謬，今人盧嘉興也有文章予以批駁。[20] 個人也翻查《海澄縣志》及相關閩台志書，均無是項記載，可知不確。謝金鑾《續修台灣縣志》〈後跋〉中記：「如聖公廟、吳眞人、臨水夫人等，敬堂雖云實有其人，而事涉荒誕……」，[21] 可惜志書中未將此「荒誕」傳說記錄下來，提供一探討線索。另據廟方提供資料，知倪聖公誕辰為農曆八月二十一日，死亡（飛昇）日為六月二十四日。苦於史料缺乏，倪聖公由來，也只能追索到此。

不過，個人倒有一新看法，謹提供參考：

明清時期往來內洋及南北通商之船隻，船員的組織與職掌，黃叔璥《台海使槎錄》卷一〈亦嵌筆談〉曾記錄道：[22]

南北通商，每船出海一名(即船主)、舵工一名、亞班一名、大繚一名、頭碇一名、司杉板船一名、總鋪一名、水手二十餘名或十餘名。通販外國，船主一名；財副一名，司貨物錢財；總捍一名，分理事件；火長一正、一副，掌船中更漏及駛船鍼路；亞班、舵工各一正、一副；大繚、二繚各一，管船中繚索；一碇、二碇各一，司碇；一遷、二遷、三遷各一，司椲索；杉板船一正，一副，司杉板及頭繚；押工一名，修理船中器物；擇庫一名，清理船艙；香公一名，朝夕焚香楮祀神；總鋪一名，司火食；水手數十餘名。

今人陳希育參考諸書，曾整理成如**表13-1**。[23]

可見船員人數多寡是根據船隻大小而決定，其中最關鍵人物是伙長和舵工。而總管一職乃協助船長分理事務，視之為副船長未嘗不可，而且總管又有「總桿」之另名俗稱，「總管宮」之後來被稱為「總趕宮」，其來有自，未必儘非。不過「總管宮」之倪聖公、倪總管似乎不是如此單純。

表13-1 清代帆船技術人員的分工

職稱	人數	工種
船長（船主、出海、船戶）	1	總管全船事務，側重商務
財副	1	司貨物，錢財等帳目
總管、總桿	1	協助船長分理事件
火長、伙長	1~2	掌船中更漏及駛船針路
舵公、老代、梢公、太公	1~2	把舵、收放勒肚、指揮繚手、碇手
應班、鴉班、阿班、押班、斗手	1~2	上桅占風、繚望方向，兼理帆索
大繚	1	司大蓬及繚索
二繚、實繚	1	司實蓬及繚索
實碇	1	上碇起碇，保管碇繩
二碇	1	司碇(同上)
一遍	1	司大蓬律索
二遍	1	司頭蓬律索
三遍	1	司三蓬律索
杉板工	2	司三板船
押工	1	修理船中器物以及補滲漏等
擇庫、直庫	1	裝貨，清理船艙（戰船的「直庫」）則管理武器
香公	1	朝夕焚香祭神
總鋪	1~2	司伙食
眾水手	數十	升降蓬、轉舵等

資料來源：陳肴育《中國帆船與海外貿易》（1991），p.161。

黃典權編《台灣南部碑文集成》收有二碑文。一爲乾隆十年的「船戶頌德碑記」，內文略謂船戶苦於當差、配運、貼補等陋規科索，向海防同知方邦基呈情得准，立碑示禁並頌德，碑文中有「……並喚鳳、諸二縣『船總』到案，查確定例，……該『船總』洪斌無厭，連索大船貼費，本應嚴究……」。[24] 另一爲咸豐九年的「船戶公約」，碑末立約人有「……總爺□□□……」。[25] 參酌二碑，似乎當時諸船戶之上另設有「船總」或「總爺」一職，總管諸船舶，則此倪聖公「生長海濱，熟識港道，爲海舶總管，歿而爲神，舟人咸敬祀之」，應該即是此類人物，而非僅僅是一艘船上的「總管」而已。或因其是民間市井人物，不見經傳，日久不免容易失其事蹟，至清初領台遂已失其史實。也或許因他是民間人物，非鄭氏部將，台廈道高拱乾無政治顧忌之餘，才敢分香建廟奉祀。至於倪聖公是何時人，依前「船總」說法推論，應不出明代，或許因年代短淺，又不是帝王將相，屬於近代市井人物，所以信奉才剛開始，並未普及，僅限於台南府城，其他各廳、縣未有奉祀。其後因地理變遷，由於信仰尚未牢固堅實，此一「新神」信仰遂迅即衰微，從人類學角度來看，這一「造神」運動算是不成功的。

第三節　修建沿革

　　總管宮係創於明鄭時期，原爲漳泉舟人漁夫所敬祀，惜其形制規模未曾留下任何記錄，雖盛極一時，清初迅即在府城增建三座廟宇，但至嘉慶年間已有沒落現象。道光三年的一場大風雨，使曾文

溪改道，挾帶內山泥沙注入台江，淤塡浮覆，總管宮遠離海岸，遠離舟人漁夫，逐淪爲一般境衆的守護神，香火漸趨稀少。

到了道光十五年（1835）才有第二次修建記錄。當時由總理周清老，連同「海澄縣儒學黃化鯉捐銀五拾元」、「候補分府吳春祿捐銀拾大元」、「紀德元捐佛銀拾貳大元」及若干舖戶商號，善士信衆，共捐銀九百七十七元，大事重修。可能是於該年完竣，荔月（六月）立碑「重興總趕宮碑記」以資紀念。

碑爲捐題碑，碑文全是捐獻人物與金額，文長，茲不引錄。可惜不是紀事碑，未於碑文中提及此次修建始末、該廟創建歷史、廟神淵源等，對於廟神來歷與創建沿革無所助益，不過，仍然是留下一二可供探索的資料。

其一，碑名「總趕宮」，並參酌相關志書所附地圖均記爲「總趕宮」。很明顯地，到道光年間當時民衆將「管」、「趕」的閩南口音混淆，所以才會寫成「總趕宮」，換言之，原廟名「總管宮」的由來已經失傳，失其本源，已致有所誤會，積非成是之下，唸成寫成「總趕宮」，後人不察，僅知拜祀，不免令人有愚昧之嘆。幸連雅堂予以正名，在書中恢復「總管宮」名，今人盧嘉興亦一再呼籲，該廟實應正視此項意見。

其二，捐獻名單有一二人物值得一探，其中頗有一番掌故可談。茲先從周清老談起：此人是楊廷理之義子，楊廷理字清和號雙梧，廣西柳州府馬平縣人，生於乾隆十二年（1747），卒於嘉慶十八年（1813），享年六十七歲。他是乾隆四十二年（1777）丁酉科拔貢，奉旨以知縣用，先後調署福建省歸化縣、寧化縣、侯官縣，曾兼護福防同知篆、出護龍岩直隸州加通判銜。乾隆五十年八月，以

總趕宮區額

卓異奏升台灣府南路理番同知，從此三進台灣，三任台灣知府的官宦生涯。楊氏任職台灣官府，卓立勳績，享有盛名，爲台南府城、宜蘭人民所感念追思，蓋清代宜蘭之能收歸版圖，設官治理，嘉惠蘭邑，更是他的不朽貢獻。故其義子周清老爲答報祈福楊廷理，乃於重建落成時，特奉楊廷理的長生祿位，以義子周清老名份立祀於廟內，今牌位猶存，全文如下：「署台澎兵備道兼提督學政台灣府正堂楊名廷理號雙梧之長生祿位。義子周清老敬立」。此長生祿位之可貴價值，在於證明楊廷理非死於台南。蓋楊氏究竟死於大陸或台南，一向爲學界之爭論，試思楊氏果眞在嘉慶十八年死於台南，身在台南且爲楊氏義子的周清老爲會不知，正是楊氏未死，於嘉慶十七年十二月，遷任建寧府知府，從此音訊兩隔，周清老不知其義父生死，尚在二十餘年後於廟中立長生祿位，祈求神明之保佑，也說明了父子情深之感人肺腑。

捐輸最多者爲黃化鯉，今廟中亦存其長生祿位，文如下：「賞戴藍翎軍功六品職銜、前任海澄學正堂黃印化鯉號春池長生祿位」。

黃氏祖籍福建永春州德化縣人，先人渡台定居於總管宮轄境內，至其父黃拔萃因家貧，寄居總管宮內，後由貧致富，好行善事。拔萃曾創「引心文社」，爲「引心書院」之前身，澎湖名人「開澎進士」蔡廷蘭曾在此書院主講過。劉家謀《海音詩》記「迎年餞臘事休論，爆竹聲中欲斷魂；爭得城西黃太學，一囊夜半忽敲門。」下註：[26]

> 黃太學拔萃居總趕宮，由貧致富，好行善事。郡中有大役，必伙助成之。嘗立「引心文社」以育後進，捐貲爲飯食、獎賞之資。設館待應試寒士，日給饗；獲雋者代爲經紀，罷黜者亦資以歸，士林頌焉。每歲除前三日，預貯千金，遇親朋告匱，隨所需以畀；除夜自出巡歷街巷，見不能度歲者，必有饋貽。今其子孫官學校、登賢書者比比矣。

黃化鯉生於乾隆四十六年（1781）六月十日，名九官，字躍三，號春池，化鯉爲其官章。台灣府學廩生，於嘉慶年間海寇蔡牽犯台灣時，出錢出力保衛鄉梓，任義民首，並以鉅貲懸賞，緝獲許和尚有功，經欽差將軍賽沖阿奏獎授訓導。嗣經就任海澄縣訓導，任滿回鄉，興建宅第於總管宮南邊。道光四年（1824）因天津缺糧，黃氏和吳春祿、林國華、林祥麟、吳尙新等十二人，奉旨招商運米赴天津濟糶，經福建巡撫孫爾準奉旨查明議獎。道光六年（1826）十二月，黃氏四十六歲，經閩浙總督孫爾準特頒匾「衛民安俗」獎勵。而化鯉爲奉祀黃家祖先，在府第南邊的曠地興建宗祠，名爲「樹德堂」，俗稱黃氏家廟，於道光十四年竣工落成。另一方面，次鯉的次子黃景琦自幼聰穎，稍長考進台灣縣學爲生員，道光

十五年，年二十一歲，內渡赴省城福州，參加乙未恩科鄉試，一舉即中，考中曾慶嵩榜第五十七名舉人，由福建巡撫魏元烺賞給「文魁」匾額，另頒旗幟銀兩，自行豎立單斗旗杆於黃家祠堂前庭院內，光耀鄉梓。[27] 此數年際遇，黃家真可謂喜事連連，因此頗有可能為答謝神恩，兼祈佑次子景琦赴考順利，周清老、黃化鯉、吳春祿等人遂倡議重修總管宮，這或許是此次修建之原因吧！而府城人士也以黃家祖、父、子三代的善行與榮耀，就將莊雅橋街（今永福路南段）、王堤塘街（今友愛街體育館北邊的西段），自今永福路四十九號南旁巷路至總趕宮街（今永福路63巷）的巷道，稱作「黃進士街」，或簡稱「進士街」，而黃氏宅第、祠堂俗稱「總管宮黃厝」。[28]

另一捐輸者吳春祿為吳桓記的家長，是嘉道年間台南望族，擅長貿遷，曾因其堂兄吳春貴赴京任戶部廣西司郎中，代為經管業務。到吳春貴任滿回鄉，結算吳桓記三年來業務，共盈利百餘萬。春貴遂分一半盈餘予春祿，使其自立。春祿數年經營，成一代鉅商，經擇磚仔橋北邊建宅第，號稱「吳昌記」，俗稱「磚仔橋吳」，[29] 亦在廟的境內，捐獻亦理所當然。

捐獻者又有「紀德元」，亦有一段掌故。紀家渡台祖紀若羅，乳名徠觀，號松圃，福建省漳州府漳浦縣二十八都石坑保磁灶社人。甫成年即遭喪父，母親改嫁，遂背負幼弟隨鄉親渡台謀生。不幸幼弟夭折，仍是一人伶丁。先學習百貨，嗣習漢藥材批發。三十二歲時才娶妻成家，後生四子：長揚功，次揚名、揚勳、揚聲。家累日重，遂稟明東翁允許他自行經營。擇就總管宮廟北邊總管宮街（今永福路63巷及中正路131巷）連接南巷（今民生路157巷及永福路97

巷）房屋擇吉開張，經營藥材批發，店號「德元」。因價錢公道，藥
材實在，不數年財利大發，就將所租店舖連同附近曠地一併買下，
營建三落大厝。也因德元藥材行很出名，所以人家都將總管宮街接
連南巷一段稱為「德元巷」。人們亦逕稱紀若羅為「紀德元」，而不
名了。若羅重視子弟教育，所以次子揚名、四子揚聲相繼採芹進入
縣學為生員，揚聲且捐資為貢生，均著稱於鄉里。若羅死後，藥材
行續由揚名、揚聲經營，於道光十五年境轄廟總管宮重建時，遂以
「紀德元」名義捐款十二大元。[30]

　　道光十五年的修建，未曾留下任何文獻資料描述該廟修建後的
形制規模，誠屬遺憾，而之後也未聞有任何修建記錄。不過在明治
三十年（光緒二十三年，1897年）十二月年底之全台「社廟‧廟宇
所屬財產表」的調查中，曾紀錄總趕宮建物主體佔地三十八坪，廟
宇占地三十八坪，而附屬財產中之「家屋、田園、金穀」全無，可
見只是一座街區間單純小廟，建立年代則寫為道光十五年。[31] 之後
在昭和八年（1933）十二月由相良吉哉編輯發行之《台南州祠廟名
鑑》有所記載，如：創立年代為道光十五年，祀神有倪聖公、土地
公、十八手觀音、虎將軍、韓德爺、盧清爺、麗府聖公爺。例祭日
為農曆一月十二日、三月二十日、七月十日、八月二十一日，信徒
約有七十人；管理人有三位，一是住在西門町一丁目之張謀、一是
住在大宮町四丁目之王虎、一是住在西門町五丁目之張江霖。揆其
內容，與今日比較變化不大。較可貴的是在「沿革」項目記載，提
供若干訊息，如謂：道光十五年左右，住總趕宮街街民原信奉延平
郡王，某日某位街民夢見國姓爺部將輔義將軍告知其失物下落地點
而尋獲，為答報神庇，遂出面募集九百七十七元建立本廟。其後歲

久失修，堂宇廢頹，當時管理者徐檪廷再次倡募八百餘元重修。[32]則道光十五年之修建原因起源當地街民蒙獲神明指示尋獲失物而答報。之後到昭和八年之間，有一次重修紀錄，可惜未明確寫出年代，究竟是在清末，抑或日據時期？重修之規模、形制亦不可曉。直到日據時大正八年（民國八年，1919年），因日人興建台南南門小學校（約今建興國中位置）校舍，拆毀校址內開漳聖王廟，神像遷祀本廟。因開漳聖王俗稱「陳聖王」，日久鄉人便編說倪聖公是陳聖王的部將，甚且更說馬公廟馬公爺爲輔信將軍，倪聖公爲輔義將軍，兩人是鄭成功部將，所以才出現廟前步口檐柱楹聯：「炎徼殄餘氛續留漳郡；崇封褒輔義澤及台疆」，及門聯「輔主慨天心斬許朱明延一祚；義正憂國瘁扼屯金廈抗全師」，兩聯文中一指明是開漳聖王部將，一是鄭成功部將，一廟之中居然有互相矛盾之聯文內容的出現。

光復後因年久失修，一九五八年八月略有修繕，今陪祀神明之神龕基座猶有勒題，可爲證。一九六五年十一月成立管理委員會，接替舊有管理人。經主任委員高炳森等倡議修建，獲境眾及信士樂捐，於一九六六年三月動工，十月竣成。爲三開間二進一廂，座東朝西，有三川門，拜亭與正殿。廟中彩繪率出自台南市民俗畫家陳壽彝之手，描繪精細，面相祥和。右側改建爲鋼筋混凝土構造的傳統式二層樓。一九八五年，宮右側房又重建爲佛祖廳及香客樓，供奉觀世音菩薩，與廟貌不甚搭配，古意全失。一九六六年之修建，於十一月舉行落成典禮，建醮祈求合境平安，於十二月立碑留念。執筆者盧嘉興，爲史學名家，深知以現名題爲「總趕宮重修碑記」似有未當；若以原稱題爲「總管宮重修碑記」，又恐怕廟名沿稱「總

趕宮」已有百多年，率爾更稱，難免遭到物議，故採不落標題，以免兩難，其重建序文如下：

> 竊維總管公，姓倪軼其名，為海舶總管，歿後為神。創建於明鄭，原稱聖公宮，後改稱總管宮，府縣志籍各有詳記，歷史悠久，為東瀛古廟宇之一，迄今將歷三百星霜矣。屢經修茸，境眾咸安，光復以來，迭更二十寒暑，壁裂丹陳，為壯觀瞻，信徒合志，集腋成裘，規模仍舊，棟宇聿新，爰泐石以誌不忘。（下捐題部分省略）中華民國丙午年臘月（缺）日仝敬立。

其後，除不定時對木構部分或油漆或破損修補外，並無較大的修建，現今廟況不佳，有待重新整修。

第四節　祭典與祭祀團體

光復至今，總趕宮在日據時代昭和初年設有管理人三名，一是住在西門町一丁目的張謀；一是住在大宮町四丁目的王虎；一是住在西門町五丁目的張江霖。當時祭神有：倪聖公、土地公、十八手觀音、虎將軍、韓德爺、慮清爺、麗府聖公爺，信徒約有七十人，年中例祭日為舊曆的一月十二日、三月二十日、七月十日、八月廿一日。光復後，總趕宮設有管理委員會，有名譽會長一人、主任委員一人、副主任委員一人、常務管理委員三人、管理委員六人、候補管理委員三人、常務監察委員一人、監察委員二人、候補監察委員一人；另設有總幹事一人、幹事二人，不定期開會方式討論廟

務。此外，廟方尚僱有管理員一人，負責日常燒香、點燈、清潔工作。廟內所屬祭祀團體的神明會有倪聖公爐、福德正神爐、佛祖會爐，是由擲环選出爐主、頭家，逐年輪流。其他尚有子孫龜會（會員中於當年獲麟子貴孫者，於總管公誕辰福飲時，每一會員送添丁子孫龜一隻），誦經團等。而往來「交陪境」的廟宇有：良皇宮、開仙宮、朝興宮、勝安宮、馬公廟、保和宮、五帝廟、關帝廟、重慶寺、興南宮、沙淘宮、毘沙宮、福安宮，可惜今日多已停辦。[33]

至於該廟年中例行祭祀，如**表13-2**。

由於總趕宮所奉祀的倪聖公係侷限台南市一地而已，台灣其他各地尚無建廟祀奉之聽聞，有之，僅有嘉義縣義竹鄉東後寮住民的部分，因其祖先有自大陸奉祀來台之「總管公」香火，每年都赴布袋鎮白水湖海邊祭祀請神。光復後也曾於每年農曆四月二十三到二十五日來台南總趕宮進香，翌日（26日）回去舉行祭典。[34]

第五節　小結

台灣宗教雜揉不一，神明不可考者尤多，台南市總趕宮之倪聖公即其一例也。

明鄭初期，赤嵌地方西邊海岸隆昇，致海岸線向西延伸，產生一片新浮地。在新浮地西邊有大井頭渡口，以南為帆船的碇泊所，經船人搭寮住居，故名帆寮。南邊則為漁民居所，也是草寮住屋，叫做草仔寮。此一帶西海岸居民率多漳、泉地方的船夫、漁民，渡海來台，進出台江，面對風信海道，港澳深淺，礁石險易的艱難，

表13-2　總管宮祭祀一覽表（日期為農曆）

日期	祭祀名稱	備註
正月12日	敬祀天公	祭祀
2月初2日	福德正神（俗稱土地公）誕辰	由福德正神爐爐主辦理，有福飲並擲环擇下任爐主、頭家
2月15日	陳聖王（開漳聖王）誕辰	由原興南宮爐下祭祀，本廟協辦
2月19日	觀音佛祖佛誕	內祝
3月20日	註生娘娘誕辰	內祝
4月23日	東後寮總管子會來宮進香	遇來進香時準備招待休憩處及早點
5月初8日	盧清爺（俗稱身長伯，或大爺）誕辰	內祝
6月19日	觀音佛祖得道	內祝
6月24日	倪聖公飛昇	由值年爐主辦理福飲並祭祀楊、黃兩座祿位
7月10日	慶讚中元（俗稱普渡）	由各戶口供祭
8月13日	韓德爺（俗稱矮伯，或二爺）誕辰	內祝
8月21日	倪聖公聖誕	21日祀祭，夜乞龜。22日宴王 23日會員福飲，並擲环擇大公爐爐主、頭家，並分送子孫龜
9月19日	觀音佛祖出家紀念日	佛祖會祀祭並福飲，及擲佛祖爐爐主、頭家

稍不小心，傾檔沈舟，生死一線，禍福不可測知，不免信奉海神祈求庇佑。在閩台奉祀之海神，除媽祖、水仙尊王外，閩南尚有一位生長海濱，熟識港道，生前為管理船舶的總管，死後歿而為神的「倪聖公」，因此，或是漳泉來台的船夫漁民，或明鄭水師的官兵，共同出資出力，擇地在西海岸較高的地方建廟奉祀，以資庇護，寺名聖公廟（宮），亦名總管宮。

也許是靈異顯赫，奇蹟頻傳，很得到住民、水師的信仰，康熙三十年（1691），台廈道高拱乾在府治北郊中樓仔另建一座聖公廟。之後，又陸續在大東門內彌陀寺左，與鎮北坊總爺街建了二座聖公

廟，合計四座。

　好景不長，滄海桑田，台江不斷淤淺隆升，使府城一帶港道不停變化遷移，總管宮位置漸離海岸。到了道光三年（1623）七月一場大風雨，使曾文溪挾帶內山崩潰泥沙，大量流注台江內海，淤塞成一片陸埔，此時總管宮已遠離內海海岸二、三公里之遙。舟人漁民漸疏離此一倪聖公的海神，總管宮遂變成一般境眾的守護神。少了舟人漁民熱忱的捐獻與信仰，信徒大量減少，香火日失，廟宇也日漸傾頹；而廟名「總管宮」的由來也漸失傳，訛傳成閩南同音的「總趕宮」今名。到嘉慶年間，建在總爺街（今崇安街）的聖公廟已經倒壞，日後圮廢無存。

　另一方面，總趕宮轄域的磚仔橋北邊，有鹽商吳恒記的家長吳春祿的宅第（號稱吳昌記）。廟的南邊有黃姓人家，其先祖黃拔萃落魄時曾寄居廟內，後由貧致富，樂善好施。到黃化鯉一代，係台灣府學廩生，曾因平蔡牽盜亂的軍功，就任海澄縣訓導，任滿回鄉，興建宅第。道光初年，又因和吳春祿等人運米糶濟天津糧荒，奉旨獎敘。道光十四年（1834年）並興建「樹德堂」黃氏宗祠，這一帶居民稱之為「總管宮黃厝」。此外在總管宮街接連南巷一段，因有紀若羅其人經營「德元」藥材行，信實可靠而殷富，時人稱其地名為「德元巷」。

　明白了這一層淵源，所以到了道光十五年，總趕宮因某位街民夢見倪聖公指示尋獲失物，而倡捐重建時，由附近街主的總理周清老出面邀請黃化鯉、吳春祿、陳連魁、郭逢年、郭立記、黃廷顯、紀德元（舖號）等人共襄盛舉。由於黃家長年得到倪聖公的庇佑而發達致富，加上此年黃化鯉次子黃景琦赴省城福州參加鄉試，為了

答謝神恩，也為了祈求次子赴考順利中式，黃化鯉贊助特大，捐了五十銀元，貢獻良多，廟方為黃化鯉立了長生祿位紀念。同時總理周清老因是曾任台澎兵備道楊廷理的義子，自從楊廷理內調建寧府後，音訊不明，一方面為答謝神恩，一方面思父情深，也在廟內奉祀楊廷理的長生祿位，祈神保佑。

這次重建，留下了「重興總趕宮碑記」，可惜內文全是捐獻者名單與金額，未能對當時真正重建原因與重建後的形制規模有所瞭解，但至少讓我們知道在道光年間此廟已誤傳成「總趕宮」名，而非「總管宮」原名。也進一步讓我們大致知曉附近的住民與舖戶概況，與楊廷理究竟逝於大陸或台南的參考線索。

其後，總趕宮在清末與日據時期，未曾留下任何明確修繕或重建紀錄，僅知其間有一度重修，由當時管理人徐樑廷倡首募捐八百餘元重修，重修後情形亦不曉得，不過其位置一直未曾變動。另在大正八年（民國八年，1919年），曾將在大南門街被拆毀的開漳聖王廟的神像移祀總趕宮內。也大約在此時代，開始出現倪聖公是明鄭部將，或開漳聖王陳元光部將的說法，倪聖公也成了「輔義將軍」的杜撰訛傳。

光復後，因年久失修，曾在一九五八年八月略有修建，至一九六六年大修，十月竣工，十一月舉行落成典禮，建醮祈求闔境平安。一九八五年，右側又重建為佛祖廟與香客樓，古意全失，甚不搭調。而本體建築為三開間二進一廂，三川殿內奉祀盧清、韓德二神，一高一矮，一黑一白，協侍主神。主神倪聖公居正殿之中，上懸「輔良正義」匾；下祀虎爺鎮護廟宇；前有陳聖王及夫人神像。左右陪祀註生娘娘與福德正神，而右神龕內則奉祀楊、黃二位的長

生祿位。廟埕前爲夜市，熱鬧雜亂，回首內外，廟與人，人與廟，皆有待整理。

總趕宮原經分香三座，一座在昔總爺街（今崇安街）的聖公廟，早在嘉慶年間圮廢無存。另一座在彌陀寺東邊的聖公廟，據廟方說法是創建於康熙五十七年（1718），但在日據時期爲拓闢東門路，因位在路中，被迫拆遷今址，縮小規模，擠在一排民房之間，毫不顯眼。至於中樓仔街的廟宇，也在日據初期傾圮，光復後重建於開元市場東邊，改名「勝安宮」，配祀池王爺；原廟址在今東豐路一巷十一號處，尚留有龍眼老樹一株。回顧四座廟宇歷史與現況，不免有滄海桑田與時移勢變的感受，有時，神明也是很無奈的。

註釋

1 黃靜宜等《台南歷史散步（上）》（遠流出版公司，1995年5月初版），
  p.40。

2 陳文達《台灣縣志》（台銀文叢第103種），p.210、212。

3 劉良璧《重修台灣府志》（台灣省文獻會，1977年2月），p.331~332。

4 王必昌《重修台灣縣志》（台銀文叢第113種），p.181。

5 余文儀《續修台灣府志》（台銀文叢第121種），p.647。

6 謝金鑾《續修台灣縣志》（台銀文叢第140種），p.338。

7 李元春《台灣志略》（台銀文叢第18種），p.46。

8 連橫《台灣通史》（台灣省文獻會，1976年5月），p.454。

9 石萬壽〈台南市寺廟的建置——台南市寺廟研究之一〉，《台南文化》新十
  期（台南市政府，1981年6月），p.39~74。

10 洪敏麟《台南市市區史蹟調查報告書》（台灣省文獻會，1979年6月），
   p.8。

11 盧嘉興〈由明鄭時期的古廟宇來談總管宮〉，《台灣研究彙集19》（作者印
   行，1979年7月），p.70~72。

12 陳盛韶《問俗錄》（台灣省文獻會，1997年11月），卷六〈鹿港廳·海
   風〉，p.68。

13 陳盛韶前引書，〈海道〉，p.67。

14 周凱《廈門志》（台銀文叢第95種），卷四〈防海略·台澎海道考〉，
   p.137~138。

15 盧嘉興〈由鹽商添典契字來介紹郡城總管宮黃家〉《台灣研究彙集19》，

p.4。

16 參見：(1)盧嘉興註11前引文，p.74；(2)劉還月《台灣歲時小百科》（台原出版社，1989年9月一版），〈台南祭總趕公〉，p.508。

17 盧嘉興註11前引文，p.73~74。

18 仇德哉《台灣之寺廟與神明》（台灣省文獻會，1984年6月）（二）冊，p.68及（四）冊，p.72。

19 鈴木清一郎著，馮作民譯《增訂台灣舊慣習俗信仰》（眾文圖書公司，1989年11月增訂一版），p.619。

20 詳見盧嘉興註11前引文，p.73~74。

21 謝金鑾前引書，p.638。

22 黃叔璥《台海使槎錄》（台銀文叢第4種），卷一〈亦嵌筆談〉，p.17。

23 陳育有《中國帆船與海外貿易》（廈門大學出版社，1991年4月），p.161。

24 黃典權《台灣南部碑文集成》（台銀文叢第218種）〈船戶頌德碑記〉，pp.42~44。

25 同前註前引書，〈船戶公約〉，p.676。

26 諸家《台灣雜詠合刻》（台銀文叢第28種），劉家謀《海音詩》，p.30。

27 同註15前引文。

28 同前註。

29 同註11前引文。

30 盧嘉興〈紀若羅與德元巷〉，《台灣研究集19》，p.46~51。

31 溫國良編譯《台灣總督府公文類纂宗教史料彙編》第一輯（台灣省文獻會，1999年6月），p.398。

32 相良吉哉《台南州祠廟名鑑》（作者發行，昭和八年十二月），（總趕宮）條，p.15。

33 總管宮管理委員會編輯〈總管宮大事記〉,《台灣研究彙集19》,
　pp.61~66。

34 同註15前引文。

跋

　　是書編校既竣，原本應該提筆寫序，但臨文之際，卻躊躇逡巡再三，一時竟有黯然神傷，無法下筆之痛之感。這本書有舊文有新作，有發表有尚未發表者，收集了我個人近十年來的寺廟古蹟史的研究論文十二篇，予以增補，再加上一篇緒論縱貫全書。回顧這十多年的治史歲月，正是我生命史上最低潮最坎坷之時，步入中年卻意外面臨了中年轉型、轉業、找工作，還鉅債、攻讀博士學位、拼命接研究案的艱苦日子，借用好友華梵大學徐裕健教授的形容詞：「人家馬英九是一路走來，始終如一。你老卓是一路爬來，始終如一。」民國八十八年與妻離緣，獨自照顧尚讀小學、幼稚園的兩稚子，八十九年歲首，有感而發，胡謅了一首詩：「中年歷簡編，田調資生涯，文史加工業，詩書未死心。」同年歲末，在一場學術研討會中，竟因突發的腦溢血而當場中風倒地，經送醫急救，幸撿回一條命，從此左側半身不遂，行動不便。在復健治療的三年裏，我奇蹟似碰到眾多的奇人異士，或施咒、或賜藥、或針灸、或唱唄、或迴向，簡直無奇不有，可以寫成一篇「中風記」小說，三年下來居然也讓我復原到可以勉強讀書、教書、研究、寫作，照顧老母與兩兒。對於這一切我只有感恩再感恩，惜福又知足。

　　如今的我苟延在佛光人文社會學院，在學校的這一年時間與心

情，我也胡謅了一首詩以抒懷：「田調著述事渺然，中風身殘劫餘人；佛光燈火玲瓏夜，蘭陽坐攬在眼前。」未來的我，還有一大段路要走，也希望這本書不是我的終篇，胡亂寫來，不敢言序，殿諸書後，斯爲記。

卓克華

參考書目

壹、中文資料

一、重要史料

丁曰健等,《治台必告錄》,台灣文獻叢刊第17種(以下簡稱文叢
　　本),台北,台灣銀行經濟研究室印行(以下簡稱台銀),
　　1959年7月。

丁紹儀,《東瀛識略》,文叢本第2種,台北,台銀,1957年9月。

中央研究院歷史語言研究所編,《明清史料》戊篇(全十本),台
　　北,中研院史語所,1953年3月初版。

王必昌等,《重修台灣縣志》,文叢本第113種,台北,台銀,1961
　　年11月。

王瑛曾等,《重修鳳山縣志》,文叢本第146種,台北,台銀,1962
　　年12月。

朱景英,《海東札記》,文叢本第19種,台北,台銀,1958年5月。

李元春,《台灣志略》,文叢本第18種,台北,台銀,1958年5月。

余文儀等,《續修台灣府志》,文叢本第121種,台北,台銀,1962

年4月。

林百川等，《樹杞林志》，文叢本第63種，台北，台銀，1960年1
　　　　月。

林　豪，《澎湖廳志》，文叢本第164種，台北，台銀，1963年6月。

沈茂蔭，《苗栗縣志》，文叢本第159種，台北，台銀，1962年12
　　　　月。

何培夫，《臺灣地區現存碑碣圖誌》，16篇17本，台北，中央圖書館
　　　　臺灣分館，1992~1999年6月。

周元文等，《重修台灣府志》，文叢本第66種，台北，台銀，1960年
　　　　7月。

周　凱，《廈門志》，文叢本第95種，台北，台銀，1961年1月。

周鐘瑄，《諸羅縣志》，文叢本第141種，台北，台銀，1962年12
　　　　月。

周璽等，《彰化縣志》，文叢本第156種，台北，台銀，1962年11
　　　　月。

范咸等，《重修台灣府志》，文叢本第105種，台北，台銀，1961年
　　　　11月。

柯培元，《噶瑪蘭志略》，文叢本第2種，台北，台銀，1961年1月。

郁永河，《裨海紀遊》，文叢本第44種，台北，台銀，1959年4月。

姚　瑩，《中復堂選集》，文叢本第83種，台北，台銀，1960年9
　　　　月。

姚　瑩，《東槎紀略》，文叢本第7種，台北，台銀，1957年11月。

姚　瑩，《東溟奏稿》，文叢本第49種，台北，台銀，1959年6月。

胡建偉等，《澎湖紀略》，文叢本第109種，台北，台銀，1961年7

月。

徐宗幹，《斯未信齋文編》，文叢本第87種，台北，台銀，1960年10
月。

高拱乾等，《台灣府志》，文叢本第65種，台北，台銀，1960年2
月。

唐贊袞，《台陽見聞錄》，文叢本第30種，台北，台銀，1958年11
月。

倪贊元，《雲林縣采訪冊》，文叢本第37種，台北，台銀，1959年4
月。

連　橫，《台灣通史》，文叢本第128種，台北，台銀，1962年2月。

陳文達等，《台灣縣志》，文叢本第103種，台北，台銀，1961年6
月。

陳文達等，《鳳山縣志》，文叢本第124種，台北，台銀，1961年10
月。

陳培桂等，《淡水廳志》，文叢本第172種，台北，台銀，1963年8
月。

陳盛韶，《問俗錄》，北京，書目文獻出版社，1983年。

陳淑均，《噶瑪蘭廳志》，文叢本第160種，台北，台銀，1963年3
月。

陳朝龍等，《新竹縣志初稿》，文叢本第61種，台北，台銀，1959年
11月。

陳朝龍等，《新竹縣采訪冊》，文叢本第145種，台北，台銀，1962
年7月。

陳朝龍等林文龍點校，《合校足本新竹縣采訪冊》，南投，台灣省文

　　獻會，1999年。

陳壽祺，《福建通志》，278卷，中國省志彙編之九，同治10年刊
　　本，台北，華文書局，1968年10月

陳壽祺，《福建通志台灣府》，文叢本第84種，台北，台銀，1960年
　　8月。

黃叔璥，《台灣使槎錄》，文叢本第4種，台北，台銀，1957年11
　　月。

黃典權編，《台灣南部碑文集成》，文叢本第218種，台北，台銀，
　　1966年3月。

黃典權編，《台南市南門碑林圖志》，台南，台南市政府印行，1979
　　年。

黃耀東編，《明清台灣碑碣選集》，台中，台灣省文獻委員會，1980
　　年1月。

董天工，《台海見聞錄》，文叢本第129種，台北，台銀，1961年10
　　月。

福建通志局，《福建通紀》，二十卷，台北，大通書局影印，1968年
　　11月。

台灣銀行經濟研究室編（以下簡稱台灣經研室），《清會典台灣事
　　例》，文叢本第236種，台北，台銀，1966年5月。

台灣經研室編，《福建省例》，文叢本第199種，台北，台銀，1964
　　年6月。

台灣經研室編，《台灣私法人事編》，文叢本第117種，台北，台
　　銀，1961年7月。

台灣經研室編，《台灣私法物權編》，文叢本第150種，台北，台

銀，1963年1月。

台灣經研室編，《台灣私法商事編》，文叢本第91種，台北，台銀，
　　1961年3月。

台灣經研室編，《台灣私法債權編》，文叢本第97種，台北，台銀，
　　1960年11月。

台灣經研室編，《台灣教育碑記》，文叢本第54種，台北，台銀，
　　1959年7月。

蔡振豐等，《苑裏離志》，文叢本第48種，台北，台銀，1959年7
　　月。

蔣師轍，《台游日記》，文叢本第6種，台北，台銀，1957年12月。

蔣鏞等，《澎湖續編》，文叢本第115種，台北，台銀，1961年8月。

鄭用錫，《淡水廳志稿》，南投，台灣省文獻會，1998年。

盧德嘉，《鳳山縣采訪冊》，文叢本第73種，台北，台銀，1960年8
　　月。

劉良璧等，《重修福建台灣府志》，文叢本第74種，台北，台銀，
　　1972年3月。

劉枝萬編，《淡水廳築城案卷》，文叢本第171種，台北，台銀，
　　1963年5月。

劉枝萬編，《台灣中部碑文集成》，文叢本第151種，台北，台銀，
　　1962年9月。

劉家謀等，《台灣雜詠合刻》，文叢本第28種，台北，台銀，1958年
　　10月。

劉銘傳，《劉壯肅公奏議》，文叢本第27種，台北，台銀，1958年10
　　月。

劉　璈，《巡台退思錄》，文叢本第21種，台北，台銀，1958年8
　　　月。

謝金鑾，《續修台灣縣志》，文叢本第140種，台北，台銀，1962年6
　　　月。

戴炎輝編，《淡新檔案選錄行政編初集》，文叢本第295種，台北，
　　　台銀，1971年8月。

薛紹元等，《台灣通志》，文叢本第130種，台北，台銀，1962年5
　　　月。

藍鼎元，《平台紀略》，文叢本第14種，台北，台銀，1958年4月。

不著撰人，《安平縣雜記》，文叢本第52種，台北，台銀，19659年8
　　　月。

不著撰人，《新竹縣制度考》，文叢本第101種，台北，台銀，1961
　　　年3月。

不著撰人，《嘉義管內采訪冊》，文叢本第58種，台北，台銀，1959
　　　年9月。

不著撰人，《台灣番事物產與商務》，文叢本第46種，台北，台銀，
　　　1960年10月。

朱其昌編，《台灣佛教寺院庵堂總錄》，大樹，佛光出版社，1977
　　　年。

朱其麟編，《台灣佛教寺院總錄》，台北，華宇出版社，1988年。

徐亞湘編，《台灣日日新報與台南新報戲曲資料總編》，北縣，宇宙
　　　出版社，2001年4月。

溫國良編譯，《台灣總督府公文類纂宗教史料彙編》，3冊，南投，
　　　台灣省文獻會，1999年~2001年。

林會承編，《2001年台灣文化資產保存年鑑—古物、古蹟、歷史建築》台南，國立文化資產保存研究中心籌備處，2002年4月。

曹仁虎，《清朝文獻通考》，清乾隆32年刊本，台北，新興書局影印，1963年。

二、一般論著

(一)專書

方　豪，《方豪60~64自選待定稿》，台北，作者印行，1974年4月。

王詩琅，《艋舺歲時記》，高雄，德馨室出版社，1979年6月。

宋嘉泰，《台灣地理》，台北，正中書局，1956年。

李亦園，《信仰與文化》，台北，巨流圖書公司，1978年8月。

李亦園，《宗教與迷信》，台北，巨流圖書公司，1978年。

李亦園，《文化的圖像（下冊）—宗教與族群的文化觀察》，台北，允晨出版社，1992年。

李國祁，《中國現代化的區域研究——閩浙台地區（1860~1916）》，中研院近史所專刊第44種，台北，中研院近史所，1982年5月。

林衡道，《台灣的歷史與民俗》，台北，青文出版社，1972年3版。

周宗賢，《台灣民間結社的本質與機能》，台北，河洛圖書出版社，1978年2月。

周憲文，《清代台灣經濟史》，研叢本第45種，台北，台銀，1957年3月。

洪敏麟，《台灣地名沿革》，台中，台灣省政府新聞處，1979年6月。

連　橫，《台灣語典》，文叢本第161種，台北，台銀，1963年3月。

陳正祥，《中國文化地理》，台北，龍田出版社，1982年4月。

陳伯中，《經濟地理》，台北，三民書局，1979年7月3版。

陳紹馨，《台灣的人口變遷與社會變遷》，台北，聯經出版事業公司，1979年5月。

陳其南，《台灣的傳統中國社會》，台北，允晨文化公司，1987年3月。

陳其南，《婚姻家族與社會》，台北，允晨出版社，1993年。

張世賢，《晚清治台政策》，台北，中國學術著作獎助委員會，1978年6月。

劉枝萬，《台灣民間信仰的由來》，台北，聯經出版事業公司，1983年。

鍾華操，《台灣地區神明的由來》，台中，台灣省文獻委員會，1979年6月。

陳金讚，《內湖傳家寶》，台北，作者發行，2000年8月。

蔡相煇等，《台灣民間信仰》，北縣，國立空中大學，2001年6月。

蔡相煇，《台灣社會文化史》，北縣，國立空中大學，2001年8月3刷。

蔡相煇，《北港朝天宮志》，雲林，北港朝天宮董事會，1995年。

蔡相煇，《台灣的祠祀與宗教》，台北，台原出版社，1990年。

蔡相煇，《台灣的王爺與媽祖》，台北，台原出版社，1989年。

盧錦堂等編，《台灣歷史人物小傳——明清時期》，台北，國家圖書

館，2001年12月增訂再版。

李世偉等《台灣宗教閱覽》，北縣，博揚文化公司，2002年7月。

張珣等編《當代台灣本土宗教研究導論》，台北，南天書局，2001年6月。

宋光宇，《宋光宇宗教文化論文集》上、下冊，宜蘭，佛光人文社會學院，2002年7月。

江燦騰等編，《台灣佛教的歷史與文化》，台北，靈鷲山般若文教基金會國際佛學研究中心，1994年。

江燦騰，《台灣佛教百年史之研究（1895~1995）》，台北，南天出版社，1996年。

瞿海源，《重修台灣省通志》卷3《住民志宗教篇》2冊，南投，台灣省文獻會，1992年4月。

石萬壽，《台灣的媽祖信仰》，台北，台原出版社，2000年1月。

林美容，《鄉土史與村庄史——人類學者看地方》，台北，台原出版社，2000年9月。

林美容，《媽祖信仰與漢人社會》，黑龍江，黑龍江人民出版社，2003年3月。

林國平等《福建民間信仰》，福州，福建人民出版社，2001年7月2刷。

史式等，《台灣先住民史》，北京，九洲圖書出版社，1999年9月。

陳支平，《福建六大民系》，福州，福建人民出版社，2000年6月。

莊吉發，《故宮檔案述要》，台北，國立故宮博物院，1983年12月。

郭松義等，《清朝典制》，長春，吉林文史出版社，1993年5月。

程大學，《台灣開發史》，台北，眾文圖書公司，1990年。

陳玲蓉，《日據時期神道統治下的台灣宗教政策》，台北，自立晚報
　　　文化出版部，1990年。

何培夫，《台灣碑碣的故事》，南投，台灣省政府，2001年12月。

何培夫，《台南市寺廟匾聯圖集》，台南，台南市政府，1985年1
　　　月。

林仁川等，《台灣社會經濟史研究》，廈門，廈門大學出版社，2001
　　　年3月。

陳建才編，《八閩掌故大全──地名篇》，福州，福建教育出版社，
　　　1994年1月。

彭明輝，《舉頭三尺有神明──中和地區的寺廟與聚落發展》，北
　　　縣，台北縣立文化中心，1995年5月。

尹章義，《台灣開發史研究》，台北，聯經出版公司，1989年12月。

戴炎輝，《清代台灣之鄉治》，台北，聯經出版公司，1979年。

董芳苑，《台灣民間宗教信仰》，台北，長青文化公司，1978年。

董芳苑，《信仰與習俗》，台南，人光出版社，1995年增訂版。

曹永和，《台灣早期歷史研究》，台北，聯經出版公司，1979年。

曹永和，《台灣早期歷史研究》續集，台北，聯經出版公司，2000
　　　年10月。

瞿海源，《台灣宗教變遷的社會政治分析》，台北，桂冠圖書公司，
　　　1997年5月。

吳瀛濤，《台灣民俗》，台北，振文書局，1980年。

王世慶，《清代台灣社會經濟》，台北，聯經出版公司，1994年。

王志宇，《台灣的恩主公信仰──儒宗神教與飛鸞勸化》，台北，文
　　　津出版社，1998年。

王見川、李世偉，《台灣的宗教與文化》，台北，博揚出版社，1999
　　　年。

王見川，《台灣齋教與鸞堂》，台北，南天出版社，1996年6月。

王見川等編，《台灣齋教的歷史觀察與展望》，台北，新文豐出版
　　　社，1994年9月。

李世偉，《台灣的民間宗教與信仰》，台北，博揚出版社，2000年11
　　　月。

李世偉，《日據時代台灣儒教結社與活動》，台北，文津出版社，
　　　1999年。

闞正宗，《台灣佛教一百年》，台北，東大出版社，1999年。

林治平編，《基督教入華百七十年紀念集》，台北，宇宙光出版社，
　　　1977年12月。

林治平編，《基督教與中國本色化》，台北，宇宙光出版社，1990年
　　　3月。

仇德哉，《台灣之寺廟與神明》，南投，台灣省文獻會，1983年。

林文龍，《台灣史蹟叢論》3冊，台中，國彰出版社，1987年。

李　喬，《中國行業神崇拜》，北縣，雲龍出版社，1996年。

林惠祥，《民俗學》，台北，台灣商務印書館，1968年。

呂宗力等，《中國民間諸神》，台灣，學生書局，1991年。

阮昌銳，《中國民間宗教之研究》，台北，台灣省立博物館，1990
　　　年。

陳器文，《玄武神話、傳說與信仰》，高雄，麗文文化公司，2001年
　　　9月。

莊芳榮，《台灣地區寺廟發展之研究》，作者印行，缺出版單位、時

間。

莊芳榮，《古蹟管理與維護》，台北，台灣學生書局，1983年11月。

內政部編印，《民俗及有關文物保存維護論述》專輯，1996年6月。

內政部編印，《古蹟管理維護論述》專輯，1993年4月。

內政部編印，《古蹟解說理論與實務》，1995年6月。

內政部編印，《古蹟管理維護講習會教材暨參考資料彙編》，1987年
　　6月。

王榮國，《福建佛教史》，廈門，廈門大學出版社，1997年9月。

何松山，《碑石探幽》，南京，東南大學出版社，1995年12月。

陳小沖，《台灣民間信仰》，廈門，鷺江出版社，1993年12月。

黃文博，《台灣信仰傳奇》，台北，台原出版社，1989年。

陳　香，《台灣竹枝詞選集》，台北，台灣商務印書館，1983年。

陳孔立，《清代台灣移民社會研究》，廈門，廈門大學出版社，1990
　　年。

曹煥旭，《中國古代工匠》，台北，台灣商務印書館，1999年2月。

王兆祥等，《中國古代廟會》，台北，台灣商務印書館，1998年11
　　月。

蘇東洲等，《關羽崇拜研究》，成都，巴蜀書社，2001年9月。

王振復，《中國建築的文化歷程》，上海，上海人民出版社，2000年
　　12月。

周明德，《海天雜文》，北縣，台北縣立文化中心，1995年4月2刷。

漢寶德，《明清建築二論》，台北，境與象出版社，1972年。

漢寶德，《為建築看相》，台中，明道文藝雜誌社，1987年6月。

漢寶德，《古蹟的維護》，台北，行政院文化建設委員會，1999年6

月增訂一版。

傅朝卿，《日治時期台灣建築（1895~1945）》，台北，大地地理出版公司，1999年12月。

李乾朗，《傳統建築入門》，台北，行政院文化建設委員會，1999年6月增訂一版。

李乾朗，《廟宇建築》，台北，北屋出版社，1983年。

李乾朗，《傳統建築》，台北，北屋出版社，1983年。

李乾朗，《台灣的廟宇》，台中，台灣省政府新聞處，1986年。

李乾朗，《台灣建築史》，台北，雄獅圖書公司，1986年。

李乾朗，《傳統建築工匠流派與作品之調查研究》，台北，行政院文化建設委員會，1988年。

李乾朗，《台灣傳統建築匠藝》1~5輯，台北，燕樓古建築出版社，2002年1月。

林會承，《台灣傳統建築手冊》，台北，藝術家出版社，1988年。

文建會編印，《文化資產維護研討會專輯》，台北，行政院文化建設委員會，1989年7月。

王啓宗，《台灣的書院》，台北，行政院文化建設委員會，1984年6月。

王翼漢，《台灣寺廟全集》，台中，鸞友雜誌社，1977年9月。

林永根，《台灣寺廟楹聯集》，南投，草屯弘化敬化堂，1983年10月。

林勝俊，《台灣寺廟的職權與功能》，高雄，復文圖書出版社，1985年6月。

卓神保，《鹿港寺廟大全》，彰化，鹿港文教基金會，1984年7月。

范國慶，《寺廟行政》，台中，瑞成書局，1985年8月。

關山情，《台灣古蹟全集》，台北，戶外生活雜誌社，1980年5月。

余光弘，《媽宮的廟宇》，台北，中研院民族學研究所專刊（19）
　　　　號，1988年。

王志鴻等，《台北縣的舊街》，北縣，台北縣立文化中心，1994年。

施添福，《清代在台漢人的祖籍分布和原鄉生活方式》，台北，台灣
　　　　師範大學地理系，叢書第15號，1987年。

(二)論文

史久龍，〈憶台雜記〉，《台灣文獻》第26卷4期（1976年3月），
　　　　pp.1~23。

李國祁，〈清代台灣社會的轉型〉，《台北市耆老會談專集》（1979
　　　　年9月），pp.251~279。

卓克華，〈台灣寺廟對地方的貢獻〉，《台北文獻》直字第38期
　　　　（1976年12月），pp.187~198。

施振民，〈祭祀圈與社會組織─彰化平原聚落發展模式的探討〉，
　　　　《中研院民族學研究所集刊》第36期（1973年），
　　　　pp.191~208。

陳其南，〈清代台灣漢人社會的開墾組織與土地制度之形成〉，《食
　　　　貨月刊》復刊第9卷10期（1980年1月），pp.380~398。

陳其南，〈清代台灣漢人移民社會的歷史與政治背景〉，《食貨月刊》
　　　　復刊第10卷7期（1980年10月），pp.293~305。

陳其南，〈清代台灣社會的結構變遷〉，《中研院民族學研究所集刊》
　　　　第49期（1980年），pp.115~147。

陳秋坤，〈清初台灣地區的開發〉，《食貨月刊》復刊第8卷5期（1978年8月），pp.221~233。

溫振華，〈淡水開港與大稻埕中心的形成〉，《師大歷史學報》第6期（1978年5月），pp.245~270

溫振華，〈清代台灣漢人的企業精神〉，《師大歷史學報》第9期（1981年5月），pp.111~139。

劉枝萬，〈清代台灣之寺廟〉，《台北文獻》第4、5、6期（1963年6月、9月、12月），pp.101~120，45~110，48~66。

王世慶，〈民間信仰在不同祖籍移民的鄉村之歷史〉，《台灣文獻》第23卷第3期（1972年9月），pp.1~38。

王國璠，〈台灣民間信仰概述〉，《台北文獻》第7期（1964年10月），pp.48~75。

石萬壽，〈台南市宗教誌〉，《台灣文獻》第32卷第4期（1981年12月），pp.3~56。

李添春，〈台北地區之開拓與寺廟〉，《台北文獻》第一期（1962年6月），pp.67~76。

李添春，〈台灣住民之家神及其對神之觀念〉，《台灣風物》第18卷第2期（1968年4月），pp.9~14

阮昌銳，〈義民爺的崇拜及其功能〉，《人文學報》第3期（1978年4月），pp.165~187。

林文龍，〈寺廟竄改史實與偽造文物闢謬〉，《台灣風物》第33卷第4期（1983年12月），pp.69~82

林秀英，〈蘆洲的寺廟與聚落〉，《台灣文獻》第29卷第1期（1978年3月），pp.176~180。

林衡道，〈宜蘭縣寺廟祀神之分析〉，《台灣文獻》第22卷第2期（1971年6月），pp.9~22。

林衡道，〈台北市的寺廟〉，《台北文獻》第2期（1962年12月），pp.53~72。

林衡道，〈台南市各祠廟祀神之調查研究〉，《台灣文獻》第13卷第4期（1962年12月），pp.100~106。

林衡道，〈台灣民間信仰的神明〉，《台灣文獻》第26卷第4期、第27卷第1期（1976年3月），pp.96~103。

林衡道，〈台灣的寺廟與祭典〉，《台灣文獻》第27卷第2期（1976年6月），pp.72~75。

林衡道，〈台灣農村寺廟分佈情形之調查──漳泉移民村落與粵東移民村落寺廟之比較〉，《台灣文獻》第13卷第3期（1962年9月），pp.153~167。

洪敏麟，〈清代關聖帝廟對台灣政治社會之影響〉，《台灣文獻》第16卷第2期（1965年6月），pp.53~59。

陳乃蘗，〈台灣各縣市日據時期社寺廟台帳存留情形表〉，《台灣文獻》第9卷第4期（1958年12月），pp.127~133。

莊英章，〈廟宇與鄉民生活──一個漁村的個案研究〉，《民族學通訊》第12期（1971年10月），pp.11~12。

張金鶚，〈台灣廟宇建築與人民生活信仰〉，《台灣文獻》第29卷第3期（1978年10月），pp.165~186。

黃克武，〈清代板橋的開發與寺廟〉，《台北文獻》直第45、46期（1978年12月），pp.387~410。

曾振名，〈褒忠義民廟的社會功能〉，《民族學通訊》第15期（1977

年3月），pp.18~19。

劉枝萬，〈台灣省寺廟教堂名稱、主神、地址調查表〉，《台灣文獻》
　　　第11卷第2期（1960年6月），pp.37~236。

潘朝陽，〈新竹縣地區通俗宗教的分佈〉，《台灣風物》第31卷第4
　　　期（1981年12月），P.27~50。

蔡文輝，〈台灣廟宇占卜的一個研究〉，《思與言》第6卷第2期
　　　（1968年7月），pp.85~88。

鍾秀清，〈艋舺的街市形成與民間信仰〉，《民俗曲藝》第43~44期
　　　（1986年9月~11月），第43期，pp.8~31，第44期，pp.4~42。

鍾靈秀，〈義民廟與地方發展〉，《人類與文化》第17期（1982年6
　　　月），pp.83~91。

(三)博碩士論文

吳振聲，《中國建築裝飾藝術的理論與實際》，文化大學藝術研究所
　　　碩士論文，1971年。

閻亞寧，《光復以後台灣地區建築演變與社會變遷關係之探討》，成
　　　功大學建築研究所碩士論文，1981年。

陳朝奧，《1945年以前台北市城市的形式轉化研究》，台灣大學土木
　　　工程學研究所碩士論文，1984年。

姚麗香，《台灣地區光復後宗教變遷之探討》，台灣大學社會研究所
　　　碩士論文，1984年。

李天鐸，《台灣傳統廟宇建築裝飾之研究——木作雕刻彩繪主題之
　　　意義基礎與運用原則》，東海大學建築研究所碩士論文，
　　　1985年。

姚村雄，《台灣廟宇石雕裝飾藝術之研究》，台灣師範大學美術研究所碩士論文，1991年。

林經國，《台南市媽祖廟建築變遷之研究——廟宇的傳統與現代》，成功大學建築研究所碩士論文，1997年。

李淑惠，《台灣傳統建築彩繪之美麗與哀愁》，台南藝術學院博物館學研究所碩士論文，1998年。

張志成，《台灣南部地區民間信仰與廟宇建築之發展研究》，成功大學建築研究所碩士論文，1999年。

文　芸，《日治時期台北三市街店屋立面風格之研究》，淡江大學建築研究所碩士論文，2000年。

宋　和，《台灣神媒的社會功能——一個醫藥人類學的探討》，台灣大學考古人類學研究所碩士論文，1978年。

張玉珍，《台灣寺廟石雕藝術》，文化大學藝術研究所碩士論文，1979年。

盧月玲，《台灣佛寺的現代功能——佛光山田野研究》，台灣大學考古人類學研究所碩士論文，1981年。

林本炫，《當代台灣民眾宗教信仰變遷的分析》，台灣大學社會學研究所博士論文，1998年。

周雪玉，《施琅之研究》，私立中國文化學院史學研究所碩士論文，1979年6月，p.188。

張　珣，《社會變遷中仰止鄉之醫療行為——一項醫藥人類學的探討》，國立台灣大學考古人類學研究所碩士論文，1981年，p.154。

蔡相輝，《台灣寺廟與地方發展之關係》，私立中國文化學院史學研

究所碩士論文，1976年6月。

蔡相輝，《明清政權更迭與台灣民間信仰關係之研究》，私立中國文
　　　化大學博士論文，1984年1月。

宋光宇，《在理教——中國民間宗教合一信仰的研究》，台灣大學人
　　　類學研究所碩士論文，1974年。

林淑玲，《寺廟政策與寺廟活動之研究——以兩座媽祖廟爲例》，東
　　　吳大學社會學研究所碩士論文，1990年。

周雪惠，《台灣民間信仰的宗教儀式行爲之探討》，東海大學社會學
　　　研究所碩士論文，1989年。

文毓義，《台灣傳統寺廟的空間系統及其轉變之研究——以鹿港廟
　　　宇實調爲例》，東海大學建築研究所碩士論文，1985年。

高麗珍，《台灣民俗宗教活動的空間活動——以玄天上帝爲例》，台
　　　北師範大學地理學研究所碩士論文，1988年。

黃勝雄，《民俗宗教建築及活動土地使用秩序問題之探討－以台北
　　　市媽祖廟爲例》，中興大學都市計畫研究所碩士論文，1992
　　　年。

蔡淵絜，《清代台灣的社會領導階層（1684~1895）》，台北師範大學
　　　歷史所碩士論文，1980年。

貳、日文論著暨譯本

伊能嘉矩，《台灣文化志》，日本東京，刀江書院，昭和3年初版。
　　　台北，南天書局影印本，1994年。

東嘉生，《台灣經濟史研究》，台北，田宮權助發行，日本昭和19年

初版。

台灣慣習研究會編，《台灣慣習記事》第1卷~7卷，（日本明治34年
　　　　1月至明治40年8月），台北，古亭書屋影印本，1969年出
　　　　版。

臨時台灣舊慣調查會，《臨時台灣舊慣調查會第1部調查第3回報告
　　　　書》，《台灣私法》（下分3卷6冊，暨附錄參考書7冊），台
　　　　北，臨時台灣舊慣調查會，日本明治42年至44年陸續發
　　　　行。台北，南天書局影印本，1983年。

村上直次郎等，許賢瑤譯，《荷蘭時代台灣史論文集》，宜蘭，佛光
　　　　人文社會學院，2001年6月。

丸井圭治郎，《台灣宗教調查報告書》第1卷，台北，台灣總督府，
　　　　大正8年（1919年）。

徐壽編，《台灣全台寺廟齋堂名蹟寶鑑》，台南，國清寫眞館，昭和
　　　　6年（1932年）。

增田福太郎，黃有興譯，《台灣宗教論集》，南投，台灣省文獻會，
　　　　1991年9月。

鈴木清一郎，馮作民譯，《增訂台灣舊慣習俗信仰》，台北，眾文圖
　　　　書公司，1990年10月3刷。

田中一二，李朝熙譯，《台北市史——昭和六年》，台北，台北市文
　　　　獻會，1998年。

相良吉哉，《台南州祠廟名鑑》，台南，昭和8年（1933年），古亭書
　　　　屋影印本，2002年3月。

李獻璋，《媽祖信仰研究》，日本東京，泰山文物社，昭和54年
　　　　（1980年）。

台灣總督府編，《史蹟調查報告》第2輯，台北，台灣總督府，昭和
　　　2年（1928年）。

增田福太郎，《台灣の宗教》，日本東京，養賢堂，昭和14年（1940
　　　年），古亭書屋影印本，1975年8月。

增田福太郎，《台灣本島人の宗教》，日本東京，明治聖德紀念會，
　　　昭和13年（1939年），古亭書屋影印本，1975年8月。

劉寧顏等譯，《台灣慣習記事》，南投，台灣省文獻會，1991年。

國分直一，邱夢蕾譯，《台灣的歷史與民俗》，台北，武陵出版公
　　　司，1991年。

曾景來，《台灣宗教と迷信陋習》，台北，台灣宗教研究會，昭和13
　　　年（1939年）。

吉岡亦豊，余萬居譯，《中國民間宗教概說》，北縣，華宇出版社，
　　　1985年6月。

宮崎直勝，《寺廟神昇天──台灣寺廟整理覺書》，台北，日本東都
　　　書籍株式會社台北支店，昭和17年（1942年）。

伊能嘉矩，楊南郡譯，《台灣踏查日記》，台北，遠流出版社，1997
　　　年。

不著撰人，《社寺廟宇ニ關スル調查・台北廳》，中央圖書館台灣分
　　　館藏，大正6年（1917年）。

陳金田譯，《台灣私法》，南投，台灣省文獻會，1990年。

台灣總督府文教局編，《現行台灣社寺法令類纂》，台北，帝國行政
　　　學會台灣出張所，昭和10年（1936年）再版。

伊能嘉矩，《大日本地名辭書續編──台灣》，東京，富山房，明治
　　　42年（1909年）。

黃昭堂著，黃英哲譯，《台灣總督府》，台北，自由時代出版社，
　　　1989年。

岡田謙，陣乃蘗譯，《台灣北部村落之祭祀範圍》，《台北文物》9
　　　卷4期（1960年12月），p.14~29

參、英文論著暨譯本

黃德寬譯，《天主教在台開教記》，台北，光啓出版社，1991年。

Ernst Cassirer著，于曉譯，《語言與神話》，台北，久大出版社，
　　　1990年。

Ernst Cassirer著，黃龍保等譯，《神話思維》，北京，中國社會科
　　　學，1992年。

Brian Morris著，張慧瑞譯，《宗教人類學導讀》，台北，國立編譯
　　　館，1996年。

Bronislaw Malinowski著，朱岑樓譯，《巫術，科學與宗教》，台北，
　　　協志工業，1978年。

R. Keesing著，于嘉雲等譯，《當代文化人類學》，台北，巨流圖書
　　　公司，1981年。

J. G. Frazer著，徐育華等譯，《金枝》，北京，中國民間文藝，1987
　　　年。

W. A. Pickering著，吳明遠譯，《老台灣》，台北，台銀經濟室，
　　　1979年。

James W. Davidson著，蔡啓恆譯，《台灣之過去與現在》，台北，台
　　　銀經濟室，1972年。

喬治馬偕，林耀南譯，《台灣遙寄》，台北，台灣省文獻會，1959年
    3月。

Prasenjit Duara著，王福明譯，《文化，權力與國家——1900~1942年
    的華北農村》，南京、江蘇人民出版社，1994年。

張仲禮著，李榮品譯，《中國紳士——關於其在十九世紀中國社會
    中作用的研究》，上海，上海社會科學院出版社，2002年1
    月4刷。

張仲禮著，費成康，王寅通譯，《中國紳士的收入》，上海，上海社
    會科學院出版社，2001年1月。

揚智叢刊 39

從寺廟發現歷史—台灣寺廟文獻之解讀與意涵

作　　者／卓克華
出　版　者／揚智文化事業股份有限公司
發　行　人／葉忠賢
總　編　輯／林新倫
執行編輯／陳怡華
登　記　證／局版北市業字第1117號
地　　址／台北市新生南路三段88號5樓之6
電　　話／(02)2366-0309
傳　　真／(02)2366-0313
郵撥帳號／19735365　葉忠賢
網　　址／http://www.ycrc.com.tw
E‐mail／yangchin@ycrc.com.tw
印　　刷／鼎易印刷事業股份有限公司
法律顧問／北辰著作權事務所　蕭雄淋律師
ＩＳＢＮ／957-818-526-X
初版一刷／2003年11月
定　　價／新台幣400元

國家圖書館出版品預行編目資料

從寺廟發現歷史：台灣寺廟文獻之解讀與意涵
／卓克華著.--初版.--臺北市：揚智文化，
2003　〔民92〕
　　面：　　公分.--（揚智叢刊）
參考書目：　面

ISBN 957-818-526-X（平裝）

1.寺廟－台灣 2.民間信仰－中國
272　　　　　　　　　　　　　92010615